Felix Bernhard Herle (Hrsg.)

Globale Trends und Trendforschung im Tourismus
Zukunftsszenarien für verschiedene Tourismusmärkte

Felix Bernhard Herle (Hrsg.)

GLOBALE TRENDS UND TRENDFORSCHUNG IM TOURISMUS

Zukunftsszenarien für verschiedene Tourismusmärkte

Bibliografische Information der Deutschen Nationalbibliothek
Die Deutsche Nationalbibliothek verzeichnet diese Publikation in der Deutschen Nationalbibliografie; detaillierte bibliografische Daten sind im Internet über http://dnb.d-nb.de abrufbar.

Bibliographic information published by the Deutsche Nationalbibliothek
Die Deutsche Nationalbibliothek lists this publication in the Deutsche Nationalbibliografie; detailed bibliographic data are available in the Internet at http://dnb.d-nb.de.

Coverabbildung: ID 27280006 © Photojogtom | Dreamstime.com

ISBN-13: 978-3-8382-1655-3
© *ibidem*-Verlag, Stuttgart 2022
Alle Rechte vorbehalten

Das Werk einschließlich aller seiner Teile ist urheberrechtlich geschützt. Jede Verwertung außerhalb der engen Grenzen des Urheberrechtsgesetzes ist ohne Zustimmung des Verlages unzulässig und strafbar. Dies gilt insbesondere für Vervielfältigungen, Übersetzungen, Mikroverfilmungen und elektronische Speicherformen sowie die Einspeicherung und Verarbeitung in elektronischen Systemen.

All rights reserved. No part of this publication may be reproduced, stored in or introduced into a retrieval system, or transmitted, in any form, or by any means (electronic, mechanical, photocopying, recording or otherwise) without the prior written permission of the publisher. Any person who does any unauthorized act in relation to this publication may be liable to criminal prosecution and civil claims for damages.

Printed in the EU

Inhalt

Tabellenverzeichnis..XI
Abkürzungsverzeichnis..XI
1. Einleitung..1
   1.1 Einführung in die Trendforschung und Innovationen....................2
      1.1.1 Theoretische Einführung in die Trendforschung.......................2
      1.1.2 Definition, Grundlagen und Einsatz der Trendforschung............3
      1.1.3 Trendanalyse als zentrale Methode der Trendforschung 5
      1.1.4 Anatomie der Trendaussage 6
      1.1.5 Einteilung in Trendkategorien 7
      1.1.6 Beschreibung der wichtigsten Megatrends 9
      1.1.7 Bewertung von Trends...14
      1.1.8 (Produkt-)Innovationen 16
   1.2 Angewandte Forschungsmethoden im Master-Modul 17
      1.2.1 Grundlagen der Szenariotechnik..18
      1.2.2 Szenario Management und Phasen 18
      1.2.3 Szenario-Vorbereitung...19
      1.2.4 Szenariofeld-Analyse 23
      1.2.5 Projektionsentwicklung 28
      1.2.6 Szenariobildung 29
      1.2.7 Szenario-Transfer..32
   1.3 Literaturverzeichnis zur Einleitung 33
2. Szenarien für den Wildlife Tourismus (2020) 37
   2.1 Phasen des Szenario Managements 38
      2.1.2 Szenariofeld-Analyse 40
      2.1.2 Projektionsentwicklung 41
      2.1.3 Szenariobildung 44
   2.2 Szenario Transfer 47
      2.2.1 Trendszenario..47
      2.2.2 Extremszenario I 53
      2.2.3 Extremszenario II..57
   2.3 Literaturverzeichnis Wildlife Tourismus 63
3. Szenarien für den Naturtourismus (2020)..65
   3.1 Phasen des Szenario Managements 67
      3.1.1 Szenariofeld-Analyse 72
      3.1.2 Projektionsentwicklung 73

3.1.3 Szenariobildung 76
3.2 Szenario-Transfer...77
    3.2.1 Trendszenario 78
    3.2.2 Extremszenario I 82
    3.2.3 Extremszenario II 90
3.3 Literaturverzeichnis Naturtourismus 96

4. Szenarien für den Partytourismus (2019) 97
    4.1 Phasen des Szenario Managements 99
        4.1.1 Szenariofeld-Analyse 102
        4.1.2 Projektionsentwicklung 103
        4.1.3 Szenariobildung 105
    4.2 Szenario-Transfer..108
        4.2.1 Extremszenario I 108
        4.2.2 Trendszenario 114
        4.2.3 Extremszenario II 123
    4.3 Literaturverzeichnis Partytourismus 133

5. Szenarien für den Wellnesstourismus (2019)...................................135
    5.1 Phasen des Szenario Managements 137
        5.1.1 Szenariofeld-Analyse 141
        5.1.2 Projektionsentwicklung 141
        5.1.3 Szenariobildung 145
    5.2 Szenario-Transfer..145
        5.2.1 Trendszenario 145
        5.2.2 Extremszenario I 153
        5.2.3 Extremszenario II 161
    5.3 Literaturverzeichnis Wellnesstourismus 170

6. Szenarien für Nachhaltigen Tourismus (2019) 171
    6.1 Phasen des Szenario Managements 172
        6.1.1 Szenariofeld-Analyse 174
        6.1.2 Projektionsentwicklung 177
        6.1.3 Szenariobildung 181
    6.2 Szenario-Transfer..182
        6.2.1 Trendszenario 183
        6.2.2 Extremszenario I 190
        6.2.3 Extremszenario II 200
    6.3 Literaturverzeichnis Nachhaltiger Tourismus 206

7. Szenarien für Hochseekreuzfahrten (2018) 207
7.1 Phasen des Szenario Managements 208
7.1.1 Szenariofeld-Analyse 213
7.1.2 Projektionsentwicklung 216
7.1.3 Szenariobildung 218
7.2 Szenario-Transfer 219
7.2.1 Extremszenario I 219
7.2.2 Extremszenario II 223
7.2.3 Trendszenario 228
7.3 Literaturverzeichnis Hochseekreuzfahrten 234

8. Szenarien für den Städtetourismus (2016) 235
8.1 Phasen des Szenario Managements 237
8.1.1 Szenariofeld-Analyse 237
8.1.2 Projektionsentwicklung 242
8.1.3 Szenariobildung 246
8.2 Szenario-Transfer 248
8.2.1 Trendszenario 248
8.2.2 Extremszenario I 252
8.2.3 Extremszenario II 256
8.3 Literaturverzeichnis Städtetourismus 260

Autor:innenverzeichnis 263

Abbildungsverzeichnis

Abbildung 1: Anatomie der Trendaussage 6
Abbildung 2: Trendkategorien im Wellenmodell 7
Abbildung 3: Szenario-Management als Phasenmodell 19
Abbildung 4: Flow Chart Darstellung der Trendanalyse 20
Abbildung 5: Flow Chart Themenparks 21
Abbildung 6: Darstellung der Trendverdichtung 22
Abbildung 7: Beispiel Trendhierarchie Mobilität 22
Abbildung 8: Darstellung der Relevanzmatrix 24
Abbildung 9: Beispiel Relevanzanalyse Themenparks 24
Abbildung 10: Darstellung der Einflussanalyse 25
Abbildung 11: Beispiel Einflussanalyse Themenparks 26
Abbildung 12: Darstellung System Grid 27
Abbildung 13: Beispiel System Grid Themenparks 28
Abbildung 14: Darstellung Konsistenzmatrix 29
Abbildung 15: Beispiel Konsistenzmatrix Fahrradtourismus 30
Abbildung 16: Darstellung Konsistenzanalyse 31
Abbildung 17: Beispiel Konsistenzanalyse Fahrradtourismus 32
Abbildung 18: Wildlife-Tourismus Flow Chart 39
Abbildung 19: Wildlife-Tourismus System Grid 40
Abbildung 20: Wildlife-Tourismus Projektionsbündel 45
Abbildung 21: Wildlife-Tourismus Szenario-Trichter 47
Abbildung 22: Wildlife-Tourismus Trendszenario 48
Abbildung 23: Wildlife-Tourismus Workation Instagram 50
Abbildung 24: Wildlife-Tourismus Workation Logo 51
Abbildung 25: Wildlife-Tourismus Extremszenario I 53
Abbildung 26: Wildlife-Tourismus Virtual Wildlife Logo 55
Abbildung 27: Wildlife-Tourismus Extremszenario II 57
Abbildung 28: Wildlife-Tourismus Transcendent Turtles Logo 59
Abbildung 29: Naturtourismus als Marktsegment 66
Abbildung 30: Naturtourismus Flow Chart 70
Abbildung 31: Naturtourismus Relevanteste Trends 71
Abbildung 32: Naturtourismus System Grid 72
Abbildung 33: Naturtourismus Szenario-Trichter 76
Abbildung 34: Naturtourismus Trend Steckbrief Sandrine 80
Abbildung 35: Naturtourismus Clean Vibe Tours Logo 80
Abbildung 36: Naturtourismus Extrem I Steckbrief Katharina 86
Abbildung 37: Naturtourismus Riduce 2 Max Logo 87
Abbildung 38: Naturtourismus Produktvisualisierung Riduce 2 Max 88
Abbildung 39: Naturtourismus Extrem II Steckbrief Markus 92
Abbildung 40: Naturtourismus Newture Travel Logo 93

Abbildung 41: Naturtourismus Newture Travel App 94
Abbildung 42: Partytourismus Megatrendmap 100
Abbildung 43: Partytourismus System Grid 103
Abbildung 44: Partytourismus Konsistenzmatrix 106
Abbildung 45: Partytourismus Choose your Cruise Logo 118
Abbildung 46: Partytourismus Trend Werbeanzeige 119
Abbildung 47: Partytourismus Wedding Without Worries Logo 126
Abbildung 48: Partytourismus Antragsformular 129
Abbildung 49: Wellnesstourismus Definition 136
Abbildung 50: Wellnesstourismus Flow Chart 139
Abbildung 51: Wellnesstourismus Trendhierarchie New Work 140
Abbildung 52: Wellnesstourismus Szenario-Trichter 145
Abbildung 53: Wellnesstourismus WellFarm Logo 148
Abbildung 54: Wellnesstourismus WellVillage worldwide Logo 157
Abbildung 55: Wellnesstourismus Häuser im WellVillage 159
Abbildung 56: Wellnesstourismus WellVan Logo 165
Abbildung 57: Nachhaltiger Tourismus Flow Chart 173
Abbildung 58: Nachhaltiger Tourismus Relevanzmatrix 175
Abbildung 59: Nachhaltiger Tourismus Einflussmatrix 176
Abbildung 60: Nachhaltiger Tourismus System Grid 177
Abbildung 61: Nachhaltiger Tourismus Szenario Trichter 182
Abbildung 62: Nachhaltiger Tourismus EFAFE Logo 186
Abbildung 63: Nachhaltiger Tourismus Trend Reiseverlauf 189
Abbildung 64: Nachhaltiger Tourismus Share2Care Banner 192
Abbildung 65: Nachhaltiger Tourismus share2care Logo 193
Abbildung 66: Nachhaltiger Tourismus carency Logo 193
Abbildung 67: Nachhaltiger Tourismus Navi von share2care 196
Abbildung 68: Nachhaltiger Tourismus Extrem I Reiseroute 198
Abbildung 69: Nachhaltiger Tourismus Contra Logo 202
Abbildung 70: Nachhaltiger Tourismus Future Travelling Logo 204
Abbildung 71: Hochseekreuzfahrten Puzzlemethode 209
Abbildung 72: Hochseekreuzfahrten Trendhierarchie 1 209
Abbildung 73: Hochseekreuzfahrten Trendhierarchie 2 211
Abbildung 74: Hochseekreuzfahrten Relevanzmatrix 213
Abbildung 75: Hochseekreuzfahrten Einflussmatrix 214
Abbildung 76: Hochseekreuzfahrten System Grid 216
Abbildung 77: Hochseekreuzfahrten Extrem I 220
Abbildung 78: Hochseekreuzfahrten Extrem II 224
Abbildung 79: Hochseekreuzfahrten Trend 229
Abbildung 80: Städtetourismus Trendhierarchie Individualisierung 239
Abbildung 81: Städtetourismus System Grid 243
Abbildung 82: Städtetourismus Konsistenzmatrix 244
Abbildung 83: Städtetourismus Projektionsbündel 246

Abbildung 84: Städtetourismus Szenario-Trichter 247
Abbildung 85: Städtetourismus Gardenbnb Logo 252
Abbildung 86: Städtetourismus Glexplorer 3000 Logo 255
Abbildung 87: Städtetourismus Adventure.Art Logo...258

Tabellenverzeichnis

Tabelle 1: Bewertungskriterien für Trends 15
Tabelle 2: Wildlife-Tourismus Schlüsselfaktoren und Projektionen 42
Tabelle 3: Naturtourismus Trendverdichtung Neo-Ökologie 68
Tabelle 4: Naturtourismus Identifikation der Schlüsselfaktoren 73
Tabelle 5: Partytourismus Projektionsbündel 107
Tabelle 6: Wellnesstourismus Einflussfaktoren 137
Tabelle 7: Nachhaltiger Tourismus Konsistenzanalyse 181
Tabelle 8: Hochseekreuzfahrten Wertetabelle Schlüsselfaktoren 215
Tabelle 9: Hochseekreuzfahrten Projektionsbündel 219
Tabelle 10: Ausprägungen der Megatrends im Städtetourismus 238

Abkürzungsverzeichnis

AS	Aktivsumme
DI	Dynamik Index
DIY	Do It Yourself
II	Impuls Index
KI	Künstliche Intelligenz
LOHAS	Lifestyle of Health and Sustainability
MICE	Meetings Incentives Conventions Events
ÖPNV	Öffentlicher Personennahverkehr
PS	Passivsumme
WWF	Worldwide Fund for Nature

Im Sinne der besseren Lesbarkeit wird im Verlauf dieses Buches das generische Maskulinum verwendet, womit stets alle Geschlechter gemeint sind.

1. Einleitung

Veränderungsbewegungen begleiten die Menschheitsgeschichte seit jeher. Die frühen Prophezeiungen formen den Grundstein für die heutige Zukunfts- und Trendforschung. Dabei ist diese keineswegs mit Wahrsagerei gleichzusetzen. Durch qualitative und quantitative Methoden lässt sich der Wandel in Gesellschaft, Kultur, Technologie und Wirtschaft beschreiben und deuten.

Führungskräfte in allen Branchen - und somit auch in der Freizeit- und Tourismusbranche - müssen sich auf diese veränderten Bedingungen sowie den Werte- und Verhaltenswandel ihrer Konsumenten einstellen. Während die Freizeitgestaltung in den letzten 30 Jahren stetig an Bedeutung gewann, wuchs auch die Tourismusbranche zu einem wichtigen Pfeiler der globalen Wirtschaft. Denn Urlaub und Reisen stellen für die meisten Menschen einen besonders wichtigen Ausgleich zum Arbeitsleben dar. Urlaub wird als *„verdient"* empfunden, als *„Quality time"* für die Familie oder auch sich selbst.

In diesem Buch werden Ergebnisse aus Trendforschungsprojekten vorgestellt, die Studierende im Rahmen des Masterstudiengangs *International Studies in Leisure and Tourism* an der Hochschule Bremen im Modul *Globale Trends und Trendforschung* durchgeführt haben. Der Fokus in diesem Modul liegt auf der Anwendung adäquater Instrumente und Methoden der Trendforschung sowie der Ableitung von Szenarien und innovativer Produkte.

Die Szenario-Technik stellt ein gängiges Modell dar, um potenzielle Entwicklungen in der Zukunft zu erkennen und aufzuzeigen. Diese Technik wird in den vorliegenden Projektarbeiten als grundlegende Methodik angewandt. Forschungsziel ist, drei Zukunftsszenarien für ausgewählte Märkte zu entwickeln. Hierbei werden zunächst zentrale Trends für den untersuchten Gegenstand (oder auch Forschungsthema) ermittelt. Ausgehend davon werden ein Szenario entwickelt, in dem sich diese Trends in ihrer Weiterentwicklung ähnlich verhalten wie bisher und zwei Szenarien, die extreme Entwicklungen der Trends in verschiedenen Ausprägungen zugrunde legen. Damit sollen verschiedene Entwicklungsmöglichkeiten für die Zukunft bedacht werden (vgl. Cornish 2005, S.97).

Zukunftsszenarien inklusive innovativer Produkt- und Reiseideen werden in narrativer Form in diesem Buch ebenso wie der Prozess ihrer Entstehung präsentiert. Hierzu wurden sieben Hausarbeiten der letzten Jahre mit den folgenden Themenschwerpunkten ausgewählt: Städtetourismus (2016), Hochseekreuzfahrten (2018), Nachhaltiger Tourismus (2018), Wellnesstourismus (2019), Partytourismus (2019), Naturtourismus (2020) und Wildlife Tourismus (2020). Diese Arbeiten wurden ausgewählt, da sie methodisch sowie durch ihre kreativen Ideen und Lösungsansätze überzeugen.

Anzumerken ist, dass die Szenarien in einem dynamischen Gruppenprozess entstanden sind, also auf der Einschätzung der Gruppenmitglieder basieren. Die Studierenden arbeiteten nach dem Modell der „*Multiplen Zukunft*", was bedeutet, dass es neben den ausgewählten und stimmigen Szenarien auch viele weitere Möglichkeiten geben kann. Für die Arbeiten aus 2020 gilt es zu beachten, dass diese zwar einen Bezug zu dem Covid-19 Pandemiegeschehen haben, dieses aber nicht Kern der Forschung war.

Der Sammelband richtet sich daher vor allem an Praktizierende, Lehrende und Studierende aus Freizeit- und Tourismus, mit Interesse an Trends und zukünftigen Entwicklungsmöglichkeiten der Branche.

Der erste Teil dieses Buches beschäftigt sich im ersten Kapitel mit der theoretischen und definitorischen Einführung in die Trendforschung und der Bewertung von Trends. Hierbei werden wichtige Begrifflichkeiten diskutiert und notwendigen Grundlagen zum Verständnis des Forschungsansatzes behandelt. Der nächste Abschnitt beschäftigt sich mit der Methodik des Szenario-Managements, wobei die verwendeten Techniken und Matrizen zunächst theoretisch erklärt und schlussendlich mit praktischen Beispielen verdeutlicht werden. Der zweite Teil dieses Buches beinhaltet die Ausarbeitungen der Studierenden, gegliedert nach den bearbeiteten Marktsegmenten. Zentrale Teile des Forschungsprozesses sowie die narrativ gestalteten Zukunftsszenarien sind hier zu finden. Dieser Teil beginnt mit den aktuellen Arbeiten aus dem Jahr 2020 und endet mit einer Arbeit aus 2016.

1.1 Einführung in die Trendforschung und Innovationen

Dieses Kapitel dient dem Zweck, jedem Leser den theoretischen Hintergrund für die Entwicklung der Szenarien zu erläutern. Dabei geht es zunächst um die theoretische Einführung in die Trendforschung, von der Definition von Trends und Trendforschung bis zu ihrer Anwendung. Des Weiteren werden die verschiedenen Trendkategorien vorgestellt. Außerdem werden Megatrends skizziert und erläutert, da sie im weiteren Verlauf oftmals eine Schlüsselrolle im Forschungsprozess einnehmen. Zudem werden Produktinnovationen begrifflich eingeordnet, da solche einen festen Bestandteil der Zielsetzung der Arbeiten darstellten.

1.1.1 Theoretische Einführung in die Trendforschung

Die Trendforschung ist eine Technik, die von Unternehmen angewandt wird, um Trends frühzeitig zu erkennen und sich dadurch Wettbewerbsvorteile zu verschaffen (vgl. Schögel 2007, S.329). Die Trendanalyse und -extrapolation kann dabei als eine Technik innerhalb der Szenario-Entwicklung genutzt werden. Die vorliegenden Projektarbeiten nutzten die Trendanalyse, um den Untersuchungsgegenstand (das Marktsegment) tiefgründig zu untersuchen und mögliche Entwicklungen für die Zukunft auf der Basis identifizierter Trendentwicklungen zu begründen.

1.1.2 Definition, Grundlagen und Einsatz der Trendforschung

Blum (2021, S. 30-31) schreibt hinsichtlich der Definition, Grundlagen und des Einsatzes der Trendforschung folgendes:

„Die Geschichte zeigt, dass die Menschheit laufend Veränderungsprozessen unterliegt. Die Welt und damit auch die Gesellschaft befinden sich im stetigen Wandel. Es lässt sich daraus schließen, dass die Gesellschaft sich auch in der Zukunft weiter verändern wird. Diese These ist eine der Grundannahmen in der Trendforschung. *„Trends beschreiben Veränderungsbewegungen in Wirtschaft und Gesellschaft* (Horx et al. 2007, S.7)". Laut dem Zukunftsforscher Matthias Horx existieren Trends seit Anbeginn der Menschheit. Die Zukunft ist ein ungewisser Faktor, mit dem Menschen sich zu jeder Zeitepoche und in allen Kulturen beschäftigt haben.

Trends sind laut Horx *„konkret, analysierbar und systematisch auffindbar"* (ebd. S.1). Ein Trend ist ein zeitliches Muster, welches den Zustand des Interessensgegenstands in Bezug auf bestimmte Merkmale beschreibt. Trends betrachten zwar reale Phänomene, sind selbst allerdings durch Forscher konstruiert. Forscher betrachten zeitliche Veränderungsmuster bezogen auf einen bestimmten Gegenstand und schreiben ihnen mit der Trendbezeichnung Sinn zu (vgl. Neuhaus 2018, S.2). Damit versprechen *„Trends und Trendforschung […] Ordnung im Ungeordneten, Übersicht im Unübersichtlichen, Richtung im Ungerichteten – oder, mit einem Wort: Komplexitätsreduktion"* (ebd. S.1)."

In den vorliegenden Projektarbeiten der Studierenden wird die Trendforschung mit dem Wissen angewandt, dass Trends nicht die Realität widerspiegeln, sondern als Mittel zur Reduktion von Komplexität fungieren und damit zur vereinfachten Darstellung der Realität verhelfen.

Blum (2021, S.31-32) konstatiert weiterhin: „Diese Definition von Trends ist abzugrenzen von der Nutzung des Begriffs im Volksmund. Hier wird Trend als kurzfristiges modisches Phänomen verstanden (vgl. Pfadenhauer 2005, S.135). Auch Bovenkerk (vgl. 2012, S.19-20) beschreibt diese Begriffsverwendung. Eine Mode ist die als zeitgenössisch angenommene Art und Weise von Personen oder Gruppen, etwas zu benutzen, sich anzuschaffen oder zu tun. Eine Mode ist sehr kurzlebig und kaum vorhersehbar; sie beschreibt zeitliche Präferenzen. Heutzutage wird Mode als etwas Neues und Beliebtes verstanden. Dabei handelt es sich um saisonale Phänomene, die nur kurzfristig währen. Sie haben keinen branchenübergreifenden oder gesellschaftlichen Einfluss. Sie können allerdings Indikatoren für sich entwickelnde Trends sein, die auf einer höheren Ebene wirken (vgl. ebd., S.20). Den Unterschied macht auch die Übersetzung aus dem Englischen ins Deutsche klar: Trend bedeutet auf Deutsch *„Richtung"* oder *„sich erstrecken, laufen"* (Langenscheidt 1994). Im Brockhaus (o. J.) wird Trend als

Grundrichtung einer Entwicklung und langfristige, systematische Änderung eines Vorgangs beschreiben. In der Vergangenheit können abgeschlossene Trends erkannt werden."

In den Ausarbeitungen der Studierenden geht es allerdings um Trends, die sich vermeintlich in der Zukunft fortsetzen.

Weiterführend schreibt Blum (2012, S.32-34) hierzu:

„Solche Trends betrachten die Vergangenheit, verlängern diese über die Gegenwart und machen dadurch Aussagen über eine mögliche Weiterentwicklung in der Zukunft. Trendforschung betrachtet dabei immer einen bestimmten Gegenstand und dessen Entwicklung über die Zeit (vgl. Neuhaus 2018, S.3). Trendforschung beschäftigt sich systematisch mit der Beobachtung, der Sammlung und der Analyse von Trends, die auf einen definierten Gegenstand einwirken. Dabei wird das Ziel verfolgt, Trendentwicklungen transparent zu machen und Trendaussagen nachvollziehbar zu formulieren (vgl. ebd. S.4).

Bovenkerk (vgl. 2006, S.44) schreibt der Trendforschung die Aufgaben der Analyse des Verlaufs von Trends und der Erfassung von Veränderungen über die Zeit zu. Dadurch können Zukünfte planbar und erfahrbar gemacht werden. Zudem soll die Trendforschung Dynamiken begreifen und diese für die Gestaltung von Produkten und Geschäftsfeldern nutzen sowie Handlungsempfehlungen entwickeln und Strategien zur Befriedigung von Kundenbedürfnissen ermitteln. Dazu müssen Entwicklungen rechtzeitig erkannt, benannt und bewertet werden, um neue Marktbedingungen und Kundenbedürfnisse frühzeitig ableiten zu können. Trendforschung ist eine anwendungsbezogene Forschung, die oftmals kommerziell und praxisorientiert durchgeführt wird.

Die zuvor aufgeführten Eigenschaften bieten eine Plattform für Kritik im wissenschaftlichen Kontext. So kritisiert beispielsweise Pfadenhauer (vgl. 2005, S.133-134) den umstrittenen Zustand der Trendforschung als wissenschaftliche Disziplin sowie, dass bereits die Definition des Begriffs Trend nicht (einheitlich) gegeben ist. Weiter findet die Wissensproduktion nicht ausschließlich zur Erkenntnisgewinnung statt, sondern vielmehr zur Nutzung in der Praxis. Dadurch misst sich die Qualität des Wissens nicht an herkömmlichen wissenschaftlichen Maßstäben, sondern an dem Ausmaß der Nützlichkeit. Damit ist die Trendforschung anwendungs- und auftragsbezogen. Diese Eigenschaft macht sie abhängig von der Zufriedenheit der Auftraggeber und nimmt ihr somit die Neutralität (vgl. Pfadenhauer 2005, S.135).

Laut Pfadenhauer lässt sich die Trendforschung als Disziplin zwischen der Zukunftsforschung und der Marktforschung einordnen. Zukunftsforschung ist auf größere Zeithorizonte festgelegt und befasst sich mit möglichen Entwicklungen in der Zukunft und Voraussetzungen in der Vergangenheit. Marktforschung ist meist unternehmensbasiert und dient der zweckgerichteten Informationsbeschaffung. Trendforschung setzt sich in der Mitte zum Ziel, soziale und kulturelle Entwicklungen zu erkennen, zu benennen, zu bewerten und daraus

Handlungsoptionen zu formulieren. Dabei greift die Trendforschung laut Pfadenhauer allerdings auf Methoden zu, denen es an Standardisierung fehlt (vgl. Pfadenhauer 2005, S.138).

Rust wirft der Trendforschung vor eine *„profitgerichtete Pseudo-Wissenschaft"* zu sein. Er unterstellt ihr Intransparenz in dem Prozess von der Fragestellung bis zur Ergebnisgewinnung. Zudem fehlen ihm die deutliche Kennzeichnung von Spekulationen, die klare Definition von Begriffen und die Nachvollziehbarkeit der Ergebnisse. Auch äußert er die Problematik eines Interessenkonflikts zwischen dem Auftraggeber und wissenschaftlichen Erkenntnissen (vgl. Rust 2009, S.13-15).

Durch Grunwalds Definition der Zukunft kann ein Teil dieser Kritik relativiert werden: *„Zukunft besteht nur als sprachlich formulierte Zukunft"* (Grunwald 2009, S.26). Sie kann nicht beobachtet, gemessen oder analysiert werden. Ein Zugang zur Zukunft kann allein durch das Medium der Sprache geschaffen werden. Zukunft kann somit nicht losgelöst von der heutigen Gegenwart betrachtet werden. Wird die Zukunft betrachtet, so spielen dabei immer gegenwärtige Einschätzungen zur Relevanz einzelner Faktoren und gegenwärtiges Wissen eine Rolle. Zukünfte stellen demzufolge gegenwärtige Konstruktionen von Situationen dar, die als zukünftige Gegenwarte angenommen werden (vgl. ebd., S.26-28). Hierbei wird deutlich, dass die Zukunft und Aussagen über diese immer als Konstrukte verstanden werden müssen, die ihre Geltung auf gegenwärtigem Wissen erreichen. Somit haben auch Trends, die in die Zukunft fortgeschrieben werden, keinen Wahrheitsanspruch, sondern stellen eine wahrscheinliche Weiterentwicklung aus heutiger Sicht dar. Unter Betrachtung der dargestellten Kritik gilt es zu gewähren, dass die angewandten Methoden in der Trendforschung transparent und nachvollziehbar sind. Es ist zudem sicherzustellen, dass die Forschung unabhängig von den Interessen eines potentiellen Auftraggebers bleibt."

1.1.3 Trendanalyse als zentrale Methode der Trendforschung

Auch bei den folgenden Unterkapiteln handelt es sich um Auszüge aus Blum (2021, S.34-40):

„Bovenkerk (2012, S.58) beschreibt die Trendanalyse als den ersten Schritt in dem Prozess der Trendforschung. Dieser kann wiederum in Unterschritte unterteilt werden. Zunächst erfolgen hierbei Beschaffung, Verdichtung und Analyse von Informationen. Daraus lassen sich in einem zweiten Schritt Trends erkennen und beobachten. Zum Erkennen und Definieren eines Trends muss zunächst die Anatomie einer Trendaussage verstanden werden, weshalb diese im Folgenden erklärt wird.

1.1.4 Anatomie der Trendaussage

Um einen Trend benennen zu können, muss eine Trendaussage getroffen werden. Diese ist abzugrenzen von dem Trend selbst. Einer Trendaussage werden durch Neuhaus (vgl. 2018, S.4-5) zwei Ebenen zugeschrieben: die diagnostische Ebene und die prognostische Ebene. Die diagnostische Ebene bezieht sich auf die Gegenwart, während die prognostische Ebene Zukunftsaussagen trifft. Die diagnostische Ebene kann wiederum in drei Komponenten aufgeteilt werden: die statistische, die interpretative und die argumentative Komponente (vgl. ebd., S.5). Die folgende Abbildung 1 verbildlicht die vorgestellte Anatomie von Trendaussagen:

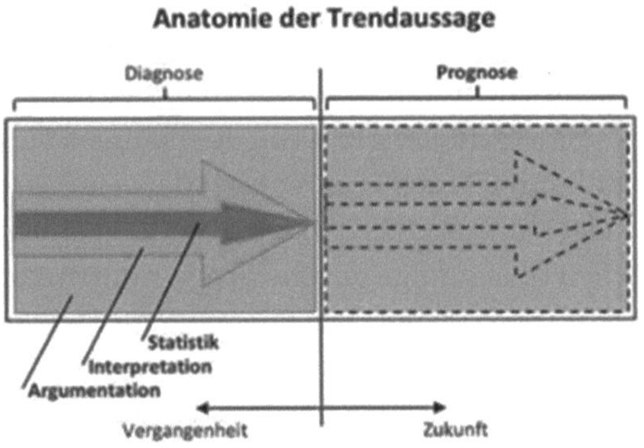

Abbildung 1: Anatomie der Trendaussage
Quelle: Neuhaus (2018, S.5)

In der statistischen Komponente werden Beobachtungen und Daten gesammelt. Diese Daten und Beobachtungen bilden oft den Anlass dafür, einen Trend zu erkennen und sollen ihn zumeist auch belegen. Die interpretative Komponente deutet die zuvor gesammelten Daten und schreibt ihnen einen Sinn zu. Diese Sinnzuschreibung ist die zentrale Botschaft der Trendaussage. Die argumentative Komponente begründet den Zusammenhang zwischen statistischen Daten und der Interpretation. Zusammenfassend sollten demnach statistische Beobachtungen dokumentiert werden, die durch schlüssige Interpretation gedeutet und durch Argumentation plausibel begründet werden, um eine glaubwürdige Trendaussage zu formulieren. Die prognostische Ebene des Trends macht den Sprung von der Vergangenheit und der Gegenwart in die Zukunft. Hier wird eine Aussage über die Zukunft getroffen. Diese Projektion ist das zentrale Element der Trendaussage, aber auch besonders angreifbar. Die prognostische Ebene verlässt die empirische Analyse einer Entwicklung und formuliert eine Annahme über die Weiterentwicklung in einem nicht existierenden Zukunftsraum. Hierbei ist festzuhalten, dass es sich in diesem Schritt um den Entwurf eines Konstrukts der Zukunft handelt und nicht um eine Beschreibung der realen Zukunft (vgl. Neuhaus 2018, S.5-9).

1.1.5 Einteilung in Trendkategorien

Nachdem eine Trendaussage getroffen wurde, müssen Trends analysiert und bewertet werden. Dafür werden Trendkategorien sowie Eigenschaften von Trends genutzt. Das Zukunftsinstitut, die führende Einrichtung für Trend- und Zukunftsforschung in Deutschland, verwendet folgende Grafik in Abbildung 2, um zwischen verschiedenen Trendkategorien zu unterscheiden:

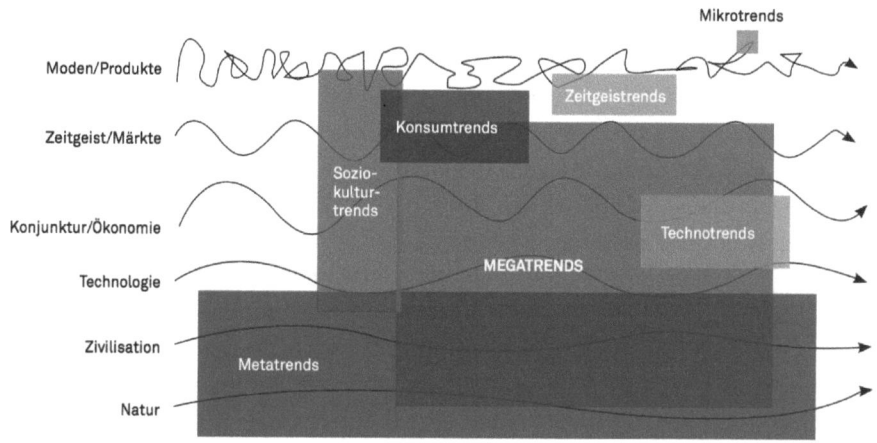

Abbildung 2: Trendkategorien im Wellenmodell
Quelle: Zukunftsinstitut GmbH (2018, S.12)

Die Abbildung 2 verdeutlicht, dass Trends auf verschiedenen Ebenen unterschiedlich wirken. Diese Ebenen weisen unterschiedliche Ausprägungen in der Dynamik des Wandels auf. Die **Natur** verändert sich über mehrere Jahrtausende oder Millionen von Jahren und weist somit langsame Veränderungsvorgänge auf. Auch Veränderungen auf der Ebene der **Zivilisation** verlaufen eher langsam. Wandel entsteht hier in einem Zyklus von Jahrhunderten oder Jahrtausenden. Typische Veränderungen treten hier in Produktionsweisen oder Sozialstrukturen auf. Dazu zählen beispielsweise die Entwicklung vom Nomadentum zur Agrargesellschaft oder die industrielle Revolution. Die **Technologie** durchläuft Zyklen von ungefähr 50 Jahren. So werden in diesem Abstand seit der industriellen Revolution neue Basistechniken entwickelt, die der Menschheit komplett neue Möglichkeiten bieten. Dazu gehören der Bau von Eisenbahnen, die Automobilbranche gepaart mit dem Ausbau des Straßennetzes in der Nachkriegszeit und die Entwicklung von Informationstechnologien und Computern. Die **Ökonomie** lässt sich wiederum durch einen kürzer getakteten Wandel beschreiben, der durch ein Auf und Ab in der Wirtschaft erkennbar wird. Auf der

Ebene der **Märkte** und des **Zeitgeistes** verlaufen die Trendwellen schnell. Hier findet ca. alle fünf Jahre ein Wandel statt. Die Ebene der **Produkte** und **Moden** ist im Vergleich zu den vorigen Ebenen unberechenbar. Der Wandel kann hier nicht vorausgesagt werden, da die Trendwellen sich häufig von einer Saison zur nächsten oder innerhalb einer Saison verändern, zurückgehen oder ihre Richtung wechseln (vgl. Zukunftsinstitut GmbH 2018, S.10).

Die Ebenen, auf denen sich Trends abspielen, können dabei helfen, Trends in verschiedene Trendkategorien einzuteilen. Diese Einteilung ist wichtig, um zu verstehen, in welchen Dimensionen sich Veränderungen und Entwicklungen abspielen. Die Einteilung verläuft anhand der Parameterebene, Relevanz, Länge und Intensität (vgl. Deckers und Heinemann 2008, S.56).

Metatrends beschreiben die Ebene der Universaltrends. Das sind Trends, die die gesamte Welt beeinflussen und von langer Dauer (Jahrhunderte bis Millionen von Jahren) sind. Sie beschreiben allumfassende Prozesse auf der Ebene der Natur und der Zivilisation. Dazu gehören evolutionäre Gesetze und der Veränderungsprozess der Natur (vgl. ebd.).

Megatrends weisen vier Kriterien auf, die sie von anderen Trends unterscheiden. Sie haben eine Dauer von mehreren Jahrzehnten (Halbwertszeit mehrere Jahrzehnte) und sie weisen Ubiquität auf, was bedeutet, dass sie in allen Lebensbereichen (Ökonomie, Konsum, Wertewandel, Medien, Politik etc.) Auswirkungen zeigen. Außerdem sind sie als globale Phänomene mit unterschiedlicher Intensität auf der Welt verteilt und werden durch Komplexität charakterisiert. Die Trends sind vielschichtig und mehrdimensional, wobei Megatrends sich auch gegenseitig beeinflussen und verstärken (vgl. Zukunftsinstitut GmbH 2018, S.7). Megatrends bestehen in der Welt unabhängig von einem betrachteten Untersuchungsgegenstand. Es wird davon ausgegangen, dass sie global wirksam sind und somit relevant für jeden Lebensbereich (vgl. Tewes und Tewes 2020, S.23).

Sozio-kulturelle Trends sind Veränderungen, die sich in einem Zeitraum von ca. 15-50 Jahren abspielen. Diese Prozesse werden auf den Ebenen der Produkte, Märkte und Wirtschaft deutlich. Sie haben ihren Kern in sozialen Prozessen und äußern sich in Wertvorstellungen, Lebensstilen, Bedürfnissen und Werten der Menschen. Oftmals sind sie eine Reaktion auf Defizite und entstehen, um diese auszugleichen (vgl. Deckers und Heinemann 2008, S.57).

Technotrends beschreiben Veränderungsbewegungen auf der Ebene der Technologie. Diese Trends haben häufig einen Einfluss auf die weiteren Wirkungsbereiche von Trends und bringen somit auch Trends auf anderen Ebenen hervor. Unter einem Technotrend werden Veränderungen in der Basistechnologie aber auch mittelfristige und branchenspezifische Entwicklungen gefasst (vgl. Zukunftsinstitut GmbH 2018, S.11).

Ein **Konsumtrend** hat eine Wirkungsdauer von fünf bis zehn Jahren und zeigt Veränderungen im generellen Konsumverhalten der Menschen auf. Dieser

Trend weist auf eine Veränderung auf sozialer Ebene hin und beschreibt veränderte Wünsche, Werte und Bedürfnisse von Kunden. Damit greifen Konsumtrends auf soziokulturelle Trends zurück und übersetzen diese in das daraus entstehende Konsumverhalten. Sie nehmen eine verbraucher- und marktbezogene Sichtweise ein (vgl. Deckers und Heinemann 2008, S. 57).

Mode- und Zeitgeisttrends sind kurzfristige, oberflächliche Entwicklungen, die oftmals saisonbedingt auftreten. Auf dieser Ebene werden laut Zukunftsinstitut (2018, S. 12) auch sog. Mikrotrends verortet. Mikrotrends sind kleine Veränderungen hinter den großen Trendbewegungen, „scharf umgrenzte Stilentwicklungen im Bereich des Designs, der Konsum- und Lebenswelt Phänomene, die sich bestens als Inspirationsquelle für Innovationen eignen"(vgl. ebd.).

1.1.6 Beschreibung der wichtigsten Megatrends

An dieser Stelle sollen, die im wissenschaftlichen Kontext anerkannten, Megatrends genauer erörtert werden, denn Sie sind ein Grundpfeiler der Arbeit in der Trend- und Zukunftsforschung. Sie sind langfristige Wandlungsprozesse mit enormen Ausmaßen und Auswirkungen. Megatrends sind nicht eindimensional, sondern vielfältig und vernetzt. Sie entfalten ihre Dynamik querschnittartig, zum Teil über alle gesellschaftlichen und wirtschaftlichen Bereiche hinweg. Sie wirken nicht isoliert, sondern beeinflussen sich gegenseitig und verstärken sich so in ihrer Wirkung. Deshalb haben sich alle Projektgruppen zunächst mit den Megatrends und ihren Auswirkungen auf die bearbeiteten Marktsegmente beschäftigt. Zum besseren Verständnis der entwickelten Zukunftsszenarien werden nachfolgend die einzelnen Megatrends kurz skizziert werden.

Der Megatrend **Individualisierung** beschreibt das Streben der Menschen nach Autonomie und Selbstbestimmung. Konkret bedeutet das, dass das Leben nicht mehr von linear verlaufenden, festen Strukturen bestimmt wird. Biografien entwickeln sich hin zu *„Multigrafien"*, die durch Brüche, Umwege und Neuanfänge geprägt sind. Gründe dafür sind u. a. auf der einen Seite eine Gesellschaft, die uns einen individuellen und freien Entfaltungs- und Gestaltungsraum gibt, und auf der anderen Seite eine Gesellschaft, die uns stärker unter Entscheidungsdruck setzt (vgl. Zukunftsinstitut GmbH 2012a, online/Zukunftsinstitut GmbH 2016a). Die genannten gesellschaftlichen Aspekte führen insbesondere zu veränderten Werten und einer differenzierten, sich wandelnden Wirtschaft mit neuen Nischenmärkten. Höhere Bildung führt zu einer Wohlstandsgesellschaft, in der Menschen ein hohes Maß an Wahlfreiheit haben und ihr Leben individuell gestalten und führen können. Lebensstile pluralisieren sich und biografische Muster werden vielfältiger (vgl. Zukunftsinstitut GmbH 2012a). Neue Familienkonstellationen entstehen *(„Patchwork")*. Soziale Werte bzw. das Pflegen von sozialen Kontakten stehen im Vordergrund. Als Treiber des dominierenden Megatrends kann die zunehmende technische und soziale Vernetzung gesehen werden, welche die Autonomie des Einzelnen erhöht und neue Marktzugänge für die Nutzer öffnet. Neue Produktionsverfahren ermöglichen eine Personalisierung von Produkten, sodass sich die Individualgesellschaft, auf ökonomischer Ebene betrachtet, zu einer „Unikatgesellschaft" entwickelt (vgl. ebd.).

Der Wandel der Geschlechterrollen wird in der Trenddokumentation des Zukunftsinstituts als **Gender Shift** bezeichnet. Die Auflösung von traditionellen Geschlechterrollen führt zu einem massiven Umbruch im Berufs- und Privatleben der jeweiligen Geschlechter. Dieser Umbruch bietet gleichzeitig die Chance, eine individuelle Balance zwischen Berufs- und Privatleben (Familie) zu finden (Work-Life Balance). Abseits von klassischen zeitgenössischen Familienmodellen (Vater-Mutter-Kind-Konstellation) findet eine Umstrukturierung statt, welche den Wunsch nach beruflicher Verwirklichung und den Wunsch nach mehr Zeit mit der Familie vereinbart (vgl. Zukunftsinstitut GmbH 2016b/Zukunftsinstitut GmbH 2012b). Die wechselnden Rollenbilder innerhalb der Gesellschaft führen auch zu einem Machtzuwachs der Frauen. Diese Entwicklung wird allgemein als **Female Shift** betitelt. Die Emanzipation der Frau ist insbesondere auf die gestiegene Wahl- und Entscheidungsfreiheit zurückzuführen. Frauen gelten bereits weltweit als Bildungsgewinner. Des Weiteren streben immer mehr Frauen Führungspositionen an oder üben bereits eine Führungsposition aus. Es sind genau diese genannten Aspekte, die einen Wandel in der von Männern dominierten Welt bewirken. Frauen haben einen großen Einfluss auf unterschiedliche Sektoren, wie Politik, Gesellschaft und Wirtschaft. Eine Diskrepanz zwischen Frauen und Männern ist dennoch zu erkennen, wenn es um Karrierechancen geht. Die Feminisierung der Gesellschaft lässt unterschiedliche Gesellschaftsformen entstehen, die sich in unterschiedlicher Art und Weise äußern. Sie ergründet sich auf den soziokulturellen Wertewandel sowie auf ökonomische Veränderungen und Neuorientierungen. Als Treiber dieser beschriebenen Entwicklung gelten u. a. das gesteigerte Selbstbewusstsein der Frau, bessere Bildungschancen sowie mehr Wahlmöglichkeiten in der individualisierten Gesellschaft. Immer mehr Frauen gehen männerdominierten Freizeitaktivitäten und/oder Berufsfeldern nach. Viele Frauen können sich erst in ihrem Beruf selbst verwirklichen. Der Mann muss lernen, dies zu akzeptieren und ihm wird damit die Chance geboten, sich mehr Zeit für seine Familie zu nehmen. Ein verändertes Rollenbild des Vaters ist ersichtlich: Der Vater repräsentiert nicht mehr (nur) den klassischen Versorger, sondern wird gleichzeitig auch zum Fürsorger der Familie. Der Megatrend Female Shift verändert damit also auch die Lebenswelten von Männern (vgl. Zukunftsinstitut GmbH 2012b).

Neben den Entwicklungen bezüglich der Geschlechterverteilung ist weltweit auch eine steigende Lebenserwartung erkennbar sowie eine Veränderung der Art und Weise des Alterns. Die Menschen altern langsamer und später. Das Heraustreten aus traditionellen Altersrollen, auch als *„Downaging"* bezeichnet, zeichnet sich stärker ab denn je. Nach dem Ruhestand beginnt eine zweite Ära, in der Selbstverwirklichung, Gesundheit, Geselligkeit, Aktivität, Freude und der

Genuss am Leben eine zentrale Rolle spielen. Die Rolle des Alters wird in der Gesellschaft neu definiert. Auch im hohen Alter werden gesellschaftliche Verpflichtungen übernommen. Viele sind auch im Rentenalter ehrenamtlich oder beruflich tätig. Ebenso gilt ein Studium als eine Möglichkeit, um am gesellschaftlichen Leben teilzuhaben und gleichzeitig das eigene Wissen erweitern zu können (vgl. Zukunftsinstitut GmbH 2016c/Zukunftsinstitut GmbH 2012c). Das Altern bzw. das Alter bietet neue Chancen sich individuell zu entfalten und die persönliche Multigrafie zu schreiben. Diese Veränderung des Altersbildes bzw. des Alterns beschreibt der Megatrend **Silver Society** *(vgl. Zukunftsinstitut GmbH 2012c)*. Die Alterung der Gesellschaft wird das Leben auf der ganzen Welt verändern. Märkte, wie z. B. Städtebau, Wohnungsbau, Verkehr, Tourismus sowie die Gesundheitsbranche sind von der Alterung betroffen. Das Altern bietet jedoch auch eine große wirtschaftliche Chance für die genannten Märkte. Daher ist es essenziell, dass sich eben diese den oben genannten Aspekten öffnen (vgl. ebd.).

Mit dem bereits erwähnten Megatrend der **Individualisierung** geht auch der Megatrend **Wissenskultur** einher. Digitale Medien bieten einen leichteren Zugang zur Wissenswelt. Dabei gilt die Bildung als Schlüsselfaktor für die zukünftige Entwicklung unserer Gesellschaft. Die individuelle Förderung jedes einzelnen Talents sowie das Interesse am *„Lebenslangen Lernen"* gilt als Voraussetzung für eine Zukunft voller Innovationen und sozialem Aufstieg. Das Lernen ereignet sich nicht mehr nur allein in der staatlich vorgesehenen Phase (Schule), sondern darüber hinaus während des gesamten Lebens. Neue pädagogische Konzepte sowie die Nutzung neuer Medien dienen der Wissensvermittlung fernab vom klassischen Frontalunterricht. Die neuen Medien lösen das alte autoritäre Modell ab. Eine neue Kommunikationskultur etabliert sich in den Schulen, fernab von stringenten und linearen Strukturen. Das Internet findet Einzug ins Klassenzimmer und dient dabei als Medium zur unendlichen Wissensquelle. Neue Bildungsangebote werden geschaffen, die den Anforderungen der Wissensgesellschaft von morgen gerecht werden. Der Arbeiter der Zukunft vereinbart Kreativität, soziale Kompetenzen, Persönlichkeit, Kontextualisierung und intrinsische Motivation. Diese Anforderungen erzeugen ein einzigartiges Profil und bilden einen individuellen *„Unique Selling Point (USP)"* (vgl. Zukunftsinstitut GmbH 2016d/Zukunftsinstitut GmbH 2012d).

Der Megatrend **New Work** beschreibt einen Wandel der Industrie- zur Wissensgesellschaft. Eine Reaktion auf diesen Wandel sind veränderte Unternehmensstrukturen und Arbeitsräume. Kreative Mitarbeiter sowie Service- und Informationsmitarbeiter rücken dabei in den Vordergrund. Mit der „Work-Life Balance" verblassen die Grenzen zwischen Berufs- und Privatleben. Die Kreativität eines Mitarbeiters befähigt gleichzeitig auch zur Selbstständigkeit (vgl. Zukunftsinstitut GmbH 2016e). Der globale Arbeitsmarkt ist von einer größeren Wettbewerbsintensität geprägt. Insbesondere die Schwellenländer haben hierbei eine zentrale Bedeutung. Neue Schlüsselqualifikationen erfahren eine hohe

Relevanz. Fachspezifische Kenntnisse allein sind nicht mehr ausreichend. Der Mitarbeiter von morgen muss dazu fähig sein, ganzheitlich und vernetzt denken zu können. Gleichzeitig sollte er aber auch kreativ sein. Produktentwicklungsprozesse verändern sich. Innovationsqualität und Bandbreite geraten in den Fokus unterschiedlicher Branchen. Dezentrale Arbeitsformen entstehen ausgelöst von den Megatrends Konnektivität und Globalisierung. Produktives Arbeiten fernab vom klassischen Arbeitsplatz wird durch neue Raumkonzepte in- und außerhalb des Unternehmens ermöglicht. Zudem entstehen flexible und teamorientierte Arbeitsformen (vgl. Zukunftsinstitut GmbH 2012e).

Bezogen auf den Megatrend **Gesundheit** ist zu sagen, dass die Gesundheit heutzutage vermehrt ganzheitlich betrachtet wird. Unter dem Begriff ist nicht mehr nur das Gegenteil von Krankheit zu verstehen, sondern vielmehr ein Bewusstsein für den eigenen Körper und für die eigene Seele – eine Balance der individuellen Lebensenergie. Ziel ist es, das richtige Maß zwischen Arbeit und Privatleben zu finden (*„Work-Life Balance"*). In den nächsten Jahren wird der Megatrend Gesundheit den Lebensstil der Menschen vermutlich immer stärker beeinflussen (vgl. Zukunftsinstitut GmbH 2016f). Die Begriffe „Krankheit" und „Gesundheit" werden neu definiert. Als Folge dessen ist eine enorme Entwicklung innerhalb des medizinischen Sektors zu beobachten. Das Wissen über die Gesundheit und den menschlichen Körper wächst exponentiell. Neue Behandlungsmethoden entstehen. Erfahrungswissen verknüpft mit wissenschaftlichem Forschungswissen lassen ein neues, integriertes Verständnis von Medizin entstehen. Gesundheit zieht sich durch alle Lebens- und Konsumbereiche. Auch in der Arbeitswelt sind die genannten Entwicklungen des Megatrends zu beobachten (*„Corporate Health"*). Gleichzeitig kann Gesundheit als ein unschlagbares Verkaufsargument gesehen werden. Der Megatrend Gesundheit ist aber auch stark von der digitalen Vernetzung geprägt. Gesundheitliche Fragen werden im Netz diskutiert und Diagnosen werden mobil erstellt, was zu einer veränderten Kommunikation zwischen Arzt und Patient führt (vgl. Zukunftsinstitut GmbH 2016f/Zukunftsinstitut GmbH 2012f).

Die voranschreitende Globalisierung, der Klimawandel, die Rohstoffknappheit sowie ein verändertes und stärkeres Verantwortungs- und Umweltbewusstsein der Menschen führt zu einem differenzierten Wachstum, das von ökologischer, ökonomischer und sozio-kultureller Verantwortung geprägt ist. Mit dem Megatrend **Neo-Ökologie** findet eine Verschiebung des Wirtschaftssystems statt. Dies drückt sich vor allem im *„Lifestyle of Health and Sustainability"* (LOHAS) aus. Eine radikale Veränderung der Märkte und des Konsumverhaltens ist ersichtlich. Die Konzentration liegt dabei nicht nur auf rein ökologischen Themen (Flächenverbrauch, Co2-Ausstoß etc.), sondern auch auf sozial-ökologischen Folgen unseres Handelns (Verdrängung lokaler Kulturen) (vgl. Zukunftsinstitut GmbH 2016g). Der Markt wird durch den Ausbau erneuerbarer Energien revolutioniert. Städte und Unternehmen stehen vor der Herausforderung diese produzierte Energie zu steuern und dafür zu sorgen, dass alle Haushalte stabil versorgt werden. Strategien und Produkte werden nachhaltig gestaltet, um ökologisch und ökonomisch einen langfristigen Erfolg zu erzielen. Zudem ist eine effektive Ressourcennutzung, die durch entsprechende Geschäftsmodelle, neue nachhaltige Recyclingstrategien und Produktionskreisläufe ermöglicht wird, unerlässlich. Geschäftsmodelle werden damit revolutioniert (vgl. Zukunftsinstitut GmbH 2012g).

Unter dem Megatrend **Konnektivität** ist eine neue Organisationsform innerhalb von Netzwerken zu verstehen. Gemeint ist damit eine Kommunikation, die über das Internet erfolgt. Praktiziert wird diese von Menschen und Maschinen. Dieser Wandel ergründet sich neben technischen Aspekten auch auf sozialen Belangen. Es ist die von der Gesellschaft ausgehende Forderung nach Transparenz, die Unternehmen und administrative Strukturen nach außen öffnet (vgl. Zukunftsinstitut GmbH 2016h). Diese Forderung nach Transparenz und der Wunsch nach Offenheit befähigt dazu, dass Daten und Informationen zu jeder Zeit für jedes Individuum verfügbar und abrufbar sind. Des Weiteren ist eine schnellere Weiterverarbeitung und Aufbereitung der Daten gewährleistet. Konnektivität prägt die Gesellschaft in allen Lebensbereichen. Oft wird die digitale Vernetzung jedoch nicht bewusst wahrgenommen. Konnektivität wird beispielsweise durch die Nutzung von Smartphones ermöglicht. Social Media Anwendungen (Facebook, Twitter, Instagram etc.) befähigen zu einer kreativen und innovativen Form der Kommunikation (vgl. Zukunftsinstitut GmbH 2012h).

Der Megatrend **Globalisierung** beschreibt eine Veränderung der Weltwirtschaft und zählt gleichzeitig zu den zentralen Herausforderungen des 21. Jahrhunderts. Viele Schwellen- und Entwicklungsländer partizipieren und profitieren zunehmend am und vom Weltwandel, Wohlstand sowie dem Wirtschaftswachstum. Grund dafür ist die Internationalisierung der Märkte und der Unternehmen. Der Megatrend wirkt sich neben dem wirtschaftlichen Sektor auch auf gesellschaftliche und soziale Bereiche aus, wie das Bildungssystem, den Konsum von Massenmedien und Kultur, aber auch das Privatleben. Globalisierung und die damit verbundene Migration führen zu einer kulturellen Diversität. Diese Vielfalt ist bereits jetzt schon im Alltag erkennbar. So haben beispielsweise *„Bollywood Filme"* die Filmindustrie erobert. Auch die Liebe kennt keine Grenzen. Das Führen von Fernbeziehungen wird durch die Globalisierung erleichtert. So sind Paarkonstellationen aus den geografisch entferntesten Nationen möglich (vgl. Zukunftsinstitut GmbH 2016i). Während die Welt näher zusammenrückt, repräsentiert das Internet einen virtuellen Entstehungsraum für eine globale Kultur. Mit der Globalisierung geht aber auch eine „Glokalisierung" einher, in der Globalisierung und Regionalisierung aufeinanderstoßen. Viele Kunden beziehen regionale Produkte und suchen damit die Nähe zum *„Erzeuger"*. Das Lokale bzw. das Regionale gewinnt damit als Teil der Globalisierung immer mehr an Bedeutung. Ein weiterer Aspekt, der mit der Globalisierung zusammenhängt, ist die „multipolare Weltordnung", womit die Entstehung mehrerer zentraler globaler Mächte gemeint ist, die Macht und Einfluss untereinander haben. Die Welt wird militärisch und wirtschaftlich von mehreren Mächten beherrscht. China beispielsweise etabliert sich zunehmend als Wirtschaftskraft und repräsentiert damit gleichzeitig eine wichtige Weltmacht. Durch die Herstellung eigener Hightech-Produkte wird China weiterwachsen. Innovative und kreative Städte, auch als „*Global Cities*" bezeichnet, werden zu ökonomischen, kulturellen und politischen Zentren der Weltwirtschaft. Sie sind der lokale Knotenpunkt der Globalisierung, da sie regionale, nationale und internationale Finanz-, Dienstleistungs- und Warenströme miteinander verknüpfen. Somit haben die „*Global Cities*" eine zentrale Steuerungsfunktion (vgl. Zukunftsinstitut GmbH 2016j).

Seit Beginn des 19. Jahrhunderts ist die Welt durch eine stetige Zunahme der Mobilität geprägt, die besonders auf die Beschleunigung des Lebens bzw. des Alltags zurückzuführen ist. Der Megatrend **Mobilität** und der Megatrend Globalisierung stehen in enger Verbindung zueinander. In der globalisierten Gesellschaft bildet Mobilität die Basis des Wirtschaftens und des Lebens. Mobilität versteht sich als zentraler Baustein des Erlebens sowie des Konsums. Durch Mobilität wird die individuelle Bewegung, Veränderung und Wandlungsfähigkeit ermöglicht. Hinter dem Begriff verbirgt sich eine große Vielfalt der Optionen Neues zu entdecken und sich selbst zu verwirklichen. Im Zeitalter der „*Multimobilität*" werden Möglichkeiten gesucht, um die individuellen und heterogenen Mobilitätsansprüche und -wünsche jedes Einzelnen zu erfüllen. Gleichzeitig müssen jedoch ökonomische und nachhaltige Aspekte dabei berücksichtigt werden. Folglich hat der Megatrend Mobilität einen starken Einfluss auf unterschiedliche Bereiche der Wirtschaft und Gesellschaft, wie z. B. auch auf den Tourismussektor (vgl. Zukunftsinstitut GmbH 2016k/Zukunftsinstitut GmbH 2016l).

1.1.7 Bewertung von Trends

Bezogen auf die Bewertung von Trends schreibt Blum (2021, S.40-41) folgendes: „Die bereits vorgestellten Trendkategorien werden durch die Parameter Ebene, Länge, Intensität und Relevanz ermittelt. Bovenkerk (2012) stellt neben diesen Kriterien weitere vor, nach denen Trends bewertet werden können. Diese werden in der nachfolgenden Tabelle 1 dargestellt:

Tabelle 1: Bewertungskriterien für Trends

Bewertungskriterium	Beschreibung/Fragestellung
Zeit	Wie lange dauert der Trend an?
Intensität/Qualität	Wie groß ist seine Anziehungskraft? Wie viele Anhänger hat er?
Entwicklungsdynamik	Wie (schnell) vergrößert sich seine Anhängerschaft?
Dimension	Auf welcher Ebene wirkt der Trend?
Interaktivität/Interaktion	Welchen Einfluss wirkt der Trend auf andere Produkte oder die Gesellschaft aus? Welche Wechselwirkungen bestehen mit anderen Trends?
Zielgruppenbestimmung	Welche Anhänger hat der Trend? Wie lassen sie sich beschreiben und welche Merkmale weisen sie auf?
Ausdrucksformen der Trends	Wie zeigt sich der Trend im Verhalten der Anhänger?
Verlaufsstruktur der Trends	Wie verläuft der Trend?
Reaktionen der Trendverläufe	Wie reagiert der Trend auf äußere Einflüsse wie Krisen, politische Veränderungen, Marketing-Maßnahmen?

Quelle: Eigene Darstellung in Anlehnung an Bovenkerk (2012, S.27f.).

Neben den bereits betrachteten Kriterien stellt Bovenkerk hier die Kriterien Entwicklungsdynamik und Verlaufsstruktur des Trends vor. Diese beiden Kriterien können durch das Sammeln von Daten und später durch Graphen dargestellt werden. Zudem nennt sie qualitative Kriterien, die sich mit der Interaktion des Trends mit anderen Einflüssen, mit der Zielgruppe des Trends und dessen Ausdrucksformen und der Reaktion des Trends auf äußere Einflüsse beschäftigen (vgl. Bovenkerk 2012, S. 27f.)."

"Bei der Trendanalyse wird zwischen der quantitativen und qualitativen Methode unterschieden. Liegen quantitative Daten vor, können durch Berechnungen Entwicklungen für die Zukunft bestimmt werden. Wenn keine quantitativen Daten vorliegen oder eine Quantifizierung der Daten nicht sinnvoll erscheint, wird die qualitative Trendanalyse verwendet. Hierbei werden vor allem weiche Faktoren wie gesellschaftliche Werte oder politische Aspekte betrachtet. Das Vorgehen bei qualitativen Daten sieht hierbei so aus, dass Einflussgrößen definiert und durch Informationen beschrieben werden, eine Verlaufsstruktur ist hierbei häufig nicht erkennbar (vgl. Gaßner und Kosow 2008, S.35f.). Wenn einem Trend quantitative Daten zugrunde liegen, kann dieser als linear, exponentiell oder logistisch beschrieben werden."

Zusammengefasst ist die Trendforschung für Unternehmen sämtlicher Branchen, auch der Freizeit und Tourismuswirtschaft, eine relevante Dienstleistung, um Entwicklungspotenziale und Chancen frühzeitig zu erkennen und unternehmerische Tätigkeiten und Produkte zukünftigen Gegebenheiten anzupassen. Dazu bedarf es vor allem innovativer Produkte und Dienstleistungen. Was Produktinnovationen sind und welche Arten es davon gibt wird im nächsten Abschnitt erläutert.

1.1.8 (Produkt-)Innovationen

Der Begriff Innovation stammt vom lateinischen Wort „*innovatio*" und bedeutet so viel wie „*Erneuerung*" oder „*Veränderung*". Jedoch ist auch dieser Begriff, wie die vorausgegangenen Begriffsbestimmungen bezüglich Trends, nicht eindeutig. Allen Innovationsbegriffen ist jedoch gemeinsam, dass es sich bei Innovationen um etwas Neues handelt (vgl. Vartanian 2003, S.7). Im wirtschaftlichen und für die folgenden Szenarien relevanten Kontext, wurde der Begriff insbesondere von dem Ökonom Schumpeter geprägt, der Innovation allgemein im Sinne der Neuerungen als "*Durchsetzung neuer Kombinationen*" (Schumpeter 1926, S.100) definierte, also jene, die sich am Markt etablieren (vgl. Gausemeier et al., 2019, S.V).

Daran anlehnend beschreibt das Wörterbuch der deutschen Gegenwartssprache Innovationen aus wirtschaftlicher Sicht als „*Realisierung einer neuartigen, fortschrittlichen Lösung für ein bestimmtes Problem, besonders die Einführung eines neuen Produkts oder die Anwendung eines neuen Verfahrens*" (o.V. Wörterbuch der Deutschen Gegenwartssprache, 2020b). Innovationen werden in der Literatur häufig nach ihrer Art differenziert. Dabei lassen sich u.a. Produkt, Verfahrens- und Sozialinnovationen unterscheiden. Für die Zielsetzung der Arbeiten der Studierenden sind insbesondere die Produktinnovationen von Interesse, weswegen hier näher darauf eingegangen wird.

Produktinnovationen stellen Veränderungen und Erneuerungen im Leistungsprogramm eines Unternehmens dar. Dabei kann es sich um neuartige Waren, aber auch um neuartige Dienstleistungen handeln. Sie schaffen und/oder befriedigen neue Bedürfnisse besser als bereits am Markt existierende Produkte (Steigerung des Kundennutzens). Auf Unternehmensseite sollen Produktinnovationen dazu dienen, die Wettbewerbsfähigkeit am Markt zu steigern. Je nach Branche und Produktlebenszyklus ist der Bedarf nach Erneuerungen unterschiedlich ausgeprägt. Die Notwendigkeit neuer bzw. veränderter Produkte ist jedoch unbestritten (vgl. Vartanian 2003, S.8/ Gausemeier et. al. 2019, S.5).

Hinsichtlich des Neuigkeitsgrades kann laut Becker (1990, S. 130) zwischen drei unterschiedlichen Produktinnovationen unterschieden werden:

1. Echte Neuheiten, d.h. originäre Produkte, die es bisher noch nicht gab,

2. Quasi-neue Produkte, d.h. neuartige Produkte, die an bestehende Produkte bzw. Produktleistungen anknüpfen und auch als Verbesserungsinnovationen bezeichnet werden,
3. Me-Too-Produkte, d.h. nachempfundene bzw. nachgeahmte Produkte, die sich vom Original weniger in der Produktsubstanz, sondern mehr im Produktäußerem unterscheiden

1.2 Angewandte Forschungsmethoden im Master-Modul

Das Modul *Global Trends und Trendforschung* ist seit mehreren Jahren fester Bestandteil des Masterstudiengangs International Studies of Leisure and Tourism an der Hochschule Bremen. Der Fokus der Lehrveranstaltung liegt auf der Anwendung adäquater Instrumente und Methoden der Trendanalyse sowie der Ableitung von Trendszenarien und innovativer Produkte. Organisation und Inhalt globaler Trendforschung sind Gegenstand der Lehre. Mithilfe grundlegender Trend-Literatur lernen die Studierenden die wichtigsten Methoden und Instrumente der Trendforschung kennen und wenden diese in einem eigenen Trendforschungsprojekt in Gruppenarbeit an. Die Veranstaltung mündet in der Entwicklung von Trendszenarien und Maßnahmen am Beispiel konkreter Themenfelder aus der Freizeit- und Tourismusbranche. Hierdurch werden zum einen Kompetenzen im Umgang mit Instrumenten der Trendanalyse gefördert, zum anderen werden die Studierenden darin geschult, auf unterschiedliche Trends praxisorientiert zu reagieren. Im Folgenden soll der Aufbau des Moduls konkretisiert werden.

Wie bereits in der Einleitung erwähnt, besteht die Zielsetzung für die Trendforschungsprojekte der Studierenden darin, in denen von ihnen selbst gewählten Marktsegmenten drei Zukunftsszenarien zu entwickeln, sowie innovative Produkte für die Szenarien abzuleiten. Die Durchführung der Veranstaltung erfolgt in einem Wechsel aus theoretischem Input, Anwendung und Reflektion der (Zwischen-)Ergebnisse. Im ersten Schritt wählen die Studierenden ein Untersuchungsfeld (Marktsegment) und nehmen eine präzise Marktabgrenzung vor. Der nächste Schritt beinhaltet die Identifikation von passenden Trends und deren Zuordnung in die Trendebenen: Mega, Gesellschafts-, Technologie-, Konsumenten- und Produkttrends. Begonnen wird mit der Methode des Scanning. Scanning bedeutet, dass auf verschiedenen Plattformen nach Oberflächenphänomenen gesucht wird. Beim Scanning werden systematisch Magazine, Zeitungen, Publikationen, Webseiten oder Social-Media-Kanäle gesichtet, um für das Segment relevante Phänomene und Entwicklungen zu entdecken. Es sollen dabei Zeichen, Entwicklungen und Trends identifiziert werden, die direkt oder indirekt etwas mit dem Untersuchungsgegenstand zu tun haben. Ziel ist es, möglichst umfassend die Entwicklungen im Markt zu identifizieren und festzuhalten (vgl. Schögel 2007, S.335).

Anschließend erfolgt eine Bewertung der gefundenen Trends in Bezug auf die ausgewählten Marktsegmente. Veränderungen und Dynamiken der Trends werden analysiert und begreifbar gemacht. Auf Basis der Bewertungen und mit Hilfe unterschiedlicher Methoden und Techniken wie der Erstellung eines Flow Charts, wird die Anzahl der gefundenen Trends auf eine handhabbare Größe reduziert.

Den theoretischen Rahmen für diese ersten Schritte bilden der Trendforschungsprozess nach Bovenkerk (2012, S.57-59.) sowie das Szenario Management nach Gausemeier und Plass (2014). Die unterschiedlichen Phasen der Szenario-Technik werden nachstehend erläutert und mit Beispielen aus der Praxis veranschaulicht. In den Berichten der Studierenden wird die Szenario-Technik dann konkret angewandt.

1.2.1 Grundlagen der Szenariotechnik

Ein Szenario wird als Zukunftsbild ausgelegt, welches „auf einer in sich schlüssigen Kombination von denkbaren Entwicklungen (Projektionen) einzelner Einflussfaktoren beruht (Gausemeier und Plass 2014, S.42)". Für jeden Einflussfaktor werden zudem mögliche Entwicklungen bzw. Ausprägungen betrachtet und berücksichtigt. Die Szenario-Technik beruht im Wesentlichen auf zwei Grundprinzipien: dem vernetzten Denken und dem Denken in multipler Zukunft (vgl. ebd. S.44-45). Da es sich bei den auf den Markt einwirkenden Einflussfaktoren in der Regel nicht um unabhängig auftretende Faktoren, sondern um ein in sich überlappendes komplexes System handelt, sprechen Gausemeier und Plass von vernetztem Denken (vgl. ebd., S.45). Daraus resultierend kann auch die Projektion der Zukunft nicht einseitig angenommen werden, es muss in Szenarien gedacht werden.

1.2.2 Szenario Management und Phasen

Die Entwicklung der Zukunftsszenarien mit Hilfe der Szenario-Technik wird nach Gausemeier und Plass (2014, S.48) als Prozess beschrieben, welcher sich in fünf Phasen unterteilen lässt und auch als Szenario Management bezeichnet wird. Die folgende Abbildung 3 veranschaulicht die Phasen inklusive ihrer Aufgaben und Ergebnisse.

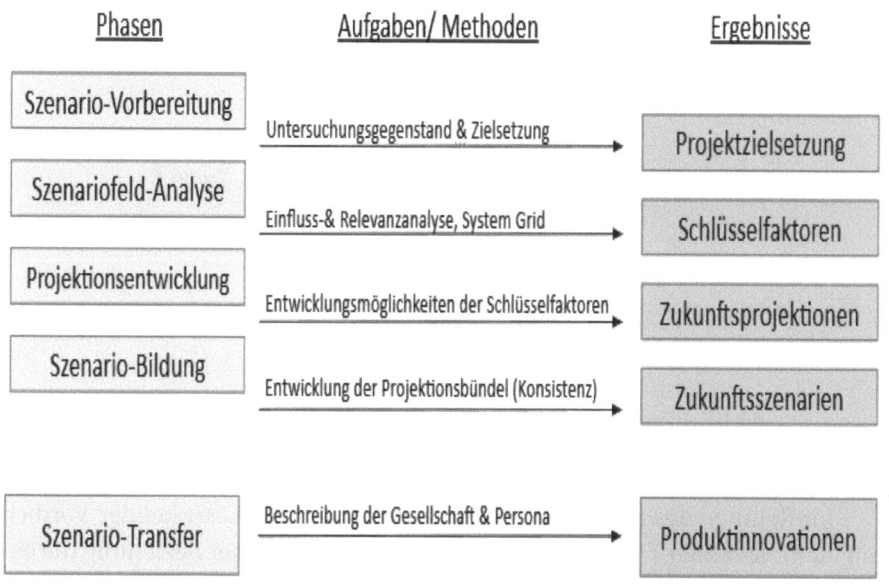

Abbildung 3: Szenario-Management als Phasenmodell
Quelle: Eigene Darstellung in Anlehnung an Gausemeier & Plass (2014, S.48)

1.2.3 Szenario-Vorbereitung

Im ersten Schritt des methodischen Vorgehens der Szenario-Technik werden zunächst das Projektziel sowie die Projektorganisation festgelegt. Dies umfasst nicht nur die konkrete Zielformulierung der Trendforschung, sondern ebenso die erforderliche Abgrenzung des Marktes, die Analyse des Gestaltungsfeldes sowie die Einführung und Ableitung aller für das Gestaltungsfeld notwendigen Definitionen (vgl. Gausemeier und Plass 2014, S.48f). Neben den definitorischen Grundlagen und der Formulierung des Projektziels, zählt auch eine erste inhaltliche Annäherung möglicher Einflussfaktoren zur Szenario-Vorbereitung. Um die Einflussbereiche strukturiert einzuordnen und eine mögliche Überschneidung unterschiedlicher Trends zu erkennen, ist eine detaillierte Szenario-Vorbereitung essenziell.

Eine umfangreiche Sichtung möglicher Trendeinflüsse ermöglicht beispielsweise das Scanning oder die Trendverdichtung (vgl. Cornish 2004). Auch das Aufstellen eines *Flow Charts*, beispielhaft dargestellt in Abbildung 4, zählt zu einer ersten inhaltlichen Visualisierung. Die aufgeführten Techniken erleichtern den Prozess der Identifikation von relevanten Einflussfaktoren und bilden den Übergang zur Szenariofeld-Analyse.

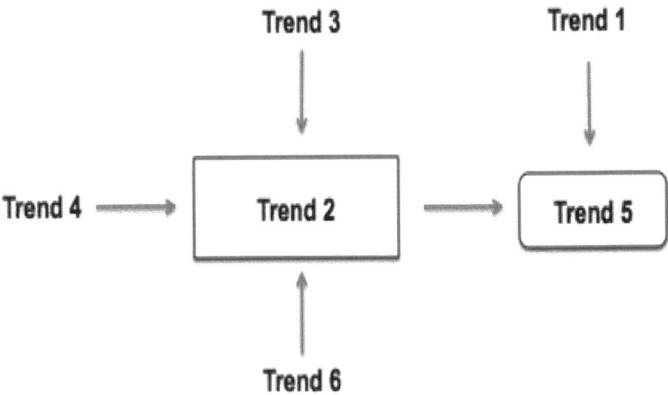

Abbildung 4: Flow Chart Darstellung der Trendanalyse
Quelle: Eigene Darstellung

Im Rahmen des Forschungsprozesses soll das *Flow Chart* bei der Verdichtung der relevanten Trends helfen, da es aufzeigt, in welcher Beziehung die einzelnen Entwicklungsfaktoren zueinanderstehen. Es soll veranschaulichen, welcher Trend Einfluss auf einen anderen hat. Die Komplexität der Trendsysteme soll reduziert werden, indem jeder Trend mit einem anderen verbunden wird, den er am meisten zu beeinflussen scheint. Im Ergebnis führt dies dazu, dass mehrere Trends zu einem anderen Trend führen können, jedoch jeder Trend nur einen anderen Trend beeinflussen kann. Von einem Trend darf also nur ein Pfeil abgehen, obwohl mehrere Pfeile auf ihn zeigen können. Beispielhaft wird dies in der folgenden Abbildung 5 mit den vorselektierten Trends zum Marktsegment Themenparks (2020) verdeutlicht (man beachte, von jedem der Trends geht nur ein einziger Pfeil ab).

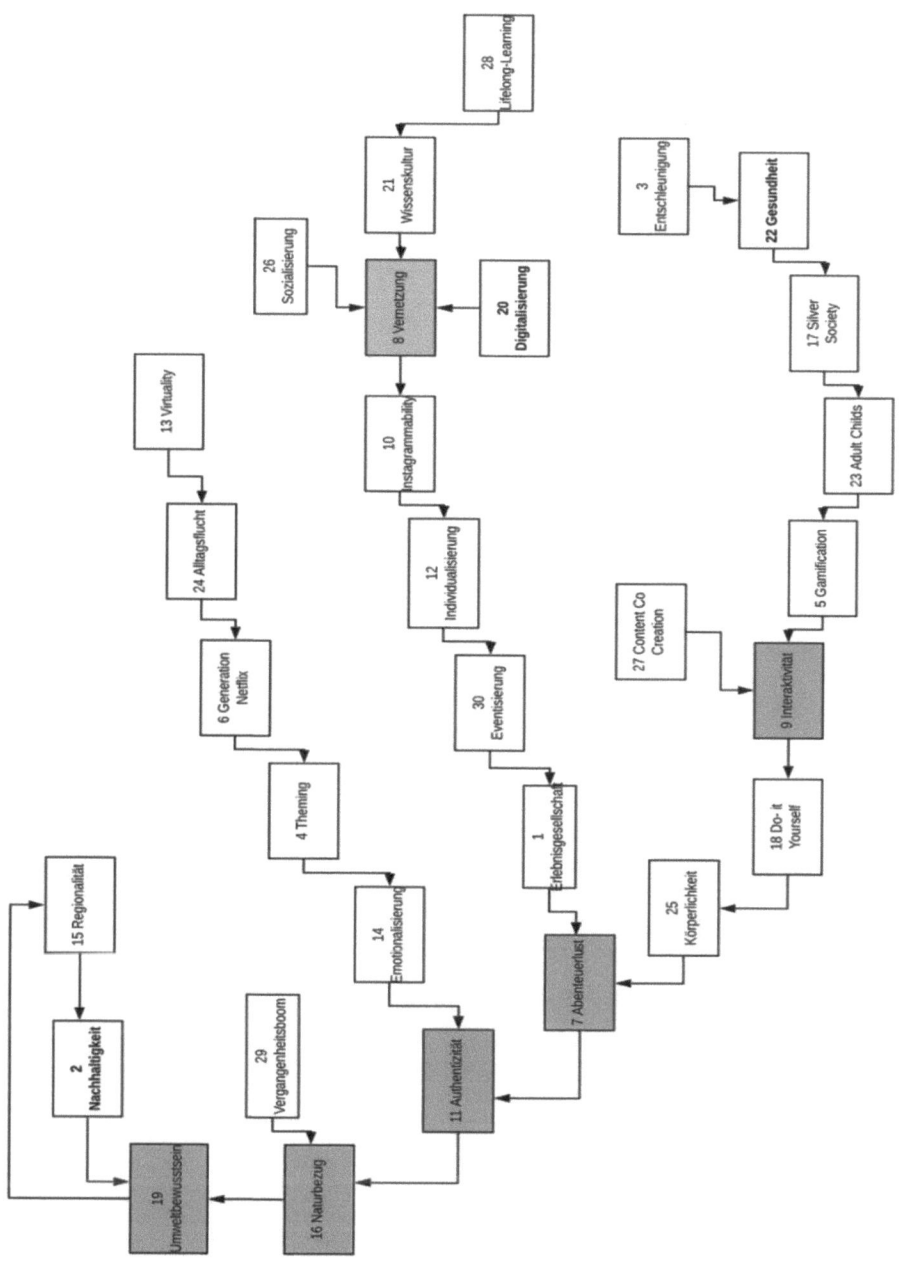

Abbildung 5: Flow Chart Themenparks
Quelle: Drohla et al (2020, S.17)

Eine weitere Methode der Trendverdichtung ist die Erstellung sogenannter *Trendhierarchien*. Bei dieser Methode werden die einzelnen Trends bausteinartig den Trendkategorien (oder auch Trendebenen) Mega-, Gesellschafts-, Konsum-, Branchen und Produkttrends zugeordnet, wie in der folgenden Abbildung 6 verdeutlicht wird. Anhand dieser Methode können Wirkungszusammenhänge diskutiert und systematisiert werden. Gleichzeitig wird die Komplexität weiter reduziert.

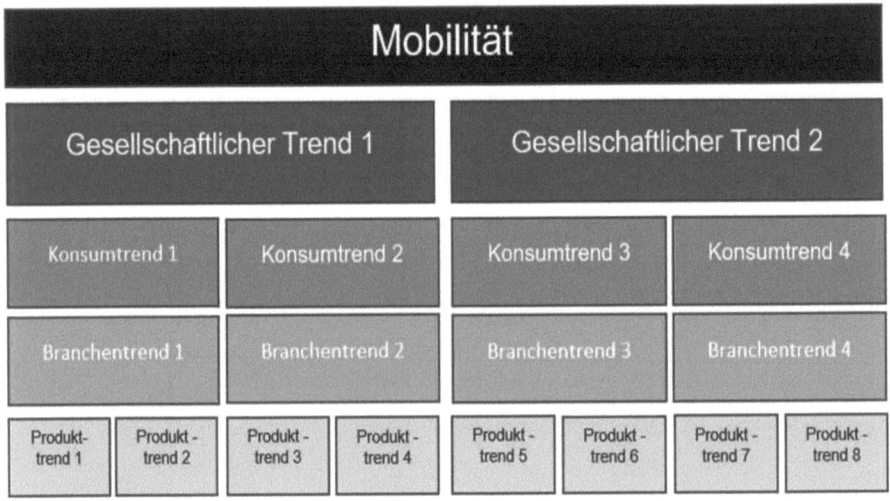

Abbildung 6: Darstellung der Trendverdichtung
Quelle: Eigene Darstellung in Anlehnung an
Groher et al. (2018, S.28)

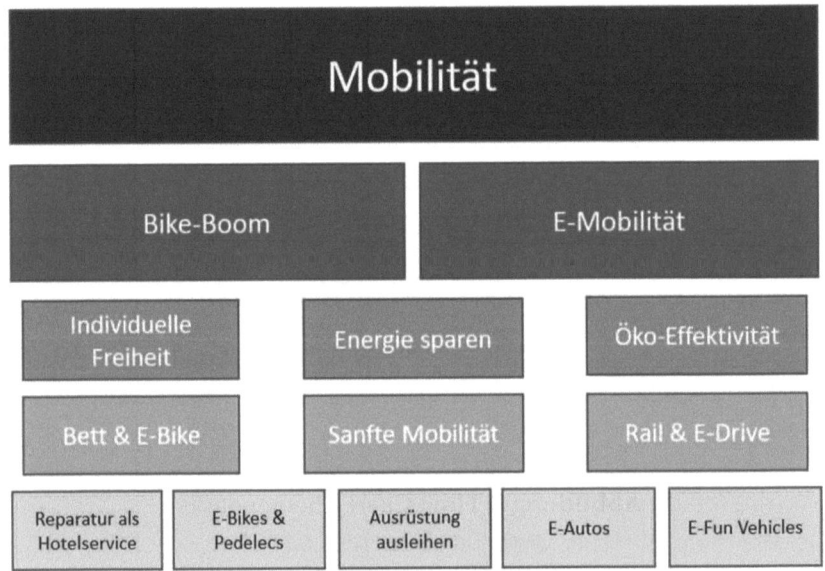

Abbildung 7: Beispiel Trendhierarchie Mobilität
Quelle: Eigene Darstellung

Um an dieser Stelle auch dieses theoretische Konzept exemplarisch an einem Beispiel zu verdeutlichen, wurde eine Trendhierarchie aus dem Marktsegment nachhaltiger Tourismus (2018) ausgewählt.

Diese Trendhierarchie verdeutlicht die Bezüge der einzelnen Trends kategorisiert unter dem Megatrend der *Mobilität*. Als gesellschaftliche Trends wurden hier der *Bike Boom* und die *E-Mobilität* zugeordnet. Die drei Trends *individuelle Freiheit*, *Energie sparen* und *Ökoeffektivität* folgen auf der Ebene der Konsumtrends. Weitere drei Trends wurden als Branchentrends kategorisiert, nämlich *Bett & E-Bike* Angebote, die *sanfte Mobilität* sowie *Rail and E-Drive* Pakete. Letztlich werden der unteren Produktebene passende Produkte wie ein E-Bike Reparatur- Service im Hotel oder auch E-Bikes und Autos im Allgemeinen zugeordnet.

1.2.4 Szenariofeld-Analyse

Das Ziel der Szenariofeld-Analyse ist die Identifikation der relevantesten Einflussfaktoren, den sogenannten Schlüsselfaktoren, welche auf das Marktsegment einwirken. Um die Schlüsselfaktoren dabei möglichst präzise auswählen zu können, schlagen Gausemeier und Plass (2014) hierfür ein mehrstufiges Vorgehen unter Anwendung unterschiedlicher methodischer Verfahren vor (vgl. S.51). So muss zunächst erfasst werden, welche Einflussbereiche und Trends den Untersuchungsgegenstand, also das jeweilige Marktsegment, direkt sowie indirekt tangieren. Direkte Einflussbereiche können dabei beispielsweise Branchen oder Märkte, aber auch Produkte und Lieferanten sein. Unter die indirekten Einflussbereiche fallen im Kontext der Szenariofeld-Analyse globale Trends aus den Bereichen Ökonomie, Technologie, Politik oder Gesellschaft, also Trends, die per Definition den Mega- und Gesellschaftstrends zuzuschreiben sind (vgl. Bovenkerk, 2012). Dies sorgt vor allem für eine weitere Clusterung und verschafft Übersicht.

Um die Schlüsselfaktoren zu ermitteln, folgt im nächsten Schritt die Relevanzanalyse. Diese basiert auf einer paarweisen Gegenüberstellung der Einflussfaktoren in einer Relevanzmatrix, dargestellt in Abbildung 8. Dabei wird geprüft, ob die Relevanz des Einflussfaktors der Zeile für den Untersuchungsgegenstand höher ist als der der Spalte. Ist dies der Fall, wird eine 1 vergeben, ist der Einflussfaktor der Spalte höher, entsprechend eine 0. Am rechten Rand der einzelnen Zeilen ergeben sich daraus aus einfacher Addition die Relevanzsummen. Je höher die Relevanzsumme eines Einflussfaktors ausfällt, desto größer ist dessen Bedeutung für das Szenariofeld (vgl. Gausemeier und Plass 2014, S.53).

Bezeichnung	Nummer	1	2	3	4	5	...	Relevanzsumme
\multicolumn{9}{c}{Ist der Trend der Zeile relevanter (1) als der Trend der Spalte (0) ?}
Trend	1							
Trend	2							
Trend	3							
Trend	4							
Trend	5							
Trend	...							

Abbildung 8: Darstellung der Relevanzmatrix

Quelle: Eigene Darstellung in Anlehnung an Gausemeier und Plass (2014, S.53)

Ein konkretes Beispiel (vgl. Abbildung 9) aus der Trendforschung zu Themenparks (2020) veranschaulicht, wie eine Relevanzmatrix aussieht, wenn sie von drei Mitgliedern eines Teams ausgefüllt wird. Mit dem Microsoft Office Programm Excel können alle notwendigen Formeln hinterlegt werden, sodass alle Summen einfach und direkt ausgerechnet werden. Bei den 19 Trends in dieser Matrix wird schnell deutlich, dass nach der Bewertung durch die Studierenden, die Trends Authentizität, Theming, Emotionalisierung und Alltagsflucht die größte Relevanz aufweisen, weil sie in der rechten Spalte die höchsten Werte erzielen.

Name	Nummer	1	2	3	4	5	6	7	8	9	10	11	12	13	14	15	16	17	18	19	Relevanzsumme
Nachhaltigkeit	1		0,00	0,67	0,33	0,00	0,67	0,00	0,67	0,00	0,33	0,00	0,67	0,33	0,00	0,00	0,33	0,00	0,00	0,00	4,00
Theming (SATE)	2	1,00		1,00	1,00	0,33	1,00	0,33	1,00	0,00	0,67	0,00	1,00	1,00	1,00	0,00	0,67	0,67	0,67	0,33	11,67
Gamification	3	0,33	0,00		1,00	0,00	0,67	0,00	0,00	0,00	0,67	0,00	0,67	0,33	0,33	0,00	0,33	0,00	0,33	0,33	5,33
Generation Netflix	4	0,67	0,00	0,00		0,00	0,33	0,00	0,67	0,00	0,33	0,00	0,33	0,67	0,33	0,00	0,67	0,33	0,33	0,67	5,33
Abenteuerlust	5	1,00	0,67	1,00	1,00		1,00	0,33	1,00	0,00	0,33	0,00	1,00	1,00	0,67	0,00	0,33	0,67	0,33	0,33	10,67
Vernetzung	6	0,33	0,00	0,33	0,67	0,00		0,33	1,00	0,00	0,00	0,00	0,33	0,33	0,00	0,00	0,00	0,33	0,00	0,33	4,00
Interaktivität	7	1,00	0,67	1,00	1,00	0,67	0,67		1,00	0,33	0,33	0,00	1,00	0,67	0,67	0,33	0,00	0,67	0,00	0,33	10,33
Instagrammability	8	0,33	0,00	0,00	0,33	0,00	0,00	0,00		0,00	0,33	0,00	1,00	0,00	0,33	0,00	0,00	0,00	0,00	0,00	2,33
Authentizität	9	1,00	1,00	1,00	1,00	1,00	1,00	0,67	1,00		1,00	0,00	1,00	1,00	0,67	0,33	0,67	0,33	0,33	0,33	13,33
Individualisierung	10	0,67	0,33	1,00	1,00	0,67	1,00	0,67	0,67	0,00		0,00	1,00	0,67	0,33	0,33	0,33	0,33	0,00	0,33	8,67
Emotionalisierung	11	1,00	1,00	1,00	0,67	1,00	1,00	1,00	1,00	1,00	1,00		1,00	1,00	0,33	0,00	0,33	0,67	0,33	0,67	14,00
Naturbezug	12	0,33	0,00	0,33	0,33	0,00	0,67	0,00	0,00	0,00	0,67	0,00		0,33	0,33	0,33	0,33	0,33	0,33	0,00	4,33
Do-It-Yourself	13	0,67	0,00	0,67	0,67	0,00	0,67	0,33	1,00	0,33	0,67	0,00	0,67		0,67	0,00	0,00	0,33	0,00	0,33	7,00
Digitalisierung	14	1,00	0,00	0,67	0,67	0,33	1,00	0,33	0,67	0,00	0,33	0,67	0,67	0,33		0,00	0,00	0,33	0,00	0,00	7,00
Alltagsflucht	15	1,00	1,00	1,00	1,00	1,00	1,00	0,67	1,00	0,67	0,67	1,00	1,00	1,00	1,00		0,33	0,67	0,33	0,33	14,33
Körperlichkeit	16	0,67	0,00	0,67	0,33	0,33	0,67	0,00	1,00	0,33	0,33	0,00	0,33	0,67	0,33	0,33		0,33	0,00	0,33	8,00
Content Cocreation	17	0,33	0,00	0,33	0,00	0,00	0,67	0,00	0,67	0,00	0,33	0,00	0,33	0,33	0,33	0,00	0,33		0,33	0,33	4,67
Lifelong-Learning	18	1,00	0,00	0,33	0,33	0,33	1,00	0,67	1,00	0,33	0,67	0,33	0,67	0,67	0,33	0,67	0,33	0,33		0,33	9,67
Eventisierung	19	0,67	0,33	0,33	0,33	0,33	0,33	1,00	0,67	0,00	0,67	0,33	0,67	0,33	0,67	0,33	0,00	0,33	0,33		8,00

Abbildung 9: Beispiel Relevanzanalyse Themenparks

Quelle: Drohla et al. (2020, S.19)

Neben der Relevanzanalyse wird zusätzlich eine Einflussanalyse durchgeführt. Ähnlich wie bei der Relevanzmatrix werden die Einflussfaktoren in einer Einflussmatrix paarweise gegenübergestellt. Allerdings wird hier der Frage nachgegangen, wie stark der Einflussfaktor der Zeile den Einflussfaktor der Spalte beeinflusst und umgekehrt, dargestellt in Abbildung 10.

Wie stark ist der Einfluss des Trends der Zeile auf die Spalte? (3 = stark, 2 = mittel, 1 = schwach, 0 = kein Einfluss)									
Bezeichnung	Nummer	1	2	3	4	5	...	Aktivsumme (AS)	Impuls-Index	Dynamik-Index
Trend	1								AS/PS	AS*PS
Trend	2									
Trend	3									
Trend	4									
Trend	5									
Trend	...									
Passivsumme (PS)										

Abbildung 10: Darstellung der Einflussanalyse

Quelle: Eigene Darstellung in Anlehnung an Gausemeier und Plass (2014, S.51)

Die Bewertung erfolgt auf der Grundlage einer einfachen Intervallskala von 0 (kein Einfluss) bis 3 (starker Einfluss). Aus der Einflussmatrix ergeben sich mehrere Zahlenwerte, welche für die Identifikation der Schlüsselfaktoren herangezogen werden können. Die Höhe der Zeilensumme wird als Aktivsumme (AS) bezeichnet und sagt aus, wie stark ein Einflussfaktor Einfluss auf alle anderen Faktoren nimmt. Die Spaltensumme beschreibt die Passivsumme (PS) und gibt an, wie stark ein Einflussfaktor von anderen Einflussfaktoren beeinflusst wird. Zusätzlich lassen sich mit Hilfe der Zahlenwerte unterschiedliche Indizes berechnen. Der Impuls Index (II) ergibt sich als Quotient aus Aktiv- und Passivsumme und beschreibt, wie impulsiv ein Einflussfaktor ist. Er ist demnach ein Maß dafür, wie stark ein Faktor andere Einflussfaktoren beeinflusst, ohne dabei selbst Veränderungen zu erfahren. Im Gegensatz zum Impuls-Index kann mit Hilfe des Dynamik-Index angegeben werden, wie stark ein Einflussfaktor in das Gesamtsystem des Szenariofeldes eingebunden ist. Dieser ergibt sich aus dem Produkt der Aktiv- und Passivsumme (vgl. Gausemeier und Plass 2014, S.51f).

Trend Name	Nummer	\multicolumn{19}{c|}{Entscheidung: wie stark ist der Einfluss von A auf B? (3 = stark, 2 = mittel, 1 = schwach, 0 = kein Einfluss)}	Aktivsumme
		1	2	3	4	5	6	7	8	9	10	11	12	13	14	15	16	17	18	19	
Nachhaltigkeit	1		1,67	0,67	0,67	1,33	2,00	0,33	1,00	2,33	2,00	2,00	3,00	2,33	1,67	2,00	0,67	1,67	2,00	1,67	23,00
Theming (SATE)	2	1,00		2,33	2,00	1,67	0,67	1,33	2,00	3,00	2,00	2,67	1,67	1,00	1,67	2,67	1,67	1,67	1,33	2,33	25,67
Gamification	3	0,00	2,67		2,00	2,00	2,00	3,00	1,33	2,00	1,33	2,67	1,00	1,67	2,33	2,67	1,00	2,33	2,33	2,00	26,67
Generation Netflix	4	0,33	2,67	1,67		1,00	2,33	1,00	1,33	1,67	1,33	2,00	0,67	0,33	2,33	2,33	0,00	1,67	1,00	1,33	21,00
Abenteuerlust	5	1,33	2,67	2,33	1,33		0,33	1,33	0,67	1,33	1,67	2,67	3,00	2,33	0,33	2,67	2,67	0,67	1,67	1,67	24,00
Vernetzung	6	1,00	1,00	2,33	1,33	1,00		2,00	2,67	0,33	1,33	1,00	0,33	1,67	2,33	1,00	1,00	2,67	2,00	2,33	19,33
Interaktivität	7	0,00	2,00	2,67	0,33	2,67	2,33		2,67	1,00	2,33	1,67	1,33	2,33	1,67	0,67	3,00	2,33	2,33	1,33	23,67
Instagrammability	8	0,33	2,00	1,00	1,67	1,67	3,00	1,67		0,67	2,33	1,33	1,33	1,00	2,00	1,67	0,33	2,00	0,33	2,33	21,67
Authentizität	9	2,00	3,00	1,33	1,33	2,67	0,67	1,33	1,33		1,67	3,00	2,67	2,00	0,67	1,67	2,67	0,67	1,00	1,67	25,33
Individualisierung	10	1,67	2,00	2,00	1,33	3,00	1,67	2,00	2,33	1,33		0,67	1,67	3,00	1,33	2,67	2,00	2,00	2,00	1,67	26,67
Emotionalisierung	11	1,33	3,00	2,67	2,33	2,67	1,00	2,33	1,00	2,67	2,33		1,67	1,67	1,33	1,67	2,00	1,67	1,00	2,33	27,67
Naturbezug	12	3,00	2,00	1,67	0,67	2,67	0,33	1,33	0,33	2,00	1,33	1,67		1,33	1,00	2,67	2,33	0,67	2,00	1,00	22,00
Do-It-Yourself	13	1,33	1,67	2,33	1,00	2,33	1,00	3,00	1,00	2,67	2,67	1,33	1,00		0,67	0,67	3,00	1,33	2,67	0,67	22,67
Digitalisierung	14	0,33	2,00	2,67	1,67	0,67	1,67	1,33	1,67	1,00	1,00	0,67	0,33	1,33		2,67	0,67	2,00	2,33	1,33	19,00
Alltagsflucht	15	1,67	2,67	2,33	2,67	3,00	0,33	0,67	2,67	0,00	2,00	2,00	1,33	2,67	2,33		2,00	1,00	0,67	2,33	26,00
Körperlichkeit	16	1,33	1,00	1,33	0,00	2,67	0,33	1,67	0,00	2,00	2,00	1,67	2,33	3,00	0,33	1,33		0,33	1,33	1,67	21,00
Content Cocreation	17	0,33	2,33	2,00	1,00	1,33	2,67	2,33	2,67	1,67	2,33	1,33	1,00	1,67	2,67	1,33	0,33		1,67	1,33	26,67
Lifelong-Learning	18	2,33	2,00	1,67	0,67	1,33	1,67	2,00	0,67	0,67	1,33	0,67	1,67	2,00	2,33	0,67	1,67	2,00		0,67	21,67
Eventisierung	19	1,33	2,33	1,67	1,33	1,33	1,67	1,33	1,00	1,67	2,00	1,33	1,33	1,33	1,33	2,00	1,00	1,67	1,33		23,67
Passivsumme		15,33	31,00	28,00	20,33	28,33	19,33	22,67	20,00	23,67	24,67	26,00	22,00	23,67	21,67	27,67	25,00	24,33	24,67	26,00	

Abbildung 11: Beispiel Einflussanalyse Themenparks

Quelle: Drohla et al. (2020, S.19)

Die obige Abbildung 11 bildet die Einflussanalyse im Marktsegment der Themenparks (2020) ab. Anhand der Aktiv- und Passivsummen lässt sich hierbei beispielhaft ablesen, dass die Trends Individualisierung, Emotionalisierung, Content-Co-Creation und Gamification viel Einfluss auf andere Trends ausüben, da sie in der rechten Spalte die höchsten Werte aufweisen. Auf die Trends Theming, Gamification und Alltagsflucht wird viel Einfluss ausgeübt. Diese erhalten in der Passivsumme die höchsten Werte.

Den Abschluss der Szenariofeld-Analyse bildet die Zusammenführung der beschriebenen Matrizen unter Verwendung eines System Grids, wobei sich die Achsen aus den Aktiv- und Passivsummen ergeben.

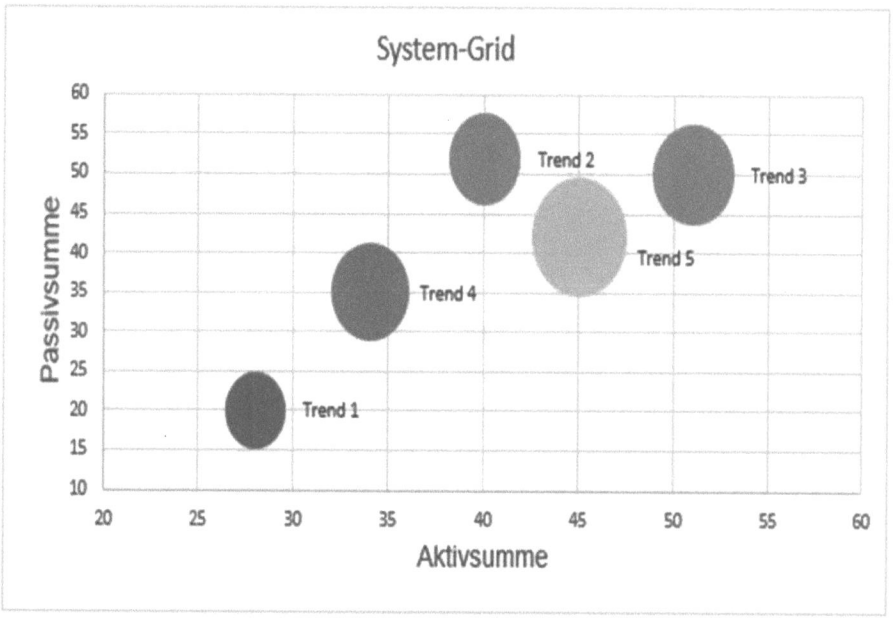

Abbildung 12: Darstellung System Grid
Quelle: Eigene Darstellung

Abbildung 12 stellt ein vereinfachtes System Grid dar. Hier werden die einzelnen Einflussfaktoren mit der entsprechenden Aktiv- (x-Achse) und Passivsumme (y-Achse) in Form von Kugeln eingetragen. Die Größe der Kugeln spiegelt die zuvor ermittelte Relevanzsumme wider (vgl. Gausemeier und Plass 2014, S.54). Mit Hilfe des System Grids können nun die konkreten Schlüsselfaktoren identifiziert werden. Diese zeichnen sich im oberen rechten Drittel des System Grids ab, da sie die höchste Aktiv- und/oder Passivsumme aufweisen und im Idealfall ebenfalls hohe Relevanzwerte haben. Lässt sich aus dem System Grid keine eindeutige Identifikation der Schlüsselfaktoren ablesen, können die zuvor berechneten Indizes sowie die detaillierten Relevanz-Summen für die Entscheidung einbezogen werden.

Um das exemplarische Beispiel mit Bezug auf die Themenparks (2020) an dieser Stelle abzuschließen, verdeutlicht die folgende Abbildung 13 das zugehörige System Grid.

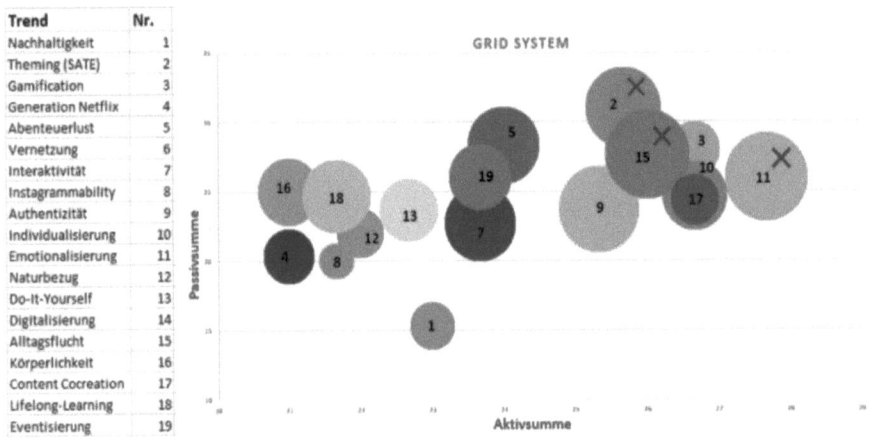

Abbildung 13: Beispiel System Grid Themenparks
Quelle: Drohla et al. (2020, S.20)

Im Rahmen dieses Projektes, entschied sich das Team für die Schlüsselfaktoren Theming, Alltagsflucht und Emotionalisierung, da diese sowohl eine Position im oberen rechten Quadranten des Systems aufweisen als auch eine große Kugelgröße aufzeigen und somit eine hohe Relevanz aufweisen.

1.2.5 Projektionsentwicklung

Mit der Auswahl der Schlüsselfaktoren beginnt die Phase der Projektionsentwicklung, in der für jeden identifizierten Schlüsselfaktor evaluiert wird, welche Entwicklung der jeweilige Schlüsselfaktor zukünftig annehmen kann. In dieser Phase wird also der Grundsatz der multiplen Zukunft theoretisch durchdacht. Ziel ist es, die Schlüsselfaktoren zunächst zu definieren und im Anschluss drei mögliche Zukunftsentwicklungen je Schlüsselfaktor zu ermitteln, wobei der vorgeschlagene Zeithorizont zwischen fünf bis maximal zehn Jahre betragen sollte (vgl. Gausemeier und Plass 2014, S.54). Dabei spielt es zunächst keine Rolle, wie wahrscheinlich das Eintreten der Zukunftsprojektion ist. Vielmehr geht es darum, in einem kreativen Prozess projektintern zu selektieren, welches Ausmaß die Entwicklung pro Schlüsselfaktor annehmen kann. Hierbei werden drei Entwicklungen durchgespielt. Die moderate bzw. kontinuierliche Weiterentwicklung des Trends (Trend), die extreme Zunahme der Trendentwicklung unter dennoch realistischen Umständen (Extrem I) sowie der konsequente Rückgang des Trends (Extrem II). Die Projektionsentwicklung bildet eine Basis für die darauffolgende Phase der Szenariobildung und ist das Kernelement des methodischen Vorgehens nach Gausemeier und Plass (vgl. ebd. S.55).

1.2.6 Szenariobildung

Wie verträgt sich Zukunftsprojektion 1 (Zeile) mit Zukunftsprojektion 2 (Spalte) 1 = totale Inkonsistenz 2 = partielle Inkonstistenz 3 = neutral/ voneinander unabhängig 4 = gegenseitiges Begünstigen 5 = starke gegenseitige Unterstützung		Projektion 1.1	Projektion 1.2	Projektion 1.3	Projektion 2.1	Projektion 2.2	Projektion 2.3	Projektion 3.1	Projektion 3.2	Projektion 3.3
Schlüsselfaktoren	Projektionen									
Schlüsselfaktor 1	Projektion 1.1	▓	▓	▓						
	Projektion 1.2	▓	▓	▓						
	Projektion 1.3	▓	▓	▓						
Schlüsselfaktor 2	Projektion 2.1				▓	▓	▓			
	Projektion 2.2				▓	▓	▓			
	Projektion 2.3				▓	▓	▓			
Schlüsselfaktor 3	Projektion 3.1							▓	▓	▓
	Projektion 3.2							▓	▓	▓
	Projektion 3.3							▓	▓	▓

Abbildung 14: Darstellung Konsistenzmatrix
Quelle: Gausemeier und Plass (2014, S.62)

Mit der Szenariobildung beginnt der Prozess der Bündelung von Zukunftsprojektionen. Es ist darauf zu achten, dass die einzelnen Bündel miteinander konsistent sind. Ein Szenario ist eine Kombination aus Projektionen, die gemeinsam gut zusammenpassen. Hierfür muss gewährleistet sein, dass die einzelnen Projektionen der jeweils ausgewählten Schlüsseltrends nicht im Widerspruch zueinanderstehen. Konsistente Szenarien werden in drei Schritten ermittelt. Zunächst wird eine Konsistenzanalyse durchgeführt, bei der die einzelnen Projektionen paarweise miteinander verglichen werden (vgl. Abbildung 14). Hierbei wird der Frage nachgegangen, wie (konsistent) die Projektionen in der Zeile mit denen in der Spalte zusammenpassen. Die Bewertung erfolgt ähnlich wie bei der Einflussanalyse mit Hilfe einer Ordinalskala, wobei 1 = totale Inkonsistenz, 2 = partielle Inkonsistenz, 3 = neutral oder voneinander unabhängig, 4 = gegenseitige Begünstigung und 5 = starke gegenseitige Unterstützung bedeutet (Gausemeier und Plass 2014, S.62).

Auch die Konsistenzmatrix soll hier an einem praktischen Beispiel aus dem Marktsegment Fahrradtourismus (2015) in Abbildung 15 veranschaulicht werden.

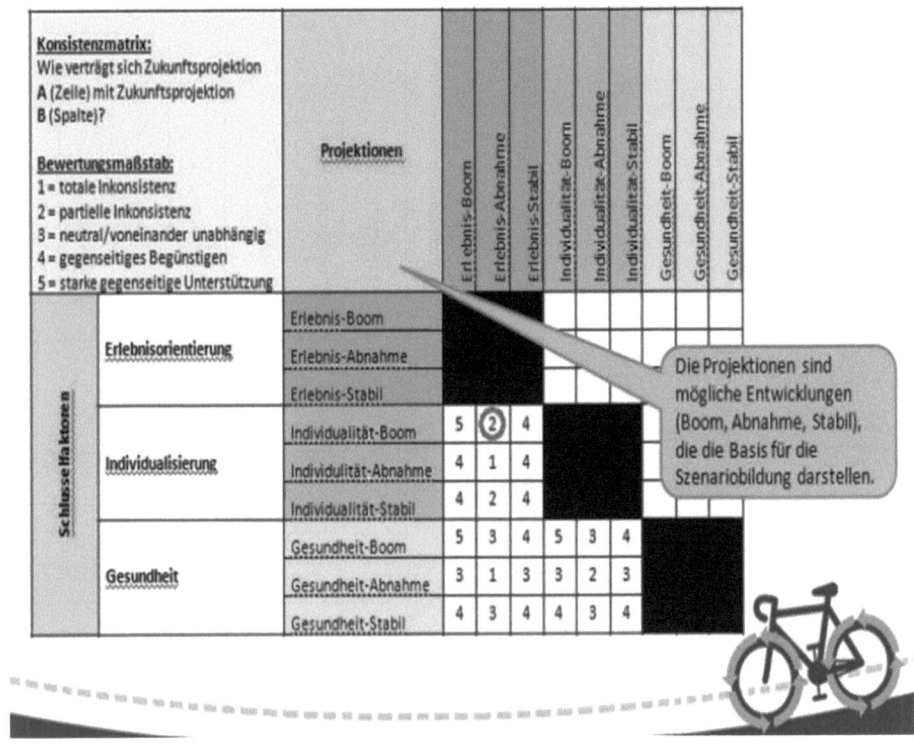

Abbildung 15: Beispiel Konsistenzmatrix Fahrradtourismus
Quelle: Ries et al. (2015, S.35)

Es wird hier deutlich, dass die zu den Schlüsselfaktoren passenden Zukunftsprojektionen, gegeneinander abgewogen werden, um ihre Konsistenz zu bestimmen. Die Projektion Individualitätsboom weist durch die hohe Bewertung mit fünf Punkten eine starke Konsistenz mit der Projektion Erlebnis-Boom auf. Im Gegensatz dazu gibt es logischerweise bei dem Individualitäts-Boom eine partielle Inkonsistenz (Bewertung mit zwei) mit der Projektion Erlebnis-Abnahme. Die Kombination aus Individualitäts-Abnahme und Erlebnis-Abnahme weist durch die Bewertung mit eins eine totale Inkonsistenz auf und wurde daher im weiteren Verlauf nicht mitgedacht.

Im zweiten Schritt erfolgt die Konsistenz-Auswertung. Hierfür werden die Konsistenzwerte der jeweils möglichen Projektionen zu einem Konsistenzwert bzw. Konsistenz-Bündel, addiert (vgl. Abbildung 16).

Schlüsselfaktor 1	Schlüsselfaktor 2	Schlüsselfaktor 3	Wert 1	Wert 2	Wert 3	Konsistenzwert
Projektion 1.1	Projektion 2.1	Projektion 3.1				Summe
Projektion 1.1	Projektion 2.1	Projektion 3.2				Summe
Projektion 1.1	Projektion 2.1	Projektion 3.3				Summe
...	...	...	...	...	...	...

Abbildung 16: Darstellung Konsistenzanalyse

Quelle: Gausemeier und Plass (2014, S.63)

Das Projektionsbündel, welches den höchsten Konsistenzwert unter sich vereint, gilt als besonders konsistent und demnach wahrscheinlich. Projektionsbündel, welche einen geringen Konsistenzwert aufweisen oder bei einer der möglichen Kombinationen mit einer eins bewertet wurde, müssen verworfen werden. Das Ziel der Szenariobildung ist die Selektion von drei Szenarien, die sich von den Projektionen untereinander in mindestens zwei Projektionen unterscheiden und die größtmöglichen Konsistenzwerte aufweisen. Der Selektionsprozess umfasst den dritten und letzten Schritt der Szenario-Bildung. Die selektierten Szenarien entsprechen den drei möglichen multiplen Zukunftsszenarien und bilden die Grundlage für den Szenario-Transfer (Gausemeier und Plass 2014, S.63).

Die praktische Darstellung der Projektionsbündel im Marktsegment Fahrradtourismus ist in der folgenden Abbildung 17 zu sehen. Die ausgewählten Projektionsbündel sind dabei mit einem gelben Pfeil gekennzeichnet.

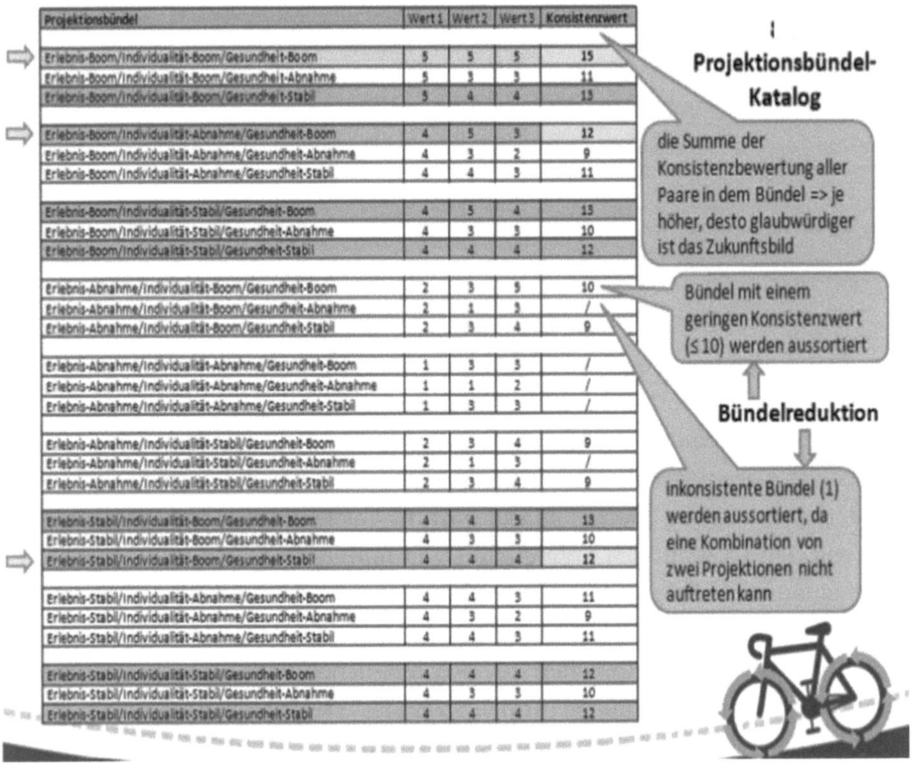

Projektionsbündel	Wert 1	Wert 2	Wert 3	Konsistenzwert
Erlebnis-Boom/Individualität-Boom/Gesundheit-Boom	5	5	5	15
Erlebnis-Boom/Individualität-Boom/Gesundheit-Abnahme	5	3	3	11
Erlebnis-Boom/Individualität-Boom/Gesundheit-Stabil	5	4	4	13
Erlebnis-Boom/Individualität-Abnahme/Gesundheit-Boom	4	5	3	12
Erlebnis-Boom/Individualität-Abnahme/Gesundheit-Abnahme	4	3	2	9
Erlebnis-Boom/Individualität-Abnahme/Gesundheit-Stabil	4	4	3	11
Erlebnis-Boom/Individualität-Stabil/Gesundheit-Boom	4	5	4	13
Erlebnis-Boom/Individualität-Stabil/Gesundheit-Abnahme	4	3	3	10
Erlebnis-Boom/Individualität-Stabil/Gesundheit-Stabil	4	4	4	12
Erlebnis-Abnahme/Individualität-Boom/Gesundheit-Boom	2	3	5	10
Erlebnis-Abnahme/Individualität-Boom/Gesundheit-Abnahme	2	1	3	/
Erlebnis-Abnahme/Individualität-Boom/Gesundheit-Stabil	2	3	4	9
Erlebnis-Abnahme/Individualität-Abnahme/Gesundheit-Boom	1	3	3	/
Erlebnis-Abnahme/Individualität-Abnahme/Gesundheit-Abnahme	1	1	2	/
Erlebnis-Abnahme/Individualität-Abnahme/Gesundheit-Stabil	1	3	3	/
Erlebnis-Abnahme/Individualität-Stabil/Gesundheit-Boom	2	3	4	9
Erlebnis-Abnahme/Individualität-Stabil/Gesundheit-Abnahme	2	1	3	/
Erlebnis-Abnahme/Individualität-Stabil/Gesundheit-Stabil	2	3	4	9
Erlebnis-Stabil/Individualität-Boom/Gesundheit-Boom	4	4	5	13
Erlebnis-Stabil/Individualität-Boom/Gesundheit-Abnahme	4	3	3	10
Erlebnis-Stabil/Individualität-Boom/Gesundheit-Stabil	4	4	4	12
Erlebnis-Stabil/Individualität-Abnahme/Gesundheit-Boom	4	4	3	11
Erlebnis-Stabil/Individualität-Abnahme/Gesundheit-Abnahme	4	3	2	9
Erlebnis-Stabil/Individualität-Abnahme/Gesundheit-Stabil	4	4	3	11
Erlebnis-Stabil/Individualität-Stabil/Gesundheit-Boom	4	4	4	12
Erlebnis-Stabil/Individualität-Stabil/Gesundheit-Abnahme	4	3	3	10
Erlebnis-Stabil/Individualität-Stabil/Gesundheit-Stabil	4	4	4	12

Abbildung 17: Beispiel Konsistenzanalyse Fahrradtourismus

Quelle: Ries et.al. (2015, S.36)

1.2.7 Szenario-Transfer

Im letzten Schritt des Szenario Managements werden die gebildeten Szenarien in mögliche Gesellschaftsausprägungen und Produktinnovationen übersetzt. Der Szenario-Transfer umfasst also konkrete strategische Überlegungen, wie die Gesellschaft und Persona im gebildeten Szenario charakterisiert werden können und welche Produkte bzw. Produktinnovationen für diese Personengruppe und Gesellschaft attraktiv sind (vgl. Gausemeier et al. 2018, S.141). Die Anwendung unterschiedlicher Kreativtechniken und gemeinsamer Überlegungen, wie beispielsweise dem Brainwriting oder dem Creative Writing, können hierbei hilfreich sein. Mit dem Szenario-Transfer werden die zuvor durchgeführten Schritte des Forschungsprozesses in praktische und denkbare Produktinnovationen umgesetzt und konkretisiert. Hierzu werden die Szenarien und Produktinnovationen mithilfe des Storytellings in narrative Geschichten umgewandelt und so verständlich und spannend kommuniziert. Der Erfolg einer theoretisch denkbaren Umsetzung der entwickelten Produktinnovationen in konkrete Produkte und Dienstleistungen, ist maßgeblich vom gesamten Szenario Management Prozess abhängig.

1.3 Literaturverzeichnis zur Einleitung

Becker, J. (1990). Grundlagen der Marketing-Konzeption: Marketingziele, Marketingstrategien, Marketingmix. 3. Aufl. Valen. München.

Blum, S. (2021). Neue Kunden für den Reisemarkt – die Generation Z. München, UVK Verlag.

Bovenkerk, E. (2006). Trendforschung. Fit für die Zukunft. Saarbrücken, VDM Verlag Dr. Müller.

Bovenkerk, E. (2012). Trendforschung. Darstellung, Bedeutung, Anwendungsbeispiel. AV Akademikerverlag. Saarbrücken.

Cornish, E. (2004). Futuring - The Exploration of the future. Bethesda, Maryland, World Future Society.

Deckers, R.; Heinemann, G. (2008). Trends erkennen - Zukunft gestalten. Vom Zukunftswissen zum Markterfolg. Göttingen, Business Village.

Drohla, W.; Schmidt, J.; Schwamborn, E. (2020): Trendforschung auf dem Marktsegment der Themenparks. Hochschule Bremen.

Gaßner, R.; Kosow, H. (2008). Methoden der Zukunfts- und Szenarioanalyse. Überblick, Bewertung und Auswahlkriterien. Berlin, IZT.

Groher, E.; Mittelhaus, T.; Rosdorff, J. (2018): Trendforschung für das Marktsegment Nachhaltiger Tourismus. [unveröffentlicht] Hochschule Bremen.

Gausemeier, J.; Dumitrescu, R.; Echterfeld, J.; Pfänder, T.; Steffen, D.; Thielemann, F. (2019). Innovationen für die Märkte von morgen - Strategische Planung von Produkten, Dienstleistungen und Geschäftsmodellen. Carl Hanser Verlag. München.

Gausemeier, J.; Plass, C. (2014). Zukunftsorientierte Unternehmensgestaltung. Strategien, Geschäftsprozesse und IT-Systeme für die Produktion von morgen, 2. Auflage. München.

Grunwald, A. (2009). Wovon ist die Zukunftsforschung eine Wissenschaft. In: Reinhold Popp/Elmar Schüll (Hrsg.). Zukunftsforschung und Zukunftsgestaltung. Beiträge aus Wissenschaft und Praxis. Berlin, Heidelberg, Springer, 25-36.

Horx, M.; Huber, J.; Steinle, A.; Wenzel, E. (2007). Zukunft machen. Wie Sie von Trends zu Business-Innovationen kommen. Ein Praxis-Guide. Frankfurt am Main, Campus Verlag.

Neuhaus, C. (2018). Der Trend als Werkzeug. Gebrauchsanleitung für ein Instrument der strategischen Beobachtung. Zeitschrift für Zukunftsforschung 7. Online unter: http://www.zeitschrift-zukunftsforschung.de/ausgaben/2018/1/4719/citation [abgerufen am 24.04.2020].

Pfadenhauer, M. (2004). Wie forschen Trendforscher? Zur Wissensproduktion in einer umstrittenen Branche. Online unter: https://www.qualitative-research.net/index.php/fqs/article/view/602/1306 [abgerufen am 29.07.2020].

Pfadenhauer, M. (2005). Prognostische Kompetenz? Über die „Methoden" der Trendforscher. In: Ronald Hitzler/Michaela Pfadenhauer (Hrsg.). Gegenwärtige Zukünfte. Interpretative Beiträge zur sozialwissenschaftlichen Diagnose und Prognose. Wiesbaden, VS Verlag für Sozialwissenschaften.

Ries, B.; Staneva, S.; Hilmer, C. (2015): Trendforschung im Fahrradtourismus. [unveröffentlicht] Hochschule Bremen.

Rust, H. (2009). Verkaufte Zukunft. Strategien und Inhalte der kommerziellen „Trendforscher". In: Reinhold Popp/Elmar Schüll (Hrsg.). Zukunftsforschung und Zukunftsgestaltung. Beiträge aus Wissenschaft und Praxis. Berlin, Heidelberg, Springer.

Schögel, M. (2007). Von Trends zu Konzepten. In: Christian Belz/Marcus Schögel/Torsten Tomczak (Hrsg.). Innovation Driven Marketing. Vom Trend zur innovativen Marketinglösung. Wiesbaden, Gabler.

Schumpeter, J. A. (1926): Theorie der Wirtschaftlichen Entwicklung. 2. Aufl. Duncker & Humboldt. München, Leipzig.

Tewes, C.; Tewes, S. (2020). Megatrends und digitaler Einfluss. In: Benjamin Niestroj/Carolin Tewes/Stefan Tewes (Hrsg.). Geschäftsmodelle in die Zukunft denken. Erfolgsfaktoren für Branchen, Unternehmen und Veränderer. Wiesbaden, Springer Gabler.

Vartanian, V. (2003): Innovationsleistung und Unternehmenswert. Empirische Analyse wachstumsorientierter Kapitalmärkte. Deutscher Universitätsverlag. Wiesbaden.

Wörterbuch der deutschen Gegenwartssprache (1964–1977), kuratiert und bereitgestellt durch das Digitale Wörterbuch der deutschen Sprache (2020a). Trend. Online unter: https://www.dwds.de/wb/Trend (abgerufen am 17.07.2020)

Wörterbuch der deutschen Gegenwartssprache (1964–1977), kuratiert und bereitgestellt durch das Digitale Wörterbuch der deutschen Sprache (2020b). Innovation. Online unter: https://www.dwds.de/wb/Innovation (abgerufen am 29.07.2020)

Zukunftsinstitut GmbH (2012a): Die Individualisierung der Welt.: https://www.zukunftsinstitut.de/artikel/die-individualisierung-der-welt/ [abgerufen am 19.07.2016]

Zukunftsinstitut GmbH (2012b): Die Zukunft ist weiblich. Online unter: https://www.zukunftsinstitut.de/artikel/die-zukunft-ist-weiblich-megatrend-female-shift/ [abgerufen am 20.07.2016].

Zukunftsinstitut GmbH (2012c): Silver Society: Die neue Alterskultur. Online unter: https://www.zukunftsinstitut.de/artikel/silver-society-die-neue-alterskultur/ [abgerufen am 20.07.2016].

Zukunftsinstitut GmbH (2012d): Bildung im Zeitalter der Wissensexplosion. Online unter: https://www.zukunftsinstitut.de/artikel/bildung-im-zeitalter-der-wissensexplosion/ [abgerufen am 20.07.2016]

Zukunftsinstitut GmbH (2012e): Die Neuerfindung der Arbeitswelt. Online unter: https://www.zukunftsinstitut.de/artikel/die-neuerfindung-der-arbeitswelt/ [abgerufen am 20.07.2016].

Zukunftsinstitut GmbH (2012g): Neo-Ökologie: Die Märkte werden grün. Online unter: https://www.zukunftsinstitut.de/artikel/neo-oekologie-die-maerkte-werden-gruen/ [abgerufen am 20.07.2016].

Zukunftsinstitut GmbH (2012h): Konnektivität: die Vernetzung der Welt. Online unter: https://www.zukunftsinstitut.de/artikel/konnektivitaet-die-vernetzung-der-welt/ [abgerufen am 20.07.2016].

Zukunftsinstitut GmbH (2016a): Megatrend Individualisierung. Online unter: https://www.zukunftsinstitut.de/dossier/megatrend-individualisierung/ [abgerufen am 19.07.2016].

Zukunftsinstitut GmbH (2016b): Megatrend Gendershift. Online unter: https://www.zukunftsinstitut.de/dossier/megatrend-gender-shift/ [abgerufen am 19.07.2016].

Zukunftsinstitut GmbH (2016c): Megatrend Silver Society. Online unter: https://www.zukunftsinstitut.de/dossier/megatrend-silver-society/ [abgerufen am 19.07.2016]

Zukunftsinstitut GmbH (2016d): Megatrend Wissenskultur. Online unter: https://www.zukunftsinstitut.de/dossier/megatrend-wissenskultur/ [abgerufen am 19.07.2016].

Zukunftsinstitut GmbH (2016e): Megatrend New Work. Online unter: https://www.zukunftsinstitut.de/dossier/megatrend-new-work/ [abgerufen am 20.07.2016].

Zukunftsinstitut GmbH (2016f): Megatrend Gesundheit. Online unter: https://www.zukunftsinstitut.de/dossier/megatrend-gesundheit/ [abgerufen am 20.07.2016].

Zukunftsinstitut GmbH (2016g): Megatrend Neo-Ökologie. Online unter: https://www.zukunftsinstitut.de/dossier/megatrend-neo-oekologie/ [abgerufen am 20.07.2016].

Zukunftsinstitut GmbH (2016h): Megatrend Konnektivität. Online unter: https://www.zukunftsinstitut.de/dossier/megatrend-konnektivitaet/ [abgerufen am 20.07.2016].

Zukunftsinstitut GmbH (2016i): Megatrend Globalisierung. Online unter: https://www.zukunftsinstitut.de/dossier/megatrend-globalisierung/ [abgerufen am 20.07.2016].

Zukunftsinstitut GmbH (2016j): Globalisierung Glossar. Online unter: http://www.zukunftsinstitut.de/mtglossar/globalisierung-glossar/ [abgerufen am 20.07.2016].

Zukunftsinstitut GmbH (2016k): Megatrend Mobilität. Online unter: https://www.zukunftsinstitut.de/dossier/megatrend-mobilitaet/ [abgerufen am 20.07.2016].

Zukunftsinstitut GmbH (2016l): Mobilität Glossar. Online unter: https://www.zukunftsinstitut.de/mtglossar/mobilitaet-glossar/ [abgerufen am 20.07.2016].

Zukunftsinstitut GmbH (2018). Intro - Arbeiten mit Megatrends. Megatrend Dokumentation. Frankfurt am Main, Zukunftsinstitut GmbH.

2. Szenarien für den Wildlife Tourismus (2020)

Autor*innen: Josefine Mairin Dorta Preen, René Hauschild und Alina Weidenbrück

Abstrakt

Expeditionen mit dem Ziel der Wildtierbeobachtung stehen in dieser Arbeit für das Marktsegment Wildlife Tourismus im Fokus. Oftmals handelt es sich bei Reisen um ein ergänzendes touristisches Produkt. Diese Arbeit distanziert sich vollends von Aktivitäten, welche das Jagen oder Töten von wilden Tieren beinhalten.

Durch das erste Scanning von Trend-Verzeichnissen und Brainstorming konnte die Arbeitsgruppe die Beziehung von 31 Trends in einem Flow Chart verdeutlichen. Auch ein denkbarer Bezug zwischen Trends wurde visuell festgehalten.

Die Szenario–Feldanalyse brachte hervor, dass die Trends „Generation Y", „Individualisierung" und „Digitalisierung" als Schlüsseltrends zu identifizieren sind. Da das Projektionsbündel aus *Digital-Lifestyle, Individual Lifestyle* und *Work-Life-Balance* alle Trendprojektionen enthält und eine relativ hohe Konsistenz aufweist, wurde dieses als Trendszenario ausgewählt. Das Extrem I setzt sich aus den Projektionen *Over Virtuality, Egomania* und *Whateverism* zusammen. Letztlich bilden *neue Achtsamkeit, individual Lifestyle* und *Senserism* das Projektionsbündel für das Extrem II.

Die Szenarien werden durch die Gesellschaftsbeschreibung und Persona sowie eine Produktinnovation und eine narrativ beschriebene Reise verdeutlicht.

Marktabgrenzung

"Wildlife Tourism" oder "Wildlife Watching Tourism", zu Deutsch "Wildtierbeobachtungen", ist eine Art des Tourismus, die sich größtenteils dadurch identifiziert, dass organisiert wilde Tiere in ihrem natürlichen Lebensraum verfolgt und beobachtet, sowie in manchen Fällen auch berührt und gefüttert werden können (vgl. UNWTO 2015). Es wird zwischen nicht-konsumierendem und konsumierendem Wildlife Tourism unterschieden. Zum nicht-konsumierenden Wildlife Tourism zählt das Verfolgen, Beobachten, Berühren und Füttern von wilden Tieren. Zum konsumierenden Wildlife Tourism zählt das Jagen und Angeln von frei, in der Natur lebenden Tieren. Für diese Arbeit wurde sich ausschließlich auf den nicht-konsumierenden Wildlife Tourism fokussiert.

Expeditionen mit dem Ziel der Wildtierbeobachtung werden häufig nach der Art des Tieres benannt. Zu den "Big Five" zählen Büffel, Elefant, Leopard, Löwe und Nashorn. Den Titel erhielten die Tiere, da sie am schwersten zu jagen und die Begegnungen mit ihnen die Gefährlichsten sind. Zu weiteren populären

Formen des Wildlife Tourism zählt das Beobachten von Gorillas (Gorilla-Watching), Lemuren, Vögeln (Bird-Watching), sowie das Beobachten von Walen und Delfinen (Whale-Watching) (vgl. UNWTO 2015). Wildtierbeobachtungen können unterschiedlich durchgeführt werden. Dazu gehören Begegnungen mit wilden Tieren an einem ausgewählten Standort, auf geführten Touren oder an der Unterkunft. Eine andere Möglichkeit sind ungeführte und unabhängige Begegnungen in der Natur. Wildlife Tourism kann dem Naturtourismus untergeordnet werden. In speziellen Fällen, wenn die Aktivitäten nachhaltig und verantwortungsbewusst durchgeführt werden und Rücksicht auf die Natur und ihre Umgebung genommen wird, können Wildtierbeobachtungen auch dem Ökotourismus zugeordnet werden (vgl. Higginbottom 2004). Tatsächlich ist das Beobachten von wilden Tieren nur selten das Hauptziel einer Reise. In den meisten Fällen ist es ein ergänzendes touristisches Produkt (vgl. ebd.).

2.1 Phasen des Szenario Managements

Wie bereits erwähnt, distanziert sich diese Arbeit von jeglichen Aktivitäten, welche das Jagen oder Töten der Wildtiere implizieren. Um die Forschung weiter einzugrenzen, wurden Limitationen auf der sachlichen, räumlichen und zeitlichen Ebene getroffen (vgl. Gabler Wirtschaftslexikon 2020b). Ebenso wurde der Kundennutzen genauer beschrieben.

Die sachliche Marktabgrenzung beinhaltet den nicht-konsumierenden Wildlife Tourism. Dazu zählen das Verfolgen und Beobachten der Tiere in ihrer natürlichen Umgebung. In bestimmten Fällen dürfen die Wildtiere auch gefüttert und berührt werden. Die räumliche Marktabgrenzung umfasst den internationalen Markt, denn je nach Vorkommen und Herkunft der Tiere, können Wildtierbeobachtungen auf dem gesamten Globus stattfinden. Die zeitliche Abgrenzung kann je nach Verhalten der Tiere variieren. Wenn sich Tiere in der Brutzeit befinden, können sie aus der Entfernung beobachtet werden, aber dürfen auf keinen Fall gestört werden. Im Tauchtourismus ist es ebenso wichtig, dass sich die Riffe erholen und die Tauchorganisationen sich dieser Tatsache bewusst sind. Des Weiteren gibt es Tiere, die nachts aktiver sind als tagsüber, sodass Expeditionen zu bestimmten Tieren auch in der Nacht möglich sind. Der Kundennutzen bezieht sich auf die Unterhaltung. Der Besucher soll ein außergewöhnliches und authentisches Erlebnis, sowie das Gefühl haben, dem Tier nahe zu sein.

Zur Analyse des Gestaltungsfeldes wurden zunächst mit Hilfe des Scannings von Trend-Verzeichnissen und des Brainstormings alle bestehenden Trends, welche auf den Markt den Wildlife Tourism zutreffen könnten, aufgelistet. Auf der Basis subjektiver Entscheidungen der Verfasser, entstand eine tabellarische Übersicht von 31 Trends. Zur Verdichtung dieser, wurde die Methodik der Flow-Chart hinzugezogen. Mithilfe eines Flow-Charts konnten die Beziehungen der jeweiligen Trends zueinander dargestellt werden.

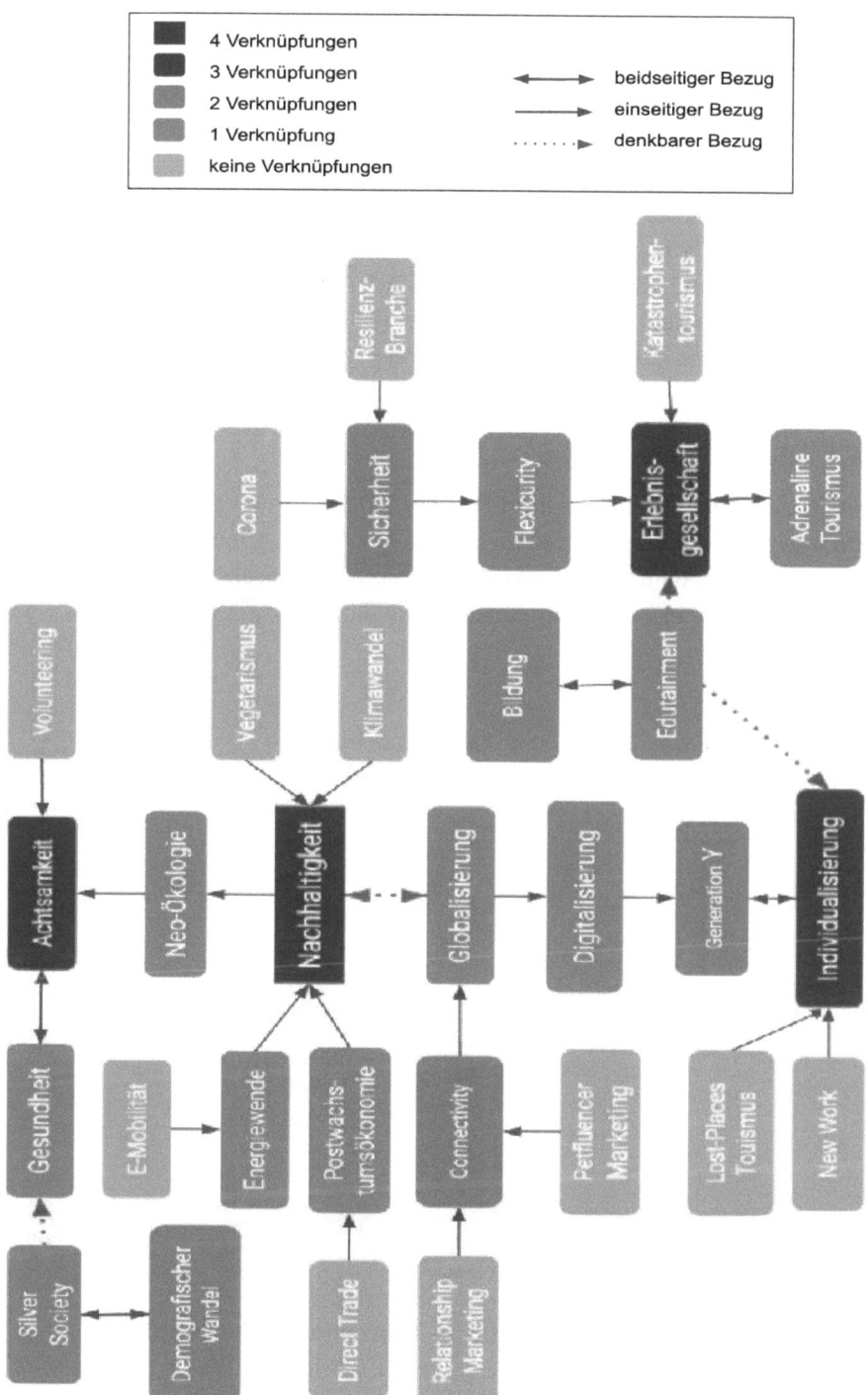

Abbildung 18: Wildlife-Tourismus Flow Chart
Quelle: Eigene Darstellung

Die Schattierungen deuten in Abbildung 18 auf die Anzahl der Verknüpfungen hin. Die Doppelpfeile stellen den wechselseitigen Bezug dar. Die Pfeile mit gestrichelten Linien wurden nachträglich hinzugefügt. Sie zeigen zusätzlich denkbare Verknüpfungen an.

Der Trend Nachhaltigkeit weist am meisten Verknüpfungen auf. Sowohl die Energiewende als auch die Postwachstumsökonomie, der Vegetarismus und der Klimawandel begünstigen diesen. Drei Verknüpfungen haben die Trends Individualisierung, Erlebnisgesellschaft und Achtsamkeit. Zwei Verknüpfungen konnten bei den Trends Connectivity, Generation Y und Sicherheit festgestellt werden. Die anderen Trends weisen jeweils nur eine oder gar keine Verknüpfung auf.

2.1.2 Szenariofeld-Analyse

Die Ergebnisse der Relevanz- und Einflussmatrix wurden anschließend gemeinsam in einem Blasendiagramm, dem System-Grid in Abbildung 19, dargestellt. Die Achsen bilden hierbei die Aktiv- und Passivsumme ab. Die Größe der Blasen stellt die im Vorherigen ermittelte Relevanz dar.

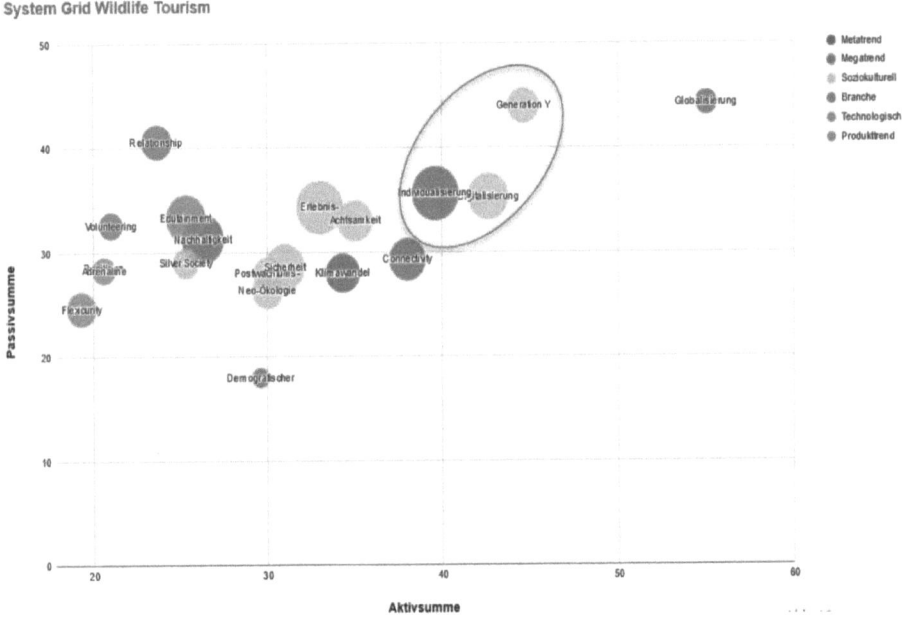

Abbildung 19: Wildlife-Tourismus System Grid
Quelle: Eigene Darstellung

Das Ziel der Szenariofeld-Analyse ist die Ermittlung von drei Schlüsselfaktoren, welche im Folgenden die Projektions-Entwicklung ermöglichen. Die drei Trends **Generation Y**, **Individualisierung** und **Digitalisierung** weisen eine hohe Relevanz, sowie hohe Werte in ihrer Aktiv- und Passivsumme auf. Sie werden daher als Schlüsselfaktoren für den Markt des Wildlife Tourism ausgewählt. Der Trend **Globalisierung** wurde trotz höchster Aktivsumme, sowie sehr hoher Passivsumme nicht ausgewählt, da seine Relevanz deutlich geringer ausfällt.

Zur weiteren Vorgehensweise ist es wichtig, kurz auf die ausgewählten Schlüsselfaktoren sowie auf ihre Dauer und Stärke einzugehen.

Der Megatrend **Digitalisierung** meint die Umwandlung von analogen Prozessen in digitale Formate und spielt bereits seit Jahrzehnten eine erhebliche Rolle in unserer Gesellschaft. Es ist stark anzunehmen, dass er auch weiterhin ein stetiger Begleiter unseres Lebens sein wird. Vor allem die digitale Vernetzung entwickelt sich rasant und das Potential ist noch keineswegs ausgeschöpft (vgl. Haufe-Akademie).

Auch die **Individualisierung** wird als Megatrend definiert. Sie ist zentrales Kulturprinzip der westlichen Welt, verbreitet sich jedoch zunehmend global. Individualisierung impliziert die Freiheit der Wahl und das Treffen individueller Entscheidungen. Die Abhängigkeit von traditionellen Bindungen und Normen wird als negativ empfunden (vgl. Zukunftsinstitut c). In Bezug auf den Tourismuskann die Individualisierung als Gegenstück zum Massentourismus gesehen werden. Bei Whale-Watching Expeditionen beispielsweise sind die kleinen Boote häufig überfüllt und das Erlebnis muss mit vielen Menschen geteilt werden. Im Segment Wildlife Tourism zielt die Individualisierung auf das individuelle Erlebnis in kleineren Gruppen.

Die sogenannte **Generation Y** ist aktuell zwischen 22 und 36 Jahre alt. Aufgrund einer niedrigen Geburtenrate und Fachkräftemangel entstanden damals besonders hohe Ansprüche an den Lebensstandard. Generation Y beschreibt somit eine Generation, die großes Interesse an einer Ausgeglichenheit zwischen Arbeit und Freizeit, sowie aktiver Teilhabe und permanenter Weiterbildung hat. Die Generation wird auch gerne als Digital Natives oder Millennials bezeichnet und legt mehr Wert auf eine persönliche Entfaltung im Beruf als auf eine steile Karriere. Dieser Trend ist kein Megatrend, sondern gewann erst im letzten Jahrzehnt an Bedeutung. Außerdem ist er auf den Zeitraum begrenzt, in welchem diese Generation lebt.

2.1.2 Projektionsentwicklung

Nachdem die Schlüsselfaktoren für das Segment des Wildlife Tourism herauskristallisiert wurden, konnte im nächsten Schritt die Projektions-Entwicklung vorgenommen werden. Das Ziel dieses Schrittes ist es, mit Hilfe der Projektionen eine große Bandbreite an möglichen, zukünftigen Entwicklungen abzudecken. Für das Segment des Wildlife-Tourismus wurden folgende Projektionen entwickelt.

Tabelle 2: Wildlife-Tourismus Schlüsselfaktoren und Projektionen

Schlüsselfaktoren	Projektionen
Digitalisierung	Extrem 1: Overvirtuality
	Trend: Digital Lifestyle
	Extrem 2: Neue Achtsamkeit
Individualisierung	Extrem 1: Egomania
	Trend: Individual Lifestyle
	Extrem 2: Soziomania
Generation Y	Extrem 1: Whateverism
	Trend: Work-Life-Balance
	Extrem 2: Senserism

Quelle: Eigene Darstellung

Wie aus der Tabelle 2 hervorgeht, wurden aus dem Schlüsselfaktor **Digitalisierung** die Trendprojektion "Digital Lifestyle", die Extremprojektion I "Overvirtuality" sowie die Extremprojektion I "Neue Achtsamkeit" entwickelt.

Wie bereits erwähnt, soll die Trendprojektion einen linearen Verlauf des Schlüsselfaktors skizzieren. Für den Schlüsselfaktor Digitalisierung wäre dies die genannte Trendprojektion "Digital Lifestyle", für den die folgende Definition festgelegt wurde:

> "Der Digital Lifestyle umfasst das Leben in einer digital vernetzten Welt. Viele Prozesse finden online statt, sowohl in der Freizeit als auch im beruflichen Kontext."

Die Idee des Digital Lifestyles ist somit, dass vieles in der digitalen Welt stattfindet und das Leben auch weiterhin von den digitalen Medien geprägt wird.

Die Extremprojektion 1 "Overvirtuality" wird wie folgt definiert:

> "Mit der neuen Begriffsschöpfung Overvirtuality ist gemeint, dass das komplette Leben fast ausschließlich im virtuellen Raum stattfindet. Die analoge Welt tritt dabei in den Hintergrund."

Overvirtuality greift den digitalen Aspekt des Schlüsselfaktors Digitalisierung auf und überspitzt diesen. Es geht bei dieser Projektion also darum, dass das Digitale nicht mehr nur Teil des Lebens ist, sondern der Mittelpunkt von Allem. Die analoge Welt ist dabei eine nahezu lästige, aber notwendige Begleiterscheinung, die für die lebensnotwendigen Körperfunktionen benötigt wird.

Die Extremprojektion 2 "Neue Achtsamkeit" beschreibt eine extreme Gegenbewegung:

> "Die Neue Achtsamkeit beschreibt den achtsamen Umgang mit sich selbst in Bezug auf die Nutzung digitaler Medien. Es wird sich bewusst für analoge Formate entschieden um einen Ausgleich zu digitalen zu finden."

Bei dieser Projektion werden digitale Elemente folglich auf ein Minimum reduziert. Weiterhin nehmen sie eine rein funktionale Rolle ein und werden nicht mehr zur Sozialisierung oder zum (Frei)Zeitvertreib verwendet.

Beim Schlüsselfaktor **Individualisierung** erfolgte das gleiche Vorgehen. Als lineare Entwicklung und damit als Trendprojektion wurde der "Individual Lifestyle" herausgearbeitet und wie folgt definiert:

> "Mit Individual Lifestyle ist gemeint, dass die Menschen nach einer individuellen Gestaltung ihres Lebens streben. Die Tendenz geht weg von der voraussehbaren und traditionellen Lebensgestaltung und hin zu alternativen Lebensformaten."

Es geht bei dieser Projektion dementsprechend darum, dass die gesellschaftlichen Strukturen zwar noch einen gewissen Rahmen bilden, jedoch die Individualität zum Mainstream wird. Es gibt also keine klassischen "Lebenswege" oder "-abschnitte" mehr, da jeder sein Leben frei gestalten kann.

Eine extreme Form der Individualität beschreibt das Extremszenario I "Egomania":

> "Egomania meint die obsessive Selbstliebe bzw. die alleinige Berücksichtigung der eigenen Wünsche und Bedürfnisse, die deutlich höhergesteckt sind."

Dieses ist insofern extrem, als dass eine sehr egoistische Komponente einfließt und eine extreme Ego-Zentrierung den fundamentalen Bestandteil dieser möglichen Entwicklung bildet. Die Wünsche und Bedürfnisse anderer sind dabei höchstens von sekundärer Bedeutung.

Das Gegenstück und damit die Extremprojektion II bildet "Soziomania". Diese mögliche Entwicklung wird wie folgt definiert:

> "Das Leben ist komplett am Kollektivgedanken ausgerichtet und alle Menschen handeln ausschließlich nach altruistischen Motiven. Das Wir-Gefühl wird als elementar wichtig empfunden und die eigenen Bedürfnisse sind sekundär."

Im Gegensatz zu Egomania wird an dieser Stelle deutlich, dass die Priorität das Wohl der Gemeinschaft bildet und somit egoistische Motive kaum einen Platz finden.

Der letzte Schlüsselfaktor, für den es Projektionen zu entwickeln galt, war **Generation Y.** Hier war es anspruchsvoller die Trendprojektion zu bestimmen, da die Generation Y durch viele verschiedene Aspekte geprägt wird. In dieser Trendforschung wurde sich dazu entschieden die Work-Life-Balance als Kernaspekt der Generation Y zu bestimmen, sodass dieser gleichzeitig die lineare Weiterentwicklung des Schlüsselfaktors und damit die Trendprojektion bildet. Definiert wird diese wie folgt:

> "Eine Work-Life-Balance ist dann erreicht, wenn man das Gefühl hat, dass das Verhältnis zwischen Arbeit und Freizeit ausgewogen ist."

Es zeigt sich also, dass die Arbeit eine gewisse Rolle spielt, aber Freizeit und damit sinnvolle, erfüllende Zeit ebenfalls einen hohen Stellenwert hat.

Die Extremprojektion 1 "Whateverism" wird wie folgt definiert:

> "Whateverism bedeutet, dass eine gewisse Gleichgültigkeit und Belanglosigkeit dominiert. Dies impliziert eine gewisse Verantwortungslosigkeit und Ignoranz, sowie keinerlei Art von Bewusstsein bzw. Importanz der Konsequenzen des eigenen Handelns."

Insgesamt ist es eine Projektion, die durch Ignoranz, sowie Gleichgültigkeit geprägt wird und keinerlei Raum für Verantwortung, geschweige denn Sinnhaftigkeit lässt.

Einen deutlichen Kontrast bildet die Extremprojektion II "Senserism". Hier zeigt sich die Importanz der Sinnhaftigkeit und wird wie folgt definiert:

> "Mit dem Begriff Senserism ist das Streben nach Sinnhaftigkeit gemeint. Hierbei geht es darum, über das bloße Hier und Jetzt hinauszublicken. Es könnte von einer transzendenten, nahezu spirituellen Bestrebung gesprochen werden. Dazu zählt auch das häufige Hinterfragen von Dingen."

Hier zeigt sich, dass der Aspekt transzendentaler und sinnerfüllter Bestrebungen deutlich in den Fokus rückt, und sich zugleich nicht auf das irdische Leben beschränkt.

2.1.3 Szenariobildung

Im ersten Schritt muss zunächst die Konsistenz der Projektionen überprüft werden. Dazu werden sie mit Hilfe einer Konsistenzmatrix paarweise gegenübergestellt und ihre Konsistenz bewertet. Daraus resultierte die folgende Konsistenzanalyse in Abbildung 20:

Projektionsbündel							
Digitalisierung	Individualisierung	Generation Y	Wert 1	Wert 2	Wert 3	Summe	Konsistenz-wert
Neue Achtsamkeit	Individual Lifestyle	Senseism		5	4	5	14	14
Neue Achtsamkeit	Individual Lifestyle	Work-Life-Balance		5	4	5	14	14
Overvirtuality	Egomania	Whateverism		4	5	5	14	14
Digital Lifestyle	Egomania	Whateverism		4	5	4	14	14
~~Overvirtuality~~	~~Egomania~~	~~Senseism~~		~~6~~	~~2~~	~~6~~	~~12~~	~~12~~
Digital Lifestyle	Egomania	Senseism		4	3	5	12	12
~~Neue Achtsamkeit~~	~~Egomania~~	~~Senseism~~		~~2~~	~~6~~	~~6~~	~~12~~	~~12~~
Overvirtuality	Individual Lifestyle	Whateverism		4	4	4	12	12
Digital Lifestyle	Individual Lifestyle	Whateverism		4	4	4	12	12
Digital Lifestyle	Egomania	Senseism		3	5	4	12	12
~~Overvirtuality~~	~~Egomania~~	~~Senseism~~		~~5~~	~~2~~	~~5~~	~~12~~	~~12~~
Digital Lifestyle	Individual Lifestyle	Work-Life-Balance		4	3	4	11	11

Abbildung 20: Wildlife-Tourismus Projektionsbündel
Quelle: Eigene Darstellung

Im Folgenden wurden die Bewertungspunkte aus der vorangegangenen Konsistenzmatrix (vgl.Abb.20) herangezogen, die schließlich summiert wurden. Abschließend konnte daraus die Konsistenzsumme errechnet und damit ein Ranking durchgeführt werden. Dies wurde mit allen möglichen Kombinationen innerhalb der Projektionsbündel durchgeführt und somit ein Ranking erstellt. Nachdem das Ranking erfolgt war, sollten die konsistenten und damit wahrscheinlichen Zukunftsszenarien selektiert werden.

Da das Projektionsbündel aus **Digital-Lifestyle, Individual Lifestyle** und **Work-Life-Balance** alle Trendprojektionen enthält und mit der Konsistenzsumme 11 eine relativ hohe Konsistenz aufweist, wurde dieses als Trendszenario ausgewählt. Im Bereich mit einem hohen Konsistenzwert von 14 lassen sich gleich 4 Projektionsbündel finden, wobei sich dabei je zwei Projektionsbündel ähneln. Diese betreffen das Projektionsbündel aus **Digital Lifestyle, Egomania** und **Whateverism**, sowie das Projektionsbündel aus **Overvirtuality, Egomania** und **Whateverism**. Außerdem ähneln sich das Projektionsbündel aus **Neue Achtsamkeit, Individual Lifestyle** und **Senserism**, sowie das Projektionsbündel aus **Neue Achtsamkeit, Individual Lifestyle** und **Work-Life-Balance.**

Um ein möglichst breites Spektrum an möglichen, zukünftigen Entwicklungen abzudecken und adäquat darauf vorbereitet zu sein, bzw. reagieren zu können, wurden zwei möglichst gegensätzliche Extremszenarien gewählt:

Aufgrund der Charakteristik des Extremen, wurde aus den sich ähnelnden Projektionsbündeln je das Projektionsbündel gewählt, welches mehr Extremprojektionen enthielt. Somit wurde das Projektionsbündel aus **Overvirtuality, Egomania und Whateverism** zum Extremszenario I und das Projektionsbündel aus **Neue Achtsamkeit, Individual Lifestyle und Senserism** zum Extremszenario II. In Abbildung 21 werden die Bündel im Szenario-Trichter veranschaulicht.

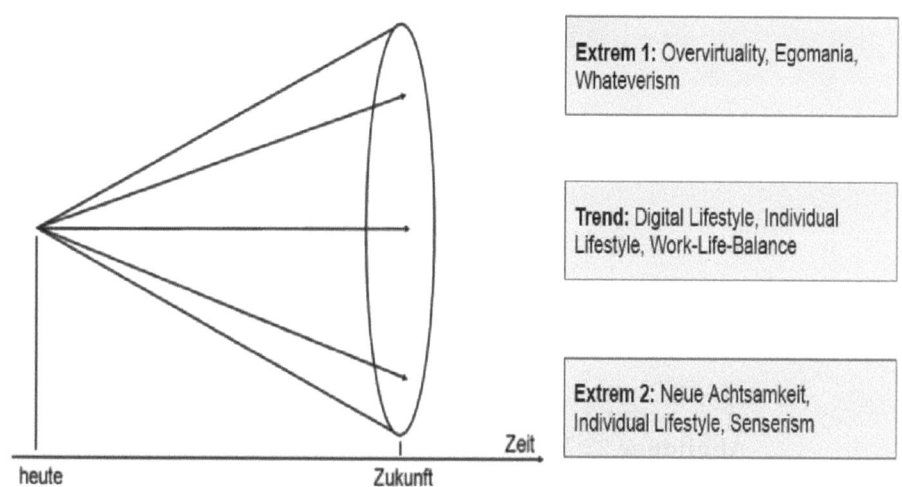

Abbildung 21: Wildlife-Tourismus Szenario-Trichter
Quelle: Eigene Darstellung

2.2 Szenario Transfer

Nachdem im vorherigen Part die Projektionsbündel für die Szenarien herausgearbeitet wurden, soll es in den folgenden Passagen um die Beschreibung und Ausarbeitung dieser gehen. Dies dient dem Zweck, für die möglichen Szenarien vorbereitet zu sein und als Wildlife-Tourismus-Branche mit adäquaten Angeboten reagieren zu können. Dazu wird für jedes Szenario noch einmal die Triangulation der Projektionsbündel aufgegriffen und durch die Beschreibung einer möglichen Gesellschaft verdeutlicht. Im nächsten Schritt folgt die Beschreibung einer sogenannten Persona, die einen potenziellen Kunden für den Wildlife Tourism in dem jeweiligen Szenario verkörpern könnte. Auf Grundlage seiner Bedürfnisse und Wünsche, die dem Projektionsbündel entspringen, werden passende Produkte und eine dementsprechende Reise entwickelt.

2.2.1 Trendszenario

Als erstes wird das Trendszenario vorgestellt. Dieses basiert auf dem Projektionsbündel des Digital und Individual Lifestyle und der Work-Life-Balance. Dieses Szenario ist für den Zeitraum der nächsten fünf Jahre angedacht.

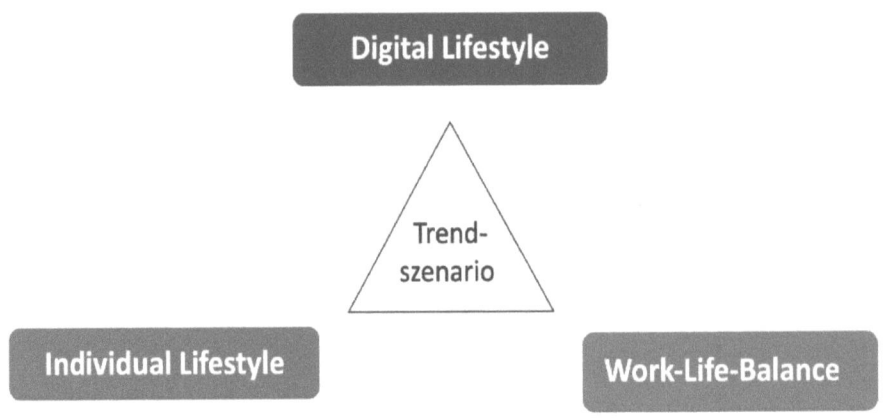

Abbildung 22: Wildlife-Tourismus Trendszenario
Quelle: Eigene Darstellung

Gesellschaft

Die Gesellschaft ist komplett digital vernetzt und die Menschen legen großen Wert auf neue digitale Innovationen. Analoge Kommunikationsformen gibt es kaum noch. Die Deutsche Post musste die Hälfte ihrer Arbeitsplätze abbauen. Außerdem haben sich die Innenstädte verändert. Da nur noch online eingekauft wird, gibt es kaum noch Einzelhandel. Der gewonnene Raum wird für Wohnungen und große Lager für Online-Versandhäuser genutzt.

Außerdem ist es den Menschen sehr wichtig, ihren individuellen Lebensstil zu finden. Es wird sehr viel Zeit darin investiert, sich gegenüber anderen abzuheben und seine eigenen, ganz individuellen Stärken zu finden. Es gibt kaum noch große Sportvereine, sondern viel mehr kleine Gruppen, welche gemeinsam neue Formen der Bewegung für sich entdecken. Es ist üblich, sich nach dem Schulabschluss ein Jahr mit sich selbst zu beschäftigen. Dazu gibt es spezielle Angebote im In- und Ausland.

Der Drang nach Individualität beinhaltet nicht nur die Freizeit und den Alltag, sondern auch das Arbeitsleben. Unternehmen, welche nach traditionellen Mustern funktionierten, gibt es nicht mehr. Diese sind entweder bankrott oder mussten sich anpassen. Die ausgewogene Balance zwischen Arbeitszeit und Freizeit ist selbstverständlich geworden. Das Amt für Work-Life-Balance prüft genau, inwiefern die neuen Gesetze eingehalten werden. Es ist gesetzlich festgelegt, dass man maximal 35 Stunden pro Woche arbeiten darf.

Persona

Anika und Mike
Zur weiteren Ausarbeitung des Szenarios und zur besseren Veranschaulichung wurden zwei Persona entwickelt.

Mike und Annika sind ein Paar und seit kurzem auch Verlobte. Annika ist 29 Jahre alt, Mike ist gerade 32 geworden. Somit gehören sie beide zur Generation Y. Vor zwei Jahren haben sie gemeinsam ein Start-Up gegründet und betreiben seitdem erfolgreich einen Online-Shop für nachhaltige Mode. Beide hatten genug von ihren alten Jobs als Angestellte und wollten nun endlich unabhängig und individuell arbeiten. Gemeinsam mit einem kleinen Team arbeiten sie nun in einem modernen Co-Working Space im Zentrum Hamburgs. Da alle Prozesse digitalisiert sind, können sie beliebig auch aus ihrer schönen und geräumigen Altbauwohnung im Schanzenviertel arbeiten. Sie arbeiten in Gleitzeit und legen viel Wert darauf, dass sie ausreichend Freizeit haben. Mike und Annika haben viele Sozialkontakte. Über die App "Gathering" wissen ihre Freunde immer wo sie sich aufhalten und können über ihren Status erkennen, ob sie gerade Lust auf ein Treffen haben. So kommt es oft dazu, dass sie spontan zusammen lunchen oder nachmittags an der Elbe sitzen. Abends kochen Mike und Annika gerne gemeinsam. Neben der App "Gathering", sind sie oft online bei Instagram und Twitter. Facebook ist für sie nicht mehr relevant.

Eine weitere Leidenschaft der beiden ist das Reisen. Früher sind sie oft zusammen unterwegs gewesen und haben sogar für ein halbes Jahr eine Weltreise gemacht. Am liebsten entdecken sie spannende Naturlandschaften und entscheiden spontan, wie sie ihren Tag gestalten. Pauschalreisen wären nichts für sie, da sie individuell und frei reisen wollen.

Produktinnovation: Workation

Um auf die Bedürfnisse der zuvor dargestellten Gesellschaft sowie der zwei Persona einzugehen, wurde das Produkt *Workation - Animals Inspire* entwickelt. Die folgende narrative Darstellung zeigt zunächst, wie die beiden Persona auf das Produkt aufmerksam werden. Außerdem gibt sie einen Einblick in die Reisemotive und verbildlicht eine mögliche Marketing-Strategie.

Eines Abends kam Mike spät abends in der schönen Altbauwohnung in Hamburg an. Er fühlte sich ausgelaugt. Den ganzen Tag lang hatte er versucht, einen kreativen Slogan für die neue Kollektion zu finden, jedoch erfolglos. Sein Kopf fühlte sich leer an. Inspirationssuchend hatte er sich in dem kleinen Raum im Co-Working Space umgeschaut, doch da war nichts, was sich hätte verwerten lassen können. Selbst Alex (die neue Edition von Alexa), welchen er um Rat fragte, konnte ihm nicht helfen.

„Erde an Miiiiike? Jemand Zuhause?" Mike schrillte hoch und guckte direkt in Annikas verärgertes Gesicht. „Was ist denn?", erwiderte er genervt. Annika setzte sich mit dem Tablet auf dem Schoß neben ihn. Dort war noch Instagram geöffnet und ein kleiner Elefant schaute Mike frech an. Mike ließ sich nicht ablenken und erzählte seiner Verlobten von seinem grausigen Tag und der erfolglosen Suche nach dem Slogan. Auch Annika hatte nicht ihren besten Tag gehabt. Sie hatte sich frei genommen, aber war trotzdem ununterbrochen am Handy gewesen, weil es ein Problem bei der Warenbestellung gegeben hatte.

Mike, nun doch abgelenkt, griff nach dem Tablet und las laut vor: „**Animals inspire - Arbeiten inmitten von Wildlife.** Was soll das denn sein?", fragte er in Annikas Richtung. „Ach, das ist irgend so ein Angebot für Workation", sagte sie neutral. „Was war das denn nochmal? Arbeiten und Urlaub in einem?", fragte Mike. Annika nickte zustimmend und langsam machte sich ein verschmitztes Grinsen auf ihrem Gesicht breit. Sie hatte den Link heute von ihrer Freundin Lena bekommen, ihn beiläufig geöffnet und den Text unter dem Bild überflogen. Sie wollte es nicht zugeben, aber während des Clips, auf welchen sie automatisch weitergeleitet wurde, hatte sich das Gefühl von Abenteuerlust breitgemacht, welches sie nur zu gut von früher kannte. Auch in Mikes Kopf begannen sich die Gedanken zu drehen. Workation, Workation...würde das funktionieren? Der Ortswechsel wäre definitiv eine gute Idee, aber wie würde das mit der Technik funktionieren und würde es sich überhaupt lohnen? Geld hatten sie genug gespart, um sich für einige Wochen eine schöne Unterkunft leisten zu können. Er schaute Annika an und nahm nun behutsam ihre Hand. „Was denkst du?", fragte er sie. „Wir waren seit der Gründung nicht mehr unterwegs. Es wäre doch vielleicht eine Option. Denn ganz allein lassen können wir das Team auf keinen Fall. Noch nicht. So könnten wir einige Stunden am Tag an einem schönen Ort arbeiten und uns danach erholen oder die Gegend erkunden." Nun entspannten sich auch Mikes Gesichtszüge langsam. Der Gedanke gefiel ihm. Er holte sein Handy raus, scannte den QR Code des Accounts und las den Text:

Abbildung 23: Wildlife-Tourismus Workation Instagram
Quelle: Eigene Darstellung

"Ihnen fehlt es an Inspiration und Sie haben genug von ihrem gewöhnlichen Arbeitsumfeld? Dann ist Workation genau das Richtige für Sie. All unsere Locations befinden sich inmitten der Lebensräume spannender Wildtiere. Die Unterkünfte sind hoch technisiert und ermöglichen eine optimale Arbeitsatmosphäre. Die Begegnung mit den freilebenden Tieren ist garantiert. Im Zuge einer groß angelegten Studie konnte festgestellt werden, dass das Arbeiten im engen Kontext mit den Tieren die Effektivität stärkt und die Kreativität fördert. Sie wollen sich selbst davon überzeugen? Dann wählen sie nun Ihren neuen Arbeitsort. Von der Savanne in Afrika bis hin zu dem wilden Dschungel in Brasilien ist alles mit dabei. Buchen Sie jetzt online über workation-animalsinspire.de.

Abbildung 24: Wildlife-Tourismus Workation Logo
Quelle: Eigene Darstellung

Annika wartete auf Mikes Reaktion. Sie hätte es nicht für möglich gehalten, dass Mike diese Option überhaupt in Betracht zieht. Sein Blick, welchen er anschließend zu ihr schweifen ließ, verriet ihr, dass es beschlossene Sache war. Beide würden für einige Wochen in der Savanne in Afrika arbeiten. Sie hatten schon seit längerem davon geträumt, eine Safari zu machen und ihrer beider Lieblingstier in freier Wildbahn zu sehen. Dass sie dies nun mit ihrem Job vereinbaren konnten, hatten sie nicht für möglich gehalten.

Workation - Animals Inspire verkauft Reisen in 20 verschiedene Destinationen. Jede Destination liegt in einem beliebten Habitat von Wildtieren. Die Unterkünfte liegen inmitten wunderschöner Naturlandschaften und sind hoch technisiert. Jede Unterkunft verfügt über einen Arbeitsplatz, von welchem aus die Beobachtung der Wildtiere garantiert ist. Vorab können individuelle Wünsche formuliert werden, sodass ein optimales Arbeiten in Wohlfühlatmosphäre gewährleistet wird. Alle Service-Optionen sind auch spontan vor Ort buchbar. Wenn zum Beispiel ein Termin spontan nach hinten verlegt wird, kann die Zeit für einen inspirierenden Spaziergang durch die Natur genutzt werden. Den ganzen Tag über stehen auf den Gast zugeschnittene Angebote und Ausflüge zur Verfügung.

Auch die Anreise kann individuell zusammengestellt werden. Wer die "Business at any time-Option" wählt, profitiert von einer durchgehenden Wifi-Verbindung und einer guten Arbeitsatmosphäre. Natürlich ist es auch möglich, die Anreise selber zu organisieren. Der Zeitraum der Workation-Reisen ist sehr flexibel. Von zwei Wochen bis drei Monaten ist alles möglich.

Reisebeschreibung

Mike und Annika entschieden sich für eine Reisedauer von vier Wochen. Sie wählten die Destination Etosha in Namibia, inmitten der Savanne. Ihre Unterkunft ist eine geräumige High-Tech Lodge mit Außenbereich. Jeder Raum der Lodge ist mit einem intelligenten Sprachassistenten ausgestattet, an den sie jederzeit ihre Wünsche richten können. So können sie sich zum Beispiel das Mittagessen liefern lassen oder spontan einen Guide für eine individuelle Safari-Tour buchen. Das kommt ihnen sehr gelegen, da sie keine festen Arbeitszeiten haben und so oft wie möglich in die Natur möchten.

Im Februar geht es los. *Workation - Animals Inspire* bietet diese Destination nur im Winter an, da so eine angenehme Arbeitstemperatur gegeben ist und die Tiere aufgrund des mangelnden Niederschlags näher an die Unterkünfte herankommen. Für die Anreise haben sie die "Business at any Time-Option" gebucht, da sie durchgehend erreichbar sein müssen. Vom Flughafen werden sie daher mit einem High-Tech E-Shuttle abgeholt, welcher sie direkt zu ihrer Lodge fährt.

Als der Anreisetag gekommen ist, freuen sich Beide wahnsinnig. Sie haben zwar noch Einiges geschäftlich zu tun, aber dank der Business Option ist das kein Problem. In der Lodge angekommen, lassen sie sich das Abendessen bringen und verbringen den Rest des Abends auf der Veranda. Sie sind von dem Ausblick in die endlose Weite der Savanne begeistert. Am nächsten Morgen steht ein Kreativ-Meeting für die neue Kollektion an. In den vergangenen Wochen sind sie nicht weitergekommen und die Meetings endeten meistens ohne zündende Idee.

Inmitten eines Brainstormings entdeckt Annika auf einmal einen Hals hinter dem Baum, einen langen Hals. Sie stupst Mike an und deutet auf den Baum. Nun bewegt sich der Hals langsam und majestätisch hinter dem Baum hervor und genau auf die Lodge hinzu. Da hat Annika einen Einfall. Sie sprudelt direkt los und erzählt von ihrer Idee, die neue Kollektion am Fellmuster der Giraffe entlang zu planen. Einen Teil der Einnahmen könnte in den Schutz der langbeinigen Wildtiere fließen und so hätte man direkt Aufmerksamkeit erregt. Die anderen Teammitglieder sind begeistert und innerhalb von drei Stunden steht bereits ein grobes Konzept. Den Rest des Tages verbringen die Beiden in einem Jeep, welchen sie für den halben Tag spontan buchen konnten und lebten ihren Traum einer Safari-Reise.

Die nächsten vier Wochen vergingen wie im Flug und am Ende stand die neue Kollektion. Annika und Mike sammelten noch weitere Ideen und kamen voller Inspiration und gut erholt wieder Zuhause an. Für sie stand fest, dass sie von nun an jährlich einen Aufenthalt über *Workation-Animals Inspire* buchen würden. Für nächstes Jahr haben sie sich bereits für den Amazonas-Regenwald entschieden.

2.2.2 Extremszenario I

Das Extremszenario I besteht aus den Begriffen Overvirtuality, Egomania und Whateverism. Denkbar wäre dieses Szenario innerhalb des nächsten Jahrzehnts.

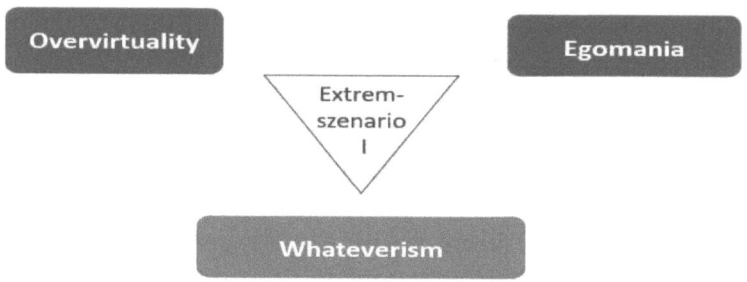

Abbildung 25: Wildlife-Tourismus Extremszenario I
Quelle: Eigene Darstellung

Das Extremszenario I beschäftigt sich mit dem Projektionsbündel Overvirtuality, Egomania und Whateverism. Die Wortneuschöpfung "Overvirtuality" beschreibt die exzessive Nutzung von Virtual Reality. Egomania ist eine starke Form des Egoismus, bei der die eigenen Wünsche und Bedürfnisse einen deutlich höheren Stellenwert haben. Whateverism ist geprägt von einer gewissen Gleichgültigkeit, Belanglosigkeit, Verantwortungslosigkeit und Ignoranz. Außerdem besteht kein Bewusstsein über Konsequenzen des eigenen Handelns.

Gesellschaft

In diesem Extremszenario hat sich die Gesellschaft, im Vergleich zum aktuellen Jahr 2020, stark verändert. Sie ist geprägt vom egoistischen Handeln und Selbstliebe. Die Umwelt und alles was mit ihr in Verbindung steht, wie die Biodiversität, die Flora und Fauna und auch der sich immer weiter entwickelnde Klimawandel, interessieren niemanden mehr. Die Menschheit ist abgestumpft und jeder Einzelne ist nur noch an seinem eigenen Wohl interessiert. Organisationen zum Schutz der Tier- und Pflanzenarten existieren nur, weil sie schon einige Jahre vor dem Eintreten des Extremszenarios gegründet wurden. Die Einstellung der Menschen, die in diesen Organisationen arbeiten, hat sich ebenfalls komplett verändert. Der Tierschutz liegt ihnen nicht mehr am Herzen und sie arbeiten dort nur, um weiterhin Geld zu verdienen.

Durch bahnbrechende Erfolge in der Hologrammtechnik und im Bereich Virtual Reality, hat sich das Leben der Menschen noch weiter verändert. So sind diese nicht mehr darauf angewiesen das Haus zu verlassen, da sie ihr komplettes Leben aus der eigenen Wohnung führen können. Der Durchbruch im Bereich Virtual Reality geschah vor ein paar Jahren. Ein Team aus Forschern und Programmierern experimentierte im Feld des Raum-Zeit-Kontinuums der Relativitätstheorie und entdeckte eine Möglichkeit, seinen eigenen Körper in einen virtuellen Raum zu projizieren. Zusätzlich gelang es ihnen nicht nur eine Person, sondern gleich mehrere Personen in diesem virtuellen Raum darzustellen und diese untereinander interagieren zu lassen. Die Forscher nannten die Entdeckung "Holo-Reality", eine Mischung aus Virtual Reality und Hologrammtechnik.

Über die Jahre wurde diese Entdeckung weiterentwickelt und was am Anfang unmöglich erschien, wurde für die Menschheit in diesem Extremszenario Realität. Seitdem ist der Großteil der Menschheit nicht mehr an der analogen Welt interessiert. Die virtuellen Welten bieten all das, was in der analogen Welt nicht möglich ist. In den Welten existieren keine Trauer, kein Leid oder Krieg. Es sind perfekte Welten, zugeschnitten auf die Bedürfnisse der Menschen. Es ist verständlich, dass die Menschen die virtuelle Welt der analogen Welt vorziehen. Über das Smartphone kann sich eine Person ganz einfach in einen virtuellen Raum projizieren. So sind Interaktionen auf der Arbeit, beim Sport oder im Supermarkt ganz leicht von zu Hause aus möglich. Die ausgewählten Lebensmittel werden von Drohnen in kürzester Zeit geliefert. Die wenigen sozialen Interaktionen, wie das Treffen von Freunden, was in den seltensten Fällen überhaupt noch gewünscht ist, finden ebenfalls nur im virtuellen Raum statt. Selbst die Interaktion mit der eigenen Familie, sofern vorhanden, findet größtenteils virtuell statt. In den Urlaub fahren die Menschen seit Jahren nicht mehr, da sie sich dafür an einen anderen Ort begeben müssten. Die Unternehmen aus der Tourismusbranche arbeiten akribisch an einer Lösung den Tourismus virtuell zu gestalten.

Persona

Till

Um das Extremszenario I weiter zu beschreiben, wurde eine Persona entwickelt. Diese Persona ist Till. Er ist 28 Jahre alt und beschreibt sich selbst als kleinen Nerd. Er ist selbstbewusst, hat ein cooles Auftreten und ist von Beruf IT-Spezialist und Software-Entwickler. Er ist Single und wohnt dementsprechend alleine in einer kleinen Wohnung. An die Zeit vor der Entdeckung des Holo-Reality kann sich Till nicht mehr richtig erinnern. Ein paar Einzelheiten aus der Zeit bei seinen Eltern weiß er noch, aber er wollte das Elternhaus schnellstmöglich verlassen und sich selbst versorgen. Till ist früher einmal mit seiner Familie verreist, aber auch an den Urlaub kann er sich nicht mehr erinnern. Seit der Erfindung von Holo-Reality war das Verlassen des Hauses keine Option mehr für ihn.

Früher hatte er mal ein gewisses Interesse an Tieren, aber sein aktueller Alltag besteht nur noch aus der Projektion zur Arbeit oder bei Bedarf in den Supermarkt. Seine Freizeit verbringt er fast ausschließlich mit dem Online-Gaming, welches sich durch Holo-Reality ebenfalls stark weiterentwickelt hat. Till sieht die analoge Welt nur als einfache Ebene für seinen schwachen Körper.

Mit der Umwelt hat er sich noch nie richtig befasst, da er die Außenwelt auch als nicht-perfekte-Welt bezeichnet, voller Fehler und falscher Algorithmen. Die Zukunft liegt seiner Meinung nach nur in der virtuellen Welt. Er kann es kaum erwarten, zwischen den virtuellen Räumen zu wechseln, ohne in die analoge Welt zurückkehren zu müssen. Zusätzlich hat Till sein Leben der Technik verschrieben. Durch seine Arbeit bei einem der führenden Unternehmen im Bereich der Holo-Reality hofft er jederzeit auf weitere geniale Entdeckungen.

Abbildung 26: Wildlife-Tourismus Virtual Wildlife Logo
Quelle: Eigene Darstellung

Produktinnovation: Virtual Wildlife

In diesem Extremszenario haben die verschiedenen Anbieter von Wildlife Tourism seit der Entdeckung von Holo-Reality große Probleme ihre Unternehmen geschäftstüchtig zu halten. Da die Menschen nicht mehr an dem Schutz von wilden Tieren oder der Aufrechterhaltung der Biodiversität interessiert sind, kommen keine Besucher mehr. Selbst die Mitarbeiter in der Organisation haben das Interesse am Schutz der Tiere verloren. Da sie aber ihr Geld mit dem Wildlife Tourism verdienen, hatten sie keine andere Wahl und mussten sich Gedanken machen, wie sie die Liquidität des Unternehmens weiterhin gewährleisten können. Daraus entstand die Idee *Virtual Wildlife*.

Die Menschen wollen ihre Wohnung nicht mehr verlassen, um wilde Tiere zu beobachten oder mit ihnen zu interagieren. Daraus resultierend wollte sich das Unternehmen die Technik der Holo-Reality ebenfalls zunutze machen. So wurden viele virtuelle Gespräche mit Firmen und Experten in diesem Bereich geführt. Folglich entstand das Produkt Virtual Wildlife, welches die Möglichkeit beinhaltet, Tiere in einen virtuellen Raum zu projizieren. Mit diesem Produkt ist das Unternehmen in der Lage Wildtierbeobachtungen virtuell anzubieten. Über die Jahre wurde dieses Produkt perfektioniert und mittlerweile können Interessierte in eine virtuelle Welt eintauchen, die nicht nur das Tier, sondern auch die gesamte natürliche Umgebung beinhaltet. Dazu gehören die Savanne Afrikas, die Regenwälder Brasiliens oder die Ozeane mit ihrer einzigartigen Tier- und Pflanzenwelt. Dieses Erlebnis kann ganz einfach von der eigenen Wohnung aus gestartet werden.

Reisebeschreibung

Um die Situation in diesem Extremszenario näher zu erläutern, wurde eine narrative Geschichte entworfen. Sie berücksichtigt die Gesellschaft und die Persona in einer Zeit, die geprägt ist durch die exzessive Nutzung von Virtual Reality.

Auch an diesem Morgen wacht Till wie gewohnt um 8 Uhr auf und führt die nervigen, morgendlichen Tätigkeiten in der analogen Welt durch, bevor er in die für ihn "perfekte virtuelle Welt" eintauchen kann. Normalerweise träumt Till selten von etwas anderem als den vielen virtuellen Dimensionen, die er am nächsten Tag erkunden wird, entweder auf der Arbeit oder in seinem Online-Spiel. Doch dieser Morgen ist tatsächlich anders. In dieser Nacht hat er etwas Unübliches geträumt. Während er sich bereit macht seinen Körper auf die Arbeit zu projizieren, versucht Till sich an den Traum zu erinnern. Sein Traum handelte von Tieren. Wilden Tieren. Er denkt angestrengt weiter nach. Im Traum waren riesige Wale und Delfine, wunderschöne Korallenriffe, Meeresschildkröten und auch der ein oder andere Riff Hai. Till verwirft alle Gedanken an diesen komischen Traum und projiziert sich zu seinem Arbeitsplatz. Heute soll ein Meeting mit einem wichtigen Kunden der Firma stattfinden und er will komplett fokussiert sein. Auf dem Weg zum Konferenzraum liest er die Worte: „Virtual Wildlife" an einer Pinnwand. Der Kunde heute ist ein langjähriger Partner und beschäftigt sich mit der Projektion von Tieren und der Darstellung ganzer Landschaften in virtuellen Räumen. Till hört aber nur mit halbem Ohr zu. Die Problematik ist ganz einfach zu lösen und dieses Meeting hätte eigentlich gar nicht stattfinden müssen. Doch dann sagt der Kunde etwas über die reale Darstellung eines Blauwals und Till ist verwundert. Er hatte doch heute Nacht von Walen geträumt. Nachdem die weiteren Schritte im neuen Projekt des Kunden analysiert und besprochen wurden, geht Till zurück in sein Büro. Seit dem Meeting mit dem Kunden kann er sich nicht mehr richtig konzentrieren. Nach Feierabend kehrt Till zurück in die analoge Welt. Dort nimmt er wie jeden Tag etwas Nahrung zu sich. Während des Essens denkt Till wiederum an seinen ungewöhnlichen Traum und die Begegnung mit dem Kunden auf der Arbeit. Früher war er mal interessiert an Tieren, vor allem an den Tieren der Ozeane. Dann fällt ihm der Begriff „Virtual Wildlife" ein, den er auf der Arbeit auf einer Pinnwand gelesen hatte. Er sucht nach dem Begriff im Internet. Er liest die Beschreibung. "Kommen Sie mit auf eine einzigartige, virtuelle Reise durch die Ozeane. Entdecken Sie alle möglichen Arten von Meerestieren und lassen Sie sich nebenbei von beeindruckenden Fakten unserer Guides zu den Tieren überwältigen." Till überlegt einen Moment. Aus irgendeinem Grund hat er großes Interesse diese virtuelle Reise zu machen. An sein Spiel, mit dem er jeden Abend seine Zeit verbringt, denkt er gar nicht mehr. Er bucht eine Projektion in den Pazifik, den größten Ozean der analogen Welt. Zusätzlich wählt er die Option aus, bei Bedarf Informationen durch einen Guide zu erhalten. Er muss nicht lange warten. Nach der Buchungsbestätigung erhält er den Zugang für seine Projektion in den virtuellen

Pazifik. Er überlegt noch einen Moment, bevor er schließlich den Knopf drückt, um sich zu projizieren.

Till stockt der Atem, er befindet sich unter Wasser. In unglaublicher Tiefe. Es müsste hier unten sehr dunkel sein, denn er weiß, dass bis hier keine Sonnenstrahlen kommen. Da es eine virtuelle Welt ist, kann er trotzdem weit sehen.

In der Ferne sieht er etwas Riesiges auf sich zu kommen. Kann das sein? Das größte Säugetier der analogen Welt, der Blauwal, schwimmt majestätisch auf ihn zu. Auf einmal erscheint ein virtueller Guide neben ihm, begrüßt ihn und fragt, ob Till Interesse an dem Tier hat und nähere Informationen möchte. Dieser ist immer noch überwältigt von der Erscheinung des Meeresriesen, stimmt aber zu. Der Guide erzählt ein paar Fakten zu dem Wal. Zum Beispiel wiegt ein Weibchen bis zu 200 Tonnen. Daraufhin erläutert er den weiteren Ablauf der virtuellen Reise und wie er zu erreichen ist, falls weitere Informationen gewünscht sind. In naher Entfernung entdeckt Till ein Riff. Er macht sich mit einem Tauchscooter auf den Weg dorthin. Till ist begeistert von der farbenfrohen Vielfalt der Meeresbewohner. Er verliert bei der Erkundung des Riffs und den Erklärungen des Guides vollkommen das Gefühl von Raum und Zeit. Till ist in die Magie des Ozeans versunken. Er nimmt die Worte des Guides, welcher ihm mitteilt, dass seine virtuelle Reise gleich beendet ist, nicht wahr.

Auf einmal löst sich die virtuelle Welt auf und Till befindet sich wieder in seiner Wohnung. Mit einem Blick auf die Uhr stellt er fest, dass es Zeit ist, schlafen zu gehen. Im Bett liegend denkt er über den Abend nach. Er hat heute etwas getan und etwas gefühlt, was er seit Jahren nicht mehr erfahren hat. Diese virtuelle Reise war einfach unglaublich und er kann es kaum erwarten, weitere Unterwasserwelten zu erkunden. Seine nächste virtuelle Expedition wird ins Rote Meer führen. Mit diesem Gedanken schläft Till ein.

2.2.3 Extremszenario II

Das letzte Zukunftsszenario bildet das Extremszenario II, welches auf dem Projektionsbündel aus Neue Achtsamkeit, Individual Lifestyle und Senserism basiert. Denkbar wäre dieses Szenario innerhalb des nächsten Jahrzehnts.

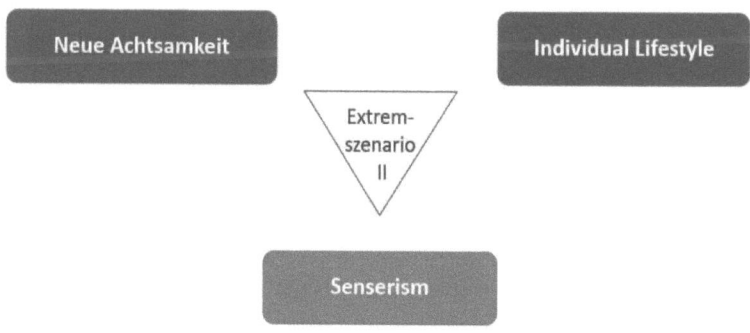

Abbildung 27: Wildlife-Tourismus Extremszenario II
Quelle: Eigene Darstellung

Gesellschaft

Auch die Gesellschaft dieses Szenarios ist von der Neuen Achtsamkeit, dem Senserism und dem Individual Lifestyle geprägt. Im Sinne der neuen Achtsamkeit werden weiterhin das Internet und überhaupt digitale Medien verwendet. Sie werden allerdings nur auf das Nötigste heruntergebrochen und haben einen rein funktionellen Aspekt. Konkret bedeutet dies, dass nur diejenigen, die es wollen, ein Smartphone besitzen, dies aber primär für Anrufe und Informationsbeschaffung nutzen. Social-Media und andere Plattformen und Formate, die zur digitalen Sozialisierung und zum (Frei)Zeitvertreib dienen sollen, haben in dieser Gesellschaft keinen Platz mehr.

Der Senserism prägt diese Gesellschaft vor allem durch die Suche nach dem Sinn des eigenen Seins. In diesem Zusammenhang wird das ganze Leben als eine Reise zur Spiritualität, Transzendenz und damit auch zu sich selbst verstanden. Auch im Reiseverhalten ist die Sinnhaftigkeit deshalb fest verankert und ein zentraler Bestandteil.

Eng damit verknüpft ist der Individual Lifestyle, da neben der ganz persönlichen Sinnfindung eine gesamtheitlich individuelle Lebensgestaltung im Fokus steht. Dazu gehört beispielsweise, dass es keine "klassischen" Berufe, Wohnmöglichkeiten oder Beziehungsschemata gibt. So gibt es in dieser Gesellschaft nicht mehr den einen klassischen Vollzeitjob, sondern man macht das, was einem liegt. Das können verschiedene Bereiche sein. Außerdem ist das Umherziehen ohne festen Wohnsitz nicht mehr ungewöhnlich, sondern genauso normal wie ein Palast, eine Hütte auf einem See oder ein Baumhaus. Als "normal" gilt hier also die Individualität. Bei zwischenmenschlichen Beziehungen sieht es ähnlich aus. Hier gibt es keine klassischen Beziehungsstrukturen mehr, sondern der Fokus liegt darauf, dass alles möglich ist, solange niemandem geschadet wird und alle Beteiligten damit konform sind.

Insgesamt handelt es sich um eine Gesellschaft, welche durch die Möglichkeit einer individuellen Lebensgestaltung die Freiheit hat, den Sinn ihres Lebens zu finden und dabei digitale Medien zur Unterstützung nutzen kann.

Persona

Autumn

In dieser Gesellschaft könnte Autumn leben, die die Persona für dieses Szenario verkörpert.

Autumn malt und zeichnet besonders gern, sodass sie neben ihren Tätigkeiten als Aktivistin und Freiberuflerin auch noch als Künstlerin arbeitet. Sie selbst würde sich auf diese Berufsbezeichnungen aber nicht festlegen, da es immer sehr darauf ankommt was gerade an Arbeit anfällt und wo sie sich gerade aufhält. Autumn hat nämlich keinen festen Wohnort, sondern hat sich im Zuge des Individual Lifestyles dafür entschieden umherzuziehen, sodass sie sich in der ganzen Welt zu Hause fühlt. Außerdem hat sie durch die Prägung des Senserism ein sehr intensives Werteverständnis. Besonders wichtig sind ihr dabei der Naturschutz, Gerechtigkeit, Spiritualität, im "Flow leben" und Freiheit. Letzteres lebt sie auch durch die Polyamorie in ihren zahlreichen Beziehungen aus.

Sie ist mit ihren jungen Jahren, ihr Alter wird nicht genauer erläutert, noch immer auf ihrer ganz persönlichen Sinnsuche, aber eines steht für sie fest: Sie möchte der Natur bzw. der Welt etwas Gutes hinterlassen und so etwas nachhaltig Wirksames tun. Wie für die Gesellschaft, in der sie lebt, typisch, möchte auch sie im Urlaub das Element der Sinnhaftigkeit erkennen. Am liebsten teilt sie solche Erfahrungen mit Gleichgesinnten. Ein absolutes Tabu wären dabei jegliche Formen von Umweltsünden, Ungerechtigkeit oder fehlende Zwanglosigkeit, da diese Aspekte gegen ihr Werteverständnis verstoßen. Insgesamt sammelt sie zwar mit ihrem Smartphone Informationen, die sie interessieren, Werbeangebote locken sie jedoch nicht an. Sie ist sowieso nur die allernötigste Zeit an ihrem Mobiltelefon, da sie im Sinne der Neuen Achtsamkeit darauf bedacht ist so wenig Zeit wie möglich damit zu verbringen.

Produktinnovation: Transcendent Turtles

Ein passendes Produkt für die zuvor beschriebene Gesellschaft im Allgemeinen und Autumn im Speziellen ist *Transcendent Turtles*.

Abbildung 28: Wildlife-Tourismus Transcendent Turtles Logo
Quelle Eigene Darstellung

Es handelt sich dabei um eine Organisation, die sich den Schildkrötenschutz zum Ziel gemacht hat.

Personen wie Autumn können gegen Mitarbeit am Projekt im Camp von Transcendent Turtles wohnen. Insgesamt streckt sich der Aufenthalt über die Monate rund um das Schildkrötenschlüpfen. Wie lange Autumn genau bleiben möchte, ist ihr überlassen. Die Mithilfe am Projekt bezieht sich dabei direkt auf die Arbeit rund um die Schildkröten selbst oder um das Camp. Es kann also vom

Sauberhalten des Strandes, über das Zählen der Schildkröteneier bis hin zum Bauen neuer Hütten und Kochen kann alles dabei sein. Jeder kann sich mit dem einbringen, was er besonders gut kann.

Wenn es dann schließlich zum Zeitpunkt des Schildkrötenschlüpfens kommt, nimmt jedes Gruppenmitglied ein Schildkrötenbaby auf die Hand und es wird ein Ritual, eine Art Zeremonie, durchgeführt. Einerseits wird die Schildkröte dabei mit einem Mikrochip versehen, um sie später per Computer orten zu können. Andererseits ist dies auch ein Prozess, bei dem derjenige, der die Schildkröte hält, zu ihrem Paten bzw. ihrer Patin wird. So entsteht eine Verbindung zur Schildkröte und zur Natur insgesamt. Dann werden die Schildkrötenbabys ausgesetzt und eventuell kann man sie in den folgenden Jahren wiedersehen, wenn sie an den gleichen Strand zum Eier legen zurückkehren. Neben der entstandenen Verbundenheit durch die Patenschaft erleben die Gruppenmitglieder somit eine individuelle und sinnbringende Erfahrung, die nachhaltig gut für Flora und Fauna ist.

Das Marketing für Transcendent Turtles wird sich dabei auf das Relationship-Marketing stützen, welches durch die entstandenen Patenschaften nahezu automatisch gegeben ist. Das eigentliche Marketing soll aber vor allem durch Empfehlung der Gruppenmitglieder geschehen, wenn sie weiterziehen und Gleichgesinnten diese Organisation empfehlen. Neben dem "Geheimtipp-Charakter", den Transcendent Turtles dadurch erhält, wird außerdem sichergestellt, dass Personen mit ähnlichen Interessen und Denkweisen angezogen werden.

Reisebeschreibung

Passend zu der Organisation Transcendent Turtles und zu der Persona Autumn, wurde sich bewusst für eine Traumreise entschieden. Durch diese narrativ ausgestaltete Traumreise soll erlebbar werden, wie eine mögliche Reise im Zuge des Extremszenarios II gestaltet werden könnte:

Stell dir vor, du läufst einen kleinen Weg entlang. Der Himmel über dir strahlt in einem satten blau und die Sonne scheint. Sie fühlt sich warm an auf deiner Haut. Der Weg, auf dem du läufst, gleicht einem kleinen Pfad. Der Boden ist nicht gepflastert, sondern besteht aus weicher Erde, die jeden deiner Schritte abfedert, sodass sie nur ganz leise zu hören sind. Zu deinen Seiten wachsen viele verschiedene Pflanzen und du spürst, wie einige Ranken an deinen Armen entlangstreifen, während du den Pfad weiter entlangläufst.

Schließlich mündet der Pfad im Eingang zu einer wunderschönen Bucht. Du spürst den warmen und weichen Sand unter deinen Füßen und genießt dieses Gefühl für einen Augenblick und hältst inne. Eine leichte Brise streift sanft dein Gesicht. Du atmest tief ein - und wieder aus. Dabei riechst du die Meeresluft, die dir so bekannt ist. Sie riecht nach Freiheit und unendlichem Glück.

Du läufst weiter in die Bucht hinein, die sich deinem Blickfeld Stück für Stück öffnet. Du siehst die Silhouetten der anderen Gruppenmitglieder. Als du dich ihnen näherst, erkennst du sie von weitem. Da ist zum Beispiel Eva, die du schon bei deiner Ankunft kennengelernt hast. Ihr versteht euch sehr gut und könnt immer wieder tiefe Gespräche führen.

So wie du selbst, ist sie vorher umhergezogen und hat in den weiten der Welt den Sinn ihres Seins gesucht. Eigentlich empfindest du dein ganzes Leben als Reise. Als Reise zu dir selbst. Du selbst bist noch auf der Suche nach dem Sinn und weißt noch nicht, wann und wie du ihn finden wirst. Wie lange du schon hier bist, weißt du selber nicht genau. Es dauert eben so lange wie es dauert und das ist in Ordnung.

Du setzt dich zu Eva und schweigst. Es ist keine unangenehme Stille, sondern Ruhe. Eine Ruhe, die dich langsam einnimmt und dich völlig entspannen lässt. Leise hörst du die Wellen brechen und wie sie den Sand, Stück für Stück, bedecken, um schließlich wieder ins Meer zurückzukehren.

Dann hörst du wie ein leises Murmeln durch die Gruppe geht. Du drehst dich um und siehst wie sich ein Stück vor dir der Sand bewegt. Du spürst, wie langsam Aufregung in dir aufsteigt. All die Vorbereitungen, die dein Leben und das deiner Gruppenmitglieder in letzter Zeit bestimmt haben, werden belohnt. Du kannst kaum glauben, dass es nun so weit sein soll. Doch schließlich ist der Moment gekommen. Du siehst, wie sich ein kleiner Kopf durch den Sand bohrt, dem ein kleiner, gepanzerter Körper folgt. Du hältst noch einen Moment inne und näherst dich der kleinen Schildkröte. Sie versucht sich noch immer von dem Sand zu befreien und du nimmst sie sanft und legst sie auf deine Handfläche, die sie kaum ausfüllt. Und du begreifst. Du begreifst, dass dieses kleine Wesen eine so große Bedeutung hat. Mit der kleinen Schildkröte gehst du langsam zu den anderen Gruppenmitgliedern, die sich schon um Eva versammelt haben. Jeder von ihnen trägt ein Schildkrötenbaby in der Hand. Eva spricht einige Worte in einer Sprache, die du nicht verstehst. Aber das ist nicht wichtig, denn vielmehr spürst du diese ganz besondere Energie in der Gruppe. In diesem Moment seid ihr verbunden. Verbunden mit euch und mit der Natur.

Schließlich beginnt die eigentliche Zeremonie und nach kurzem Warten trittst auch du wenige Schritte vor und Eva versieht die kleine Schildkröte in deiner Hand mit einem Sender. Schließlich spricht sie wieder ein paar Worte und schafft damit das ewige Band, was dich und dieses kleine Wesen in deiner Hand verbinden wird.

Schließlich trittst du von der Gruppe weg und gehst auf das Meer zu. Dann weicht der pudrige Sand dem von Meerwasser benetzten Boden, bis du schließlich spürst wie die Wellen sanft deine Knöchel umspielen. Dann ist er gekommen. Der Moment des Abschiedes. Du schaust die Schildkröte in deiner Hand noch einmal an und streichst ihr leicht über den kleinen Panzer. Und dann lässt du sie frei. Du siehst noch, wie sie langsam immer weiter ins Meer hinausschwimmt, bis sie nur noch ein kleiner Punkt ist und schließlich ganz verschwunden ist. Doch du bist nicht traurig, da du immer mit ihr verbunden sein wirst und dies kein Abschied für immer ist.

Solch eine Reise passt deshalb gut zu Autumn, da sie all ihre Bedürfnisse, die der durch Neue Achtsamkeit, Senserism und Individual Lifestyle geprägten Gesellschaft entspringen, erfüllt. Die Neue Achtsamkeit ist gegeben, da Autumn zwar ein Smartphone besitzt, dieses aber nur für funktionale Aspekte nutzt. Dazu könnte beispielsweise auch das Tracken ihrer Schildkröte gehören. Der wohl am stärksten vertretene Einfluss ist der des Senserisms. So wird durch die Patenschaft, aber auch durch die gesamte Mithilfe im Camp in der Organisation eine sinnhafte und nachhaltige Arbeit geleistet. Zuletzt bleibt all dies ein ganz individuelles Erlebnis im Sinne des Individual Lifestyles, weil Autumn ihre persönlichen Stärken einfließen lassen konnte, selbst entscheiden konnte, wie lange sie bleibt und zuletzt auch eine eigene Schildkröte als Patin bekommen hat.

2.3 Literaturverzeichnis Wildlife Tourismus

Gausemeier, J.; Plass, C. (2014): Zukunftsorientierte Unternehmensgestaltung. Strategien, Prozesse und IT-Systeme für die Produktion von morgen, 2. Auflage, München: Carl Hanser Verlag,

Haufe-Akademie (o.J.): Digitalisierung. Blockbuster des Wandels. Online unter: https://www.haufe-akademie.de/perspektiven/trend-digitalisierung/#:~:text=Digital%20machen%20bedeutet%20physische%20Prozesse,Maschinen%20sich%20miteinander%20austauschen%20k%C3%B6nnen [abgerufen am 26.06.2020]

Higginbottom, K. (2004): Wildlife Tourism. Impacts, Management and Planning, Australia: Common Ground Publishing Pty Ltd.

UNWTO (2020): Elibrary. Online unter: https://www.e-unwto.org/ [abgerufen am 28.07.2020]

Zukunftsinstitut c (o.J.): Megatrend Individualisierung. Online unter: https://www.zukunftsinstitut.de/dossier/megatrend-individualisierung/ [abgerufen am 23.06.2020].

3. Szenarien für den Naturtourismus (2020)

Autor*innen: Sandra Conrad Juhls, Finn Jacob und Tessa Heyde

Abstrakt

Der dynamische Naturtourismus wird innerhalb dieser Trendforschung als eine Form des Reisens in naturnahe Gebiete verstanden. Das sowohl aktive als auch passive Naturerlebnis ist als Hauptreisemotiv anzusehen.

Anhand der Megatrends wurden in der Szenario Vorbereitung Trendhierarchien erstellt, die hier exemplarisch am Beispiel des Megatrends Neo-Ökologie verdeutlicht werden. Auch das darauffolgende Flow Chart beschäftigt sich mit der Minimierung der Komplexität der gefundenen Trends und veranschaulicht deren Beziehungen.

Um eine Trennschärfe der Schlüsselfaktoren sicherzustellen, wurden neben dem System Grid auch die verschiedenen Indices berücksichtigt. Daraus folgte eine Identifikation der Schlüsselfaktoren „Think Green", „Sinnsuche" und „Outdoor-Abenteuer".

Die ausgewählten Projektionsbündel werden im Szenario Trichter dargestellt. Das Extrem I versteht sich als „radikaler Lifestyle – Trend" durch die Projektionen *Rückzug auf die Öko Arche, Spiritual Sense Peaking* und *Outdoor Thrillism*. Das Trendszenario steht unter dem Motto „Neo-Ökologie for all" und baut auf den Projektionen: *Mission Neo – Ökologie for all, Sense Seeking life enrichment* und *Outventure Society*. Das Extrem II dagegen beschreibt einen zurückgezogenen Lebensstil und umschließt die Projektionen *Green SmARTies, Senseless Life Floating* und *De-Venturing*.

Das Kapitel Szenario-Transfer beinhaltet die Beschreibung der Gesellschaft, eine detaillierte Charakterbeschreibung, eine Innovation und eine personalisierte Reisebeschreibung.

Marktabgrenzung

Der Naturtourismus ist ein weites und sich dynamisch entwickelndes Marktsegment der Freizeit- und Tourismusbranche. Entsprechend seiner vielfältigen Ausprägungen sind es auch die Definitionsansätze. Für die vorliegende Arbeit werden vier der in der einschlägigen Literatur genannten Definitionen näher betrachtet und zusammengeführt.

Ein Blick auf den Tourismusmarkt in der folgenden Abbildung 29 nach Epler Wood zeigt, dass sich Naturtourismus aus Ökotourismus und Abenteuertourismus zusammensetzt (vgl. ebd. 2002, S.11).

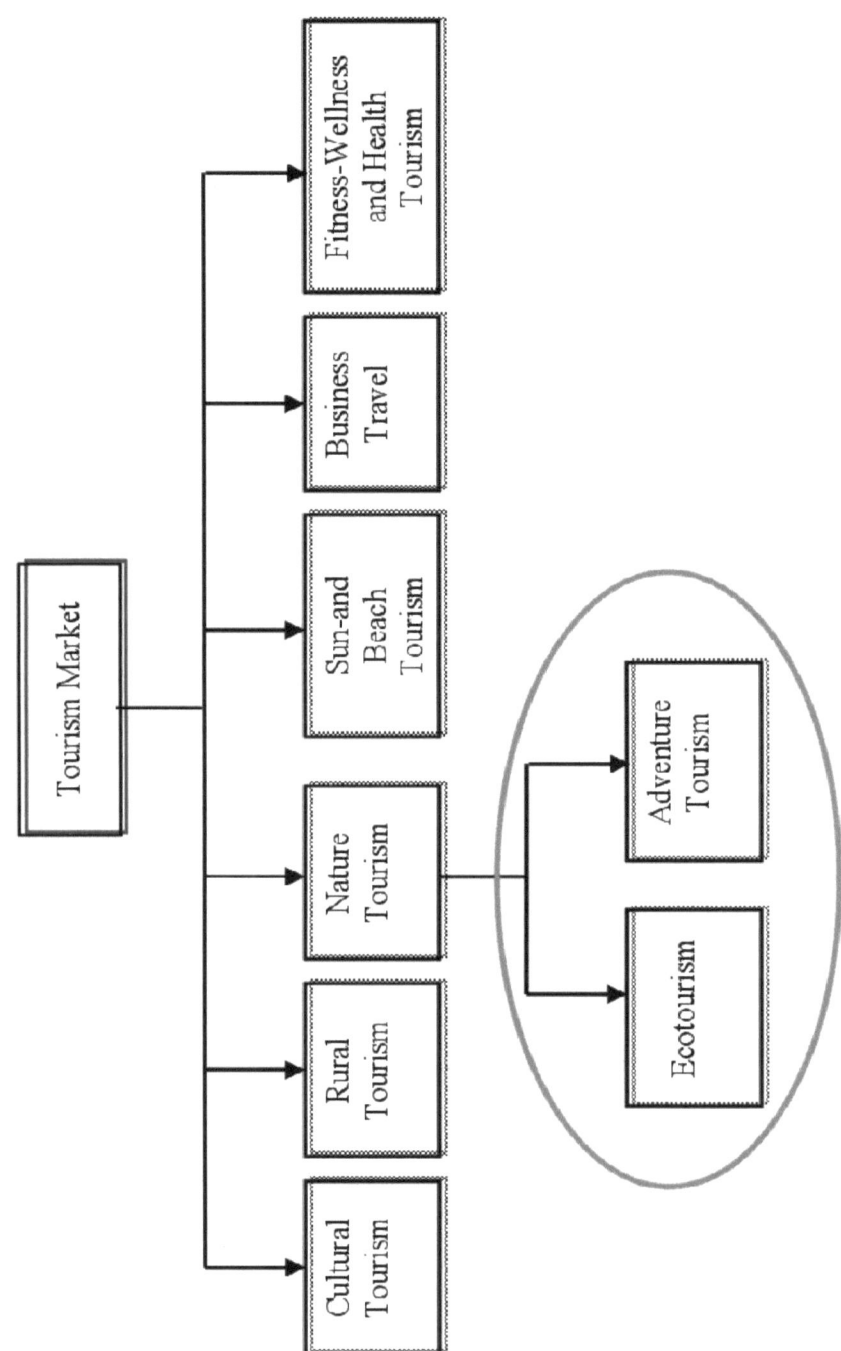

Abbildung 29: Naturtourismus als Marktsegment
Quelle: Eigene Darstellung in Anlehnung an Epler Wood (2002, S.11)

Aus diesem Grund werden der Ökotourismus und der Abenteuertourismus des Weiteren kurz beleuchtet. Die AG Ökotourismus beschreibt den *Ökotourismus* als:

> „eine Form des verantwortungsvollen Reisens in naturnahe Gebiete [...], die negative Umweltauswirkungen und sozio-kulturelle Veränderungen zu minimieren sucht, zur Finanzierung von Schutzgebieten beiträgt und Einkommensmöglichkeiten für die lokale Bevölkerung schafft" (AG Ecotourism 1995, S. 37 f.).

Der Abenteuertourismus hingegen hat eine ganz andere Ausrichtung, auch wenn er ebenfalls in der Natur stattfindet. So heißt es frei übersetzt nach Buckley (2006): *Abenteuertourismus* umfasst:

> „geführte, kommerzielle Touren, bei der die Hauptattraktion eine Outdooraktivität in natürlichem Gelände ist" („Guided commercial tours where the principle attraction is an outdoor activity that relies on features of the natural terrain" (Buckley 2006, S.1)).

Darüber hinaus finden sich in der Literatur zwei Definitionen von Naturtourismus, die diesen nicht weiter unterteilen, sondern allgemein fassen. So wird bei Strasdas (2001) unter *Naturtourismus* verstanden:

> „eine Form des Reisens in naturnahe Gebiete [...], bei der das Erleben von Natur und Naturphänomenen im Vordergrund steht und die Hauptmotivation für den Besuch in dieses Gebiet darstellt" (Strasdas 2001, S.6).

Die aktuelle Literatur laut Rein (2019) bezieht sich auf Strasdas und ergänzt:

> „Unter Naturtourismus ist ein touristisches Angebot zu verstehen, in dem das Naturerlebnis stets im Mittelpunkt steht, wie z.B. Natur beobachten, aktives Naturerleben, z.B. zu Fuß, per Rad, Pferd oder Boot, Natur studieren und entdecken, Aktionen in der Natur" (ebd. 2019, S. 24).

Aus den in der einschlägigen Literatur bestehenden Definitionen lässt sich festhalten, dass unter Naturtourismus touristische Reisen in naturnahe Gebiete verstanden werden. Entsprechend kann für das Marktsegment Naturtourismus folgende definitorische Synthese hergeleitet werden:

Unter Naturtourismus wird eine Form des Reisens in naturnahe Gebiete (Naturgebiete und naturnahe Kulturlandschaften) verstanden, bei der das Naturerlebnis als Hauptreisemotiv im Vordergrund steht. Dies kann sowohl ein aktives als auch ein passives Naturerlebnis sein. Die Verantwortung für Umwelt und Klima kann, muss dabei jedoch nicht im Vordergrund stehen.

3.1 Phasen des Szenario Managements

Exemplarisch ist in Tabelle 3 die Trendhierachie zum Megatrend Neo-Ökologie abgebildet und näher erläutert.

Tabelle 3: Naturtourismus Trendverdichtung Neo-Ökologie

Megatrend	Neo-Ökologie		
Gesellschaftliche Trends	Think Green	Zero-Waste	Tu-Was Generation
Technologische Trends	E-Mobility (inkl. M Split)	Klimaneutral Leben	NGO-Communities
Konsumtrends	Qualität statt Quantität	LOHAS (Grüner Konsum)	Sharing Economy
Tourismustrends	Fair Travel, bewusst reisen Ökotourismus, globale Verantwortung		Social Travel
Branchentrends Naturtourismus	Outdoor, Regional, ohne Flug/Auto	Zertifizierungen Leave no Trace	Undertourism Bio-Trend (ÜN)
Produkttrends	Wanderreise, Eseltrekking, Radtour in Deutschland	Wildnis-Camp, Atmosfair, Mikro-Abenteuer	FFF-Camp, Community Projekte

Quelle: Eigene Darstellung

Relevante gesellschaftliche Trendentwicklungen, die sich aus dem Megatrend Neo-Ökologie ergeben, sind Think Green, Zero Waste und die Tu-Was-Generation.

Think Green und Zero Waste liegen sehr nahe beieinander und weisen viele Überschneidungen hinsichtlich ihrer untergeordneten Trendhierachie auf. Den wohl bedeutendsten technologischen Trend, welcher mit Think Green verbunden ist, stellt der ganze Bereich um das Thema E-Mobility dar. Für das Segment Naturtourismus sind speziell die E-(Mountain)Bikes ein spannendes Thema: sie ermöglichen auch weniger trainierten Personen Fahrspaß über längere Strecken oder in den Bergen. Für den Trend Zero Waste sind hingegen alle technologischen Entwicklungen interessant, die dabei helfen, klimaneutral zu leben. Dies reicht von Solarstrom über Energiesparapplikationen bis hin zur Elektromobilität.

Ein Konsumtrend, der in der Spalte Think Green anzusiedeln ist, jedoch auch den Gesellschaftstrend Zero Waste betrifft, lautet: "Qualität statt Quantität". Menschen, die einen Lebensstil im Sinne von Think Green oder Zero Waste (LOHAS = Lifestyle of Health and Sustainability) pflegen, legen Wert auf hochwertige und langlebige Produkte.

Tourismustrends, die sich mit Think Green, sowie Zero Waste verbinden lassen, sind Ökotourismus, Fair-Travel (globale Verantwortung) und auch bewusst Reisen im Sinne von Slow Travel. Auf der Ebene der Branchentrends (im Naturtourismus) lassen sich der Outdoor Trend sowie der Trend hin zu regionalem Naturtourismus ausmachen. Regionaler Tourismus ermöglicht eine möglichst klimaneutrale Anreise und ist daher auch für Zero Waste nicht unerheblich.

Produkttrends, die sich daraus ableiten lassen, sind zum Beispiel Wanderreisen in Deutschland, E-Bike Touren in den Alpen, Eseltrekking, aber auch Plattformen wie Atmosfair (vgl.), über die man einen CO_2-Ausgleich für seine Reisen zahlen kann. Für den Branchentrend Outdoor sind Produkte wie Wildnis-Camps, oder Mikroabenteuer von Bedeutung.

Der Gesellschaftstrend Tu-was-Generation beschreibt vor allem Werte und Einstellungen, die für den Lebensstil "Vorwärtsmacher" zutreffen. Hier geht es darum, unter sozialen und ökologischen Gesichtspunkten, selber aktiv zu werden. Als Technologietrends sind diesbezüglich sämtliche Online-Plattformen und Anwendungen zu nennen, die Personengruppen untereinander vernetzen (Connectivity), wie zum Beispiel im Hinblick auf den Konsumtrend Sharing Economy (Sharing-Plattformen wie für Carsharing, Couchsurfing, Foodsharing etc.).

Aus den Werten und Einstellungen ergeben sich natürlich auch entsprechende Tourismustrends, denn "tun" kann man auch etwas im Urlaub, siehe den Tourismustrend Social Travel. Für das Marktsegment Naturtourismus lässt sich zum Beispiel der Trend "Woofing" (Working on Organic Farms) ableiten, oder als Gegensatz zum Overtourismus der Undertourismus in Form von Urlaubsaufenthalten in abgelegen Naturlandschaften.

Als konkrete Produkttrends im Bereich Naturtourismus ergeben sich beispielsweise Radtouren mit sozialem Hintergrund, CO_2-freie Landhausferien und Esel Trekking-Touren.

Das folgende Flow Chart (Abbildung 30) für den Untersuchungsgegenstand Naturtourismus lässt vier voneinander unabhängige „Trend-Inseln" erkennen. Eine Insel stellt die Trendgruppierung um den Trend Zero Waste dar. Zero Waste wird direkt von Think Green, Fair Travel, der Tu-Was-Generation sowie Minimalismus beeinflusst. Minimalismus wiederum von Cocooning, und dies wird wiederum von Social Distancing verstärkt. Die Tu-Was-Generation wird durch Social Travel und durch Undertourismus gefördert.

Die zweite Insel gruppiert sich um den Megatrend Connectivity. Es wirken die Trends Neo-Tribes, Wissensgesellschaft und Instagravelling. Die dritte Insel mit zwei weniger, aber dennoch relevanten Trends, baut sich um Slow-Travel und Achtsamkeit herum auf. Hier lassen sich ein Gesundheits-Strang mit Corporate Health, Preventive Health und Mental Health, sowie ein Individualismus-Strang mit Sinnsuche, Pluralismus der Lebensstile und Individualtourismus erkennen. Die vierte und kleinste Trendinsel ist die Erlebnisgesellschaft mit den beeinflussenden Trends Sportivity, persönliche Transformation und Outdoor-Abenteuer.

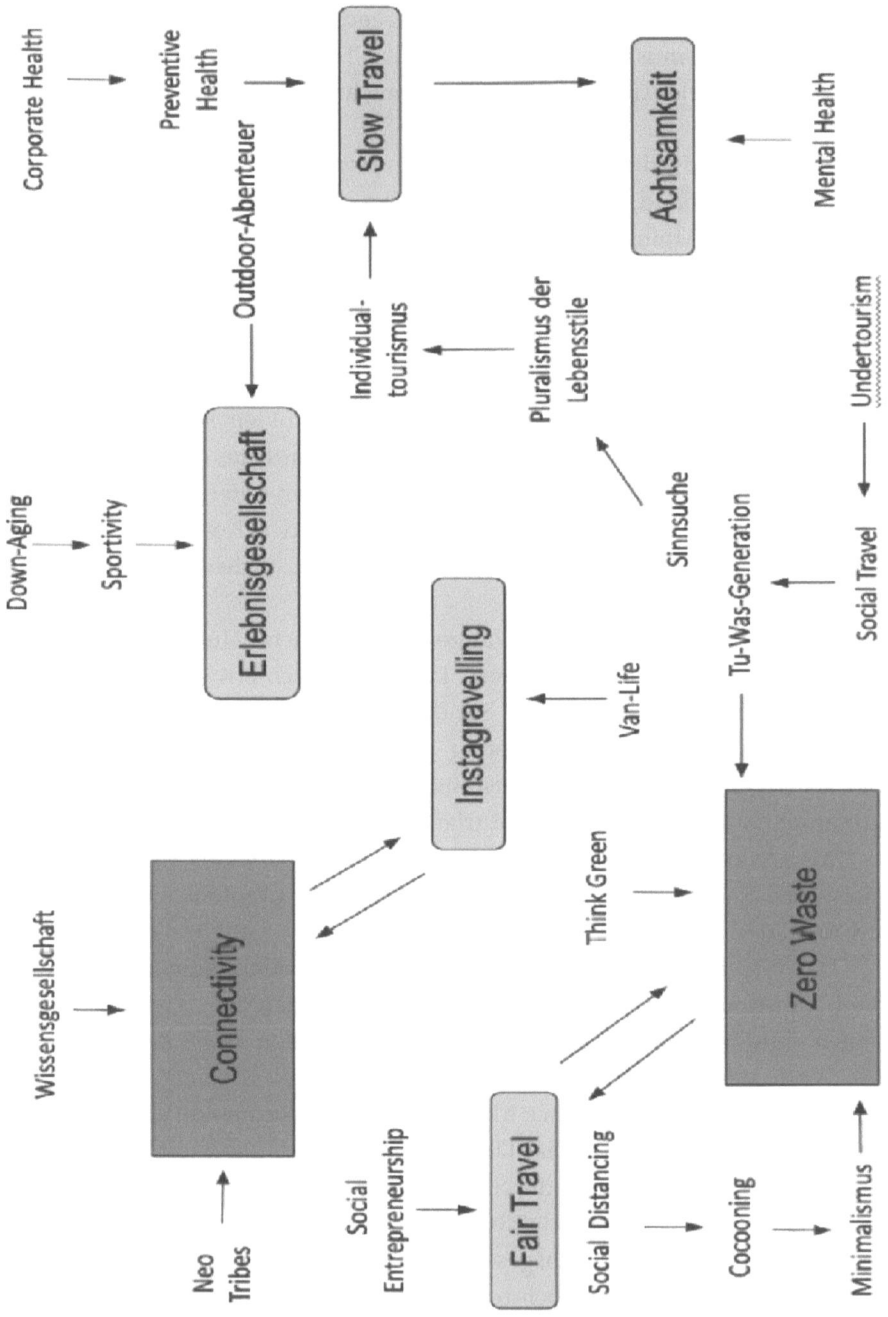

Abbildung 30: Naturtourismus Flow Chart
Quelle: Eigene Darstellung

Auswahl der relevantesten Trends für den Naturtourismus

Im Anschluss an die Erstellung des Flow Charts wurden alle bisher gesammelten Trends und Trendentwicklungen, unter Berücksichtigung der durch die Trendhierachie und das Flow Chart gewonnen Erkenntnisse, erneut bewertet und diskutiert. Auf ein Relevanz-Ranking im herkömmlichen Sinne (Vergabe von Punkten 1-3 = nicht relevant - sehr relevant) wurde dabei verzichtet. Vielmehr ging es den Autor*innen darum, im gemeinsamen Austausch zu erörtern, welche Trends auf Grundlage des neuen Erkenntnisgewinns am relevantesten für das Segment Naturtourismus sind und das Feld weiter zu verdichten.

Dazu erstellte jedes Gruppenmitglied eine Liste mit den für sie oder ihn wichtigsten 15 Trends. Die insgesamt sieben Container aus dem Flow Chart sollten dabei aufgrund ihres hohen Wirkungsradius definitiv Berücksichtigung finden. Weitere acht Trends konnte jedes Gruppenmitglied individuell auswählen. Anschließend wurden drei Listen miteinander abgeglichen und in einem gemeinschaftlichen Entscheidungsprozess zusammengeführt. Dabei wurde unter Berücksichtigung der Ergebnisse des Flow Charts sowie der Trendverdichtung darauf geachtet, dass sich die Trends in Art und Weise trennscharf voneinander unterscheiden. Die Auswahl, welche nachstehend in Abbildung 31 aufgeführt und kurz erläutert wird, umfasst daher insbesondere Trendentwicklungen und keine Megatrends, die eine Vielzahl von Trendentwicklungen vereinen.

Slow Travel	Fair Travel	Minimalismus
Neo-Tribes	Sinnsuche	Tu-Was-Generation
Preventive Health	Achtsamkeit	Digital Support
Think Green	Cocooning	Instagravelling
Pluralisierung der Lebensstile	Erlebnisgesellschaft	Outdoor-Abenteuer

Abbildung 31: Naturtourismus Relevanteste Trends
Quelle: Eigene Darstellung

Auffallend bei der finalen Trend-Auswahl ist, dass auch Trends Eingang gefunden haben, die im Flow Chart wenig bis gar nicht relevant erschienen, jedoch in der Trendhierachie weit oben anzusiedeln waren, wie beispielsweise der Gesellschaftstrend Sinnsuche. Der Technologietrend Digital Support kristallisierte sich erst in der finalen Diskussion heraus, als deutlich wurde, dass er einen wesentlichen Einflussfaktor für einen Großteil der anderen ausgewählten Trends darstellt und ihm bis dahin zu wenig Beachtung geschenkt wurde.

3.1.1 Szenariofeld-Analyse

Die Ergebnisse der Relevanz- und Einflussanalyse werden zur Ermittlung der drei Schlüsselfaktoren für das Marktsegment Naturtourismus mit Hilfe des System Grids in Abbildung 32 graphisch dargestellt. Die Aktivsummen und Passivsummen bilden dabei die x- und y-Achse des Grids. Die Größe der Kreise spiegelt die Relevanzsumme der einzelnen Faktoren wider. In Anlehnung an das in dieser Arbeit verwendete methodische Vorgehen von Gausemeier und Plass lassen sich nun die drei Schlüsselfaktoren im oberen rechten Quadranten ablesen bzw. ermitteln.

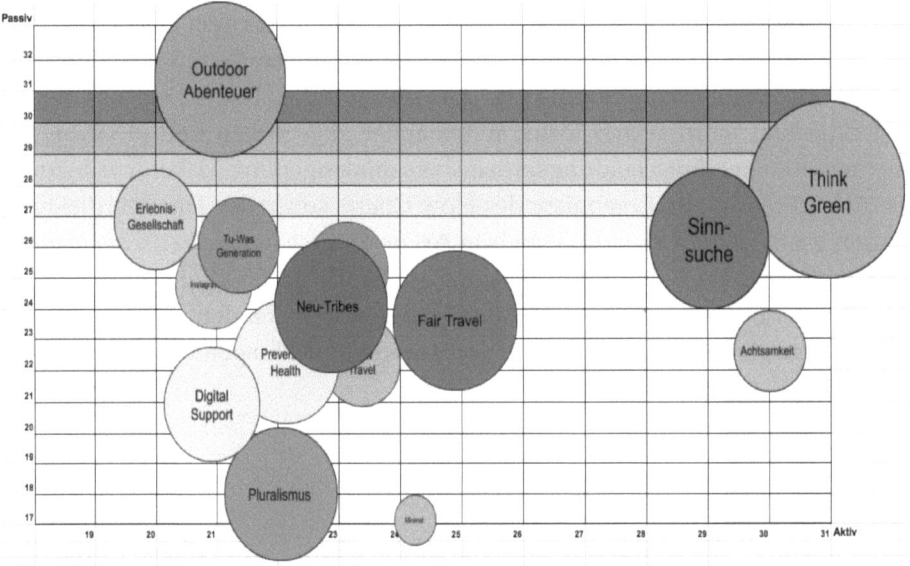

Abbildung 32: Naturtourismus System Grid
Quelle: Eigene Darstellung

Das vorliegende System Grid legt zunächst den Schluss nahe, die Einflussfaktoren Think Green, Sinnsuche und Achtsamkeit als Schlüsselfaktoren auszuwählen, da sich diese im oberen rechten Quadranten des Grids befinden. Während Think Green und Sinnsuche eindeutig als Schlüsselfaktoren identifiziert werden können, ist beim Einflussfaktor Achtsamkeit auffällig, dass dieser eine deutlich kleinere Relevanzsumme aufweist (5,67) als Think Green und Sinnsuche. Zudem ist abzulesen, dass der Einflussfaktor Fair Travel ebenfalls am äußeren rechten Rand des Grids zu finden ist und der Einflussfaktor Outdoor-Abenteuer mit einer hohen Passivsumme im System Grid hervorsticht. Beide Einflussfaktoren weisen ebenfalls eine hohe Relevanzsumme auf. Da auf Grundlage des System Grids keine eindeutige Selektion des dritten Schlüsselfaktors erfolgen kann, wurde durch das Projektteam eine Selektionstabelle (vgl. Tabelle 4) aufgestellt, welche alle relevanten Summen und Indizes der zur Wahl stehenden Faktoren zusammenfasst. Mit Hilfe dieses zusätzlichen Schritts, wurden nicht nur Summen und Indizes der einzelnen Faktoren verglichen, sondern erneut die Trennschärfe der potenziellen Schlüsselfaktoren zueinander geprüft.

Tabelle 4: Naturtourismus Identifikation der Schlüsselfaktoren

Trend	System Grid	Relevanzwert	Aktivsumme	Passivsumme	Impuls-Index	Dynamik-Index	Überschneidung
Think Green	X	**11,00**	30,67	27,23	1,12	**838,22**	/
Sinnsuche	X	9,33	29,00	25,67	**1,33**	744,33	/
Achtsamkeit	X	5,67	**30,00**	22,67	1,32	680	Sinnsuche
Fair Travel		9,00	25,00	23,67	1,06	591,67	Think Green
Outdoor-Abenteuer		11,00	21,33	**31,67**	0,67	675,56	/

Quelle: Eigene Darstellung

Trotz der hohen Aktivsumme des Einflussfaktors Achtsamkeit wurde dieser aufgrund seiner geringen Relevanz und inhaltlichen Überschneidung mit dem Schlüsselfaktor Sinnsuche verworfen. Auch für den Einflussfaktor Fair Travel wurden inhaltliche Überlagerungen mit dem Schlüsselfaktor Think Green festgestellt. Zudem zeigen die aufgeführten Summen und Indizes von Fair Travel vergleichsweise durchschnittliche Werte ohne extreme Ausprägungen auf. Folglich fällt die Wahl des dritten Schlüsselfaktors auf Outdoor-Abenteuer. Maßgeblich für diese Entscheidung ist dabei die inhaltliche Trennschärfe zu den bereits ausgewählten Schlüsselfaktoren sowie die wertmäßig höchste Relevanz- und Passivsumme und der daraus resultierende hohe Wert des Dynamik-Index. Mithilfe der in diesem Unterkapitel ausführlich aufgezeigten Durchführung der Szenario-Feldanalyse konnten demnach folgende drei Schlüsselfaktoren ermittelt werden, die zukünftig auf das Marktsegment Naturtourismus Einfluss nehmen:

Think Green
Sinnsuche
Outdoor-Abenteuer

3.1.2 Projektionsentwicklung

Im nächsten Schritt wird jedem Schlüsselfaktor schließlich eine dreiteilige Trendprojektion zugeteilt. Inhaltlich stützen sich die Autor*innen sowohl auf ihre inhaltlichen Vorarbeiten zur Eingrenzung des Themas, also indirekt wiederum auf die Megatrend-Map von Brandt, N. Gatterer, H. und Horx, M. (2015a) und die Beschreibung gesellschaftlicher Trends und ihre Schnittmengen, als auch auf subjektive Beobachtungen. Welche sozialen, kulturellen und evtl. politischen Einstellungen in der heutigen Gesellschaft sind bereits erkennbar oder dabei, sich zu bilden? Bei der Findung arbeitete zunächst jedes Gruppenmitglied für sich, später wurden die Ideen dann diskutiert und weiter vertieft.

Think Green

Die **Trendprojektion** des Schlüsselfaktors Think Green lautet **Mission Neo-Ökologie for all**. Dies ist ein dynamischer Gesellschaftstrend einer Generation, die sich nicht mehr mit Vorträgen und Podiumsdiskussionen begnügt, sondern selbst etwas zur Verbesserung der Lage (beispielsweise im Klimaschutz) beitragen möchte, daher auch "Tu-Was-Generation" heißen könnte. Ihre Anhänger*innen machen die frühere Öko-Nische zu einer Selbstverständlichkeit im Alltag, heben sie auf eine politisch nicht mehr zu vernachlässigende Stufe und verdeutlichen Schnittmengen im Bereich fairer Konsum, nachhaltiges Wirtschaften, Verkehrswende, Energiewende, Bürgerengagement usw.

Das **Extrem I** hierzu bildet der **Rückzug auf die Öko-Arche**. Als radikaler Lifestyle-Trend gerät ökologische Nachhaltigkeit in die Sphäre eines Dogmas. Die Verfolger*innen dieses Trends leben in einer bzw. für eine "Ersatzreligion", bei welcher die Werte aus dem Trend überzogen in einer eigenen kleinen Welt aus Autarkie und Minimalismus münden. Sie grenzen sich räumlich, sozial und äußerlich von ihren "normalen" Mitmenschen ab, leben in Kommunen, haben ihre eigenen Regeln und sind davon überzeugt, mit diesem Lebensstil das Richtige zu tun. Andere Meinungen außerhalb der Peer-Group werden kaum noch toleriert.

Die **Green SmARTies** (eigene Begriffsfindung) hingegen schlagen zur anderen Seite in das **Extrem II** aus. Sie möchten zwar auch etwas tun und der Nachhaltigkeit in ihren Facetten Auftrieb verleihen, dabei aber auf Komfort, Bequemlichkeit und die Bewahrung ihrer bisherigen Gewohnheiten nicht verzichten. Gerne greifen sie daher auf technologische Neuheiten wie eine Solaranlage auf dem Dach oder "politisch korrekt" auf eine "Klimaspende" beim Pauschalurlaub (z. B. per Atmosfair-Klick) zurück. Kompensation steht vor Verzicht, die Art des Konsums wird dank guter finanzieller Mittel auf verfügbare, meist teurere Alternativen umgestellt. Beispiele sind ein neues Haushaltsgerät mit A+++ oder die neue LED-Beleuchtung gleich als Teil des Smart Homes, auf das Eigenheim und seine Bewohner*innen individuell zugeschnitten installiert.

Sinnsuche

Im Bereich Sinnsuche treffen wir auf die Generation Y und das Sense Seeking Life Enrichment (eigener Begriff) als Trend. Die Akteure in diesem Umfeld haben eine offene Haltung gegenüber anderen gesellschaftlichen Strömungen, während Ethik und Moral, sozialer Ausgleich und Fairness für sie sehr wichtig sind. Hier wirkt der Social Entrepreneur, werden Produkte mit sozialem Mehrwert entworfen und oft auch zur Marktreife gebracht. Das Leben ist einfach zu schade, um ziellos in den Tag hineinzuleben, also werden auch der Konsum, das Fortbewegungsmittel, die Gesundheit und Sportlichkeit oder die Reisen entsprechend gestaltet. Gerne frönt man einer Portion Spiritualität, besonderer Ernährung und Seminaren, die eine Geisteshaltung kultivieren sollen. Dieser Trend weist Parallelen zu Elementen der Generation Global (vgl. Horx T., Kelber, C. Muntschick, V. et al. 2017) auf, in welcher von Global Adopters und Glocal Relations die Rede ist. Auch in der Studie "Der Selfness Trend" (Horx, M. 2015) treten Bezüge in Form einer Werte-Transformation auf: die Gesellschaft wendet sich einer neuen Lebenskunst zu, die postmateriellen Luxus über Zeit, Aufmerksamkeit und Entspannung definiert und Life-Resilience zum Bestandteil einer Nachbearbeitungswelle in der zweiten Lebenshälfte macht.

Eine ganz eigene Weltanschauung findet sich hingegen beim **Extrem I**, dem **Spiritual Sense Peaking**. Hier ist die Sinnsuche das Non-Plus-Ultra, und nichts und niemand kann dagegen konkurrieren. Die Einstellung ist derart rigide, dass die Menschen außerhalb dieses Kreises, oder auch ihr Tun, abgelehnt werden. Ähnlich dem Extrem I bei Think Green bildet sich eine Art Ersatzreligion heraus, die den Lebensinhalt bestimmt und deren Erfüllung zum Fokus im Alltag wird.

Beim **Senseless Life Floating** tritt der Gegenpol auf: dieses **Extrem II** äußert sich in Gleichgültigkeit, fehlendem Ehrgeiz zur Definition und Verwirklichung eigener Ziele sowie einer äußerst passiven Haltung in Bezug auf gesellschaftliche Einflussnahme. Vielmehr ist das Mitschwimmen im Mainstream angesagt, hat man doch längst resigniert, angesichts der vielen Umbrüche und Schnelllebigkeit in unseren Zeiten noch irgendetwas oder irgendwen beeinflussen zu können.

Outdoor-Abenteuer

Der Trend **Outventure Society** trägt seine Akteure passenderweise nach draußen, wo sie aktiv in und mit der Natur leben. Nicht selten passiert dies auch als Flucht in die Natur: es locken kleine Mikro-Abenteuer, die den ansonsten eher unspektakulären Alltag erträglicher und das Leben lebenswerter machen. Urban Gardening auf alten Fabrikgeländen, Pop-Up-Camps entlang stillgelegter Bahnstrecken oder auf verwaisten ehemaligen Flughafenrollfeldern mit überraschender Flora und Fauna (vgl. Förster 2019, z. B. in Berlin-Tempelhof) werten die Freizeit auf und befriedigen das Bedürfnis nach Neo-Ökologie, mentalem Ausgleich und sportlichen Herausforderungen (vgl. Gatterer H., Kirig, A. 2011, S. 18/19, S. 46 - 49, S. 58).

Der **Outdoor-Thrillism** treibt den Puls weiter nach oben. Hier ist das Abenteuer nicht mehr vom Alltagsleben zu unterscheiden. Diese Daseinsform an sich ist ein Abenteuer. Dann wäre es ein erklärtes Lebensziel - zumindest für einige Jahre - sich mit Gleichgesinnten in Neo-Tribes zusammen zu finden und dieses

Extrem I auszureizen: angefangen vom Feuermachen in der Wildnis über grenzwertige Erfahrungen (im Hinblick auf die eigene körperliche und seelische Unversehrtheit) in Survival-Camps bis hin zu extremen Ritualen oder Mutproben.

Den Rückzug in ein unspektakuläres, gleichförmiges Leben bietet hingegen die Kulisse des **Extrems II**, das **De-Venturing**. Hier ist jedes Risiko genau berechnet und kalkuliert, so dass Menschen mit einem großen Sicherheitsbedürfnis trotzdem noch Naturerfahrungen machen können, obwohl sie an und für sich gerne im gewohnten Rahmen weitermachen würden und im Urlaub keine besonderen Herausforderungen benötigen. Gerade weil der Alltag mit all seinen Neuerungen und Anforderungen schon anstrengend genug ist, verlangen sie nur zwei Dinge: etwas Natur im überschaubaren Rahmen, und viel Ruhe.

Ausgehend von diesen neun Einzelszenarien bzw. Zukunftsprojektionen, wendet sich das nächste Kapitel nun der Bildung von Projektionsbündeln zu. Dabei werden diese Elemente in Beziehung zueinander gesetzt und auf ihre Konsistenz geprüft.

3.1.3 Szenariobildung

In Anlehnung an Gausemeier und Plass (2014) können an dieser Stelle mit Hilfe des Szenario-Trichters, dargestellt in Abbildung 33, die multiple Zukunft unter Berücksichtigung der ausgewählten Projektionsbündel dargestellt werden.

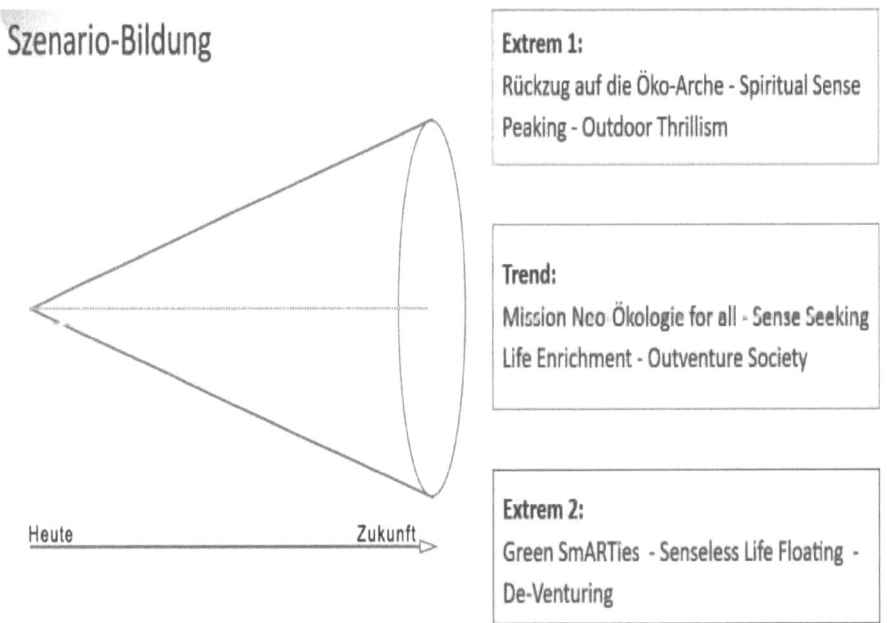

Abbildung 33: Naturtourismus Szenario-Trichter
Quelle: Eigene Darstellung

Trend:
Der Trend "Neo-Ökologie for all" gibt in Zeiten großer Veränderungen und Unsicherheit mehr Halt und Sinn im Leben, für Menschen, die nicht mehr blind konsumieren, sondern dafür Verantwortung übernehmen möchten. Ihr Leben möchten sie mit sinnstiftenden Erlebnissen füllen - und dies gerne outdoors, smartly equipped, nachhaltig und gesund".

Extrem I:
Radikaler Life-Style Trend, der den gesellschaftlichen Mainstream für unzureichend hält. Die Gesellschaft soll im Sinne der Nachhaltigkeit aktiv gestaltet und beeinflusst werden, weil in allem Denken und Tun das Streben nach einem höheren Sinn des Lebens steckt. Größere Einschränkungen werden in Kauf genommen und sogar als Extrem- Abenteuer neu interpretiert. Der missionierende Faktor, die Welt besser zu machen, ist sehr ausgeprägt. Eine Antwort darauf ist das vollständige Commitment zur Nachhaltigkeit, inklusive Zero Waste, Leben ohne Konsumzwang und alternativen Wohnarten".

Extrem II:
Es handelt sich hierbei um einen eher zurückgezogenen, moderaten Lebensstil. Das Thema Nachhaltigkeit ist zwar wichtig, aber bitte ohne weitere Einschränkungen! Stattdessen wird das möglicherweise schlechte Gewissen mit finanziellen Investitionen beruhigt und das Geld in grüne Technologien oder Produkte investiert. Komfort und Genuss sind weitere Schwerpunkte dieses bereits weit verbreiteten Trends. Abenteuer dürfen sein, soweit sie überschaubar, planbar und sicher sind".

3.2 Szenario-Transfer

In den vorherigen Kapiteln wurde die Ermittlung der Schlüsselfaktoren und ihre Bündelung eingehend erläutert. Von der Zielsetzung dieser Arbeit ausgehend – welche Trends wirken auf das Marktsegment Naturtourismus ein und wie wird es sich in den verschiedenen Ausprägungen einer multiplen Zukunft weiterentwickeln? – werden in diesem Kapitel auf Basis der Projektionsbündel drei mögliche Zukunftsszenarien in einem Einzelkapitel vorgestellt.

Nach der Vorstellung der Szenariobeschreibung erfolgt die Erläuterung der Wechselwirkungen im Bereich Gesellschafts- und Konsumtrends. Danach werden diese über einen passenden Charakter, d. h. über eine dafür zugeschnittene Figur, die sich in diesem Szenario bewegt, zu einer beispielhaften Produktinnovation im Marktsegment Naturtourismus verschmolzen. Am Ende eines jeden Kapitels steht das passende Narrativ einer Reise aus der Sicht des Charakters.

3.2.1 Trendszenario

Wir befinden uns im Trendszenario
Mission Neo-Ökologie for all" - Sense Seeking Life Enrichment - Outventure Society.

Gesellschaft

Sandrine lebt in einer Gesellschaft, die die Grenzen des Planeten Erde (Steffens, D. 2020) nicht nur erkannt hat, sondern auch etwas dafür tun möchte, dass sich Klima- und Umweltschutz im Alltag als Routinen entwickeln. Gekennzeichnet durch Bewegungen wie Fridays for Future (ab 2018), eine neue Einordnung der Länder des globalen Südens (Fair Trade, soziale Teilhabe), die Postwachstumsökonomie (Paech 2019) und die Verkehrswende (Agora 2019), steigt das Bewusstsein in der Bevölkerung, dass Konsum- und Mobilitätsverhalten anzupassen, um den ökologischen Fußabdruck zu verringern. Dies führt zum Bestreben, zunächst als Individuum, im Idealfall aber auch in der breiten Masse, weniger CO_2 entstehen zu lassen. Das Zeitalter der Träger von Wollpullovern und Birkenstock-Sandalen ist in Form modischer Fair Trade Mode und Outdoor-Kleidung gesellschaftsfähig geworden. Auch der private PKW und der Dienstwagen als Statussymbol wird hinterfragt. Teile der Gesellschaft ziehen es vor, in Mehrgenerationenhäusern zu leben und Gemeinschaftsgärten zu bewirtschaften, statt das Doppelhaus mit Garage zu bewohnen (vgl. Ellener Hof 2018). Wer nicht wenigstens etwas "Bio" kocht, keine Elektrogeräte zu Repair-Cafés trägt und keiner Stadtteilinitiative angehört, ist out.

Hinterfragt wird die Familie Mutter-Vater-Kind, ein Berufsleben mit 35 bis 40 Wochenstunden (vgl. Weise/Fehre/Zimpelmann 2019) und unnötiger Verpackungsmüll (vgl. RENN.Nord 2019). Stattdessen gelten die "Beauty of Colour" und neue Arbeitszeitmodelle.

Die Generation Global (Horx, T. Kelber, C. Muntschick, V. et al. 2017) wirkt in diesem Szenario als die "Tu-Was-Generation" fort. Dies ist eine Mischung aus Think Green, Zero Waste und "Vorwärtsmachen". Gelbe Säcke sind kaum noch notwendig, weil man im Lebensmittelhandel zu Refill- und Pfandsystemen übergegangen ist.

Die Politik, die Ausrichtung der wirtschaftlichen Prozesse, die Mobilität, technologische und soziokulturelle Innovationen sowie Reiseangebote sind dem Nachhaltigkeitsgedanken (oder auch noch der Agenda 2040) verpflichtet, der sich sehr gut mit Naturerlebnissen und sozialer Verantwortung (Sinnstiftung, Sinnerfüllung) verträgt. Der Druck auf Bremens politisch motivierte Akteur*innen, glokal zu denken und zu handeln, setzt sich zum Beispiel im fairen Handel und bei der "last mile" fort. Am Stadtrand entstehen Tiny-House Quartiere für Studierende. Neue Brücken über die Weser animieren dazu, mit dem Fahrrad bequem von a nach b zu gelangen und das Auto stehen zu lassen. Das ÖPNV-Ticket gilt das ganze Jahr kostenfrei, bis auf eine jährliche Umlage, die über die

Höhe des regulären Einkommens und der Vermögenswerte berechnet wird (vgl. einfach einsteigen 2018). Am Wochenende gärtnern die Menschen zusammen in quartiersnahen Zwischennutzungszonen alter Industrie- und Hafenareale. Dort finden auch Events und Großveranstaltungen statt, die von den Anrainern, meist jungen, ethisch orientierten KMUs, gesponsert werden. Schließlich finden sich ihre Kunden*innen in den regionalen NGOs, bei den LOHAS, unter den Progressive Parents, inmitten der Urban Matchas und unter den Free Agern (vgl. 18 Lebensstile der Österreicher, Vorlesungsunterlagen Felix Herle 2018).

Persona

Sandrine, 35 Jahre alt, lebt als Single in der Bremer Neustadt. Als Ernährungscoach auf Honorarbasis achtet sie auf ihre mentale und körperliche Gesundheit. Als kreativer, offener und engagierter Mensch hat sie viele Interessen, um ihre Freizeit mit sinnstiftenden Aktivitäten zu füllen. Diese sollten Spaß machen, daher bevorzugt sie gemeinsame Aktionen mit ihrer Peer Group von den Veggies und aus der Sportgruppe, und gut für die Umwelt und das Klima sein. Gerne wird sie bei Aufräumaktionen im öffentlichen Raum aktiv (vgl. Bremen räumt auf 2019) und schließt sich, falls sie es zeitlich einrichten kann, Fridays-for-Future Demonstrationen in Bremen an. Als Person mit mittelstarker Kaufkraft und wenig Hang zu Shopping als Zeitvertreib, legt sie darüber hinaus Wert auf ein gut ausgebautes privates Netzwerk. Sie beteiligt sich an einem Gemeinschaftsgarten im Viertel, berät besorgte Eltern bei Ernährungsproblemen mit ihrem Nachwuchs und singt im Pappel Summarum Chor mit. Neuanschaffungen bleiben ihr durch Tauschbörsen und ehrenamtliche Hilfsangebote meist erspart. Das Smartphone ist Mittel zum Zweck: die Foodwatch App, Reduce Plastic und der Grüne Einkaufsführer für Bremens Neustadt dürfen darauf nicht fehlen.

Die Vorwärtsmacher*innen, zu denen Sandrine gehört, tun Gutes und reden darüber, während sie nicht nur an ihre eigene, sondern auch die folgenden Generationen denken. Bei Sandrine ist ihr selbstbestimmtes Leben ein Ergebnis dieser Mission, die einhergeht mit der Suche nach Sinnerfüllung und einem Hang zu mental ausgleichenden Outventures. Das kann ein Mikro-Abenteuer am See sein oder Outdoor-Wellness mit Gleichgesinnten.

Auf Achtsamkeitsseminaren und bei langen Wanderungen in europäischen Nationalparks hat sie gelernt, sich zu erden, um die Power für den Alltag und den Drive im Beruf wieder aufzufüllen. Stress, Flughäfen und Turbo-Sightseeing im Urlaub vermeidet Sandrine. Eher sollte dieser Gemeinschaftserlebnisse beinhalten und genügend Zeit und Raum für Naturerlebnisse bieten. Perfekt wird die Reise mit einem Klima fördernden Rahmen.

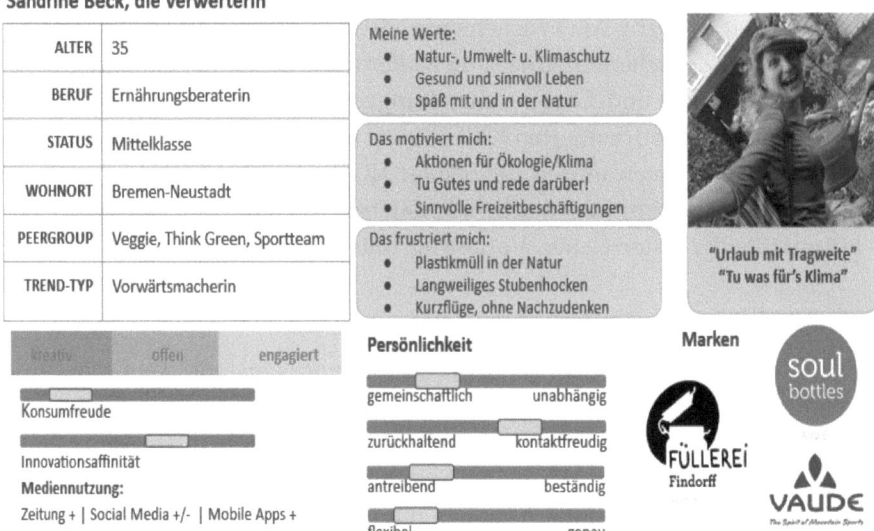

Abbildung 34: Naturtourismus Trend Steckbrief Sandrine
Quelle: Eigene Darstellung

Produktinnovation: Clean Vibe Tours

Abbildung 35: Naturtourismus Clean Vibe Tours Logo
Quelle: Eigene Darstellung

Das passende Produkt für Sandrine stammt von Clean Vibe Tours, einem Nischen-Reiseveranstalter für Müll-Wander-Touren. Diese werden auf der Webseite des jungen Unternehmens mehrdeutig als "Re-Load-Tour" angeboten. Diese Metapher ist die "Verpackung" für einen mentalen, sinnstiftenden Reload einerseits und dem reell zu transportierenden Müll-Ballast andererseits. Dafür hat man sich beim Veranstalter verschiedene Transportmöglichkeiten ausgedacht und lässt das kommunikative Campfire-Element nicht zu kurz kommen. Sandrine hat den Anbieter über eine Reportage auf ARTE entdeckt. Bei Nizza geht es mal ins Hinterland, mal an den Strand, mal durch die Berge und Täler der Cinque Terre, über Eze bis nach Monaco. Die Reise ist für sieben Tage angesetzt, kann aber mit einem viertägigen Entspannungsseminar am Ende erweitert werden. Die nachhaltige Anreise per Zug wird empfohlen und ist mit dem TGV über Paris oder den Nachtzug über Basel gut machbar. Fit, Fun und Kreativität, lautet das Motto. Die Müllwanderungen beginnen wegen der möglichen Hitze früh morgens, teils über Berge und Täler, teils am Strand entlang. In Seminaren am späten Nachmittag werden verschiedenste Motive bedient: Move and remove, Create something, Fresh up your Soul und Recycle lauten die offenen Angebote. Vertreter*innen von vor Ort tätigen NGOs lassen den Wunsch nach fachlicher Diskussion Expertise nicht zu kurz kommen und leiten das Up-Cycling an. Sie befinden sich in einer win-win-Situation mit dem Veranstalter: Tatkräftige Social Traveller helfen dabei, die Müllanhäufungen in der Natur zu reduzieren, während die Organisation über Blog-Abrufe und gute Publicity nicht klagen kann und das Unternehmen volle Tourenbücher hat. Da es zugegebenermaßen diese Art von Müll-Sammel-Touren bereits gibt, ist dieses Produkt keine Innovation im eigentlichen Sinn. Als Quasi-Neu-Innovation geht sie wegen der eingebetteten Module und ihres Variantenreichtums in diesem Szenario mutig voran.

Reisebeschreibung

In diesem Narrativ berichtet unsere Protagonistin ihrer Freundin Eva, die in Münster lebt, von ihrem Urlaub mit Clean Vibe Tours.

> Hi Eva,
> Du errätst bestimmt nicht, was ich diesen Spätsommer gemacht habe: eine Re-Load Tour mit Clean Vibe Tours. Eine Woche Nizza und das Hinterland warteten auf mich, aber nicht zum in der Sonne räkeln und Roséwein trinken, sondern zum Müllsammeln! Es waren coole Coaches dabei und die Gruppe hat sensationell gut harmoniert - eben alles smarte Leute mit Köpfchen, die sich für eine gute Sache einsetzen und Urlaub mit Tragweite suchen. Ich geb's zu: teilweise war es echt anstrengend. An vier Sammeltagen haben wir (14 Personen) über rund 250 Kilo Müll zusammen bekommen. Zum Glück war alles gut organisiert. Während wir täglich beim ersten Sonnenstrahl vom Camp loszogen, um auf einer vorher kurzfristig geplanten Route nach Plastikflaschen, Aludosen, zerschlissenen Textilien und Einweggrills zu suchen, plante die Crew schon unsere Creative Rubbish Workshops und Campfire-Seminare für den späten Nachmittag und den Abend. Der gesammelte Müll wurde jeden Tag anders bewegt: Mit dem E-Lastenrad, einem See Kajak, einem Esel, einer Rucksacktrage, einem wasserstoff-betriebenen Kleinfahrzeug und in einem großen runden Tragenetz mit Griffen (wir sahen von weitem aus wie ein Seeungeheuer!). Am dritten Tag sind wir sogar mit Stand-Up Paddles zu einer kleinen Insel gepaddelt und haben den Müll in großen, wiederverwertbaren Plastikhüllen ans Ufer gezogen, ich hatte

Arme wie Blei! Abends gegen 10 oder 11 bin ich natürlich todmüde ins Zelt gekrochen (keine Angst, der verunreinigte Müll wurde uns gleich nach der Wanderung abgenommen und fachgerecht entsorgt), aber vorher gab es eine total leckere vegetarische Küche, die Einheimische aus der Umgebung mitbrachten. Alles ohne Plastik, Öko und gesund! Meist haben sie über dem offenen Feuer oder in einem Steinofen etwas für uns zubereitet. Wir sind auch nur drei bis vier Stunden wandern gewesen und daher war noch genügend Zeit für mich selbst oder die offenen Angebote zwischen Meditation, künstlerischem Up-Cycling, einer Blog-Produktion zur Tour und den Campfire-Runden. Einfach super abwechslungsreich. Die Tour war insgesamt total professionell und ganz nah dran am Zero-Waste Gedanken. Du kennst mich ja. Einen Workshop zu Mikroplastik im Meer habe ich auch mitgemacht. Die Experten kamen von Greenpeace and Friends of the Earth, einen Mitarbeiter haben wir auch in dem Blogbeitrag interviewt, den ich Dir noch als Link schicken werde. Diese Reise war genau mein Ding - es wurde nie langweilig, ich habe viel Bewegung gehabt, konnte tagsüber mit anpacken und dafür abends auch mal so richtig "auspacken". Yoga und Lagerfeuer waren auch mit dabei. Das Highlight kam zum Schluss: Kurz vor dem Ziel bei Monaco haben wir auf einem weitläufigen Felsvorsprung in Teams eine riesige bunte CreARTur gebaut. Die schönste wurde prämiert. Der Riesenvogel sah auf der Anhöhe echt klasse aus und durfte noch 24 Stunden stehen bleiben. Die Fotos kamen in den Blog und wir sind dann mit einem Artikel in die Regionalzeitung gekommen. Ach ja: Einer der Teilnehmer wohnt gar nicht so weit weg in Lübeck und hat vorgeschlagen, sowas auch mal in Bremen aufzuziehen, aber nur als Tagestour und mit dem Lastenrad. Wir könnten ja das Fietje ausleihen. Der ist empathisch vom Typ her und kann andere hammermäßig motivieren. Hättest Du Lust?

Im nächsten Kapitel geht es nun um das Szenario zum Extrem 1. Hier lernen wir Katharina Starke kennen, die uns auf eine radikal neue Art von Bike Tour mitnimmt.

3.2.2 Extremszenario I

Rückzug auf die Ökoarche - Spiritual Sense Peaking - Outdoor Thrillism

Gesellschaft

Die Gesellschaft in der Katharina lebt, fußt auf den Grundprinzipien der Nachhaltigkeit. Die Generation der Fridays For Future - Bewegung ist mittlerweile erwachsen geworden und prägt das gesellschaftliche Wertesystem. Der Großteil dieser Generation ist zwar im Wohlstand, jedoch mit zunehmenden globalen Krisen und Extremen, aufgewachsen. Naturkatastrophen, als drastische Folgen des Klimawandels (Stürme, Trockenheit, Überschwemmungen), das rasant ansteigende Bevölkerungswachstum (Wanderbewegungen, Migrationsströme vom globalen Süden in den Norden), populistische und selbsternannte Staatsoberhäupter, religiös motivierte Anschläge und nicht zuletzt die weltweite Corona-Pandemie, mit ihrem verheerenden Einfluss auf sämtliche Gesellschafts- und Wirtschaftssysteme, haben diese Generation beeinflusst. Sie hat dadurch früh erkannt, dass ein „weiter wie bisher" keine Option ist und es eine radikale Wende braucht, um die Erde und damit die Lebensgrundlage ihrer und zukünftiger Generationen zu bewahren.

Gemäß dem Motto „wer sich verlässt, ist verlassen" hat diese Generation begonnen, tradierte und bisher normgebenden Institutionen und Entscheidungsträger und ihren Einfluss kritisch zu betrachten und konsequent in Frage zu stellen („How dare you?!"). Stattdessen übernehmen sie Verantwortung für sich und ihr Handeln und nehmen die Dinge selbst in die Hand (Selbstbestimmtheit & Autarkie).

Große Teile der Gesellschaft haben erkannt, dass es längst nicht mehr ausreicht im Bio-Supermarkt einkaufen zu gehen, den CO_2-Ausgleich bei Flugreisen zu zahlen, oder Fair-Trade Kleidung zu kaufen. Als moderne Form des Ablasshandels beruhigt dies zwar das Gewissen, führt jedoch keine nachhaltigen proaktiven Veränderungen herbei.

Sozialpolitisches und ökologisches Engagement, gelebte Nachhaltigkeit in allen Lebensbereichen, vor allem Selbstverzicht, sind die neuen Werte dieser Gesellschaft, die als verbindlich erachtet werden. Entsprechend hoch moralisch und kompromisslos werden sie von der breiten Masse vertreten und verteidigt.

Die Gesellschaft ist zur Community geworden („Wir-Gefühl"). Dass eine allumfassende Veränderung, eine breit und langfristig angelegte neo-ökologische und -soziale Revolution nicht allein oder im stillen Kämmerlein zu realisieren ist, ist Konsens. Überall bilden sich Communities und Gemeinschaften (Neo Tribes, Sharing Economies) um zunehmend wieder systemunabhängig und autark zu leben, gleichzeitig aber vernetzt zu bleiben und für die gemeinsame Sache – eine Welt im Sinne der Nachhaltigkeit – aktiv zu werden. Diese Mission ist für viele Menschen in dieser Gesellschaft ein wesentlicher Lebensinhalt.

Dabei geht es nicht zurück in die Steinzeit. Die Technologisierung und Digitalisierung der Welt spielen weiterhin eine wesentliche Rolle. Nach Jahren des blinden und sinnlosen Konsums geht es darum, herauszufinden, was essenziell für ein erfülltes Leben ist (Minimalismus, Leben ohne Konsumzwang). Eine sehr extreme Lebensform, das „Survival", welches ausschließlich auf die Befriedigung der menschlichen Grundbedürfnisse nach Wasser, Nahrung, Schutz und Wärme abzielt, erfreut sich in dieser Gesellschaft zunehmender Beliebtheit (Survival-Communities). Immer mehr Menschen zieht es daher in abgelegene Regionen. Der Abenteuer-Aspekt und Nervenkitzel dieser Lebensform hat einen gewissen Reiz, ebenso wie die Vorstellung von der Natur als wildem und unberührtem Lebensraum (Neo-Nature).

Extreme und radikale Einstellungen haben allgemein Konjunktur und äußern sich in einer Vielzahl von Gruppierungen, die sich auf unterschiedliche

Weise für eine- in ihrem Sinne positive- Veränderung der Welt stark machen (Extinction Rebellion, Sea Shepherd, Deep Green Resistance etc.).

Die Grenzen von Arbeit und Freizeit sind dabei fließend. Es gibt kaum noch eine Trennung zwischen Erwerbsarbeit und Freizeit. Genauso wenig gibt es noch so etwas wie einen normalen Alltag. Wichtig ist, dass man einer sinnvollen Tätigkeit nachgeht, die im Sinne der vorherrschenden Wertvorstellungen moralisch vertretbar ist und bestenfalls dem Wohl der Gesellschaft dient. Ob Arzt, Ingenieur, Zimmermann oder Landwirt, aus welcher sozialen Schicht man kommt und was man monetär verdient wird zunehmend unwichtiger. Bedeutend ist, was man tut, und mit welcher Absicht (Commitment). Menschen mit einem sozial-ökologischen Mindset sind in dieser Gesellschaft deutlich angesehener als jene, die ein hohen Kontostand aufweisen. Der Begriff „Karriere" ist das Unwort des Jahres.

Konsumverzicht und anderweitige selbstgewählte Einschränkungen werden gerne in Kauf genommen, sofern sie nachhaltigen Entwicklungen dienen. Der Reiz des Essenziellen (Back to Basic) und der Wunsch nach natürlichen und asketischen Lebensweisen ist groß. Das bewusste Weglassen von bisher als wichtig erachteten Gütern wird sogar als Extrem-Abenteuer neu interpretiert und zum neuen Volkssport („Reduce to the Max"). Challenge accepted!

Persona

Katharina, 40 Jahre alt, lebt als Junggesellin seit ein paar Jahren wieder in ihrer Heimatstadt Bremen, auf einem Wagenbauplatz in Walle. Ursprünglich war die gelernte Zimmerfrau (Gendergerechtigkeit ist noch heute eines ihrer zentralen Anliegen) nach ihrer Ausbildung auf Wanderschaft gegangen und wollte auch nicht wieder kommen, sondern Menschen helfen, die es wirklich nötig haben. Aber wie das Leben so spielt, haben sie die Lebensumstände zurück in ihre Heimatstadt geführt.

Eigentlich auch egal wo frau lebt und was sie macht, denkt sie mittlerweile. Hauptsache sie tut etwas Sinnstiftendes. Deswegen hat es nach ihrer Rückkehr auch nicht lange gedauert, bis sie einen genossenschaftlich betriebenen Fahrradkurierdienst gegründet hat. Die Arbeit, wenn man es überhaupt so nennen kann, bereitet ihr nach wir vor viel Freude- insbesondere die Abwechslung zwischen dem Job als Disponentin in der Zentrale und der rasanten Dienstleistung, bei der sie dann mit dem Fahrrad durch die Stadt düst. Nach Feierabend trinkt sie gerne noch ein alkoholfreies Weizen mit Kollegen und Kolleginnen oder entspannt beim Grillen von Veggie-Würstchen auf dem Wagenplatz.

Viel Geld verdient sie nicht, aber das ist auch nicht wichtig. Lieber hat sie ihre Freiheit, das zu tun und zu lassen was ihr gefällt. Sicher auch ein Grund, warum sie sich aktiv gegen Kinder entschieden hat. Gegen eine feste Beziehung hätte sie zwar nichts einzuwenden, aber als eigensinnige, starke und bekennende Feministin muss frau erst einmal ein passendes Gegenstück finden. Damit geht sie jedoch gelassen um - wie mit den meisten Dingen in ihrem Leben. Nicht umsonst ist ihr Motto „Leben und leben lassen". Was sie trotz ihrer Gelassenheit aber richtig auf die Palme bringt, ist „Status-Gehabe", unnötige Bürokratie (warum bitte schön braucht es so viel Papierkram, wenn man doch nur einen einfachen Fahrradkurierdienst betreibt?) und das Schlimmste von allem: „Greenwashing".

Die Begriffe „Bio", „fair" und „nachhaltig" werden ihrer Meinung nach viel zu inflationär gebraucht. Einen nachhaltigen Lebensstil kann man sich nicht erkaufen, sondern man muss ihn leben. Soziales und ökologisches Engagement sind daher auch ein wesentlicher Bestandteil ihres Alltags.

Für die Ökomuttis aus der Neustadt, die meinen, nachhaltig zu sein, nur weil sie ihre Kids in Lastenrädern durch die Gegend kutschieren, mit ein bisschen Urban Gardening der Abholzung des tropischen Regenwaldes trotzen möchten und im Körnerladen einkaufen, hat sie entsprechend wenig übrig.

Selbst ist Katharina nämlich alles andere als ein Konsumjunkie. Viel benötigt sie ohnehin nicht, und wenn doch mal eine Kaufentscheidung ansteht, trifft sie diese klug und pragmatisch, so wie das Fairphone, dass sie sich nach langem hin und her neu gekauft hat. Social Media nutzt sie zwar selten, aber sinnvolle Apps für Navigation oder Foodsharing schon.

In Ihrer Freizeit liebt sie es, sich körperlich auszupowern und gleichzeitig zu engagieren. Entspannungsurlaub am Strand oder ein durchorganisierter Pauschalurlaub sind das Letzte, was sie sich vorstellen kann. Stattdessen darf es ruhig auch mal extrem sein. Wie im letzten Jahr, als sie mit dem Freiwilligen-Projekt Aventüre, einem Frachtsegler, im Winter über den Atlantik gesegelt ist, um auf die Umweltverschmutzung durch die Diesel-betankten, motorisierten Frachtschiffe aufmerksam zu machen.

Das Meer und allgemein in der Natur zu sein, ist eine weitere Leidenschaft. Natur als Abenteuer und Herausforderung (vgl. Kirig und Schick, 2008, S.14), je wilder und unberührter, desto besser. Deswegen hat sie für die nächsten drei Monate auch eine Bikepacking-Tour durch den Hohen Atlas in Marokko geplant. Zuerst wollte sie mit Freunden fahren, hat sich dann aber spontan dagegen entschieden. Denn, obwohl Katharina gesellig und kontaktfreudig ist, liebt sie es, Zeit ganz mit sich allein zu verbringen und ihr eigenes Ding zu machen.

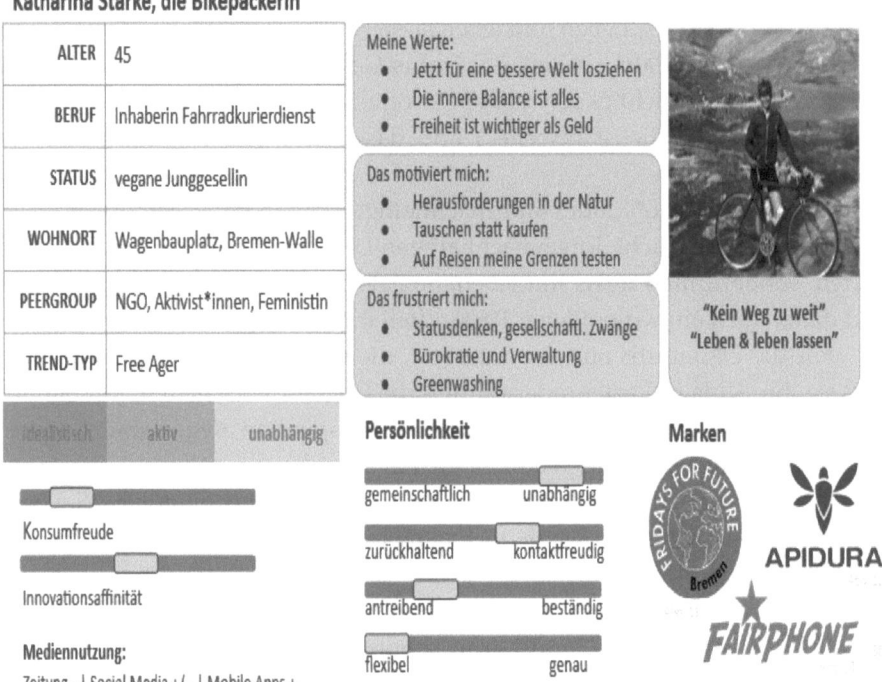

Abbildung 36: Naturtourismus Extrem I Steckbrief Katharina
Quelle: Eigene Darstellung

Produktinnovation: Riduce to the Max

In der zuvor beschriebenen Gesellschaft ist Nachhaltigkeit ein zentraler Aspekt. Dabei schließt Nachhaltigkeit nicht mehr nur die grüne Natur mit ein, sondern auch die Menschen und die ethischen Grundfragen. Dieses Konzept wird gleichsam für naturtouristische Anbieter immer relevanter. Wandern oder Radfahren in schöner Natur allein reicht nicht mehr aus. Nachhaltige und sinnstiftende Angebote sind gefragt (vgl. Gatterer und Kirig, 2011, S. 19). Die Konsumenten, wie auch Katharina, sind darüber hinaus extrem anspruchsvoll, was die Authentizität zwischen Botschaft und realem Produktnutzen angeht.

Ein naturtouristisches Unternehmen, das sich den neuen Kundenbedürfnissen und Wünschen angepasst hat, ist der gemeinnützige Reiseveranstalter „Riduce to the MaxSustainable Outventure Thrill". Das neu gegründete Social-Start-Up bietet seinen Kunden individuelle Extrem-Bikepacking-Touren mit einem sozialen Nutzen. Das Motto von Riduce lautet:

> „Lust dich und was zu bewegen? Dann tritt in die Pedale! Du fährst, wir spenden! Für jeden gefahrenen Kilometer spenden wir an ein gemeinnütziges Fahrradprojekt. Je anspruchsvoller die Route, je kleiner dein Gepäck, desto größer die Spende".

Abbildung 37: Naturtourismus Riduce 2 Max Logo
Quelle: Eigene Darstellung

Aber wie genau funktioniert Riduce? Der Kunde kommt mit seinem eigenen Bike. Riduce vermietet komplette Bikepacking-Sets in verschiedenen Größen (L, M, S, XS). Je nach Größe beinhaltet das Set verschiedene Hardware (Zelt, Tarp, Kocher, Kopflampe, Messer, Solarpanel, Wasserfilter, Garmin). Anhand der jeweiligen Set-Größe wird pro gefahrenem Kilometer 5-20 Cent an soziale Radprojekte weltweit gespendet, z. B. zu Gunsten afghanischer Frauen, die sich durch das Radfahren emanzipieren können, E-Rikschas für Indien, das Buffalo-Rad für Afrika (Benefit: Gesundheit, Emanzipation, wirtschaftliche Entwicklung). Zusätzlich gibt es die Möglichkeit, durch Sponsoren die doppelte Summe zu erreichen. Es gibt verschiedene Touren weltweit. Nur Start- und Zielpunkt sowie Checkpoints sind vorgegeben, ansonsten ist es dem Kunden selbst überlassen, seinen individuellen Weg zu finden. An den Checkpoints werden die Kilometer eingetragen. Am Ende der Tour wird das Bikepacking- Equipment abgeben und überholt (es soll ja auch schließlich nachhaltig sein). Die Tour wird auf einer Up-Cycling-Tasche verewigt (z. B. Nordkap-Gibraltar: 5.515 km). Wenn die Tasche einmal um die Welt gefahren ist (40.000 Km) wird sie zugunsten der genannten Radprojekte versteigert. Ferner gibt es einen Blog und eine Online-Community sowie ein jährlich stattfindendes Riduce-Festival, um die Erlebnisse zu teilen und andere damit zu inspirieren.

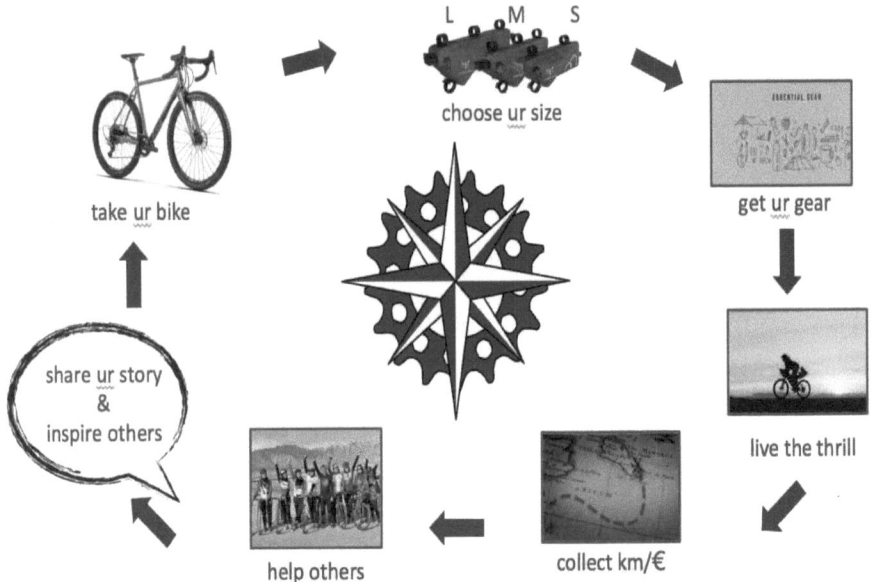

Abbildung 38: Naturtourismus Produktvisualisierung Riduce 2 Max
Quelle: Eigene Darstellung

Das Quasi-Neu-Produkt knüpft als eine Art Verbesserungsinnovation an bereits bestehende Angebote von Bikepacking-Veranstaltern an. Aber was genau ist neuartig bzw. was sind die USPs dieses Produktes?

Kunden wie Katharina wollen in ihrem Outdoor-Urlaub etwas erleben, sie wünschen sich Resonanz und im besten Fall ein transformationales Erlebnis. Sie haben schon viel gesehen und erlebt. Daher benötigen sie neue Extreme und/ oder Herausforderungen, um begeistert zu werden. Darüber hinaus haben sie ein großes Bedürfnis, sich sozial und ökologisch zu engagieren, im Alltag wie im Urlaub gleichermaßen.

Die Kombination von Outdoor-Abenteuern mit sozialem Engagement stellt daher eine attraktive Verbindung dar. Außergewöhnliche und authentische Erlebnisse werden nicht zwangsläufig mittels atemberaubender Landschaften geschaffen, sondern aufgrund minimalistischer Ausrüstung und extremer Rahmenbedingungen. Dies trifft den Zahn der Zeit: Back to Basic, Minimalismus, Verzicht und Askese anstatt over-equipped, mit Sauerstoffflaschen und Horden von Sherpas auf den Mount Everest zu steigen. Das Ganze begleitet von einer sinnstiftenden Mission, die über eine persönliche Entwicklung im Sinne eines transformationalen Erlebnisses hinausgeht. Sich, und gleichzeitig auch noch anderen, etwas Gutes tun - dafür steht Riduce.

Ferner wird man durch die Buchung einer Extrem-Bikepacking-Tour bei Riduce Teil einer starken und stetig wachsenden Community. Auch wenn man die Tour eventuell individuell bucht und allein unterwegs ist (natürlich kann man die Touren als Gruppe buchen), verbindet das Radfahren unter Extrembedingungen sowie die gemeinsame Mission alle TeilnehmerInnen, auch über den Trip hinaus.

Nicht zuletzt wurde das Produkt von eingefleischten Fahrradabenteurern entwickelt, die mit ihrem Erfahrungsschatz die Kunden auf ihren Touren unterstützen und über persönlich ausgesuchte gemeinnützige Fahrradprojekte in aller Welt das Unternehmen Riduce bereichern. Von Pushbikern für Pushbiker. Ehrlich, transparent und authentisch.

Reisebeschreibung

Auszug aus dem Tagebuch von Katharina

Tag 46 | 20. Dezember 2045 | marokkanische Wüste - irgendwo im Nirgendwo

„Ich liege in meinem Schlafsack und schaue in den Sternenhimmel. Einen Himmel, wie ich ihn zuvor noch nie gesehen habe. Abermillionen glitzernde Punkte, endlose Weite. Freiheit. Trotz totaler Erschöpfung nach 90 Kilometern Pistenstraße durch eine rote Geröllwüste, sengender Sonne und einem platten Reifen, bin ich überglücklich und freue mich, vor circa. sechs Wochen zu dieser Reise aufgebrochen zu sein.

Es ist nicht nur eine Bikepacking-Tour durch Marokko, sondern auch eine Reise zu mir selbst. Jeden Tag begegne ich neuen Herausforderungen, muss mit ihnen umgehen lernen, muss lernen mit mir umzugehen, mit meinen Schwächen, Ängsten und Erwartungen. Mit den Erwartungen an mich und an diesen Trip. Ich komme an meine Grenzen, wachse über sie hinaus, stecke mir neue Ziele. Schließlich möchte ich möglichst viele Kilometer in schwierigem Gelände zurücklegen, damit junge Frauen in Afghanistan ebenfalls ihren Traum von Freiheit leben können.

Vor der Abfahrt habe ich mich entschieden, die gesammelten Kilometer dieser Tour an das „Drop & Ride"-Projekt in Kabul zu spenden, ein Rad- und Bildungsprojekt für Frauen, denn Fahrradfahren ist für Frauen in Afghanistan keine Selbstverständlichkeit. Die Vorstellung, dass ich mit jedem Kilometer dazu beitrage, dies zu ändern, berührt mich und motiviert mich noch mehr, morgen einen Gang zuzulegen.

Ich esse noch einen letzten Löffel von meinem Couscous mit Kreuzkümmel (mehr war im Gepäck-Set XS nicht drin), damit ich morgen gestärkt zu neuen Abenteuern aufbrechen kann. Vielleicht schaffe ich es sogar zum südlichsten Checkpoint nach Quazzarte. Dann fallen mir die Augen zu und ich schlafe ausgepowert und zufrieden ein."

Im nächsten Kapitel lernen wir Markus Schuster näher kennen, der sich gerne als Natururlauber sieht und es mit seiner Familie sogar bis nach Thailand geschafft hat.

3.2.3 Extremszenario II

Green Smarties - Senseless Life Floating - De-Venturing

Gesellschaft

Für die Gesellschaft des Extrem II ist eine nachhaltige Entwicklung nicht aus persönlicher Überzeugung ein relevantes Thema. Das Thema Nachhaltigkeit ist vielmehr eine zu akzeptierende gesellschaftliche Pflicht, die es durch den Einsatz grüner Technologien so gut es geht zu erfüllen gilt. So muss das Thema Nachhaltigkeit zwar mitbedacht werden, aber dies sollte ohne etwaige persönliche Einschränkungen oder gar Verzicht passieren. Im Gegenteil: durch frühzeitige Investitionen in grüne und umweltfreundliche Technologien und Produkte, muss auch bei tendenziell umweltschädlichen Vorhaben, wie beispielsweise dem Reisen, kein schlechtes Gewissen aufkommen. Eine Kreuzfahrt auf einem Hybridschiff, angetrieben über Wasserstoff und grünen Strom, der wohlüberlegte Autokauf eines Teslas als Zweitwagen, die Solarzelle auf dem Dach der Ferienwohnung in Spanien, die als Kapitalanlage gehalten wird, oder die in Kauf genommene CO_2-Kompensation des letzten Familienurlaubs in die USA sind nur einige Beispiele, wie es sich in Zeiten von Fridays for Future und der nervigen Debatte über die Bedrohung durch den Klimawandel auch ohne Verzicht nachhaltig leben lässt, Green SmART eben.

Der Alltag der Menschen im Extrem II ist geprägt durch einen enormen Karrieredruck und Statusoptimierung. Ein erfülltes und sinnhaftes Leben ist ein erfolgreiches Leben, welches insbesondere am materiellen Besitz und der bedingungslosen finanziellen Unabhängigkeit gemessen werden kann. Durch Komfort und Genuss, den man sich selbstverständlich leistet, wird der Druck und das hohe Stresslevel kompensiert. Eine alternative Sinnsuche ist in dieser Form der Gesellschaft unbekannt. Menschen, die Humanität und spirituelles Denken über die Werte des bewährten Kapitalismus stellen, gelten in dieser Gesellschaft als gescheitert und zu schwach, sich auf die richtige Weise zu etablieren.

In dieser Gesellschaft wird nichts dem Zufall überlassen. Dies gilt insbesondere auch für Abenteuer und Erlebnisse. So sind Abenteuer grundsätzlich tolerierbar, sofern diese planbar, überschaubar, risikoarm und im Großen und Ganzen sicher sind. Dies gilt sowohl für das gesellschaftliche Zusammenleben als auch für finanzielle Investitionen oder auch das Reisen.

Eine Person, die sich zur vorgestellten Gesellschaft zählt, ist der erfolgreiche Banker Markus Schuster.

Persona

Markus Schuster, 45 Jahre alt und stolzer Familienvater, hat es geschafft. Er war schon in jungen Jahren ein ambitionierter junger Mann, der große Pläne verfolgte. Seit über fünf Jahren leitet er nun die Investmentabteilung der Hypovereinsbank in Bremen. Er gehört zur oberen Mittelklasse und hatte bereits vor der

Geburt seines einzigen Sohnes Justus den Kaufvertrag seines großzügigen Einfamilienhauses in Bremen Borgfeld mit zweifachem Garagenstellplatz unterzeichnet. Markus fühlt sich im Kreise seiner Arbeitskollegen, ebenfalls leitende Angestellte und langjährige Freunde, seiner Nachbarn und seiner Familie besonders wohl. Neue Bekanntschaften macht er eher ungern. Darum hat er es auch am liebsten, wenn Justus mit dem Nachbarsjungen, dem Sohn von Günther, spielt. Schließlich hat Günther sich quasi zeitgleich einen Tesla als neueste Errungenschaft seines Fuhrparks zugelegt.

Markus ist nicht nur ehrgeizig und beruflich erfolgreich, er gilt zudem als besonders pflichtbewusst und rational. Mit Greta Thunberg kann er daher überhaupt nichts anfangen. Dies gilt im Übrigen auch für den Yoga-Kurs, den seine Frau alle zwei Wochen zur Findung der inneren Ruhe besucht. Hysterische Umweltparolen sowie spirituelle Sinnsuche sind ihm zuwider.

Markus legt Wert auf Beständigkeit, arbeitet genau und produktiv und überlässt nichts dem Zufall. Unliebsame Überraschungen, Unsicherheit oder Planlosigkeit, die er gerne pauschal der Fridays for Future-Zippe vorwirft, frustrieren ihn zutiefst. Denn er weiß aus eigener Erfahrung, dass sich Erfolg auszahlt und in spürbar steigender Lebensqualität widerspiegelt, nicht nur in Form von Anerkennung, sondern auch durch die finanzielle Möglichkeit, Komfort und Genuss jederzeit abrufen zu können. Dabei geht Markus immer auf Nummer sicher und meidet riskante Abenteuer. Dies gilt vor allem auch für das Reisen, da er hierbei den Empfehlungen des sicheren Reisens folgt (vgl. Petermann 2006).

Als gebildeter Mann der Wissensgesellschaft leugnet Markus den Klimawandel nicht, sondern nimmt seine Pflicht wahr, durch neue Technologien und großzügige Kompensationen seinen Teil für eine bessere Welt beizutragen. Sein Elektroauto sowie sein konsequentes Investment in gewinnbringende Fonds, die größtenteils auf nachhaltige Branchen setzen, sind nur einige von vielen Beweisen dafür, dass Markus durchaus nachhaltig unterwegs ist.

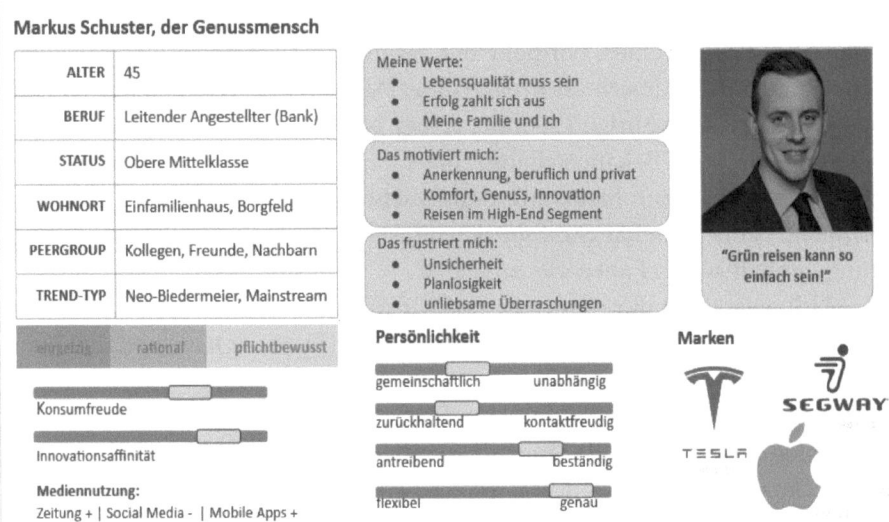

Abbildung 39: Naturtourismus Extrem II Steckbrief Markus

Quelle: Eigene Darstellung

Produktinnovation: Newture Travel

Um den Reiseansprüchen der Gesellschaft des Extremszenarios II gerecht zu werden, wird an dieser Stelle die Produktinnovation „Newture Travel" vorgestellt. Bei Newture Travel handelt es um ein Reiseportal, welches, ähnlich wie bereits etablierte Reiseportale wie beispielsweise booking.com oder trivago.de, touristische Dienstleistungen vermittelt. Das Innovative an Newture Travel ist dabei jedoch der Fokus auf nachhaltige touristische Angebote in naturnahe Destinationen. Demnach lassen sich auf Newture Travel ausschließlich nachhaltige Reisebausteine, wie unter anderem nachhaltige Reiseveranstalter für Reisen in die Natur, Bio- und Naturressorts sowie grüne Ausflugsanbieter buchen. Da es sich bei Newture Travel folglich um ein Produkt handelt, welches es in Art und Umfang bereits gibt, sich aber in der Spezialisierung und Ausrichtung von den Mitbewerbern unterscheidet, handelt es sich bei dieser Produktinnovation um ein Me-Too Produkt. Das Logo der Firma wird in Abbildung 40 dargestellt.

Abbildung 40: Naturtourismus Newture Travel Logo
Quelle: Eigene Darstellung

Sämtliche Anbieter und touristische Dienstleister, die auf Newture Travel vertrieben werden, müssen den Kriterien der Nachhaltigkeit entsprechen. Auf diese Weise wird dem Kunden, wie Markus Schuster, eine transparente Darstellung ausschließlich nachhaltiger touristischer Angebote gewährleistet. Ein weiterer USP von Newture Travel liegt im großen Angebotsspektrum der Plattform. Newture Travel bietet dem Kunden zertifizierte Kompensationsmöglichkeiten, wie unter anderem Atmosfair und myclimate, und kann auf diese Weise auch Flug- und Kreuzfahrt-Reisen in das Portfolio mit aufnehmen. Der Kunde kann folglich nachhaltig reisen, ohne dabei auf eine bestimmte Reiseform sowie Komfort und Luxus verzichten zu müssen.

Neben der transparenten Darstellung der Angebote und dem breiten Angebotsspektrum zeichnet sich Newture Travel zusätzlich durch einen vereinfachten Buchungsweg aus. Sämtliche Vertriebskanäle finden online statt, auf den stationären Vertrieb wird gänzlich verzichtet. Kunden wie Markus Schuster können ihre Reise daher ganz bequem mit dem Smartphone buchen und verwalten. Dies ist nicht nur innovativ, sondern auch nachhaltig.

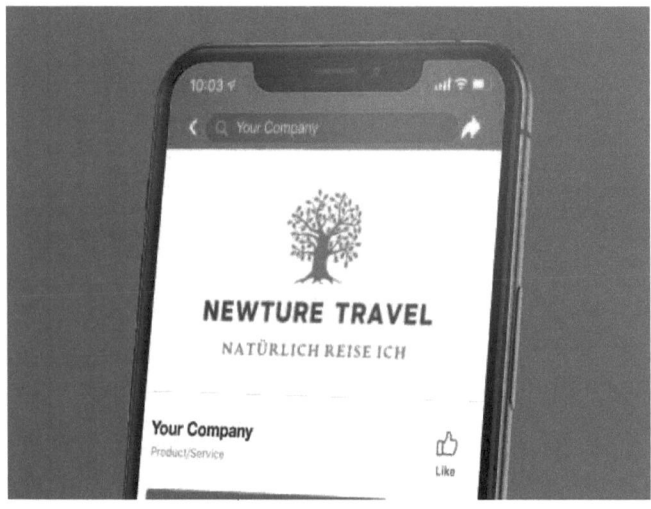

Abbildung 41: Naturtourismus Newture Travel App
Quelle: Eigene Darstellung

Reisebeschreibung

Nach seinem Familienurlaub nach Thailand, den er über Newture Travel gebucht hat, ist Markus Schuster seit zwei Tagen wieder im Büro. In der Mittagspause ist er zum Lunch mit seinem Kollegen Peter Hagedorn verabredet. Er ist der Leiter der Kundenbetreuung und die beiden wollen während des Mittagessens über eine ausstehende Marketingentscheidung sprechen. Nach der Aufnahme der Bestellung kommen die beiden ins Gespräch:

Peter: „Markus, wie war eigentlich dein Urlaub? Du bist ja für deine Verhältnisse mal ansatzweise braun geworden! Wie war es denn in Thailand?"

Markus: „Du weißt ja, wie das ist, der Urlaub ist immer zu kurz! Aber Spaß beiseite, es war wirklich richtig schön, alles hat wunderbar geklappt. Das Resort vor Ort war ein Traum, die Poolanlage mit direktem Zugang zum Strand, das hat alles gepasst."

Peter: „Das heißt, ihr habt einen reinen Strandurlaub gemacht?"

Markus: „Nein, nein. Wir haben einen reinen Natururlaub gemacht. Meine Frau und ich wollten ja schon länger mal richtig ausspannen und die Natur so richtig genießen. Deshalb hatten wir uns auch für Thailand entschieden. Ich bin per Zufall auf Newture Travel gestoßen, das scheint irgendein neuer Anbieter für Naturreisen zu sein, zu 100% nachhaltig und relativ hochwertig. Ich bin dort auf ein Angebot gestoßen: 14 Tage im Bio--Resort in Thailands schönstem Naturreservoir. Und auch das Resort war tatsächlich superschön in die Natur vor Ort eingebettet. Ich habe dann bei der Buchung direkt ein Ausflugspaket mitgebucht mit insgesamt drei Touren in die umliegenden Nationalparks, um die Natur vor Ort intensiv zu erleben. Die Kombination aus reinstem Naturerlebnis und Entspannung im Resort war genial, kann ich nur empfehlen."

Peter: „Das klingt nicht schlecht, Markus. Das heißt, ihr wart dann richtig im Dschungel vor Ort und habt die Natur auch auf eigene Faust erlebt?"

Markus: „Ne, immer mit Guide. Auf eigene Faust ist das einfach zu gefährlich in Thailand. Ich habe schon einiges gelesen, dass Touristen in asiatischen Ländern spurlos verschwunden sind. Wenn man richtig in die Natur will, muss man das mit einem Guide machen. Wurde von Newture Travel auch direkt empfohlen."

Peter: „Und wie habt ihr das mit dem Flug gemacht? Weil du ja meintest, dass dieser Anbieter zu 100 Prozent nachhaltig sein soll."

Markus: „Den Flug konnte ich direkt bei Newture Travel mitbuchen. Das ist nämlich das Geniale daran. Man kann dort alles aus einer Hand buchen, die Flüge werden nämlich direkt über das Portal kompensiert. Ich glaube, über myclimate oder so, steht auf jeden Fall alles in der Bestätigung. Also, selbst der Flug war komplett CO_2-neutral durch die Kompensation. Kostet halt etwas mehr, aber du weißt ja, wie wichtig dieser ganze Nachhaltigkeitskram geworden ist. Deshalb hat mich das Angebot von Newture Travel letztlich auch überzeugt. Ich konnte alles komplett auf meinem Smartphone buchen. Die Bestätigung erhielt ich sofort per Mail. Und das Ganze dann noch völlig klimaneutral".

3.3 Literaturverzeichnis Naturtourismus

AG-Ecotourism (1995): Ökotourismus als Instrument des Naturschutzes? Möglichkeiten zur Erhöhung der Attraktivität von Naturschutzvorhaben [Vorläufiger Endbericht (Entwicklungspolitisches Forschungsprogramm des BMZ 93)] Berlin/Dresden/Göttingen/Hannover.

Agora Verkehrswende (2019): Online unter: https://www.agora-verkehrswende.de/ [abgerufen am 09.08.2020]

Buckley, R. (2006): Adventure Tourism. CABI. Wallingford. Oxfordshire.

Ellener Hof (2018). Online unter: https://klimaquartier-ellener-hof.de/aktuelles [abgerufen am 09.08.2020].

Epler-Wood, M. (2002): Ecotourism. Principles, Practices & Policies for Sustainability. UNEP. Paris.

Gausemeier, J., Plass, C. (2014): Zukunftsorientierte Unternehmensgestaltung. Strategien, Geschäftsprozesse und IT-Systeme für die Produktion von morgen, 2. Auflage. München.

Horx T., Kelber, C. Muntschick, V. et al. (2017): Generation Global. Zukunftsinstitut GmbH. Kelkheim

Paech, Niko (2020): Vortrag im Rahmen der Rahmen der Ringvorlesung „Facetten der Nachhaltigkeit" an der Hochschule Bremen, 8.1.2020, „All you need is less – Leben ohne Wirtschaftswachstum". Unveröffentlicht.

Rein, H.; Schuler, A. (2019): Naturtourismus. UVK-Verlag. München.

RENN.nord (2019): reduce, reuse, recycle. Ansätze zur Plastikmüllreduzierung in Unternehmen. Online unter:
https://www.bund-bremen.net/fileadmin/bremen/Publikationen/BUND_SDG12_Leitfaden_Bremen-INTERAKTIV.pdf, [abgerufen am 09.08.2020].

Steffens, D. und Habekuss, F. (2020): Überleben. Zukunftsfrage Artensterben: Wie wir die Ökokrise überwinden. Random House GmbH. München.

Strasdas, W. (2001): Ökotourismus in der Praxis. Zur Umsetzung der sozioökonomischen und naturschutzpolitischen Ziele eines anspruchsvollen Entwicklungskonzeptes in Entwicklungsländern. Ammerland. Studienkreis für Tourismus und Entwicklung. TU Berlin

Weise, A.; Fehre, R.; Zimpelmann, B. (2019): „Neue Arbeitszeiten - Beispiele aus der betrieblichen Praxis in Bremen" Hrsg. Arbeitnehmerkammer Bremen, Impulsgeber Zukunft und HSB. Bremen.

4. Szenarien für den Partytourismus (2019)

Autorinnen: Sara Blum, Gesche Penning und Anastasia Weise

Abstrakt

Wenngleich es für dieses Marktsegment keine wissenschaftliche Erklärung gibt, so wurde es durch das Autorinnenteam als eine Form des Tourismus definiert, bei dem Menschen mit Gleichgesinnten reisen, um gemeinsam Spaß zu haben und etwas Besonderes zu erleben. Auch organisierte Partyreisen werden in den Fokus genommen. Zu den beliebten Destinationen von Partytourismus zählen beispielsweise Orte mit einer ausgedehnten Partyszene, wie Mallorca oder Loret de Mar. Ebenso zählen hierzu Reisen zu bestimmten Events und Festivals.

In der Szenario-Vorbereitung wurden zunächst die Megatrends auf ihren Einfluss auf dieses Segment hin untersucht. In diesem Zuge wurden den vorhandenen Megatrends weitere Trends der verschiedenen Trendkategorien zugeordnet, welche einen Einfluss auf den Partytourismus haben. Das Ergebnis der Szenario-Feldanalyse ist die Identifikation der Schlüsselfaktoren „Erlebnisorientierung", „Inszenierung" und „Vernetzung zwischen Menschen".

Die Grundlage für das Extrem I bilden die Projektionen *Transformationsgesellschaft*, *Avatar-Gesellschaft* und *Codependency*. Das Trendszenarnario basiert auf den Projektionen *Live for the Expierience*, *erweiterte Persönlichkeiten* und *Realitäten* sowie einer *Global Society*. Das Extrem II baut auf das Projektionsbündel aus *Down to Earth*, *Authentizitätsindex* und *Stay local* auf.

Im Kapitel Szenario – Transfer werden die Szenarien narrativ durch die Gesellschaft, einen passenden Charakter, ein Party-Produkt und eine Reisebeschreibung ausgearbeitet.

Marktabgrenzung

Für den Begriff Party oder Partytourismus gibt es keine wissenschaftlich anerkannte Definition. Deshalb wird im Folgenden zunächst der Begriff Party anhand von Einträgen in Wörterbüchern definiert. Folgende Definitionen wurden bei der Recherche in verschiedenen Wörterbüchern gefunden:

- „[organisiertes] größeres zwangloses öffentliches Fest" („Party" im Online-Wörterbuch Duden, 06.07.2019)
- „geselliges, meist abendliches Treffen, zwanglose Feier" („Party" im Online-Wörterbuch Wortbedeutung.info, 06.07.2019)
- „a social event at which a group of people meet to talk, eat, drink, dance, etc., often in order to celebrate a special occasion" („Party" im Online-Wörterbuch Cambridge Dictionary, 06.07.2019)
- „a social gathering of invited guests, typically involving eating, drinking, and entertainment" („Party" im Online-Wörterbuch Lexico, 06.07.2019)

Diese Definitionen übermitteln ein einheitliches Verständnis einer Party. Es handelt sich demnach bei einer Party um eine Feier, bei der Menschen zwanglos zusammenkommen, um sich zu unterhalten, gemeinsam zu essen, trinken, tanzen etc. Laut der vorgestellten Definitionen findet eine Party oftmals statt, um einen bestimmten Anlass zu würdigen. Außerdem involviert eine Party meist Entertainment.

Im Anschluss an die Recherche in Wörterbüchern wurde darüber reflektiert, warum Menschen feiern. Aus eigenen Überlegungen sind folgende Motivationen für den Besuch einer Party entstanden: Menschen feiern, um dem Alltag und damit der Realität zu entfliehen. Sie möchten in andere Rollen schlüpfen und dabei aus sich herauskommen. Dabei sollen Kontakte zu Gleichgesinnten geknüpft, gefestigt oder gepflegt werden. Bei einer Party möchten Menschen mit anderen Partygästen Spaß haben und etwas Besonderes erleben. Feste Bestandteile einer Party sind Musik, Tanz und die Versorgung mit Getränken vor Ort.

Diese eigenen Überlegungen zusammen mit der Recherche in Wörterbüchern führen zu der folgenden Definition von Party, welche in der vorliegenden Arbeit verfolgt wird:

> Eine Party ist ein organisiertes und öffentliches Ereignis, bei dem Gleichgesinnte zwanglos zusammenkommen, um gemeinsam Spaß zu haben und etwas Besonderes zu erleben. Die Motivationen sind der Kontakt zu anderen, Ausgelassenheit, Realitätsflucht in eine imaginäre, bessere Wirklichkeit und ein damit verbundener Rollenwechsel. Fester Bestandteil einer Party sind die Versorgung mit Getränken, Musik, Tanz und Entertainment.

Der zweite Bestandteil des Wortes Partytourismus, der Tourismus, wird von der World Tourism Organization (UNWTO) wie folgt definiert:

> „Tourism refers to the activity of visitors. A visitor is a traveller taking a trip to a main destination outside his/her usual environment, for less than a year, for any main purpose (business, leisure, or other personal purpose) […]" (UNWTO, 2010, o. S.)

Eine Reise wird von Bieger beschrieben als:

> „temporäre Bewegung/Reise von Personen nach Destinationen außerhalb ihrer normalen Alltags- oder Arbeitsstätte" (2008, S. 1).

Der Markt Partytourismus wird demzufolge in der vorliegenden Arbeit wie folgt abgegrenzt:

> **Partytourismus** ist eine Form des Reisens, bei der die Reisenden mit Gleichgesinnten zwanglos zusammenkommen, um gemeinsam Spaß zu haben und etwas Besonderes zu erleben. Die Motivationen sind der Kontakt zu anderen, Ausgelassenheit, Realitätsflucht in eine imaginäre, bessere Wirklichkeit und ein damit verbundener Rollenwechsel. Fester Bestandteil einer Partyreise ist der Besuch von organisierten und öffentlichen Veranstaltungen mit Musik, Tanz und Entertainment und der Versorgung mit Getränken. Als **Partyreise** wird eine Reise mit mindestens einer Übernachtung verstanden. Der typische Partytourist reist in einer Gruppe. Verschiedene Ausprägungen von Partytourismus sind organisierte Partyreisen, Reisen zu Partyevents und Partyreisen in Städte.

Organisierte Partyreisen sind Pauschalreisen zu Partydestinationen, die durch Reiseveranstalter organisiert werden. Es gibt hier die Unterscheidung zwischen Gruppenreisen und Individualreisen (in kleinen Gruppen). Die besuchten Partydestinationen haben eine ausgeprägte Partyszene und eine dementsprechende Infrastruktur. Beispiele hierfür sind die Pauschalreise nach Mallorca an den Ballermann oder die Pauschalreise nach Lloret de Mar. Die zweite Ausprägung beschreibt die Reise zu einem besonderen Event mit Partycharakter. Das Event/Festival kann dabei über mehrere Tage hinweg stattfinden. Oftmals hat es einen bestimmten Anlass und ist stark erlebnisorientiert wie die Full Moon Party, das Oktoberfest oder der Springbreak. Partyreisen in Städte werden in der Regel selbst organisiert und finden oftmals über Wochenenden und über einen Zeitraum von ein bis drei Tagen statt. Die besuchten Städte sind leicht erreichbar und haben eine ausgeprägte Partyszene und Infrastruktur. Beispiele für Städte, die Ziele von Partyreisenden sind, sind Berlin, Hamburg, Prag, Amsterdam oder Barcelona.

4.1 Phasen des Szenario Managements

Im Folgenden soll genauer auf die bereits erwähnten Megatrends des Zukunftsinstituts eingegangen werden. Methodisch folgt die Einordnung des abgegrenzten Marktes in die Megatrends nach Horx (Hrsg. Zukunftsinstitut). Es soll untersucht werden, welche der definierten Megatrends einen Einfluss auf den Markt Partytourismus haben. Dabei wird sich auf die nachfolgende Abbildung 42 berufen. Die Abbildung sieht aus, wie ein Straßenbahnnetz, bei dem jedem Megatrend eine Linie zugeteilt ist. Jeder Megatrend besteht aus verschiedenen Dimensionen und Trendaspekten, die zeigen, wie vielschichtig ein Megatrend ist und welche Einflussfaktoren er besitzt. Die Megatrends kreuzen sich in einigen Aspekten, wodurch ihre Zusammenhänge deutlich werden. Die Abbildung 42 zeigt die Vielfältigkeit, Komplexität und Vernetzung von Megatrends, deren Überschneidungen und Parallelen.

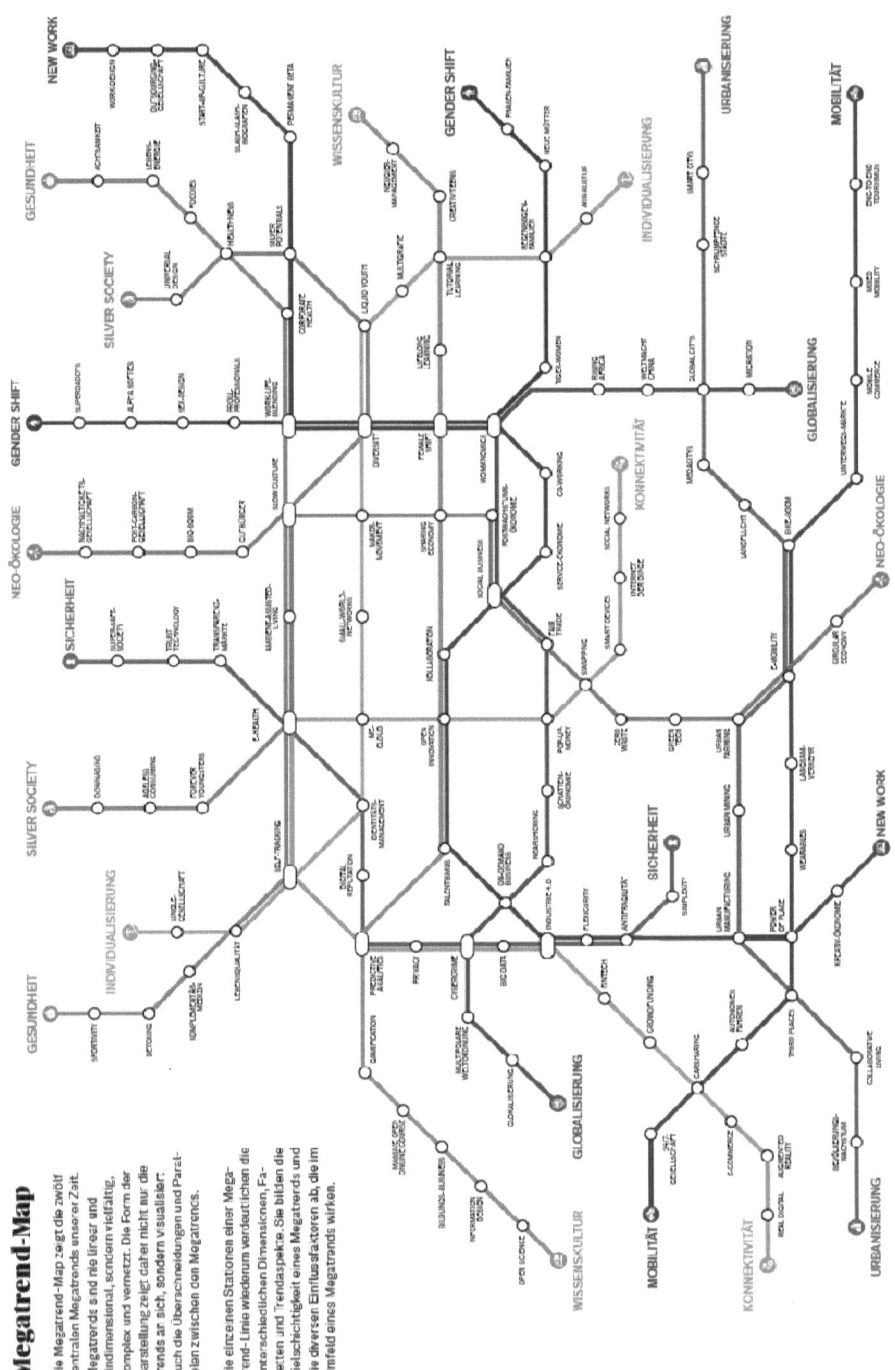

Abbildung 42: Partytourismus Megatrendmap
Quelle: Zukunftsinstitut (2015 S. 2f.)

Stark beeinflusst wird der Partytourismus laut eigener Einschätzung von dem Megatrend **Individualisierung**. Darunter fällt die Trenddimension Single-Gesellschaft. Die Veränderung hin zu einer Single-Gesellschaft verändert den Partymarkt, denn Singles gehen öfter und anders feiern als Personen in Partnerschaften. Auch die Dimension Identitätsmanagement beeinflusst den Partytourismus. Um sich selbst online sowie offline darzustellen, betreiben Menschen vermehrt Selbstmarketing und inszenieren sich. Sie möchten deshalb immer etwas Besonderes erleben und sich dadurch individuell fühlen. Partys werden deshalb Bedeutungen zugeschrieben, damit Menschen sich über den Besuch der Partys definieren können. Die Dimension Small World Networks lässt sich auf Partys anwenden, indem Menschen auf Partys versuchen, Gleichgesinnte zu finden und dadurch wieder eine kleine, weniger komplexe Gemeinschaft zu finden. Auch Diversity hat einen Einfluss auf Partys. Das Partyangebot muss vielfältig sein, sowie auch das Publikum oftmals sehr vielfältig ist (vgl. Zukunftsinstitut GmbH, 2015).

Außerdem wird der Partytourismus stark von dem Megatrend **Konnektivität** beeinflusst, der auf die technische und menschliche Vernetzung der Menschen abzielt. Darunter fallen die für den Partytourismus wichtigen Dimensionen Real Digital, Augmented Reality, E-Commerce, Smart Devices und Social Networks. Menschen sind mit technischen Geräten verbunden, was Unternehmen auch im Tourismus zeigt, welche Tagesabläufe diese haben und wofür sie sich interessieren. Das kann für die Erstellung innovativer Angebote genutzt werden. Zudem wird von den Real Digitals erwartet, dass Reiseangebote online zur Verfügung gestellt werden und erworben werden können. Augmented Reality bietet dem Partytourismus eine neue Form der Inszenierung (ebd.).

Der Megatrend **Globalisierung** beeinflusst den Partytourismus in den Dimensionen Generation Global, Global Cities, Global Migration und Glokalisierung. Alle genannten Dimensionen sind von verschwimmenden Grenzen und der Vermischung von Kulturen gekennzeichnet. Die Generation Global weiß, dass in Zukunft globale Lösungen für Herausforderungen gefunden werden müssen, und dass dafür globale Zusammenarbeit erforderlich ist. Städte, die eine hohe Internationalität und Kreativität aufweisen, nehmen in wirtschaftlichen, politischen und kulturellen Bereichen immer mehr an Bedeutung zu. Dabei wächst aber auch der Wunsch nach lokaler Gemeinschaft, ohne dabei die globale Vernetzung zu vernachlässigen. Auch Partys werden immer internationaler und sind durch globale Einflüsse geprägt. So werden Partytraditionen aus einzelnen Ländern, wie der Junggesellenabschied, auch in anderen Ländern übernommen.

Damit zusammen hängt auch der Megatrend **Asien**. Aus Asien werden in allen Gesellschaftsbereichen Symbole und Zeichen importiert. Besonders stark ist der Einfluss in den Bereichen Entspannung und Weltanschauung. Für viele Menschen in westlichen Ländern sind Aspekte des Buddhismus zu wichtigen

Werten geworden. Aber auch in der Partyszene gibt es vermehrt asiatische Einflüsse. Dazu gehören beispielsweise K-Pop, Goapartys und Holi-Festivals.

Zwei weitere Megatrends, die Einfluss auf den Partytourismus haben, sind die **Neo-Ökologie** und **Gesundheit**. Besonderen Einfluss haben hierbei die Dimensionen Nachhaltigkeitsgesellschaft, Post-Carbon-Gesellschaft und Zero Waste aus dem Megatrend Neo-Ökologie und die Dimensionen Detoxing und Work-Life-Blending. Auch im Partytourismus gibt es immer mehr Fälle, in denen Destinationen zu Nachhaltigkeitsmaßnahmen greifen müssen, um Partydestinationen vor Overtourismus zu schützen. Es entstehen Zero Waste Partys und Modelle, mit denen der CO_2 Ausstoß verringert oder kompensiert werden kann. Außerdem werden Menschen achtsamer, wenn es um ihre Gesundheit geht. Daraus entsteht einerseits, dass die Freizeit einen wichtigeren Stellenwert bekommt, da das Verhältnis von Arbeit und Freizeit ausbalanciert werden soll. Andererseits entstehen dadurch auch Partyformen, bei denen wenig oder kein Alkohol oder andere Rauschmittel konsumiert werden (vgl. Zukunftsinstitut GmbH, 2015).

Auch der Megatrend **Silver Society** soll hier genannt werden. Die Gesellschaft wird immer älter, fühlt sich dabei aber immer länger jung. Dies in Kombination mit der Dimension Single-Gesellschaft führt dazu, dass auch ältere Generationen vermehrt Partyangebote suchen und wahrnehmen (ebd.).

Der Megatrend **Mobilität** beeinflusst den Tourismus im Allgemeinen sehr stark. Dazu gehören die Dimensionen 24/7 Gesellschaft, Mixed Mobility und End-to-End Tourismus. Die Gesellschaft verfolgt heutzutage einen flexiblen und mobilen Lebensstil, wodurch die Anforderung an Tourismusanbieter steigt, jederzeit verfügbar zu sein. Da viele Touristen zusätzlich oft nur noch für kurze Zeit verreisen, erwarten sie einen End-to-End Tourismus, bei dem sie sich nicht mit der Wahl der Verkehrsmittel beschäftigen müssen. In Partydestinationen wird von Touristen erwartet, dass sie eine Infrastruktur vorfinden, in der sie verschiedene Verkehrsmittel flexibel miteinander kombinieren können (ebd.).

4.1.1 Szenariofeld-Analyse

Nachdem die Arbeitsgruppe im weiteren Verlauf der Szenariofeld-Analyse mithilfe von verschiedenen Flow Charts und Trendhierarchien die Trends verdichten konnte, wurde hier eine Relevanz und Einflussanalyse durchgeführt. Das Ergebnis, das System Grid, ist in der nun folgenden Abbildung 43 abgebildet.

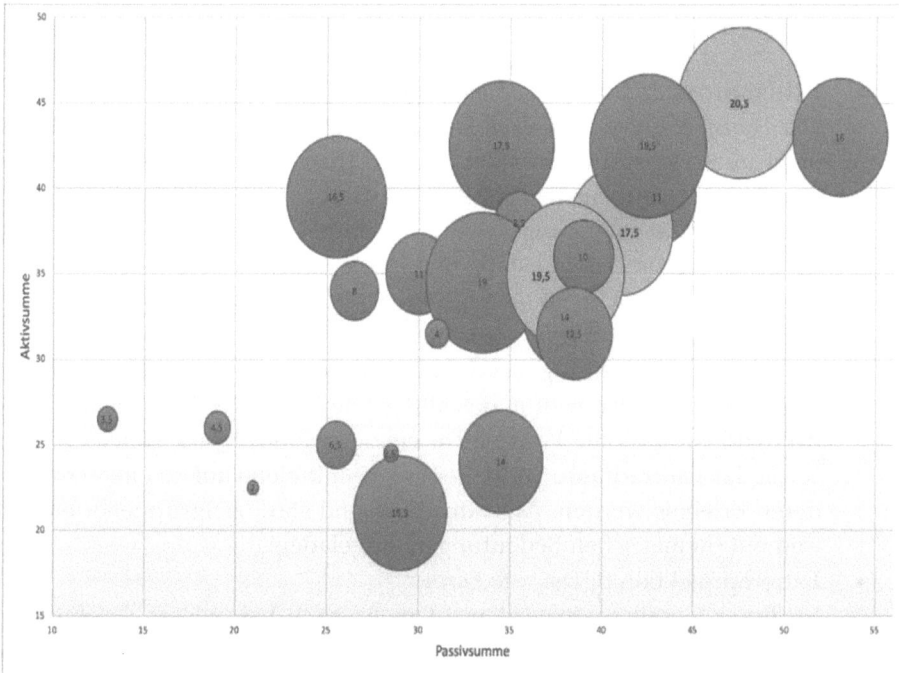

Abbildung 43: Partytourismus System Grid
Quelle: Eigene Darstellung

Die hell schattierten Kugeln entsprechen den drei Schlüsseltrends, welche als prägendste für den Partytourismus ausgewählt wurden und mittels derer im Anschluss die Szenarien entwickelt werden. Sowohl am relevantesten als auch von großem Einfluss befindet sich oben rechts der Trend **Erlebnisorientierung** mit einer Relevanzsumme von 20,5. Als zweiter relevanter Trend wurde die **Inszenierung** mit einer Relevanzsumme von 19,5 ausgewählt. Der Trend **Eventisierung** besitzt ebenfalls eine Relevanzsumme von 19,5 und außerdem eine höhere Aktiv- und Passivsumme als die Inszenierung. Da die Trends Eventisierung und Erlebnisorientierung allerdings sehr ähnlich zueinander sind, wurde sich im Rahmen dieser Arbeit dafür entschieden, nur mit dem Trend Inszenierung weiterzuarbeiten. Als dritter Schlüsseltrend wurde mit einer Relevanzsumme von 17,5 die **Vernetzung** zwischen Menschen ausgewählt, unter anderem aufgrund einer hohen Aktiv- und Passivsumme, als auch einer guten Eignung zum Szenario-Transfer in Kombination mit den Faktoren Erlebnisorientierung und Inszenierung.

4.1.2 Projektionsentwicklung

Es folgt auch hier eine prägnante Beschreibung der herausgestellten drei Zukunftsprojektionen für jeden Schlüsselfaktor.

Erlebnisorientierung

- Extremprojektion I: *Transformationsgesellschaft*
  Die *Transformationsgesellschaft* ist eine Gesellschaft, in der die Menschen nicht nur erleben und aus der Realität fliehen möchten, sondern sich durch unternommene Erlebnisse neu erfinden und entwickeln. In dieser Gesellschaft ist es gut angesehen, sich immer weiter zu verändern und damit zu verbessern und stetig im Wandel zu sein.
- Trendprojektion: *Live for the Experience*
  Die Projektion *Live for the Experience* beschreibt eine Weiterentwicklung der Erlebnisorientierung, bei der der Wunsch nach dem Erleben von etwas Besonderem so weit in das alltägliche Leben der Menschen vorgedrungen ist, dass die Welt einem einzigen Freizeitpark gleicht, in der selbst das Fahrradfahren oder der Lebensmitteleinkauf zu einem besonderen Erlebnis werden. Alle Angebote sind stark zielgruppenorientiert und mit thematischen Bedeutungen aufgeladen.
- Extremprojektion II: *Down to Earth*
  In dieser Gesellschaft wird nicht mehr nach besonderen Erlebnissen oder extremem Konsum gestrebt, sie ist sozusagen erwachsen geworden und es werden Attribute wie Ernsthaftigkeit und Seriosität großgeschrieben. Wer viel arbeitet hat ein hohes Ansehen, Freizeit wird in dieser Gesellschaft als nebensächlich angesehen.

Inszenierung

- Extremprojektion I: *Avatar-Gesellschaft*
  Durch technologischen Fortschritt entstehen neue Möglichkeiten, Realitäten zu inszenieren. Der extreme Anstieg der Erweiterung und Anpassung der eigenen Identität an entsprechende Umfelder und die genannte technische Entwicklung, resultiert in einer Ablösung von der Realität. Es entsteht eine virtuelle Welt, in der sich die Geschehnisse der Gesellschaft abspielen und Menschen in die Rolle eines von ihnen gewählten Avatar schlüpfen, als absolutes Ausleben der Selbstinszenierung.
- Trendprojektion: *Erweiterte Persönlichkeiten und Realitäten*
  Die wahrscheinliche, vorstellbare Weiterentwicklung des Trends *Inszenierung* ist die Inszenierung der eigenen Person und neuer Welten auf Veranstaltungen. Dadurch wird es den Menschen ermöglicht, der Realität zu entfliehen. Gleichzeitig besteht dennoch ein fester Bezug zur Realität, bei der eine Verbindung der online und offline Welt stattfindet. Hierbei spielen Technologien wie Augmented Reality eine große Rolle. Personen schaffen sich unterschiedliche Identitäten je nach Umfeld, besitzen aber noch eine "wahre", eigene Identität.
- Extremprojektion II: *Authentizitätsindex*
  Der Trend der Inszenierung hat sich stark zurückentwickelt und die Gesellschaft legt einen großen Wert auf Authentizität. Die Inszenierung der

Persönlichkeit, häufig durch Unwahrheiten ausgeschmückt, und das Verstecken und der Verlust der wahren, eigenen Identität wird als negativ betrachtet. Um diesen Wert in der Gesellschaft zu verankern, gibt es ein Punktesystem, welches eine Person für ihre Authentizität belohnt. Handeln, das einem selbst nicht gerecht wird und nicht authentisch ist, wird durch Punkteabzug bestraft. Selbstfindung ist ein wichtiges Thema, technische, Atmosphäre schaffende Inszenierung hingegen verliert an Bedeutung.

Vernetzung zwischen Menschen

- Extremprojektion I: *Codependency*
  Die *Codependency* beschreibt einen gesellschaftlichen Zustand, in dem die Menschen nur noch in Gemeinschaften existieren können. Zum einen, weil niemand mehr allein sein kann und zum anderen, weil dieser Zustand Vorteile und Ansehen im beruflichen sowie im privaten Leben mit sich bringt. Jeder ist und muss mit jedem in seinem Umfeld vernetzt sein, online sowie offline. Wer viele Freunde hat, hat viel Ansehen.
- Trendprojektion: *Global Society*
  Die Menschen sind immer mehr global miteinander vernetzt. Internationale Beziehungen und die Vernetzung, Vermischung und das Verständnis von verschiedenen Kulturen spielen eine immer größere Rolle. Grenzen verschwimmen miteinander. Die Menschen sind ständig auf der Suche nach Gemeinschaft mit Gleichgesinnten und nutzen verschiedenste Tools, um eben diese Gleichgesinnten zu finden.
- Extremprojektion 2: *Stay Local*
  Die Menschen existieren nicht mehr in großen Gemeinschaften. Es wird sich wieder auf kleine, örtliche Gemeinschaften fokussiert. Reisen werden selten unternommen, falls gereist wird, dann in lokale Orte der Region. Die Gesellschaft will sich vom Großen abgrenzen und sich wieder auf die kleinen Dinge im Leben fokussieren.

4.1.3 Szenariobildung

Wie bereits erläutert, bilden die Projektionen die Basis für die Szenariobildung. Eine Projektion allein gibt jedoch noch kein Szenario her, denn es soll ein komplexes Umfeld unter Einfluss von unterschiedlichen Faktoren bzw. Trends dargestellt werden. Daher muss für ein Szenario eine passende Kombination aus unterschiedlichen Zukunftsprojektionen gefunden werden, die Zusammenhänge zwischen ihnen sinnvoll berücksichtigt. . Wichtig hierbei ist, dass die unterschiedlichen Projektionen in dieser Kombination, auch Bündel genannt, sich nicht widersprechen, sondern gegebenenfalls sogar unterstützen. Durch widersprüchliche Projektionen wirkt ein Szenario unglaubwürdig – obwohl ein Szenario nicht immer wahrscheinlich sein muss, müssen selbst bei Extremszenarien Entwicklungen und Projektionskombinationen vorstellbar bleiben.

Schlüsselfaktoren	Projektionen	Transformationsgesellschaft	Live for the Experience	Down to Earth	Avatar-Gesellschaft	Erweiterte Persönlichkeiten und Realitäten	Authentizitätsindex	Codependency	Global Society	Stay Local
Erlebnisorientierung	Transformationsgesellschaft									
	Live for the Experience									
	Down to Earth									
Inszenierung	Avatar-Gesellschaft	5	4	1						
	Erweiterte Persönlichkeiten und Realitäten	4	4	3						
	Authentizitätsindex	3	2	4						
Vernetzung zwischen Menschen	Codependency	4	5	3	5	4	3			
	Global Society	5	5	3	5	4	3			
	Stay Local	2	3	4	1	3	5			

Abbildung 44: Partytourismus Konsistenzmatrix

Quelle: Eigene Darstellung

In Abbildung 44 stellen die Projektionen in grüner Farbe die Extremprojektionen jedes Schlüsselfaktors dar. Die Projektionen in roter Farbe wiederum die Extremprojektionen 2 der drei Schlüsselfaktoren. Die Projektionen in fett stellen folglich die Trendprojektionen dar. Die vergebenen Punkte beruhen auf der Einschätzung der Autoren. Anhand dieser Matrix werden im Anschluss Projektionsbündel gebildet und mit Hilfe dieser die Szenarien entwickelt.

Die Konsistenzanalyse ergibt, basierend auf der obigen Konsistenzmatrix, folgende drei Projektionsbündel, welche für die Szenarioentwicklung ausgewählt wurden (vgl. Tabelle 5):

Tabelle 5: Partytourismus Projektionsbündel

Erlebnis-Orientierung	Inszenierung	Vernetzung zw. Menschen	Konsistenzwert
Transformations-Gesellschaft	Avatar-Gesellschaft	Codependency	14
Live for the Experience	Erweiterte Persönlichkeiten und Realitäten	Global Society	13
Down to Earth	Authentizitätsindex	Stay Local	13

Quelle: Eigene Darstellung

Das Schema, nachdem in der obigen Tabelle die Werte eingetragen wurden, ist wie folgt: Wert 1 beschreibt die Konsistenz zwischen 1. Erlebnisorientierung und 2. Inszenierung. Wert 2 beschreibt die Konsistenz zwischen 1. Erlebnisorientierung und 3. Vernetzung zwischen Menschen und Wert 3 die Konsistenz zwischen 2. Inszenierung und 3. Vernetzung zwischen Menschen.

In der zweiten Zeile befindet sich das Projektionsbündel, welches die Grundlage für Extremszenario I bildet, denn es enthält alle Projektionen, in denen die Trends extrem ansteigen. Basierend auf der Einschätzung der Autoren erhält dieses Projektionsbündel einen Konsistenzwert von 14. Die *Transformationsgesellschaft* und die *Avatar-Gesellschaft* unterstützen sich gegenseitig strak aufgrund der Tatsache, dass sich beide Projektionen mit einer ständigen Weiterentwicklung der eigenen Person und der Gesellschaft beschäftigen. Daher ist es sinnvoll, diese Projektionen in einem Szenario zu vereinen. Zudem begünstigen sich die Projektionen *Transformationsgesellschaft* und *Codependency* teilweise, wenngleich auch nicht so stark. Zusätzlich unterstützen sich jedoch die Projektionen *Avatar-Gesellschaft* und *Codependency* stark. Die *Codependency* ist ein Resultat der *Avatar-Gesellschaft*, welche die Koexistenz mit Avataren und KIs beschreibt.

Die nächste Zeile enthält das Projektionsbündel, welches die Basis für das Trendszenario bildet und die Projektionen der wahrscheinlichen Trendentwicklungen mit einem Konsistenzwert von 13 vereint. Die ausgeprägteste Konsistenz wird in diesem Bündel zwischen *Live for the Experience* und *Global Society* gesehen. *Live for the Experience* beinhaltet den Drang nach immer neuen und besonderen Erfahrungen und Erlebnissen. Die *Global Society* wirkt sich unterstützend auf eben diesen Drang aus. Jedoch begünstigen sich die anderen Projektionen ebenfalls untereinander, wie beispielsweise *Live for the Experience* und *Erweiterte Persönlichkeiten und Realitäten*, da die starke Erlebnisorientierung ein gutes Umfeld für die Entwicklung von unterschiedlichen Persönlichkeiten und Realitäten bietet und neue Möglichkeiten schafft.

In der letzten Zeile befindet sich das Bündel, welches die Basis für Extremszenario II bildet. Dieses Bündel erreicht ebenfalls einen Konsistenzwert von 13, wobei die stärkste Konsistenz zwischen den Projektionen *Authentizitätsindex* und *Stay Local* gesehen wird. Die Orientierung zur Regionalität begünstigt den Fokus auf Authentizität sehr und somit den *Authentizitätsindex*. Ebenfalls lassen sich diese Projektionen gut mit der *Down to Earth*-Mentalität vereinen, in dem eine Rückkehr zu zum Teil alten Werten und auch Traditionen begünstigt wird. So entsteht in diesem Bündel eine in sich schlüssige Basis für die Entwicklung eines Szenarios.

Im Folgenden werden die Projektionsbündel genauer beschrieben, um ein besseres Verständnis zu erhalten, wie die Gesellschaft in solch einer Zukunft funktioniert. Des Weiteren wird deutlich, wie sich die Zusammenhänge zwischen den unterschiedlichen Projektionen äußern. Diese Beschreibung findet im Zuge der Szenarioentwicklung in den nächsten Kapiteln statt.

4.2 Szenario-Transfer

Im Folgenden werden die drei Szenarien, gebildet aus den Projektionsbündeln, erläutert. In jedem Szenario wird die jeweilige Gesellschaft beschrieben, der Charakter der narrativen Geschichte vorgestellt und das entworfene Produkt präsentiert. Zum Abschluss jedes Szenarios folgt das sogenannte Storytelling, indem das Produkt narrativ erlebbar gemacht wird.

4.2.1 Extremszenario I

Das Extremszenario I vereint die drei Projektionen *Transformationsgesellschaft* (Erlebnisorientierung), *Avatar-Gesellschaft* (Inszenierung) und *Codependency* (Vernetzung zwischen Menschen) zu einem Projektionsbündel, welches den Grundstein für das Szenario bildet. Das Szenario beschreibt eine Gesellschaft, in der alle drei Schlüsseltrends - Erlebnisorientierung, Inszenierung und Vernetzung zwischen Menschen - stark ansteigen.

Gesellschaft

In dieser Gesellschaft findet eine ständige Weiterentwicklung der Menschen statt. Diese Weiterentwicklung findet sowohl auf der persönlichen als auch auf der technischen Ebene statt. In einer *Transformationsgesellschaft* wird jedes Erlebnis für die Transformation der eigenen Person genutzt. So geht man zum Beispiel nicht mehr auf Partys mit der Hauptmotivation des Feierns, sondern mit der Motivation sich selbst zu verändern. In der Gesellschaft des Extremszenarios 1 kann es unter Freunden oder im Büro kleine Wettbewerbe geben, um zu messen wer sich über das Wochenende am meisten verändert hat.

Die *Avatar-Gesellschaft* beschreibt die Inszenierung einer völlig neuen, transformierten Identität. In dieser Gesellschaft besitzt jeder seinen eigenen Avatar, den er selbst kreieren kann. Ob Aussehen, Eigenschaften, Funktionen oder Charakterzüge, alles kann selbst ausgewählt werden. Jeder kann mehr als einen Avatar besitzen, um immer den passenden Avatar für die passende Situation zu haben. Ein weiterer Aspekt der *Avatar-Gesellschaft* sind künstliche Intelligenzen (KI). Neben den zuvor beschriebenen Avataren leben die Menschen gemeinsam mit ihrer KI. Diese KI, dessen Aussehen nicht einem Roboter, sondern einem Menschen gleicht, kann von seinem Besitzer ebenfalls frei kreiert werden. Aussehen, Fähigkeiten, Charakterzüge, Abneigungen und Vorzüge können völlig frei gewählt werden. Die Menschen existieren nur noch im Zusammenspiel mit ihren Avataren oder ihrer KI und entwickeln dadurch eine sogenannte *Codependency*. Diese *Codependency* wird nicht nur als Zusammenleben zwischen Menschen und Avataren verstanden, sondern bezieht sich ebenfalls auf das Zusammenleben unter den realen Menschen. In dieser Gesellschaft ist jeder mit jedem vernetzt. Zum einen, weil keiner mehr allein sein kann und zum anderen, weil eine Vielzahl an Freunden (online sowie offline) für hohes Ansehen sorgt und berufliche Vorteile bringt. In dieser Gesellschaft dienen Partys eben dieser Vernetzung. Das Motiv auf Partys ist das Kennenlernen Anderer. Aus verschiedenen kleinen Gruppen, die gemeinsam zu Partys gehen, entsteht am Ende eine einzige Gruppe, in der alle miteinander verbunden und vernetzt sind.

Produkte im Partytourismus in einer solchen Gesellschaft könnten die *Party von Zuhause* oder die *New Identity Party* sein. Die *Party von Zuhause* sieht wie folgt aus: Eine Gruppe von Freunden trifft sich auf einen netten Abend bei einem der Gruppenmitglieder. Jeder der Freunde hat sich für die jeweilige Veranstaltung einen seiner Avatare ausgesucht. Die Gruppe von Freunden bleibt den ganzen Abend oder die ganze Nacht zuhause, während ihre Avatare auf eine Party gehen. Jedes Mitglied der Gruppe setzt sich eine Virtual Reality Brille (VR-Brille) auf und kann so seinen Avatar auf eine beliebige Party schicken, die man sich im Vorfeld ausgesucht hat und für die ein Eintrittspreis gezahlt wurde. Bei dem Aussehen der Location, der Dekoration, der Musik und der Getränke kann der Kreativität freien Lauf gelassen werden. Selbst die Partygäste kann sich jedes Gruppenmitglied, abgesehen von den Avataren der Freunde, mit denen man gemeinsam hingeht, selber auswählen. Der Fantasie sind dabei keine Grenzen gesetzt.

Bei der *New Identity Party* dreht sich alles um die Transformation. Die Veränderung der Person geschieht hierbei, wie bei allen anderen Partys, durch das Kennenlernen neuer Menschen. Man kann selber als Person, als einer seiner Avatare oder gemeinsam mit seiner KI auf die Party gehen, um neue Kontakte zu knüpfen. Auf der Party gibt es eine KI, die als eine Art Hellseher fungiert. Die KI errechnet die Veränderung der Persönlichkeit und zeigt an, durch das Kennenlernen welcher Person man sich am meisten transformieren wird. Je mehr man feiert und je mehr Menschen man kennenlernt, desto stärker bzw. transformierter ist am Ende der Party die "New Identity".

Persona

Paul ist 19 Jahre alt und hat gerade sein Abitur absolviert. In ein paar Monaten wird er eine Ausbildung in der Erlebnisverarbeitung machen. In der zuvor beschriebenen Gesellschaft besitzt jeder einen unter der Haut eingepflanzten Chip, der es ermöglicht Erinnerungen so oft wie gewünscht anzusehen, zu löschen oder zu verändern. Hinter dieser Erlebnisverarbeitung steckt eine gewaltige Technik, der sich Paul durch seine Ausbildung widmen will. Da er sehr technikaffin und ein digital native der dritten Generation ist, liegt ihm dieser Bereich sehr.

In seiner Freizeit geht Paul gerne auf Reisen und liebt es neue Kontakte zu knüpfen. Bei seinen Unternehmungen sind meistens seine Freunde Tim, Hanna und Laura dabei. Gemeinsam mit seinen Freunden hat er auf Partys am meisten Spaß und ist immer bereit etwas Neues auszuprobieren. Paul besitzt bereits viele verschiedene inszenierte Avatare, darunter Extroverted-Paul, Business-Paul und Party-Paul. Zusätzlich zu seinen Avataren besitzt Paul eine KI namens Paula. Paula ist für Paul eine Art Schwester, die er nie hatte. Neben Tim, Hanna und Laura sind seine Avatare und Paula seine ständigen Begleiter. Er ist quasi nie alleine. Paul lebt in einem Vorort von Berlin bei seiner Mutter. Seine Eltern leben getrennt. Das Konzept des Zusammenlebens und der Monogamie, sowie der Ehe wird schon seit einer geraumen Zeit nicht mehr anerkannt. Aufgrund von immer mehr Arbeit und weniger Freizeit in der letzten Generation, bestehen die meisten Familien nur noch aus drei Personen. Da die Eltern immer viel unterwegs waren, waren die Kinder oft einsam und es hat sich der Trend der *Codependency* entwickelt.

Produktinnovation: Party Around the Globe

Die *Party around the Globe* findet an einem ausgewählten Ort statt. Die Partygesellschaft reist als reale Personen, wahlweise zusammen mit ihren KIs, an diesen Ort, der den Breiten- oder Längengrad bestimmt, auf dem die Party gefeiert wird. Die Location ist immer eine große Halle ohne Dekoration. Mit Hilfe von Technik, zum Beispiel Hologrammen, wird die Halle in die Stadt des Party Ortes verwandelt. Die Gestaltung, die Musik, das Entertainment und die Getränke sind an den Party Ort angepasst. Jede Stunde verändert sich der Standort virtuell. Während die Partygesellschaft noch am Ursprungsort ist, ist die Halle virtuell im Stil eines anderen Landes gestaltet. Dabei verändert sich alles, sowohl die Dekoration als auch die Musik, das Entertainment und das Getränkeangebot. Alles ist so originalgetreu, dass die Partygesellschaft das Gefühl hat, sie sei wirklich vor Ort. Das Personal auf der Party wird durch KIs gestellt. Zu jedem Partyland gibt es eine sogenannte Host-KI, welche die Party für eine Stunde leitet und typische Tanz- und Musikstile vorstellt.

Zu der *Party around the Globe* kommen Menschen aus aller Welt. Im Vordergrund steht auch hier wieder das Knüpfen von neuen Kontakten, das Vernetzen mit Anderen und die Transformation der eigenen Person und der eigenen KI. Durch die stündliche virtuelle Veränderung des Standortes reist die Partygesellschaft durch verschiedene Kulturen und Klimazonen. Dieser Umstand ermöglicht es, dass sich die Partygesellschaft besser in andere Kulturen hineinversetzen und einfacher Kontakte zu Menschen aus anderen Ländern und Kulturen knüpfen kann. Gleichzeitig ist die Transformation der eigenen Person unter solchen Umständen erfolgreicher und langanhaltender.

Reisebeschreibung

Paul sitzt mit seinen drei Freunden Tim, Hanna und Laura auf dem Sofa. Die Gruppe hat vor kurzer Zeit gemeinsam ihr Abitur gemacht und verbringt nun viel Zeit zusammen, zwischen Schule und Ausbildung oder Studium. Heute Abend werden sie gemeinsam auf einer *Party von Zuhause* sein. Jeder der vier Freunde hat seinen personifizierten Avatar, der am Abend für sie auf die Party gehen wird. Um sich schon einmal darauf einzustimmen, haben sie sich einige Stunden zuvor getroffen. Die vier Freunde sitzen in Pauls Zimmer und unterhalten sich. Gerade tauschen sie sich über ihre letzten Party-Erfahrungen aus und stellen fest, dass sie mal wieder Lust auf eine Partyreise haben. Um gute Angebote zu finden haben sie ihre KIs mit Informationen gefüttert, um nach passenden Partyreisen zu suchen. Pauls KI Paula stößt dabei auf etwas sehr Interessantes.

Paul: „Hey Leute, Paula hat hier gerade eine supercoole Sache entdeckt! Ihr kennt doch alle den Seeker, oder? Dieses Tool, mit dem man herausfinden kann, welche Partyreise am besten zu einem passt."

Die drei Freunde stimmen zu.

Paul: „Seit neustem braucht man sich bloß den Seeker, der die Gehirnströme misst, bestellen und schon kann man das Ganze von zuhause aus mit seinem Avatar machen."

Hanna: „Wow, das ist ja mega cool! Das müssen wir unbedingt ausprobieren."

Tim und Laura stimmen ebenfalls zu.

Paul: „Alles klar, dann soll sich Paula direkt darum kümmern, dann können wir es morgen schon ausprobieren."

Am nächsten Tag treffen sich die Freunde erneut. Während sie in Pauls Zimmer sitzen und sich ihre Erinnerungen von der gestrigen *Party von Zuhause* ansehen, kommt Pauls KI Paula mit dem Seeker (Le Club AccorHotels, 2018) herein. Durch das Transportmittel Hyperloop, konnte der Seeker von einem Tag auf den anderen bei Paul ankommen (Gunreben, 2016). Die Vier schauen sich das Gerät genau an und sind gespannt, wie es anhand der Herzfrequenz, der Hautreaktionen und der Gehirnaktivität herausfinden kann, was sie wirklich für eine Partyreise machen wollen. Die Vier setzen nacheinander den Seeker auf und entschwinden mit Hilfe ihres Avatars in eine inszenierte Welt voller Reize und Impulse. Durch den Seeker werden verschieden Landschaften, Gerüche und Töne inszeniert, die in jedem der Vier andere Gefühle und Reaktionen hervorrufen. Nach einiger Zeit haben alle vier den Seeker ausprobiert. Das Resultat ist eine Partyreise mit dem Titel *Party around the Globe*, bei der man auf einem bestimmten Längen- oder Breitengrad feiert und dabei virtuell jede Stunde an einen neuen Ort gebracht wird. Da *Partys von Zuhause* mittlerweile jedes Wochenende stattfinden, haben die Vier mal wieder Lust eine richtige Reise zu unternehmen und etwas Besonderes zu erleben.

Paul: „Das klingt doch richtig cool!"

Laura: „Finde ich auch. Also, das Ganze findet in Tiflis in Georgien statt, richtig?"

Tim: „Genau! Wann soll es denn losgehen? Passt euch Ende Juli? Da haben wir alle noch frei."

Hanna, Laura und Paul sind einverstanden.

Paul: „Hier steht, dass man seine KI damit beauftragen kann die Tickets zu organisieren. Sobald sie die Tickets haben, dienen unsere KIs als Ticket für die Party."

Alle vier legen los und schicken einen Auftrag an ihre KIs.

Es ist Ende Juli und die vier Freunde begeben sich auf ihre Reise nach Tiflis. Sie treffen sich bei Paul, um von dort zusammen den Hyperloop zu benutzen. Gemeinsam mit ihren persönlichen KIs fahren sie los. Während ihrer Fahrt im Hyperloop lesen sie sich noch einmal die Beschreibung durch, die sie gemeinsam mit ihren Tickets erhalten haben.

Hanna: „Das sieht so cool aus, ich freue mich schon richtig!"

Laura: „Und ich mich erst! Paul, was passiert eigentlich, sobald wir angekommen sind?"

Paul: „Als erstes geht es ins Hotel. Dort können wir uns und unsere KIs für die Party bereit machen. Und dann fahren wir per Hyperloop weiter zum Bergkloster Dschwari. Ab da lassen wir uns dann überraschen."

Tim: „Das wird sicher eine ganz neue Erfahrung und eine tolle Gelegenheit, um uns zu Vernetzen und weiterzuentwickeln!"

Laura: „Das denke ich auch!"

Nach etwa 30 Minuten sind die vier an der Hyperloop Station ihres Hotels angekommen. Im Hotel machen sich die vier etwas frisch und genießen das besondere Hotelzimmer für einen Augenblick. Das Hotel liegt auf einem Hang und bietet eine wunderbare Aussicht auf die Stadt Tiflis. Mit einer Fernbedienung kann die Aussicht verändert werden. Die Fensterscheiben des Zimmers dienen gleichzeitig als Displays, auf denen Videos von vorangegangenen *Partys around the Globe* angesehen werden können. Die vier bekommen einen kleinen Vorgeschmack und stimmen sich beim Tanzen ein bisschen ein.

Nachdem sich die Freunde ein paar Videos angesehen und ihre KIs auf die heutige Party vorbereitet haben, geht es los zum Bergkloster Dschwari. Vor Ort ankommen, werden sie mit ihren KIs in den großen Saal des Klosters geführt. Die Party hat bereits begonnen. Aus der großen, „nackten" Halle ist ein buntes Wunderland geworden. Alles sieht aus wie die Stadt Tiflis. Mit Hilfe von Hologrammen ist eine gigantische Atmosphäre geschaffen worden. Typische georgische Musik wird gespielt und die Host-KIs zeigen traditionell georgische Tänze. Es laufen Kellner-KIs herum, die den Vieren direkt landestypische Getränke anbieten. Tim und Anna entscheiden sich für einen georgischen Schnaps namens Tschatscha und Laura und Paul probieren den georgischen Wein. Nachdem sich die vier etwas akklimatisiert haben, gehen sie hinüber zum Buffet. Laura probiert die georgischen Teigtaschen Khinkali, Tim testet das Khachapuri, ein gebackenes Brot mit viel Käse und einem Spiegelei, Anna entscheidet sich für eines der national Gerichte Georgiens, Mzwadi, eine Art Schaschlik und Paul kostet den Hähncheneintopf Tschachochbili (Duchstein, o. J.).

Die jungen Erwachsenen finden schnell Anschluss und vernetzten sich mit Menschen und KIs aus der ganzen Welt. Auch die KIs von Paul, Tim, Hanna und Anna tauchen in die globale Welt ein und transformieren sich. Nach einer Stunde gibt es einen lauten Knall, alle sind still und lauschen dem Countdown, der herunterzählt. Die ganze Partygesellschaft macht mit. „Zehn, neun, acht, sieben, sechs, fünf, vier, drei, zwei, eins!" Von einem Moment auf den anderen befindet sich die Partygesellschaft nicht mehr virtuell mitten in Tiflis, sondern auf einem Markt in der Türkei. Plötzlich wechseln auch die Host-KI, die Musik, die Gestaltung der Halle, das Getränkeangebot und das Buffet. Hanna und Anna schlendern über den Markt und schauen sich alles genau an. Tim und Paul wollen unbedingt die typischen türkischen Tänze erlernen.

So setzt sich die Party fort. Jede Stunde eine völlig neue Location, Gestaltung, Musik, Getränke, Buffet und Host-KIs. Auf diese Art reisen die Vier mit ihren KIs auf der *Party around the Globe* durch die verschiedensten Klimazonen und Kulturen entlang des 44ten Längengrad Ost (laengengrad-breitengrad, 2019). Dass sie dabei nicht wirklich vor Ort sind, spielt dabei gar keine Rolle, da alles so originalgetreu nachgestellt ist. Die Party geht bis in die frühen Morgenstunden und bringt die vier entlang des Längengrades außerdem in den Irak, nach Saudi-Arabien, in den Jemen, nach Äthiopien, Somalia, Madagaskar und zu guter Letzt nach Russland.

Nach mehreren Stunden Party kehren die vier per Hyperloop zurück zum Hotel. Voller Erlebnisse, neuer Erfahrungen und Fähigkeiten fallen sie müde in ihre Betten. Nicht bloß, weil sie den ganzen Abend getanzt haben, sondern auch, weil sie viele neue Kontakte knüpfen konnten und eine Transformation ihrer Persönlichkeit durchlebt haben. Am nächsten Morgen geht es für sie schon wieder zurück. Per Hyperloop kommen sie bei Pauls Zuhause an. Noch etwas müde und kaputt setzen sich die vier gemeinsam mit ihren KIs vor den Bildschirm und schauen sich ihre Erinnerungen von letzter Nacht an. Zusammen erleben sie die gesamte Nacht noch einmal. Jeder zeigt den anderen, was er erlebt hat und wen er kennengelernt hat. Einige Momente, die durch den ganzen Trubel untergegangen waren, können so doch noch erlebt werden und in die transformierten Identitäten aufgenommen werden.

4.2.2 Trendszenario

In dem Trendszenario kommen die Projektionen *Live for the Experience* (Erlebnisorientierung), *Erweiterte Persönlichkeiten und Realitäten* (Inszenierung) und *Global Society* (Vernetzung zwischen Menschen) zusammen. Es entsteht somit eine Welt, in der die heutige Erlebnisorientierung der Menschen weit in den Alltag vorgedrungen ist und durch technische Inszenierungen unterstützt wird. Selbstinszenierung der Personen findet online und offline statt und die Welt ist stark global vernetzt.

Gesellschaft

In dem Trendszenario kommen die Projektionen *Live for the Experience* (Erlebnisorientierung), *Erweiterte Persönlichkeiten und Realitäten* (Inszenierung) und *Global Society* (Vernetzung zwischen Menschen) zusammen. In dieser Gesellschaft werden Scheinrealitäten geschaffen, die es den Menschen ermöglichen, aus ihrer "echten" Realität zu fliehen und eine andere Identität anzunehmen. Der gesamte Alltag ist darauf ausgerichtet, dass die Menschen etwas Besonderes erleben. Dabei sind alle Angebote genau auf bestimmte Zielgruppen zugeschnitten und allen Aktivitäten werden thematische Bedeutungen zugeschrieben. Beim Einkaufen werden die verschiedenen Abteilungen, wie die Lebensmittelabteilung oder die Kosmetikabteilung verschieden inszeniert und dargestellt. Bekleidungsläden sind auch mit Bedeutungen aufgeladen, die der Positionierung des Geschäfts entsprechen. Menschen in dieser Gesellschaft gehen am liebsten in die Läden, mit denen sie sich identifizieren können und in denen sie beim Einkauf etwas Besonderes erleben können. In öffentlichen Verkehrsmitteln können die Gäste mit AR-Brillen (Augmented Reality) ein Entertainmentprogramm wahrnehmen oder im Internet surfen.

Durch dieses Ausmaß an Angeboten können die Menschen in dieser Gesellschaft sich selbst inszenieren und verschiedene Identitäten entwickeln, wie beispielsweise eine Arbeitsidentität, mehrere Freizeitidentitäten je nach Freundeskreis, eine Familienidentität und eine Partyidentität. Außerdem entwickeln Menschen offline und online Identitäten. Die offline und online Welten verbinden sich immer mehr und verschwimmen miteinander. Technisch wird diese Entwicklung durch Augmented und Virtual Reality unterstützt. Dadurch entstehen neben der "echten" Realität weitere Welten, in die die Menschen eintauchen können und in denen sie sich verwirklichen können.

Durch globale Vernetzung kommt es in diesem Szenario vermehrt zu internationalen Beziehungen und der Vermischung von Kulturen. Internationale

Beziehungen bestehen sowohl auf der zwischenmenschlichen, auf politischer und auf wirtschaftlicher Ebene. In der offline Welt verschwimmen Grenzen zwischen Ländern und spielen für die Menschen in ihrem privaten Leben keine Rolle mehr. In der online Welt sind Ländergrenzen nicht mehr vorhanden und haben gar keine Bedeutung. Auch hier wird die Existenz von verschiedenen Realitäten deutlich. In dieser Gesellschaft existieren noch verschiedene Sprachen, aber die globale Sprache Englisch wird von allen Menschen verstanden und gesprochen. Kommunikation findet fast ausschließlich in Englisch statt, da privat und beruflich oftmals Menschen aus verschiedenen Kulturen zusammentreffen.

Nach der Europa-Krise um die 2020er Jahre, entsteht eine Jugendentwicklung, die sich für ein einheitliches Europa einsetzt. Die Bewegung ist so stark, dass es in diesem Szenario zwar noch einzelne Länder gibt, die Menschen sich aber als Europäer und Europäerinnen beschreiben. Die Ländergrenzen sollen zwar bestehen bleiben, allerdings nur zu dem Zweck die Sprachen und die einzelnen Kulturen zu bewahren. Wirtschaftlich wird Europa als ein Land angesehen. Politisch existiert ein dezentral geführtes System. Durch die EU wird ein Gesetz für alle Länder Europas verabschiedet. Allerdings gibt es weiterhin festgelegte Bereiche, die durch die einzelnen Länder geregelt sind.

Partys werden in dieser Gesellschaft exzessiv gefeiert. Das Besuchen bestimmter Partys gilt der Selbstdarstellung und Inszenierung der eigenen Person. Außerdem werden Partys durch technische Inszenierungen und der Bedeutungsaufladung zu besonderen Erlebnissen. Menschen gehen in dieser Gesellschaft feiern, um etwas Besonderes zu erleben, sich von anderen Menschen abgrenzen zu können, die Rolle zu wechseln, in andere Realitäten zu wechseln und internationale Kontakte zu knüpfen. Alle Angebote sind genau auf bestimmte Zielgruppen zugeschrieben.

Eine Partyreise schafft eine Möglichkeit der besonderen Selbstinszenierung für die Menschen in dieser Gesellschaft, da sie immer zu einem bestimmten Thema stattfindet. Die Reise ist in Form des End-to-End Tourismus gestaltet, der Gast muss sich also nicht um den Transfer kümmern, da alles für ihn durchgeplant ist. Die Party beginnt bereits auf dem Transfer, welcher Entertainment- und Mitmachprogramme für die Gäste bereithält. Durch die Abnahme der Bedeutung von Grenzen, können Reisen ohne große Probleme in alle Länder der Welt unternommen werden. Allerdings ist das gar nicht mehr unbedingt nötig, da Destinationen auch durch technische Inszenierungen an anderen Orten erstellt werden können.

Eine typische Party in dieser Gesellschaft ist die *Silent Reality Party*. Dies ist eine Party, bei der die Gäste Kopfhörer und eine AR-Brille tragen. Sie können die Musik nach ihrem Musikgeschmack auswählen und auch die Umgebung für sich selbst einstellen. Bei dieser Party verschwimmen die online und offline Welt miteinander. Es gibt verschiedene Kanäle, auf denen sie miteinander kommunizieren können, damit sie dafür nicht extra die Kopfhörer abnehmen müssen. Die Musik wird dann etwas leiser gestellt und die Stimmen dafür lauter. Dadurch können die Partys sehr individuell gestaltet werden und Menschen mit verschiedenen Geschmäckern können auf einer Party feiern und dabei ihre eigenen Interessen verfolgen. Partys werden von Musikstilen, Tanzstilen und Atmosphären der ganzen Welt beeinflusst.

Ein weiteres Partyprodukt in dieser Gesellschaft ist der *Identity Park*. Dieser Park ist eine Partydestination, die dem Aufbau eines Freizeitparks ähnelt. Gäste können dort ein Hotelzimmer buchen und für mehrere Tage den *Identity Park* besuchen. In dem Park gibt es mehrere Bereiche mit verschiedenen Themen. Die Themen können abends von den Gästen über eine App gewählt werden. Über Nacht wird der Bereich durch technische Inszenierung zur Realität. In den einzelnen Bereichen finden Kostümpartys mit täglich wechselnden Themen statt. Die Kostüme können ebenfalls am Abend zuvor in einer App erstellt und über Nacht von einem 3D-Drucker für die Gäste hergestellt werden. Das Ziel ist, dass die Gäste in dem *Identity Park* in verschiedene Rollen schlüpfen und in unbekannte Welten eintauchen können. Neben der Unterhaltung sind dabei das Eintauchen in andere Kulturen und der dadurch entstandene Austausch und Wissenszuwachs von großer Bedeutung.

Persona

Lisa ist 25 Jahre alt, kommt aus Nordeuropa und ist Single, da es ihr schwerfällt, sich an andere Menschen zu binden. Sie arbeitet seit zwei Jahren als Erlebnisfachfrau in einem Lebensmittelgeschäft. Dort ist sie für die Inszenierung des Obsts zuständig. Momentan bearbeitet sie ein Projekt, bei dem es möglich ist, dass Kunden das Gefühl haben, sie wären nicht in einem Supermarkt, sondern in der Natur. Aus beruflichen Gründen ist sie oft auf Reisen in der ganzen Welt, um sich Inspiration für die Inszenierung in ihren Läden zu suchen. Auch privat interessiert sie sich sehr für Ernährung, weshalb sie einen Foodblog betreibt. Dort postet sie Gerichte aus allen Ländern, die sie bereist hat und schreibt Ernährungstipps für ihre Follower.

Lisa ist in einer weltoffenen Familie groß geworden. Ihre Eltern wollten immer, dass sie und ihr Bruder an Schüleraustauschen in anderen Ländern teilnehmen. Dadurch hat sich bereits in frühen Jahren ihr Interesse für andere Kulturen entwickelt. Sie hat dadurch gelernt, mehrere Sprachen zu sprechen und sich schnell an neue Situationen anzupassen. Ihre Eltern haben sich getrennt als sie 15 Jahre alt war. Deshalb hat sie ein sehr enges Verhältnis zu ihrem Bruder, der seit drei Jahren in Kanada lebt.

Mei ist 26 Jahre alt und kommt aus Thailand. Sie ist seit einem Jahr mit einem Europäer zusammen, den sie während ihrer Arbeit in einem Büro für internationale Beziehungen kennengelernt hat. Das Büro für internationale Beziehungen ist eine globale Beratungsagentur für Unternehmen, die Mitarbeiter aus unterschiedlichen Nationen beschäftigen. Mei gibt Workshops für diese Unternehmen, bei denen die Manager lernen, welche wichtigen Werte und Normen es in anderen Kulturen gibt und wie eine positive Vermischung der Kulturen am Arbeitsplatz gesteuert werden kann. Ihr Freund war ein Besucher ihres Workshops vor etwas über einem Jahr. Nun überlegen sie, bald zusammen in eine gemeinsame Wohnung in einer größeren Stadt zu ziehen. Während ihres Studiums in Europa hat Mei Lisa kennengelernt. Nach ihrem Studium ist sie in Europa geblieben, da sie dort viele sehr gute Freunde gefunden hatte.

Ihre Eltern sind bereits in Rente und sind auf einer Weltreise. Es ist ein fester Bestandteil ihres Tages, dass sie mit ihren Eltern videochattet, die dann meistens an einer besonderen Sehenswürdigkeit stehen und ihr diese zeigen möchten. Mei liebt es, sich selbst zu inszenieren und hat sich verschiedene thematische Profile auf Social-Media-Kanälen zugelegt. Sie hat ein Profil für die Arbeit, eins für ihre Eltern, ein Alltagsprofil, ein Partyprofil und ein Urlaubsprofil. Am Wochenende geht sie gerne zu Ausstellungen von Experience Art. Das ist eine neue Kunstform, bei der der Zuschauer Teil des Kunstwerks werden kann. Viele Künstler stellen ihre Kunstwerke erst vor Ort fertig und lassen sich dabei von den Besuchern inspirieren und diese auch an den Kunstwerken mitwirken. Außerdem hört sie gerne Global Music.

Valeria ist 26, kommt aus Mexiko und ist Single. Sie hat während ihres Studiums ein Praktikum in Europa gemacht und bis zum Ende Kontakt zu Lisa und Mei gehalten, die sie auf einer *Silent Reality Party* kennengelernt hat. Ihr war schon früh klar, dass sie Mexiko verlassen wird. Das liegt auch daran, dass ihre Großväter an der Mauer zwischen Mexiko und den USA mitgebaut haben, die heutzutage als nutzlos angesehen wird. Aus diesem Grund wurde sie schon früh von ihren Großeltern gedrängt in die Welt hinauszugehen und etwas Besonderes und Sinnvolles mit ihrem Leben zu machen. Sie hat dadurch gelernt, dass das Leben zu kurz dafür ist, Dinge zu tun, von denen sie nicht überzeugt ist und stattdessen lieber nach dem „Du lebst nur einmal"-Motto zu leben.

Nach ihrem Studium ist sie deshalb nach Europa gezogen, wo sie jetzt als Mediengestalterin für den ÖPNV arbeitet. In öffentlichen Verkehrsmitteln gibt es ein Entertainmentprogramm für die Fahrgäste, auf welches diese mit ihrer eigenen AR-Brille zugreifen können. So kann auf verschiedene Social-Media-Kanäle oder online Bücher zugegriffen werden, es können Sportprogramme geschaut oder Nachrichten verfolgt werden. Valeria ist hierbei für die technische Umsetzung zuständig. Privat geht sie gerne in Adventure Studios, das sind Sportstudios, bei denen die Menschen VR-Brillen aufsetzen können und damit in eine andere Welt eintauchen können, in der der Sport zu einem Abenteuer wird.

Produktinnovation: World Wide Party Cruise

Der Reiseveranstalter *Choose your Cruise* bietet verschiedene Themenkreuzfahrten an. Das Konzept des Reiseveranstalters ist, dass verschiedene Partydestinationen auf Kreuzfahrtschiffen originalgetreu inszeniert werden. Die Inszenierung findet dabei einerseits durch Augmented Reality statt und wird andererseits durch echte Materialien gestützt. So entsteht eine Welt, die sich kaum von der Realität unterscheiden lässt. Auch das Klima einer Destination wird technisch originalgetreu erzeugt. So kann *Choose your Cruise* damit werben, dass sie das originale Klima bieten und dabei gutes Wetter garantieren. Es gibt verschiedene Größen der Themenkreuzfahrtschiffe bei *Choose your Cruise*. Zum einen gibt es kleine Schiffe, die nur eine Partydestination verkörpern. So gibt es zum Beispiel die *Mallorca-Ballermann Cruise*, bei der auf dem Schiff auch der Megapark und der Ballermann zu finden sind, oder die *Après-Ski Cruise*, bei der das Klima und der Ausblick auf die Piste aus den kleinen Holzhütten originalgetreu inszeniert sind. Neben den kleinen Schiffen gibt es aber auch große Kreuzfahrtschiffe, die zu Themenwelten umgebaut werden. Hier gibt es beispielsweise die *Europe Party Cities Cruise*, die *Asian Party Cruise*, die *Beachparty Cruise* oder die *World Wide Party Cruise*. Auf der Kreuzfahrt gibt es keine Landgänge, an denen die Gäste von Bord gehen können, sondern das Schiff wird selbst zur Destination der Reise. Es werden lediglich Stopps gemacht, um neue Gäste aufzunehmen und Gäste am Ende ihrer Reise von Bord zu lassen.

Abbildung 45: Partytourismus Choose your Cruise Logo
Quelle: Eigene Darstellung

Die *World Wide Party Cruise* ist eine Themenkreuzfahrt, bei der auf jedem Deck des Schiffs eine andere weltweit bekannte Partydestination oder ein Partyevent inszeniert wird. Es kann auf dem Schiff zwischen acht Destinationen und Events gewählt werden. Diese sind der Springbreak in Mexiko, die Full Moon Party in Thailand, der Karneval in Rio de Janeiro, der Mallorca-Ballermann, das Tomorrowland in Belgien, Las Vegas, das Coachella Valley Festival in Kalifornien und der St. Patricks Day in Dublin.

Abbildung 46: Partytourismus Trend Werbeanzeige

Quelle: Eigene Darstellung

Bei der Buchung einer *World Wide Party Cruise*, buchen die Kunden eine Pauschalreise, welche als End-to-End Reise aufgebaut ist, sodass sie sich um nichts mehr kümmern müssen. Das Schiff legt in Hamburg ab. Um dorthin zu gelangen, werden die Gäste in Autos zu Sammelstationen gebracht, von wo aus sie in den *Cruise Train* steigen können. Zur Unterbringung werden die unteren Decks des Schiffes genutzt, da der Ausblick der Kabinen ohnehin technisch eingestellt werden kann, genau wie das Klima, das Licht und die Farbe in der Kabine. Außerdem kann durch ein Touchpad an der Wand Musik eingeschaltet werden.

Auf den einzelnen Decks kommen das Personal, die Lebensmittel und Getränke aus den Ländern, aus denen die Partys ursprünglich stammen. Außerdem gibt es Angebote zum Kennenlernen der Partykulturen. Die Gäste können somit ihrer Entdeckungslust freien Lauf lassen und dabei etwas über andere Kulturen lernen. Fotografen halten die schönsten Momente der Gäste fest und laden die Fotos abends in individuelle Clouds der Gäste hoch. Um die spektakuläre Partyreise für immer in Erinnerung zu behalten, können die Gäste sich im Anschluss ein digitales Foto- und Videoalbum bestellen.

Somit stellt die *World Wide Party Cruise* eine rundum erlebnisorientierte Reise dar, bei dem jeder Bestandteil der Reise ein besonderes Erlebnis beinhaltet. Es werden erweiterte Realitäten durch technische Inszenierung erstellt, zusätzlich sind diese Realitäten mit Bedeutungen aufgeladen. Angebote auf den einzelnen Decks steuern zu der Vermischung und dem Verständnis von Kulturen bei. Außerdem bietet die Kreuzfahrt eine Plattform zur Vernetzung mit Menschen aus der ganzen Welt. Die Teilnahme an der Kreuzfahrt bietet den Gästen die Grundlage für ihr Identitätsmanagement und die Selbstdarstellung, sowohl online als auch offline.

Reisebeschreibung

Lisa ist nach einem stressigen Arbeitstag auf dem Weg nach Hause in der Straßenbahn. Wie alle anderen Fahrgäste hat sie ihre AR-Brille auf und genießt das Entertainment Programm des ÖPNV. Da sie dringend eine Auszeit braucht, ist sie auf der Suche nach einem Urlaubsangebot und lässt sich verschiedene Reisen von ihren Lieblings-Influencern anzeigen. Plötzlich wird sie per Videochat angerufen. Es ist ihre Freundin Mei aus Thailand. Lisa nimmt den Anruf an: „Hi Mei, wie geht's dir?"

Mei: „Mir geht's gut und dir? Was machst du gerade?"

Lisa: „Ich bin in der Straßenbahn. Sag mal, wollen wir diesen Sommer zusammen einen Partyurlaub machen? Ich muss echt mal aus meinem Leben raus und die Rolle wechseln. Ich habe Lust mal wieder etwas Besonderes zu erleben."

Mei: „Das ist eine spitzen Idee, auf meinem Partyprofil muss ich auch mal wieder etwas hochladen. Woran hast du gedacht?"

Lisa: „Mir wurde gerade ein cooles Angebot vorgeschlagen. Hast du schon von dem *Identity Park* gehört? Das ist wie eine riesige Kostümparty. Es gibt dort verschiedene thematische Bereiche, bei denen man abends wählen kann, in welche Welt die Bereiche über Nacht inszeniert werden. Mit diesem neuen Fashion Printer kann man sich dann sein Kostüm für den nächsten Tag ausdrucken lassen."

Mei: „Das hört sich nach einem tollen Identitätswechsel an! Oh, guck mal, Valeria ruft auch an, ich hole sie mit in die Leitung."

Valeria: „Hey ihr, ich habe gerade auf Meis Urlaubsprofil gesehen, dass ihr nach einem Partyurlaub sucht. Kann ich mitkommen? Mir wurde letztens beim Sport ein großartiges Angebot vorgeschlagen: Die *World Wide Party Cruise* von *Choose your Cruise*. Das ist eine Kreuzfahrt, bei der auf den verschiedenen Decks die größten und bekanntesten Party Events und Partydestinationen der Welt inszeniert werden. Es ist, als ob man wirklich vor Ort wäre, also eine zweite Realität. Sogar das Klima ist genauso, wie in dem echten Zielgebiet."

Lisa: „Das heißt, man geht dann gar nicht von Bord, sondern bleibt die gesamte Reise auf dem Schiff?"

Valeria: „Ja genau, man muss gar nicht runter vom Schiff, weil es dort sowieso alles gibt. Das ist dann ja unser Ziel. Wir können uns dann zwischen acht Partys entscheiden, auf die wir gehen können. Auf diesem Schiff gibt es sogar die Full Moon Party aus Thailand, den Ballermann und den Springbreak in Mexiko. Dann können wir uns endlich unsere Lieblingspartys unserer Länder zeigen. Was sagt ihr?"

Lisa und Mei sind begeistert. Die drei Freundinnen entscheiden sich, die Reise gemeinsam zu buchen. Dafür gehen sie auf die Instagram Seite von *Choose your Cruise* und fordern die Beratung per Videochat an. Nun wird ihnen zusätzlich eine Beraterin von *Choose your Cruise* eingeblendet. Sie berät die Frauen und zeigt ihnen Impressionen von den verschiedenen Realitäten auf dem Schiff. Die Buchung läuft über Instagram ab. Dort können die drei auch direkt bezahlen.

Am Tag der Abreise werden Lisa, Mei und Valeria direkt von zu Hause in einem Uber abgeholt. Im Uber gibt es Holoride-Brillen, die eine Vermischung der wahren Welt mit virtueller Realität ermöglichen. Lisa wählt eine Safari Reise aus, dabei kann sie entspannen und die Tiere Afrikas direkt neben sich beobachten. Mei wählt die Freaky Reality. Dort reitet sie auf einem Pferd mit Flügeln durch eine bunte Welt mit vielen Kuriositäten, die es in der echten Welt nicht gibt. Die sportliche Valeria wählt ein Action Game, bei dem sie durch einen Wald rennt, klettert und kriecht, um ihre Verfolger abzuschütteln und als Erste an das Ziel zu gelangen. Als die drei an der Sammelstation ankommen, berichten sie sich begeistert von ihren Erlebnissen auf ihrer Reise.

An der Sammelstation treffen mehrere Gäste zusammen, um dort in den *Cruise Train* zu steigen, der die Gäste direkt zum Kreuzfahrtschiff befördert. Der *Cruise Train* bringt die Gäste aus Nordeuropa bis nach Hamburg, wo das Kreuzschiff anlegt. In dem Zug gibt es die Möglichkeit, eine *Silent Reality Party* zu besuchen. Jeder Gast bekommt einen Kopfhörer und setzt seine AR-Brille auf. Dann können die Musik und die Partyumgebung individuell ausgesucht werden. Lisa, Mei und Valeria kommunizieren nebenbei auf Kanal 57 miteinander.

Lisa: „Was hört ihr gerade und welche Umgebung habt ihr eingestellt? Ich habe Lust mit euch zusammen zu feiern."

Mei: „Ich höre Global Music und bin am Strand."

Valeria und Lisa stellen ihre Kopfhörer und Brillen so ein, dass sie zusammen mit Mei feiern können.

Auf dem Kreuzfahrtschiff angekommen, beziehen die Mädchen ihre Kabine. Auch hier können sie wählen, wie der Ausblick aus ihrem Fenster sein soll, welches Licht scheint und in welcher Klimazone sie sein möchten. Sie stellen die Aussicht auf das Meer ein, wählen ein mildes Klima und ein gelbliches Licht. Nach dem ersten Reisetag sind die Freundinnen so müde, dass sie erst einmal schlafen gehen.

Am nächsten Morgen entscheiden Lisa, Mei und Valeria sich dafür, dass sie ihren ersten Tag in Cancún, auf einer Springbreak Party, verbringen werden. Sie steigen in den Fahrstuhl und drücken auf die Taste „Springbreak – Mexico". Als die Türen sich öffnen, kommt ihnen heiße schwüle Luft entgegen. Es läuft Reggaeton Musik und Palmen stehen an den Gängen. Sie werden von einem mexikanischen Kellner an einen Tisch geführt, um dort zu frühstücken.

Mei: „Valeria, was ist denn dein mexikanisches Lieblingsessen zum Frühstück?"

Valeria: „Ich würde euch auf jeden Fall Chilaquiles empfehlen!"

Auf jedem Tisch liegt ein Tablet, auf dem die Gäste ihren Essens- und Getränkewunsch angeben können, um zu bestellen. Nach dem mexikanischen Frühstück ziehen die Freundinnen los in einen der angesagten Beach Clubs. Dort gibt es einen Strandabschnitt, einen Pool, mehrere Bars und eine große Tanzfläche.

Lisa ist begeistert: „Schaut mal auf das Meer, es sieht so schön blau und türkis aus, ich möchte am liebsten sofort hineinspringen! Und es reicht bis zum Horizont!"

Valeria: „Das haben sie bestimmt mit Augmented Reality hergestellt, da gibt es solche Möglichkeiten."

Mei: „Ja stimmt! Aber der Sand am Strand ist echt, den fühlt man an den Füßen, das ist wirklich eine tolle Mischung aus erweiterter und echter Realität."

Nachdem die Mädchen etwas Zeit am Strand verbracht haben, laden sie sich eine App herunter, auf der sie sich für verschiedene Angebote anmelden können. Heute möchten sie einen Tanzkurs machen und bei einem mexikanischen Mitarbeiter des Schiffs Salsa tanzen lernen. Zu der geplanten Uhrzeit blinkt ihr Handy auf und zeigt ihnen den Weg zum Treffpunkt an. Bei dem Tanzkurs lernen Lisa, Mei und Valeria eine Gruppe von Gästen aus nordafrikanischen Ländern kennen. Für den nächsten Tag verabreden sie sich, um ihnen die Full Moon Party in Thailand zu zeigen.

Nach dem ersten Tag auf dem Schiff fallen die Freundinnen müde ins Bett und freuen sich schon auf die nächsten Tage in Thailand, auf Mallorca und in einer anderen Destination, die sie sich noch aussuchen werden.

Lisa, Mei und Valeria sind seit zwei Tagen wieder zu Hause. Ihren Partyurlaub haben sie für vier Tage an verschiedenen Orten der Welt verbracht und dabei mit Menschen aus allen Teilen der Welt gefeiert. Ihre Freundeslisten auf verschiedenen Social-Media-Kanälen haben sich deutlich vergrößert. Während der Reise wurden Fotos und Videos von *Choose your Cruise* gemacht, die für die Gäste jeden Abend auf eine individuelle Cloud geladen wurden. Diese Fotos und Videos haben die drei Mädchen natürlich sofort heruntergeladen. Lisa veröffentlicht auf ihrem Foodblog das Essen aus unterschiedlichen Ländern, welches sie auf dem Schiff probieren konnte. Sie ist schon dabei, ihre Reise nach Mexiko zu planen, um sich die echte Umgebung dort anzuschauen und diese in die Inszenierung ihrer Lebensmittelgeschäfte mit aufzunehmen. Mei veröffentlicht einige der Fotos und Videos auf ihrem Party- und Urlaubsprofil und schickt diese natürlich auch an ihre Eltern. Mit ihrem Freund plant sie eine weitere Themenkreuzfahrt von *Choose your Cruise* zu buchen, um noch mehr Destinationen kennenzulernen. Valeria veröffentlicht ebenfalls die besten Fotos und Videos. Sie freut sich, ihrer Heimat mal wieder so nah gewesen zu sein. *Choose your Cruise* hat ihnen außerdem eine Videochat Nachricht geschickt mit der Information über ein digitales Foto- und Videoalbum, welches sie sich aus den aufgenommenen Bildern und Videos erstellen können. Alle drei bestellen sich das Album, um eine Erinnerung an den phänomenalen Partyurlaub zu haben.

4.2.3 Extremszenario II

Im Extremszenario II werden die Projektionen *Down to Earth* (Erlebnisorientierung), *Authentizitätsindex* (Inszenierung) und *Stay Local* (Vernetzung zwischen Menschen) zu einem Projektionsbündel vereint, welches die Basis für das Szenario bildet. Die Gesellschaft in diesem Szenario basiert auf der Annahme, dass die drei Schlüsseltrends - Erlebnisorientierung, Inszenierung und Vernetzung zwischen Menschen - stark absinken und so die oben genannten Projektionen die neuen Werte in dieser Gesellschaft bestimmen. Wie auch in den vorangegangenen zwei Szenarien wird im Folgenden ebendiese Gesellschaft und in ihr lebende Charaktere näher beschrieben, sowie ein Produkt vorgestellt, welches im Anschluss durch narratives Storytelling erlebbar gemacht wird.

Gesellschaft

Durch einen Rückgang der Erlebnisorientierung der Gesellschaft entsteht der Trend *Down to Earth*, die Gesellschaft ist sozusagen erwachsen geworden und Freizeit und Spaß verlieren an Bedeutung. Die Gesellschaft kehrt zurück zu alten Werten, Arbeit ist der wichtigste Bestandteil des Lebens, auf besondere Erlebnisse und übertriebene Inszenierung wird kein Wert mehr gelegt, die Menschen sind bodenständig statt abgehoben. Gepaart mit der Abstoßung der Inszenierung wird ein Punktesystem entwickelt, das die Gesellschaft für Authentizität belohnt und für Unehrlichkeit und Selbstinszenierung bestraft, denn Seriosität und Authentizität sind das oberste Maß. Im Zuge dessen spielt Selbstfindung ebenfalls eine große Rolle. Die Authentizität einer jeden Person wird fortlaufend gemessen und basiert auf einer komplexen Technik, die von der Regierung mittels einer künstlichen Intelligenz betrieben wird. Zur Messung bekommt jeder Einwohner einen Chip eingepflanzt, der das Handeln der jeweiligen Person misst und bewertet und daraufhin in Punkte umwandelt. Der *Authentizitätsindex* ist öffentlich einzusehen und dient den Einwohnern dieser Gesellschaft als Tool der Selbstkontrolle und Selbstverbesserung.

In Zusammenhang mit der Abwendung von Erlebnissen und Inszenierung, entwickelt sich die Mentalität *Stay Local*. So bilden sich wieder lokale Gemeinschaften, in denen eine globale Vernetzung nicht mehr wertgeschätzt wird und das Leben sich in der entsprechenden Region abspielt. Der *Authentizitätsindex* und die Anti-Freizeit-Haltung ermöglichen ein ehrliches und arbeitsorientiertes Leben. Je mehr gearbeitet und je weniger Zeit für Freizeit "verschwendet" wird, umso höher das Ansehen in der Gesellschaft.

Die große Bedeutung von Authentizität und Bodenständigkeit wirkt sich auf alle Aspekte des Lebens aus. Nachhaltigkeit wird sehr wertgeschätzt sowie regionale und ökologische Produktion und Anbau. Viele Menschen bauen selbst Obst und Gemüse an oder stellen unterschiedliche Sachen her, die sie im Alltag gebrauchen oder konsumieren (Selbstversorger-Mentalität). Da allerdings neben der Arbeit kaum Zeit für Freizeitaktivitäten ist, hat sich eine Infrastruktur für gemeinschaftlichen Anbau und Produktion entwickelt. Es sind shared spaces entstanden, in denen jeder einen gewissen Anteil an Boden, der Werkstatt oder ähnliches in Anspruch nehmen kann, denn es ist keine Zeit, diese Infrastruktur selbst bei sich zu Hause anzulegen. In diesen shared spaces können die Menschen zwar selbst tätig werden, jedoch gibt es automatisierte Abläufe wie zum Beispiel Bewässerung und Klimaregulierung, die diese Arbeit übernehmen, wenn die Person selbst arbeitet. In diesen shared spaces können auch soziale Veranstaltungen stattfinden, wie Workshops, in denen die Person, die sich beispielsweise mit dem Destillieren von Alkohol beschäftigt, dieses Wissen an andere Personen in ihrer local community weitergeben kann. Jeder shared space wird durch ein intelligentes Programm betrieben, welches exakte Daten zur Bewässerung, Klimabedürfnissen oder auch dem Reifegrad der Pflanzen abrufen kann und das Umfeld dementsprechend anpasst. Es ist vor allem dafür vorgesehen, den Gärtnern (also Personen, die im shared space Pflanzen anbauen), die Arbeit zu erleichtern und Aufgaben wie Bewässerung zu übernehmen, wenn die Gärtner nicht vor Ort sind und arbeiten.

Der *Authentizitätsindex* ist nicht nur personenbezogen, sondern kann auch auf Unternehmen oder ganze Destinationen angewandt werden. So kann ein Kunde sehen, wie viele Authentizitätspunkte ein Unternehmen hat und so, ähnlich dem Preisvergleich, einen Authentizitätsvergleich zwischen Geschäften durchführen, darauf also seine Kaufentscheidung basieren. Mit Destinationen verhält es sich ähnlich: Wenn Personen innerhalb ihrer Region reisen wollen, können sie bei Reiseveranstaltern vergleichen, welche Destination authentischer ist. Die Menschen dieser Gesellschaft möchten immer möglichst zum authentischsten Ort reisen.

Da das Leben sich in lokalen Gemeinschaften abspielt, werden auch Reisen in der Region unternommen, jedoch ist der Tourismus an sich sehr beschränkt, da Menschen kaum Zeit für Freizeit haben. Da auf Freizeit zusätzlich wenig Wert gelegt wird, besteht auch kein Verlangen nach Urlaub (Bsp. Urlaub der Firma spenden). Reisen werden daher hauptsächlich zu besonderen Anlässen unternommen, wie z. B. Geburtstage oder Hochzeiten. Dies stellt zudem eine Verbindung zu Partys und der Art, wie diese in diesem Szenario gefeiert werden, her.

Lokale Partys werden sehr eingedämmt. Zu Beginn dieser Entwicklung werden große Events und Festivals weniger, Berühmtheiten wie DJs verlieren an Aufmerksamkeit und es findet ein Aufleben von kleineren Partys im engeren Kreis statt („back to the roots"/Kellerpartys). Diese werden gestaltet als "nackte" Partys, es gibt keine Dekorationen oder sonstige überflüssige Inszenierung. Je mehr sich die *Down to Earth* Mentalität etabliert, desto weniger Partys werden gefeiert. Lediglich besondere Anlässe wie Geburtstage oder Hochzeiten werden gefeiert, jedoch sind auch diese eher "erwachsen" und der Spaß- und Erlebnisfaktor steht weniger im Vordergrund, als dass der Anlass gewürdigt wird. Dies geschieht auch zu Gunsten der Authentizität, da um solche Anlässe kein großes "Tamtam" mehr gemacht wird.

Partys werden zwar nicht mehr exzessiv gefeiert, finden jedoch immer noch statt. Mögliche Partyprodukte und Konzepte sind in dieser Gesellschaft zum Beispiel *Authentizitätspartys*, bei denen das oberste Ziel der Party die Verbesserung des eigenen Authentizitätsrankings ist, beispielsweise durch Interaktion mit anderen Besuchern. Am Ende einer solchen Party wird die authentischste Person gekrönt. Solche Partys können in unterschiedlichen Umfeldern veranstaltet werden, so auch unternehmensintern und der Sieger trägt den Titel "Authentischster Mitarbeiter" für einen bestimmten Zeitraum, ähnlich dem Prinzip des Mitarbeiters des Monats.

Außerdem gibt es monatliche *Community-Partys*, Sammelpartys, bei denen alle, die einen besonderen Anlass wie einen Geburtstag in dem jeweiligen Monat hatten, gemeinsam feiern können und so effizient alle Feiern "abhaken" können und gleichzeitig alle beisammen sind.

Ebenso beliebt sind Veranstaltungen mit Lernaspekt, so wie *MYOB-Partys*, bei denen die Teilnehmer gemeinsam lernen ihr eigenes Bier zu brauen und nach einiger Zeit wieder zusammentreffen, um das zusammen gebraute Bier zu trinken. Diese finden oft in den shared spaces des Ortes statt. Zudem findet vermehrt eine Integration von Partys in den Alltag statt.

Persona

Eva (29) und Andreas (32) wohnen zusammen in einem Haus, das Andreas selbst gebaut hat, mit kleinem Garten in Esens (Landkreis Wittmund) und wollen demnächst heiraten. Andreas arbeitet als Authentizitätsadministrator beim Landkreis in Wittmund. Dort ist er aufgewachsen und hat im Anschluss an seine Schulzeit an der Local University öffentliche Verwaltung studiert. Er folgt so den Fußstapfen seines Vaters, der ebenfalls beim Landkreis arbeitet. Abgesehen von seiner Arbeit, die viel von seinem täglichen Leben in Anspruch nimmt, zeichnet Andreas besonders seine Wissbegierde aus. Er möchte ständig neue Dinge erlernen und kann generell nie stillstehen. Jüngst hat er sich daran versucht, Bier im shared space Esens Ost zu brauen und hofft, dass es gut genug geworden ist, um es bei seiner Hochzeit auszuschenken. Zudem ist Andreas gläubig und besonders traditionsbewusst.

Eva arbeitet als Kindergärtnerin in Esens und veranstaltet zusätzlich Gärtner-Workshops im shared space Esens Ost. Sie hat im Rahmen ihrer Ausbildung ein Seminar für authentische Früherziehung an der Local University in Wittmund gemacht und hat dabei Andreas kennengelernt. Eva ist sehr naturverbunden, weshalb sie die Workshops veranstaltet, und freut sich immer besonders auf die Tage, an denen sie ihr Wissen mit anderen teilen kann. Bevor sie mit Andreas zusammengewohnt hat, hat sie in einer WG gewohnt und Gemüse und Kräuter für sich und ihre Mitbewohner angebaut. Diese Angewohnheit hat sie, seit sie mit Andreas zusammen wohnt, beibehalten und baut weiterhin für sich und Andreas an. Er steckt sie oft mit seiner Neugier an und so versucht sie sich zurzeit daran, tropisches Obst im shared space anzubauen, was dank des intelligenten Klimaprogramms möglich ist. Sie freut sich auf die Hochzeit, jedoch graut es ihr noch vor der Planung und Zeit, die sie und Andreas dafür aufwenden müssen. Sie hat Angst, dass ihre Arbeitszeit im Kindergarten leiden könnte, und vor allem müsste sie ihre Workshops eventuell pausieren, was sie eigentlich nicht tun will, weil sie so viel Freude daran hat.

Produktinnovation: WWW - Wedding Without Worries

WWW - Wedding Without Worries ist eine Agentur für Hochzeitsplanung, die sämtliche Aspekte der Planung übernehmen kann. Sie bietet unterschiedliche Leistungspakete, wie zum Beispiel das *Worry-Less-Work-More* Paket oder das *Fast-and-Easy* Paket.

Abbildung 47: Partytourismus Wedding Without Worries Logo
Quelle: Eigene Darstellung

Das *Worry-Less-Work-More* Paket ist am beliebtesten, denn dabei werden alle nur denkbaren organisatorischen Aufgaben eines Brautpaares von einem persönlichen Weddingplanner übernommen. Dies basiert auf einem detaillierten Formular, welches das Paar zu Beginn ausfüllen muss, auf Daten in der Cloud, sowie Kontakten und Terminkalendern für die Arbeit und privat und einigen wenigen persönlichen Absprachen per Videokonferenz. Dies bietet dem Brautpaar einen minimalen zeitlichen Aufwand mit maximal professionellem Ergebnis.

Die Informationsbeschaffung findet hauptsächlich über die Website des Unternehmens statt, auf der die Kunden ein Paket auswählen und buchen, oder aber ein individuelles Paket zusammenstellen können. *WWW* betreibt zudem Marketing in sehr kleinem Ausmaß und kontaktiert zum Beispiel Paare mit Infomaterial zu ihren Dienstleistungen, falls das Paar vor kurzem eine Verlobung bekanntgegeben hat. Jedoch sind Daten über Verlobungen nur gering vorhanden, da die wenigsten dies in der Öffentlichkeit bekannt machen. Allerdings ist die Agentur zurzeit sehr gut beschäftigt und gewinnt viele neue Kunden durch einfache Mundpropaganda ihrer bestehenden Kunden.

Reisebeschreibung

Eva und Andreas haben sich vor einigen Wochen verlobt und wollen bald heiraten. Abends nach der Arbeit setzen sie sich zusammen an ihren Laptop, um die Planung zu besprechen. Sie möchten die Angelegenheit schnell erledigen und suchen nach einem Termin, der den Gästen noch genug Zeit lässt, sich auf das Datum einzustellen, aber gleichzeitig nicht in allzu ferner Zukunft liegt. Sie entscheiden, dass Ende Oktober ein guter Zeitraum ist und Eva ist begeistert.

Eva: „Super! Da können wir dann auch viel von unserem Gemüse für das Catering benutzen!"

Andreas: „Willst du denn eine eigene Hochzeit veranstalten, oder wollen wir uns einfach der Oktober *Community-Party* anschließen und etwas zum gemeinsamen Buffet beitragen?"

Eva: „Ich weiß auch nicht. Wir werden ja so oder so zu der Oktober Party gehen, weil Anna im Oktober Geburtstag hat, also würde es sich vielleicht anbieten. Aber andererseits möchte ich, glaube ich, lieber eine etwas kleinere und intimere Hochzeit. Apropos, da fällt mir ein, Anna hat mir letztens von dem Weddingplanner erzählt, den sie für ihre Hochzeit angestellt hatte, und das war doch richtig super. Erinnerst du dich?"

Andreas: „Stimmt, frag sie doch noch mal nach dem Namen, vielleicht können wir den ja auch nutzen. Das würde alles deutlich vereinfachen."

Eva schickt ihrer Freundin Anna eine Nachricht und während sie auf eine Antwort wartet, diskutieren sie und Andreas schon einmal ein paar Rahmenbedingungen für die Hochzeit. Da klingelt Evas Handy.

Eva: „Anna sagt, der Hochzeitsplaner heißt „*WWW – Wedding Without Worries*" und sie kann uns das nur empfehlen. Sie und Max mussten einfach nur ein Formular ausfüllen und der Rest wurde fast komplett von *WWW* geregelt."

Andreas: „Super. Lass uns doch mal nachschauen, was für ein Authentizitätsranking *WWW* hat. Wow, 14.375! Und sie garantieren, dass wenn man ihren Service nutzt, sich das eigene Ranking verbessert!"

Eva: „Das ist ein ganz schön großes Versprechen. Aber wenn die so ein gutes Ranking haben, muss da auch was dran sein. Was genau bieten sie denn?"

Andreas: „Das *Worry-Less-Work-More* Paket klingt vielversprechend: Ein Rundum-Sorglos-Paket, darin wird die Hochzeit komplett von denen geplant, die Party und sogar die Anreise der Gäste. Die Gästeliste wird anhand des Adressbuchs und Vernetzung in sozialen Medien automatisch generiert und dann muss man nur noch zustimmen oder kann die Liste nochmal überarbeiten. Das Catering wird auch komplett geplant, sogar eigener Anbau kann mit eingebracht werden und falls wir möchten, wird für uns auch noch ein Flittertag ohne zusätzliche Kosten geplant."

Eva: „Das klingt ja fast zu perfekt, um wahr zu sein. Dann lass uns doch mal das Formular ausfüllen."

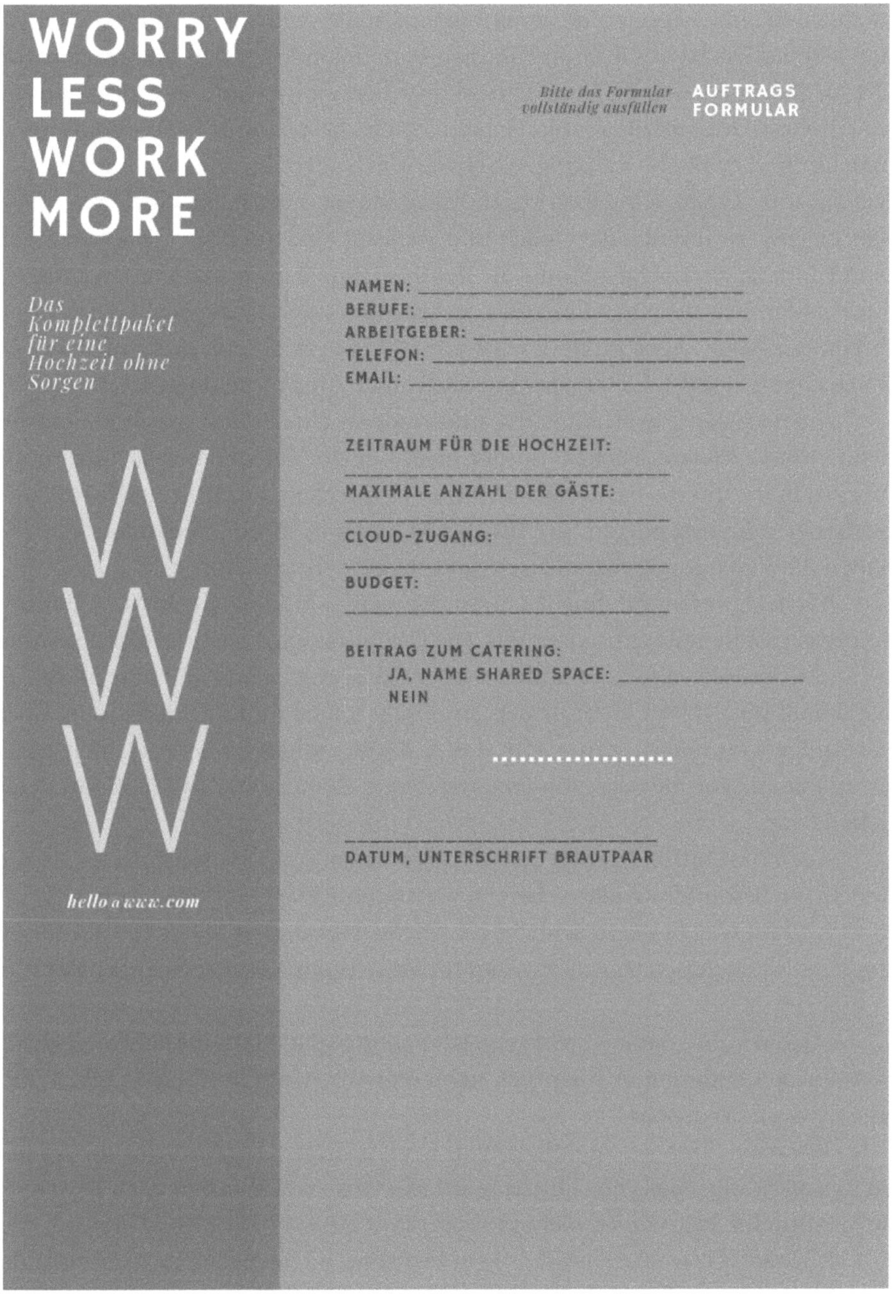

WORRY LESS WORK MORE

Das Komplettpaket für eine Hochzeit ohne Sorgen

WWW

hello@www.com

Bitte das Formular vollständig ausfüllen

AUFTRAGS FORMULAR

NAMEN: ______

BERUFE: ______

ARBEITGEBER: ______

TELEFON: ______

EMAIL: ______

ZEITRAUM FÜR DIE HOCHZEIT: ______

MAXIMALE ANZAHL DER GÄSTE: ______

CLOUD-ZUGANG: ______

BUDGET: ______

BEITRAG ZUM CATERING:

JA, NAME SHARED SPACE: ______

NEIN

______

DATUM, UNTERSCHRIFT BRAUTPAAR

Abbildung 48: Partytourismus Antragsformular

Quelle: Eigene Darstellung

Innerhalb der nächsten halben Stunde füllen Andreas und Eva das Formular von *WWW* aus, um sämtliche Rahmenbedingungen und Details festzulegen. Sie einigen sich auf den 28. Oktober und wollen sowohl standesamtlich als auch kirchlich, in einer Zeremonie vereint, heiraten, da Andreas gläubig ist. Stattfinden soll die Hochzeit mit ihren Familien und engen Freunden im benachbarten Ort Neuharlingersiel, da Evas Mutter dort herkommt und der Ort zudem ein sehr hohes Authentizitätsranking hat. Durch die persönliche Verbindung zu dem Ort und das hohe Ranking, verbessern sich auch ihre eigenen Rankings sowie das ihrer Gäste, was einen zusätzlichen Anreiz schafft. Sie gewähren WWW den Zugang zu ihrem Adressbuch in der Cloud und ihren sozialen Kontakten, damit anhand eines Algorithmus die richtige Gästeliste erstellt werden kann. Sie entscheiden sich für einen Flittertag, lassen jedoch WWW die Wahl des Ortes in ihrem Landkreis. Alles Weitere wird von dem speziellen Weddingplanner, der ihnen zugeteilt wird, konzipiert und nach einer Absprache umgesetzt.

Am nächsten Tag erhalten Eva und Andreas eine E-Mail von ihrem persönlichen WWW-Planer, Michael, in der er um einen Videokonferenz-Termin für morgen bittet, um die nächsten Schritte zu besprechen. Eva und Andreas planen beide einen halbstündigen Slot für das Meeting in ihren Tagesablauf ein und halten die Videokonferenz an ihrem jeweiligen Arbeitsplatz.

Michael präsentiert ihnen in ihrem Meeting sein Konzept, mit dem Eva und Andreas größtenteils zufrieden sind. Die Gästeliste wird noch einmal überarbeitet und sie müssen alle Kontaktdaten ihrer Gäste abgleichen und überprüfen, ob sie aktuell sind, damit Michael sich um Einladungen und Buchungen für Übernachtungen kümmern kann. Für das Catering schlägt Michael einen guten Ernte-Caterer vor, der das von Eva angebaute Gemüse in das Menü mit einarbeiten kann.

Auch die Outfits werden bereits besprochen: Andreas trägt seinen Anzug, den er für besondere Anlässe bereits besitzt und Eva trägt das Hochzeitskleid ihrer Mutter, welches sehr schlicht ist. Michael arrangiert einen Termin für ein digitales Maßnehmen beim Schneider für Eva, da das Kleid noch angepasst werden muss.

Michael: „So, dann wäre das meiste schon mal geklärt. Ihr habt angegeben, dass ihr den Flittertag in Anspruch nehmen wollt. Habt ihr diesbezüglich noch irgendwelche Wünsche?"

Andreas: „Uns ist eigentlich egal, wo wir diesen Tag verbringen. Wichtig ist uns allerdings, dass der Flittertag mindestens zwei Wochen nach der Hochzeit stattfindet. Wir wollen nicht in so kurzer Zeit zwei Tage frei nehmen."

Michael: „Das ist überhaupt kein Problem, die meisten Paare machen das so. Ich werde eure Terminkalender in der Cloud abgleichen und so den perfekten Termin auswählen."

Nach diesem wichtigen Meeting müssen Andreas und Eva sich um nichts Organisatorisches mehr kümmern. Michael hat ihnen eine Website eingerichtet, auf der ihre Gäste zu- oder absagen können, und sich über die Location und die Hochzeit sowie den Wunschzettel informieren können. Das Brautpaar hat einen individuellen Login und kann so eine Übersicht aller wichtigen Informationen sowie einen Kalender mit den wenigen wichtigen Terminen abrufen, die zur Vorbereitung noch nötig sind.

Die Monate vergehen wie im Flug, in denen Eva und Andreas wie gewohnt ihr alltägliches Leben führen. Ab und zu schauen sie abends auf die Website, um zu sehen, wer von den eingeladenen Gästen zu- und abgesagt hat.

Zwei Wochen vor der Hochzeit haben Andreas, Eva und Michael wieder eine Videokonferenz, um die letzten Details noch einmal durchzugehen. Michael benötigt die Zugangsdaten zu dem shared space, in dem die beiden aktiv sind. Sie wohnen in der Nähe vom shared space Esens Ost, in dem Eva unterschiedliches Gemüse, Kräuter und sogar ein wenig Obst anbaut. Andreas hat sich dort im Juni am Brauen eines Bieres versucht, welches bei der Party serviert werden soll. Über das intelligente Programm, das das shared space verwaltet, kann Michael den Reifegrad des Gemüses abrufen sowie eine Flasche von Andreas' Bier bestellen und alles dem Ernte-Caterer zukommen lassen. Dieser kann so das Menü entweder anpassen oder Ausgleichsbestellungen für unreife Zutaten tätigen.

35 von 40 Eingeladenen haben zugesagt, und so finden sich am 28. Oktober alle Gäste im Sielhof in Neuharlingersiel ein. Die Anreise der Gäste erfolgt per Shuttle, den Michael für alle organisiert hat, die jeweils aus dem gleichen Ort kommen. Die Zeremonie findet in der kleinen Kapelle statt, in der sowohl die kirchliche als auch die standesamtliche Trauung vom Pastor durchgeführt wird. Im Anschluss gibt es Kaffee und Kuchen im Café des Sielhofs, wo die Gäste dem Brautpaar gratulieren.

Danach machen Eva und Andreas ein paar Erinnerungsfotos mit dem Fotografen, den Michael bestellt hat; die Fotos werden von der Kamera direkt in den privaten Bereich der Website hochgeladen. Später können Eva und Andreas sich die Fotos angucken und herunterladen. Währenddessen haben die Gäste Zeit zur freien Verfügung, einige trinken noch Kaffee und unterhalten sich, einige gehen im Ort und am Strand spazieren, einige ziehen sich in ihr Hotel zurück.

Abends finden sich alle in der Eventlocation ein, die Michael für die Party gebucht hat: Ein klassischer, aber schlichter Festsaal. Nach einer Ansprache von Andreas, seinem Bruder und dem Vater von Eva, wird das Fließbandbuffet eröffnet. An jedem langen Tisch gibt es eine Schiene, auf der das Buffet aus der Küche hereingefahren kommt und auf dem Tisch kursiert. Per Knopfdruck kann eine Liste der Allergene des jeweiligen Gerichts als kleines Hologramm angesehen werden.

Nach dem Essen wird die Tanzfläche eröffnet. Ein DJ spielt die Lieblingsmusik des Brautpaars und alle fangen gemeinsam an zu tanzen. Neben der kleinen Bühne des DJs ist eine interaktive Anzeigetafel, auf der der Authentizitätspunktestand der Party angezeigt wird. Wer möchte, kann sich außerdem sein eigenes Ranking über den Verlauf des Abends hinweg ansehen.

Eva und Andreas können unbeschwert ihre Eheschließung feiern, da Michael vor Ort ist und sich um alle organisatorischen Aspekte kümmert. Gegen 1 Uhr klingt die Party allmählich aus und die Gäste gehen. Die meisten kommen im Ort in einem Hotel unter, bis auf einige, die am nächsten Tag früh arbeiten und noch nach Hause fahren. Der Transfer ist von Michael komplett geregelt.

Am nächsten Tag fahren Eva und Andreas glücklich nach Hause und arbeiten ausnahmsweise nur nachmittags. Drei Wochen später ist der Flittertag auf Spiekeroog. Michael hat den Termin auf einen Sonntag gelegt, da dieser Tag bei den beiden normalerweise für Gartenarbeit eingeplant ist und sie so keine Arbeit verpassen. Sie übernachten eine Nacht in der Großen Leidenschaft und lassen es sich einen Tag lang gemeinsam gut gehen. Sie sind rundum zufrieden mit dem Service von *WWW* und würden ihn jedem ihrer Freunde empfehlen.

4.3 Literaturverzeichnis Partytourismus

Bieger, T. (2008): Management von Destinationen. 7. Auflage. München. Oldenburg Wissenschaftsverlag GmbH.

Duden (o. J.): "Party"., Online unter: https://www.duden.de/Rechtschreibung/Party#bedeutungen. [aufgerufen am 06.07.2019]

Gausemeier, J., Plass, C. (2014): Zukunftsorientierte Unternehmensgestaltung. Strategien, Geschäftsprozesse und IT-Systeme für die Produktion von morgen. 2. Auflage. München: Carl Hanser Verlag.

Horx, M. (2007): Die Macht der Megatrends. Multimedia-Präsentation. Kelkheim.

Horx, M., Huber, J., Steinle, A., Wenzel, E. (2007): Zukunft machen. Wie Sie von Trends zu Business-Innovationen kommen. Ein Praxis-Guide. Frankfurt am Main. Campus Verlag GmbH.

Horx, M, Zukunftsinstitut GmbH (2019): Macht der Megatrends. Über die Turbulenz der Zukunft. Online unter: https://www.horx.com/die-reden-themen/macht-der-megatrends/. [aufgerufen am 29.07.2019]

UNWTO (2010): International Recommondations

5. Szenarien für den Wellnesstourismus (2019)

Autor*innen: Elena Ilina, Matthea Jensen, Sandra Meyer und Daniel Scrobek

Abstrakt

Hinter dem Nischenmarkt Wellnesstourismus steckt weitaus mehr als Spa-Prozeduren und Massagen. Vielmehr geht es um eine freiwillige und selbstinitiierte Gesundheitsförderung, die sich mit sowohl körperlichen und geistigen als auch sozialen Aspekten befassen kann. Zu den Hauptmotiven von Wellnesstouristen zählen also Ruhe und Entspannung ebenso wie körperliche Fitness und geistige Aktivitäten.

Bereits in der Szenario-Vorbereitung kristallisierte sich heraus, dass verschiedene Faktoren aus unterschiedlichsten Bereichen (beispielsweise die Arbeitsbelastung und das Gesundheitssystem) auf diesen Markt einwirken. Es stellte sich weiterhin heraus, dass acht Megatrends auf den Wellnesstourismus einwirken.

Die Szenario-Feldanalyse resultierte in der Identifikation der Schlüsselfaktoren: „Slow Culture", „Bewusstsein über den eigenen Körper" und „Nativeness". Der Szenario-Trichter verbildlicht die Zusammensetzung der Projektionen für die Szenarien: Das Trendszenario, genannt „Holistic Health", besteht aus den Projektionen *Entschleunigung in allen Lebensbereichen, Ganzheitliches Wissen über Gesundheit* sowie *Nature as a Guidline*. Das Extrem I setzt sich aus den Projektionen *Timeless Society, Health fanatism* und *Protest against Progress* zusammen und wurde mit „Health as a Religion" beschriftet. „ConsumNation" oder auch das Extrem II erschließt sich aus der Bündelung der Projektionen *Fast- Moving-Life, Health-Resignation,* und *Aprés moi le Déluge*. In den Ausarbeitungen der Szenarien werden zunächst die Gesellschaft und ein passender Charakter beschrieben. Darauf folgen die Beschreibungen zu den jeweigen Produktinnovationen und einer passenden Reise.

Marktabgrenzung

Obwohl Wellness ein relativ neues Nischensegment der Tourismusbranche ist, ist die Praxis des an Wellness orientierten Reisens nicht neu. Die Menschen haben das Tote Meer seit der Antike wegen seiner therapeutischen Eigenschaften besucht, genau wie die Römer, die zu Bädern, heißen Quellen und Badeorten reisten, um sich dort behandeln zu lassen und ein gesünderes Klima zu genießen (vgl. Global Wellness Institute 2013). Wellness ist daher ein modernes Wort mit alten Wurzeln. Als modernes Konzept hat sich Wellness seit den 1950er, 1960er und 1970er Jahren durchgesetzt. Die Schriften und die Arbeit eines informellen Netzwerks von Medizinern und Denkern in den Vereinigten Staaten haben die

Weise, wie wir Wellness heute begrifflich erklären, weitgehend geprägt (vgl. Global Wellness Summit 2010).

Wenn die Mehrheit das Wort hört, stellt sie sich sofort SPA-Prozeduren, Entspannung und Massagen vor. Allerdings steckt hinter dem Begriff noch viel mehr. „Wellness ist ein multidimensionales Verfahren, das die drei Säulen Körper, Geist und Seele umfasst."

Der Deutsche Wellnessverband definiert Wellness als einen Weg hin zu einem besseren Leben, der sich durch einen entsprechenden Lebensstil bahnt (vgl. Deutscher Wellnessverband o.J.). Anders gesagt, ist es ein Komplex von Gesundheit und Wohlbefinden durch eine physikalische Aktivität, mentale Gesundheit, ausgewogene Ernährung und Stressmanagement.

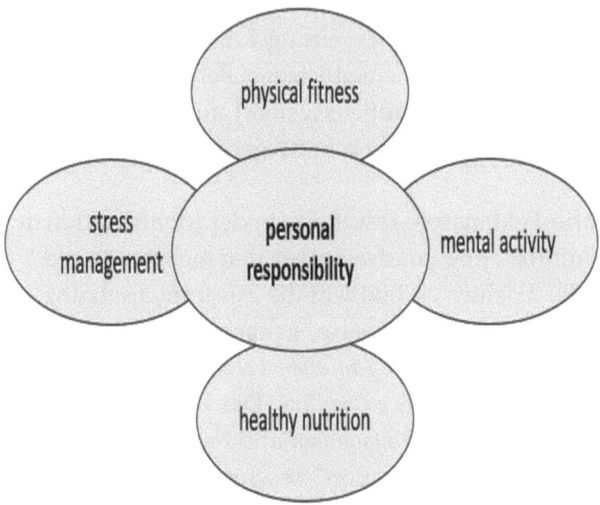

Abbildung 49: Wellnesstourismus Definition
Quelle: Eigene Darstellung in Anlehnung an Berg (2008, S.13)

Aus der Definition dieses Konzepts ergibt sich, dass Wellnesstourismus eine selbstinitiierte und selbstfinanzierte Gesundheitsförderung beinhaltet, für die die Elemente Fitness, Körperpflege (Schönheit), gesunde Ernährung, Entspannung, Meditation, geistige und soziale Aktivität (Bildung) umfassend sind. Die Reisen sind eher präventiver als therapeutischer Natur und haben als Hauptzweck Harmonie und Balance in das Leben eines Reisenden zu bringen.

Für die Untersuchung wurde vom Forschungsteam eine eigene Marktdefinition entwickelt. Der Untersuchungsgegenstand wird demnach als Angebote zur Gesundheitsförderung identifiziert, welche folgende Hauptmotive beinhalten:

- Ruhe und Entspannung
- Fitness

- Geistige und soziale Aktivität
- Gesunde Ernährung
- Schönheitsangebote

Auf dieser Grundlage lautet die Konzeptdefinition der Autor*innen wie folgt:

> Wellnesstourismus beinhaltet selbstinitiierte und selbstfinanzierte Maßnahmen zur Gesundheitsförderung, welche die Hauptmotive Ruhe, Entspannung, physische Fitness, geistige und soziale Aktivität, gesunde Ernährung und Schönheit umfassen.

5.1 Phasen des Szenario Managements

Tabelle 6: Wellnesstourismus Einflussfaktoren

Gesellschaftliche Einflüsse	Arbeitsbelastung Leistungsdruck LOHAS (Lifestyle of Health and Sustainability) Freizeit- und Erlebnisgesellschaft Alternde Gesellschaft Verjüngung Digital Detox Transformation
Wirtschaftliche Einflüsse	Steigender Wohlstand Immer diversifiziertere Angebote Inflation
Politische Einflüsse	Politische Gesetze und Regularien Weniger Förderung von Kuren Man muss in sich selbst investieren Krankenkassen führen Vorsorgesysteme ein Wandel in Ausrichtung der Krankenkassen Vom Krankheits- zum Gesundheitssystem
Ökologische Einflüsse	Rückgang an Grünflächen Wachsende Nachfrage nach Bio- & Naturprodukten
Technologische Einflüsse	Internet Fitness Tracker Digital Detox Artificial Intelligence Entwicklung modernster Fitnessgeräte Wellnesstechnik, wie z.B. Whirlpool, Rotlichtlampen etc.

Quelle: Eigene Darstellung

Für den Einstieg in die möglichen Trendentwicklungen im Bereich des Wellnesstourismus werden zunächst die Einflüsse auf den Wellnessmarkt identifiziert. Dabei erfolgt eine Orientierung an den Einflussfaktoren auf ein touristisches System nach dem Autoren Bieger (vgl. Bieger 2010 S.81). Somit werden gesellschaftliche, wirtschaftliche, politische, ökologische sowie technologische Einflüsse auf den Wellnessmarkt gesammelt. Die Ergebnisse dieses Brainstorming-Prozesses werden in folgender Tabelle 6 deutlich:

Erkennbar ist, dass zahlreiche Faktoren aus unterschiedlichen Bereichen den Wellnesstourismus beeinflussen. Die Veränderung in der Arbeitsbelastung, der steigende Wohlstand und das Vorsorgesystem der Krankenkassen machen den Wellnesstourismus nun nicht nur interessanter für Reisende, sondern fördern zusätzlich die Bereitschaft der Kunden, da der Kostenfaktor minimiert wird, beziehungsweise heutzutage ein höheres Einkommen vorhanden ist. Zusätzlich bieten technologische Einflüsse, wie zum Beispiel neue Wellness- Techniken, ein breiteres Angebot im Wellnesstourismus. Auch die wachsende Nachfrage nach Naturprodukten verändert das Angebot. So erfreuen sich Naturheilverfahren auch im Wellnesstourismus einer immer größer werdenden Beliebtheit.

Nicht nur durch die bereits genannten Einflussfaktoren, sondern auch durch die Megatrends nach Horx, wird der Wellness-Markt beeinflusst (vgl. Horx 2004, o.S. & Zukunftsinstitut GmbH 2015, S. 3):

Frauen sind besonders auf äußerliche Schönheit, aber auch auf innerliches Wohlbefinden bedacht. Daher können sie als Treiber des Wellnesstourismus-Marktes bezeichnet werden. Der Megatrend **Individualisierung** bewirkt, dass auch im Wellnesstourismus die Nachfrage nach individuell zugeschnittenen Angeboten steigt. Zusätzlich führen das **Downaging**, aber auch der Megatrend **Gesundheit,** zu einer vermehrten Auseinandersetzung mit dem eigenen Wohlbefinden. Dies soll die körperliche Verjüngung fördern und die Lebensqualität steigern. Durch die **Urbanisierung** leben immer mehr Menschen in der Stadt, was wiederum einen Stressfaktor im alltäglichen Leben darstellt. Dadurch sehnen sich immer mehr Menschen nach einer Auszeit vom stressigen Alltag in den vollen und schnelllebigen Städten. Sowohl der Megatrend **New Work** als auch die **Mobilität** haben zudem Einfluss auf den Wellnesstourismus. So sind Leistungsdruck, mehr Arbeitsstunden, aber auch ein ständiges Unterwegssein starke Stressfaktoren. Zusätzlich belastet auch die digitale Mobilität, also eine ständige Erreichbarkeit im Alltag und im Arbeitsleben, die Menschen. Dies wiederum kann zu einer erhöhten Nachfrage nach Auszeiten und Wellnessprodukten führen. Die bereits erwähnte **Globalisierung**, aber auch der Megatrend **Asien,** beeinflussen die Wellnessbranche zusätzlich. Produkte, wie beispielsweise Ayurvedakuren oder Meditation, sind Teil anderer Kulturen und werden heutzutage auch in Deutschland adaptiert. Die Vernetzung der unterschiedlichen Länder macht diese Entwicklung möglich. **Bildung** spielt heutzutage ebenso eine große Rolle in der Gesellschaft. Die Wandlung von einer Industriegesellschaft hin zur Wissensgesellschaft führt dazu, dass Menschen auch immer mehr über sich und den Körper lernen möchten. Dementsprechend werden auch im Wellnesstourismus immer mehr Angebote, beispielsweise Lifestyle-Coachings, angeboten.

Aufbauend auf die 73 herausgearbeiteten Trends, wurde durch eine subjektive Einschätzung der Autoren bestimmt, auf welchen anderen Trend aus der Liste der jeweilige Trend den größten Einfluss hat. Dadurch kann festgestellt werden, welche Relevanz die einzelnen Trends auf den Markt des Wellnesstourismus haben. Es entstanden drei unterschiedliche Flussdiagramme. Die sogenannte Trendverdichtung soll aufzeigen, welche Trends im weiteren Verlauf der Trendanalyse berücksichtigt werden. Weist ein Trend keine Abhängigkeiten von anderen Trends auf, kann dieser aufgrund geringer Relevanz ausgeschlossen werden. Eines der drei Flussdiagramme ist in Abbildung 50 dargestellt.

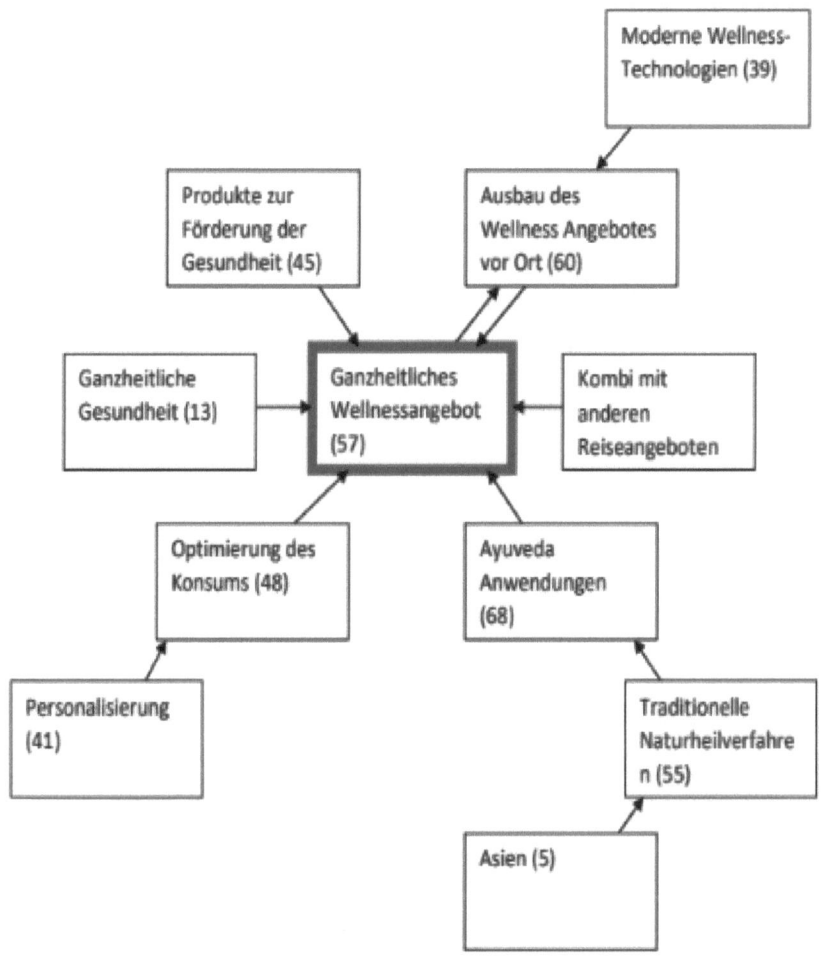

Abbildung 50: Wellnesstourismus Flow Chart
Quelle: Eigene Darstellung

Dieses erste Flow Chart bildet sich um den zentralen Trend „Ganzheitliches Wellnessangebot", der von insgesamt sechs anderen Trends beeinflusst wird.

Auf Grundlage der acht Megatrends, die einen Einfluss auf den Markt des Wellnesstourismus haben, werden dazu acht verschiedene Trendhierarchien zusammengestellt. Diese Ausarbeitung von Trendzusammenhängen erfolgt in Form einer Clusterbildung. Im Gegensatz zur Flow-Chart-Methode, werden die Trends hier hierarchisch geordnet. Ziel dieser Methode ist es, Lücken für die weitere Szenarioentwicklung zu füllen und sicherzugehen, dass bei der Recherche keine relevanten Trendentwicklungen vergessen werden. Somit ist eine Grundlage für die nachfolgende Szenarioentwicklung gegeben.

Die entscheidenden Megatrends, die Einfluss auf den Wellnesstourismus haben, sind: Gesundheit, Individualisierung, Neo-Ökologie, Urbanisierung, Asien, Globalisierung, New Work und Gender Shift. Als Beispiel wird untenstehend die Abbildung 51 unter dem Megatrend „New Work" dargestellt:

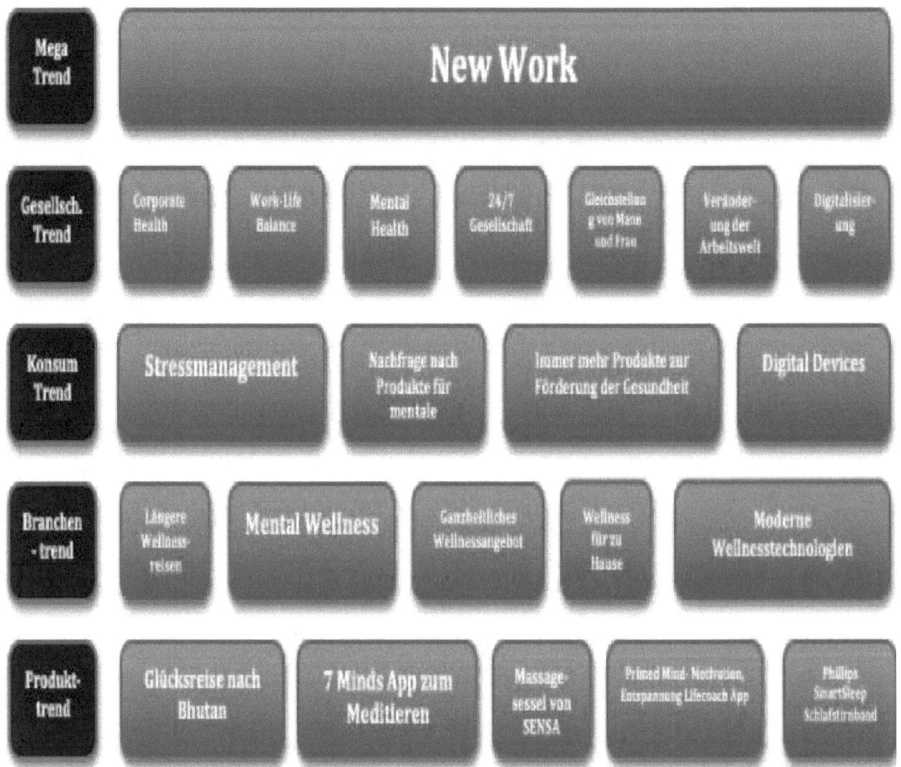

Abbildung 51: Wellnesstourismus Trendhierarchie New Work
Quelle: Eigene Darstellung

In der Trendhierarchie ist erkennbar, dass der Megatrend New Work die gesellschaftlichen Trends Corporate Health und eine Work-Life Balance hervorruft. Diese wiederum bedingen den Konsumtrend Stressmanagement, der die Branchentrends längere Wellnessreisen und Mental Wellness hervorruft, welche am Ende zu den Produkttrends Glücksreise nach Bhutan sowie der sieben

Minds-App zum Meditieren führen. Die gesellschaftlichen Trends Mental Health sowie die 24/7 Gesellschaft bedingen eine Nachfrage nach Produkten für die mentale Gesundheit, die zu den Branchen Trends Mental Wellness und einem Ganzheitlichen Wellnessangebot führen. Daraus hat sich unter anderem die sieben Minds App zum Meditieren entwickelt. Durch die 24/7 Gesellschaft, die Gleichstellung von Mann und Frau und die Veränderung der Arbeitswelt, entstanden immer mehr Produkte zur Förderung der Gesundheit, die wiederum zu einem ganzheitlichen Wellnessangebot, Wellness für zu Hause sowie zu modernen Wellness Technologien führen. Wellness für zu Hause umfasst zum Beispiel den Massagesessel von SENSA oder die Primed Mind. Der gesellschaftliche Trend Digitalisierung bedingt den Gebrauch von Digital Devices auf der Ebene der Konsum Trends, die moderne Wellnesstechnologien auf der Branchentrend Ebene, und Produkttrends wie die Primed Mind.

5.1.1 Szenariofeld-Analyse

Das Ergebnis der Szenariofeld - Analyse zeigt, dass die Trends "Slow Culture", "Stressmanagement", "Wellness als Lifestyle", "Bewusstsein über eigenen Körper" sowie "Natur erleben, natürlich leben" das Untersuchungsfeld Wellnesstourismus besonders stark prägen. Die Trends "**Slow Culture**" und "**Bewusstsein über eigenen Körper**" konnten auf diese Weise als eindeutige Schlüsseltrends herausgearbeitet werden. Sie charakterisieren sowohl eine hohe aktive und passive Beeinflussung durch andere Faktoren als auch eine hohe Relevanz für das Untersuchungsfeld. Den Faktor "**Natur erleben, natürlich leben**" kennzeichnet ebenso eine hohe aktive und passive Beeinflussung. Im Gegensatz zu den zwei erstgenannten Faktoren wies dieser Faktor mit sieben Punkten eine nicht ganz so hohe Relevanz im Vergleich mit allen Trends auf. Hier sprach sich das Forschungsteam vor allem aber aus inhaltlichen Gründen und klarer Differenzierung zu den anderen Trends dafür aus, diesen in der Szenario-Prognostik zu berücksichtigen. Auf Grundlage der Szenariofeld-Analyse wurden demnach "Slow Culture", "Bewusstsein über eigenen Körper" sowie "Natur erleben, natürlich leben" als Schlüsselfaktoren für den Wellnesstourismus identifiziert.

Der letztlich genannte Schlüsselfaktor wurde zu „Nativeness" unbenannt. Ein Grund dafür ist die Tatsache, dass der englische Begriff den Sinn besser reflektiert und deutlich kürzer ist.

5.1.2 Projektionsentwicklung

Es folgt nun eine Beschreibung der Schlüsselfaktoren sowie der herausgearbeiteten Projektionen.

Slowculture

In unserer Welt mit bald acht Milliarden Einwohnern spielt Wettbewerb eine riesige Rolle. Man muss „schneller, höher, stärker" sein, um mit der Konkurrenz mithalten zu können. Oftmals kann es jedoch auch gut sein, zurückzuschauen und neue Prioritäten zu setzen. Ein Seelenfrieden und eine innere Balance bringen auf lange Sicht Vorteile. Der Schlüsseltrend „Slow Culture" ist ein Gegenpol zur hypermobilen Gesellschaft. Den Menschen ist es bereits bewusst geworden, dass Entschleunigung, vor allem in der Berufswelt und im Alltag, notwendig ist. Es ist ebenso wichtig das Leben gemächlich genießen zu können: Langsam und bewusst essen, den eigenen Stress managen, sich nachhaltig verhalten und mehr Zeit in die Familie investieren.

Eine mögliche und sehr wahrscheinliche der drei Projektionsentwicklungen ist die **Entschleunigung in allen Lebensbereichen**. Der Begriff erweitert den Einfluss des Schüsselfaktors. Das beinhaltet ein entspanntes und bewusstes Leben, eine Ausgeglichenheit zwischen Berufs-, Freizeit- und Familienleben sowie den aktiven Widerstand gegen die berufliche und private Beschleunigung des Lebens.

Die hypertrophische Projektion in die Richtung einer Beschleunigung ist das so genannte **Fast-Moving-Life**. Ein gemäßigtes Leben ist im Berufsleben nicht wettbewerbsfähig. Die verrückte Geschwindigkeit, mit der sich alles bewegt, kann man mit dem Zitat von „Alice im Wunderland" beschreiben:

> „Hierzulande musst du so schnell rennen, wie du kannst, wenn du am gleichen Fleck bleiben willst. Und um woanders hinzukommen, muss man noch mindestens doppelt so schnell laufen!"

Das Wichtigste ist das Hier und Jetzt, der Preis dafür hat eine untergeordnete Bedeutung. Durch einen ständigen Zeitdruck ist es nun unmöglich, bewusst und gesund zu leben. Um die Produktivität zu erreichen, braucht man stets Nahrungsergänzungs- und Schlafoptimierungsmittel. Man hat keine Zeit mehr für eine Auswahl und die Schnellkonsumierung ist ein neuer Wert geworden.

Der Begriff „**Timeless Society**" ist eine fallende Ableitung vom „Slow Culture" Trend. In diesem Kontext suchen immer mehr Menschen nach Entschleunigung im hektischen Lebensalltag. Außerdem ziehen sich Menschen komplett aus der digitalen Welt und der Vernetzung zurück und rückbesinnen sich vollständig auf einen traditionellen und naturbelassenen Lebensstil. Das Leben einer Timeless Society, in welcher Zeit nunmehr eine untergeordnete Rolle spielt, steht im Kontrast zu der Gesellschaft, wie wir sie heute kennen: Geregelte Tagesabläufe, feste Arbeitszeiten oder ständiger Termindruck würden auf diese Weise der Vergangenheit angehören.

Bewusstsein über den eigenen Körper

Der Trend „Bewusstsein über den eigenen Körper" bedeutet, dass die Menschen ein steigendes Bewusstsein für Körper, Geist und Seele entwickeln. In der heutigen Gesellschaft herrscht ein sehr ausgereiftes Gesundheitsbewusstsein mit der Überzeugung, dass der Körper, zum Beispiel durch E-Health und Self-Tracking, eigenverantwortlich gemanagt werden kann. Für die Wellnessbranche kann dies bedeuten, dass sich Wellness für die Gesellschaft dadurch zu einem Lifestyle entwickelt, welcher über die wöchentliche Wellnessbehandlung oder den Yoga-Kurs hinausgeht.

Die wahrscheinliche Projektion ist **Ganzheitliches Wissen über Gesundheit**, das in der Wissenschaft auch unter dem Begriff „Health Literacy" (Schäffer, 2016, S.2) bekannt ist und eine zunehmende Verbesserung der Gesundheitskompetenz in der Gesellschaft hin zu einem ganzheitlichen Gesundheitswissen beschreibt. Mit der Gesundheit als Megatrend und dem digitalen Zeitalter ist es heute wie in keiner Zeit zuvor möglich, selbstständig grundlegende Gesundheitsinformationen zu finden. Wir leben heute in einer Gesundheitsgesellschaft, was dazu führt, dass das Thema Gesundheit sowohl in privaten, sozialen als auch in politischen Diskussionen immer mehr an Bedeutung gewinnt. Für den Einzelnen ist es wichtig, Zugang zu adäquaten Informationen zu haben, um gesundheitsrelevante Entscheidungen fällen zu können. Das zeigt sich auch darin, dass Patienten heute mit einem größeren, selbst studierten Vorwissen zum Arzt gehen und den Ärzten nicht mehr als vollständige Laien gegenüberstehen, sondern mehr Fragen stellen über Informationen, die sie im vorherigen Eigenstudium gewonnen haben.

Ein süchtiges, übertriebenes Gesundheitswesen hat den Namen **Health Fanaticism** bekommen. Vor allem beinhaltet der Begriff eine übermäßige Kontrolle und Selbstanalyse, die zur sozialen Ausgrenzung, zu Hypochondrie und psychischen Störungen führt. Man liest alle möglichen Quellen zum Thema Gesundheit, achtet auf jede Produktherkunft, treibt zu viel Sport, verbreitet seine Ansichten unter den Menschen. Der eigenen Gesundheit werden sehr viel Zeit und Ressourcen gewidmet, was manchmal dazu führt, dass sogar soziale Kontakte vernachlässigt werden.

Unter dem anderen Extrempunkt **Health-Resignation** soll die Ablehnung der Informationen über die Gesundheit, Routineuntersuchungen und Kontrollen verstanden werden. Es gibt heutzutage so viel Informationen über die Gesundheit: Ratschläge, Tipps, Methoden und Systeme, sodass man diese nicht mehr verarbeiten kann. Deswegen entscheidet man sich dazu, schlicht gar nichts zu mehr befolgen. Zudem werden sogar notwendige Maßnahmen abgelehnt. Vermeidung jeder Information über die Gesundheit ist eine natürliche Verteidigung der menschlichen Psyche. Man lebt komplett ohne Berücksichtigung und betreibt keine bewussten gesundheitlichen Maßnahmen. Man lebt im hier und jetzt und denkt nicht darüber nach, was morgen ist.

Nativeness

Die Grundidee von diesem Trend ist das Finden einer Balance zwischen sich selbst und der Natur sowie einfach, bewusst und nachhaltig zu leben. Dies bedeutet, mehr Bioprodukte zu konsumieren, umweltfreundliche Verkehrsmittel zu nutzen, mit dem Zug, ÖPNV oder dem Fahrrad zu reisen. Ebenso wie Produkte zu kaufen, die nicht auf Kosten von Tieren getestet oder von Kindern hergestellt wurden. Bewunderung der Natur, Wahrnehmung der Naturkraft und das richtige Verhalten der Natur gegenüber sind bei diesem Schlüsseltrend sehr wichtig.

Nature as Guideline ist ein Schwerpunkt der Projektion. Bei der Trendausprägung passt sich der Mensch der Natur und ihren Gegebenheiten an, es findet also keine Anpassung der Natur an den Menschen statt. Dementsprechend sind ein Zurückkehren zur Ursprünglichkeit, Stadtflucht, eine weitestgehende Ablehnung von Fertigprodukten und die Nutzung von natürlichen Ressourcen Charakteristika dieser Ausprägung. Generell wird sich also nicht ausschließlich nach der Natur gerichtet, sondern sich an ihr orientiert.

Protest against Process ist eine extreme Trendausprägung von Nativeness. Hierbei ist eine feindliche, beziehungsweise ablehnende Haltung gegenüber jeglichem Fortschritt, dem Stadtleben und industriell gefertigten Produkten zu erkennen. Stattdessen werden ausschließlich natürliche Produkte konsumiert und der Lebensmittelpunkt in eine ländliche Gegend verlegt. Die extreme Entwicklung führt am Ende zu einem Lebensstil, welcher sich nur in der Natur abspielt. Eigene natürliche, lebensnotwendige Produkte werden angebaut und konsumiert. Dieser Konsum natürlicher Produkte findet sich auch im restlichen Alltag wieder, sodass auch Kleidung, Kosmetika und Alltagsgegenstände von diesem natürlichen Lebensstil affektiert werden.

Bei der Trendausprägung **Après moi le Déluge** werden hauptsächlich Fertigprodukte und industriell hergestellte Produkte konsumiert. Hierbei spielen die Faktoren Zeit und Bequemlichkeit eine zentrale Rolle. Aufgrund dessen findet zusätzlich eine Landflucht statt, da die Konsumenten ein Stadtleben und die damit verbundene Bequemlichkeit sowie Flexibilität präferieren. Die Auswirkungen auf Menschen und Natur werden dabei nicht beachtet. Diese Zukunftsprojektion führt schlussendlich zu einer Gesellschaft, in der der Großteil der Menschen in der Stadt lebt und Wohnraum dadurch extrem verknappt wird. Zusätzlich gehen zahlreiche Bauernhöfe bankrott, da natürliche Lebensmittel, wie Obst und Gemüse, nicht mehr konsumiert werden. Sie werden nun mithilfe der Gentechnik nachgeahmt, um Kosten einzusparen und um jederzeit auf alle Produkte zugreifen zu können. Dieser Trend zeigt sich auch in anderen Lebensbereichen, wo Forschung zu neuen, künstlich hergestellten Konsumgütern geführt hat.

5.1.3 Szenariobildung

Es ist davon auszugehen, dass die Schlüsselfaktoren die Gegenwart reflektieren und sich zeitlich im „Jetzt" befinden. Theoretisch gibt es in diesem Fall 243 mögliche Szenarien. Alle bewegen sich in die Zukunftsrichtung und der Grad der Abweichung hängt davon ab, wie extrem das Szenario ist. Die zuvor schon beschrieben Projektionen sind die Basis für drei herausgearbeiteten Szenarien: Das Trendszenario, "Holistic Health" und die zwei Extremszenarien "Health as Religion" und "ConsumNation". Der Szenario-Trichter in Abbildung 52 veranschaulicht dies bildlich.

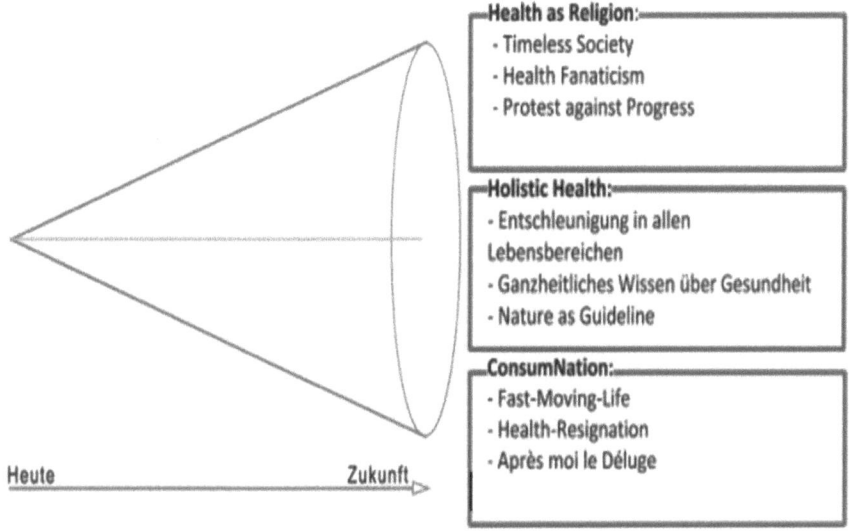

Abbildung 52: Wellnesstourismus Szenario-Trichter
Quelle: Eigene Darstellung

5.2 Szenario-Transfer

Auf Grundlage der vorangegangenen Forschungsschritte wurden drei Projektionsbündel für die Zukunftsszenarien im Wellnesstourismus festgelegt. Diese dienen nun im Folgenden als Basis für das Trendszenario sowie die zwei Extremszenarien.

5.2.1 Trendszenario

Nachdem in den vorangegangenen Kapiteln die theoretischen Grundlagen für die Szenarien erarbeitet wurden, werden diese nachfolgend vorgestellt. Den Anfang macht das Trendszenario, welches die Segmente **Entschleunigung in allen Lebensbereichen**, **Ganzheitliches Wissen über Gesundheit** und **Nature as Guideline** kombiniert.

Gesellschaft

Das Trendszenario ist von einer achtsamen und gesundheitssensiblen Gesellschaft charakterisiert, welche große Wertschätzung der Natur und ihrer Umwelt gegenüber pflegt.

Die Gesellschaft lebt in einem Zeitalter, in welchem das Leben in so vielen Bereichen, angetrieben von der Digitalisierung und Technologisierung, immer schneller und unübersichtlicher wird. Aus diesem Grund sehnt sich die Gesellschaft auch immer mehr nach Einfachheit und Struktur. Dies äußert sich darin, dass sie zunehmend analog lebt. Das heißt, sich mit den Freunden im Café zu treffen, anstatt über Facebook und WhatsApp zu chatten, die Gesellschaft praktiziert Brainstorming lieber auf Pinnwänden und Postits, als auf geteilten Dokumenten in einer Cloud, und Schüler lernen Vokabeln lieber mit Karteikarten als mit Sprachlern-Apps wie Bubble oder Duolingo. Der Wunsch innerhalb der Gesellschaft dem eigentlichen Leben auf der Spur zu sein, anstatt sich in der digitalen Welt zu verlieren, wächst mit jedem Tag mehr und überträgt sich auf einen immer breiteren Teil der Bevölkerung.

Analog zur Entschleunigung der Gesellschaft ist sie durch ein sehr stark ausgeprägtes Gesundheitsbewusstsein charakterisiert, welches sich über alle Lebensbereiche hinweg vollstreckt. Sie ist sich bewusst darüber, dass Gesundheit nicht nur den alljährlichen Gesundheits-Check-Up umfasst, sondern vielmehr als ein ständiger Prozess zu verstehen ist, der viel Einsatz und ein großes Maß an Eigeninitiative voraussetzt. Die Merkmale der viel zitierten Wissensgesellschaft übertragen sich hierbei auch und insbesondere auf den Aspekt der Gesundheit und äußern sich darin, dass die Gesellschaft sich sehr neugierig darin zeigt, sich selbst, den eigenen Körper und die Gesundheit zu verstehen und zu optimieren. Immer mehr Publikationen, Websites und Social-Media-Kanäle setzen sich mit der Gesundheit und ihren vielen Facetten auseinander, was sie zu einem allgegenwärtigen Thema innerhalb der Gesellschaft macht. Im Kern der Gesellschaft steht ein neues individuelles und aktives Gesundheitsverständnis, welches sich auf vielfältige Weise im Alltag und im Konsum widerspiegelt, sowie ein hohes Maß an Gesundheitskompetenz erfordert. Gesundheitswissen ist durch das Internet immer und überall verfügbar und Erfahrungen mit Gesundheit und Krankheit können über große Distanzen durch Social Media in kürzester Zeit zwischen Individuen ausgetauscht werden. Doch die Gesellschaft ist auch misstrauisch geworden. Wem soll sie angesichts der Informationsflut noch Glauben schenken? Versucht nicht jeder ein Produkt zu verkaufen, ohne Rücksicht auf die tatsächlichen Bedürfnisse der Menschen zu nehmen? Aus diesem Grund bevorzugen die Menschen wieder eher die Konsultation mit einem Arzt, als sich auf die Tipps einer Gesundheitsbloggerin zu verlassen, deren Artikel nur so von Product-Placements bestückt sind.

Als logische Folgeentwicklung zu den erstgenannten Trends, lebt die Gesellschaft nach dem „Nature as Guideline-Prinzip". So entfernte sich die digitalisierte Gesellschaft immer mehr von der Natur. Auf der Suche nach Authentizität und Einfachheit findet sich die Natur als Fluchtort wieder. Gleichzeitig integriert sich die Natur aber auch immer mehr in den Alltag: Dachgärten schmücken die sonst so verstädterte Umgebung, viele Menschen ziehen aus den Ballungszentren in ruhige und naturbelassene Vororte. Auch das Leben auf dem Bauernhof erfreut sich wieder großer Beliebtheit.

Persona

Familie Richter, das sind Vater Martin (43), Mutter Elisabeth (37), Sohn Paul (10) und Tochter Mia (4), lebt seit vielen Jahren in einer großen Eigentumswohnung im Münchener Stadtteil Giesing. Während Martin Richter als IT-Softwareentwickler beim bayerischen Automobilhersteller BMW beschäftigt ist, arbeitet Elisabeth Richter als Grundschullehrerin in den Fächern Deutsch und Sport in der Maxvorstadt. Dank ihrer Karrieren leben Sie ein finanziell sorgenfreies Leben und auch die Kinder können sehr behütet aufwachsen. Auf der anderen Seite zehren das immer schneller werdende Leben und die wachsenden Anforderungen ihrer Jobs an den Kräften der jungen Eltern.

Während sich Martin Richter ständig mit neuen technischen Entwicklungen der IT-Branche konfrontiert sieht, hat Mutter Elisabeth mit Helikoptereltern zu kämpfen, die die Karrieren ihrer Kinder im Kopf bereits durchgeplant haben. Diese möchten sichergehen, dass die Sprösslinge, nebst dem privat organisierten Geigen- und Eiskunstlaufunterricht, auch in der Schule die bestmögliche Ausbildung genießen. Regelmäßige Konsultationen und Sprechtage gehören also schon wie selbstverständlich zum Berufsalltag.

Während Mia noch in den Kindergarten geht – die Einschulung steht erst in zwei Jahren bevor – besucht Paul bereits die vierte Klasse einer Grundschule im Heimatort Giesing. Der Gesellschaftstrend "Nature as Guideline" geht auch an den jungen Eltern nicht vorbei und so ist es ihnen sehr wichtig, dass ihre Kinder trotz ihres Lebens in der Großstadt sehr naturverbunden aufwachsen können, schließlich wird ein naturbelassenes Leben als Ideal angesehen. Aufgewachsen sind die Eltern nämlich beide außerhalb Münchens – Vater Martin in Staatsbad Bad Kissingen und Mutter Elisabeth im oberfränkischen Kulmbach. Ein Studium an der Uni München führte das Paar zusammen. Später entschlossen die Eltern, im Sinne der Karriere in der Landeshauptstadt zu bleiben. Sie sind jedoch der Ansicht, dass ein Großwerden in der Natur förderlich für die Entwicklung der Kinder ist, drum sind sie sehr darum bemüht, dass Mia und Paul möglichst viel Zeit abseits des Großstadtlebens verbringen – gerade in einer Zeit, in der Naturräume kleiner werden und die digitale Welt diese zu ersetzen droht. Gleichzeitig spiegelt sich in der Erziehung der Kinder auch die eigene

Sehnsucht nach einer Zeit ohne Terminkalender, Leistungsdruck und Technologisierung wider. Gesundheit spielt in dem Leben der Familie eine große Rolle: Während sich Martin trotz einer mitunter 60 Stunden Woche dazu aufrafft, mindestens dreimal die Woche ins Fitnessstudio in Giesing zu gehen, nimmt sich Elisabeth ihre Auszeiten beim Yoga-Kurs. Paul spielt in der F-Jugend der Spielvereinigung Haidhausen und Mia hat sich erst kürzlich mit ihrer Freundin beim Ballett angemeldet. Darüber hinaus achten die Eltern auch darauf, dass sich die Kinder ausgewogen ernähren. So engagieren sie sich für die Solidarische Landwirtschaft eines Hofes aus der Region: Für einen monatlichen Betrag von 100 Euro erhalten sie im Gegenzug Milch, Butter und frisches Gemüse. Den Eltern liegt ihr Engagement sehr am Herzen und sie freuen sich, dass ihre Kinder wissen, woher die Produkte stammen, die bei der Familie auf den Tisch kommen.

Produktinnovation: WellFarm

Die WellFarm ist eine Wellness-Farm im Allgäu. Sie kombiniert die Idee des „Urlaubs auf dem Bauernhof" mit wellnesstypischen Elementen. Die WellFarm ist eine eigene, kleine Destination und ist ein Ort für Groß und Klein. Besonders beliebt ist die WellFarm bei den Großstädtern aus München, Innsbruck und Zürich, aber auch Erwachsene und Familien aus der näheren Umgebung nehmen gerne eine kurze Wochenendauszeit auf der WellFarm.

Abbildung 53: Wellnesstourismus WellFarm Logo
Quelle: Eigene Darstellung

In der WellFarm übernachten die Gäste nicht in Hotelbetten oder Suiten, sondern naturbelassen in einer Heuherberge mit dem Schlafsack. Vom krähenden Hahn oder einem bellenden Hund geweckt werden, gehört zum Erlebnis der WellFarm. Gebucht werden können verschiedene Übernachtungsoptionen: egal ob Einzel-, Paar- oder Familienkabinen, hier ist für jedermann etwas dabei.

Wer seinen Vierbeiner mitbringen möchte – egal ob Hund oder Katze - ist in der WellFarm ebenso herzlich willkommen.

Frische Eier und Milch aus dem Stall am Morgen, Salat und Kartoffeln vom Feld nebenan – die Verpflegung erfolgt selbstverständlich mit hofeigenen Produkten. Der Wellnessgedanke fängt auf der WellFarm nämlich schon bei der Ernährung an und setzt sich konsequent über die Angebote fort. Ganzheitliche Wellness ist hier das Stichwort. Ein Kräutergarten mit über fünfzig verschiedenen Heil- und Gewürzkräutern lässt darüber hinaus die Herzen der Tee-Liebhaber höherschlagen.

Was die WellFarm von anderen Urlaubshöfen unterscheidet, ist die Integration von anerkannten Wellnessangeboten in das Hoferlebnis. Der Kern der WellFarm ist der 4.000 Quadratmeter große Saunagarten mit 15 verschiedenen Saunen, wie der Heubad-Sauna, in der die Gäste in feucht-warmem Heu baden können, ein Salzstollen mit alpinen Kristallen und ein Becken für das berühmte Wassertreten nach Sebastian Kneipp.

Nebst Wellness und Verpflegung, versteht sich die WellFarm vor allem auch als Erlebnisort für Groß und Klein. Insbesondere für Kinder hat die WellFarm vieles zu bieten: In der WellFarm toben die Kinder im Heu, vergnügen sich auf einer Holzrutsche und Erklimmen Kletterbäume. Wem die Energie doch einmal zur Neige gehen sollte, der kann mit den Bauern der WellFarm Stockbrot backen.

Doch auch für Erwachsene hält die WellFarm ein Erlebnis bereit: Wer einen Führerschein besitzt, der kann auf Anfrage einen Traktor der WellFarm ausleihen und nach kurzer Einweisung und unter Aufsicht ein paar Runden auf dem Feld drehen. Für die Kinder hält der Traktor einen Platz mit Anschnallgurt bereit.

Reiseverlauf

Es ist Frühling in München und Familie Richter sitzt an einem sonnigen Samstagmorgen gemeinsam am Frühstückstisch. Nicht mehr lange und es sind Sommerferien, das gilt sowohl für die Kinder als auch für Mutter Elisabeth. Auch Vater Martin hat seinen Urlaub bei BMW für die zweite Julihälfte beantragt. Es kommt die alljährliche Frage auf, wohin es dieses Jahr gehen soll.

In der Natur möchte die Familie ihren Urlaub verbringen, weg von der Hektik des Großstadtlebens, für eine Woche mal richtig abschalten. Gleichzeitig muss die Destination kinderfreundlich sein. Eine Erlebnisreise, die Spiel, Spaß und Entspannung vereint. Auf ihrer Suche werden Sie auf die Website der Well-Farm aufmerksam. Urlaub auf dem Bauernhof kombiniert mit Wellness und Erlebnis? Genau das Richtige für die vierköpfige Familie.

So machen Sie sich an einem sonnigen Vormittag im Juli auf, in die nur 150 Kilometer entfernte WellFarm im Allgäu. Schon die Bahnfahrt wird für die Kinder zum Erlebnis. Stück für Stück entfernen sie sich aus der Großstadt, beim

Blick aus dem Fenster wird die Landschaft mit jedem Halt ein bisschen bunter. Nicht nur die Kinder freuen sich bei dem Anblick blühender Rapsfelder und saftig grüner Weiden. Der Schaffner nimmt derweil mit Freude zur Kenntnis, dass sich die Familie für das sogenannte Öko-Ticket der Bahn entschieden hat. Damit, so erklärt Martin seinen Kindern, unterstützt die Familie das Bahnunternehmen dabei, dass es mit Strom fahren kann, der zu 100% aus erneuerbaren Energien gewonnen wird. Auf diese Weise, so führt er aus, würde die Familie einen kleinen Beitrag dazu leisten, dass die Wiesen und Weiden auch in Zukunft so schön bunt blühen können. Mit den immer größer werdenden Gebirgen um sich herum wächst allmählich Pauls' Ungeduld. Weit kann es nicht mehr sein, denkt er sich. Elisabeth erklärt, bei der Ankunft würden Taxen der WellFarm auf sie warten, die ebenso wie die Bahn, in der sie gerade sitzen, sehr umweltfreundlich angetrieben werden.

Und tatsächlich, bei der Ankunft sieht die Familie draußen auf dem Parkplatz einen weißen Mercedes, der die Aufschrift „eTaxi – Wir fahren elektrisch!" trägt. Der Wagen fährt sie bis an den Fuß der Allgäuer Gebirge, von wo aus es für die Familie nicht mehr weit ist zu ihrer WellFarm. Auf der Farm angekommen, wird die Familie vom Hofbesitzer Fiete Heselhaus empfangen und durch das weitläufige Gelände geführt. Vorbei an bunten Almwiesen, dem Saunagarten und dem Kräutergarten geht es in die Heuherberge der Allgäuer WellFarm.

Während die Kinder dabei zusehen, wie die Kaninchen gefüttert werden, beziehen Elisabeth und Martin die Familienkabine in der Almhütte. Gemeinsam mit Lena Liebert, der SPA Managerin der WellFarm und gleichzeitig der persönliche Concierge der Familie, tauschen sich die Eltern über ihre Wünsche und Vorstellungen ihrer siebentägigen Auszeit aus. Lenas Aufgabe ist es, den Aufenthalt durch das Erfüllen von Sonderwünschen und das Aussprechen von Empfehlungen zu etwas Unvergesslichem zu machen. Das Elternpaar erzählt Lena Liebert von ihrem Berufsalltag und den Herausforderungen, mit denen Sie konfrontiert werden: Unterrichtsvorbereitung, Klausurenkontrolle und Helikoptereltern auf Seiten der jungen Lehrerin und der durch ständigen technologischen Wandel angetriebene Erfolgsdruck auf Seiten des ambitionierten Softwareentwicklers Martin. Die Zeit mit den Kindern ist dabei mitunter rar gesät. Frau Liebert ist überzeugt davon, dass die WellFarm genau das richtige für die junge Familie ist.

Gemeinsam haben die jungen Eltern, in enger Absprache mit der SPA Managerin Lena Liebert, einen Plan mit Wellness-Anwendungen kreiert, welcher zielgerichtet auf die Bedürfnisse und Wünsche der Familie angepasst ist. Die Idee des WellFarm Aufenthaltes ist es, dass sich die Besucher ganz frei in der Farm, dem Wellnessbereich und der Saunalandschaft bewegen. Der Anwendungsplan mit Empfehlungen der SPA-Expertin trägt jedoch dazu bei, gezielt die Problembereiche des Ehepaares anzugehen. Während sich Martin Richter aufgrund seiner stark bürofokussierten Tätigkeit, bei der er oftmals viele Stunden an der Entwicklung einer Software sitzt, Rückenprobleme eingeschlichen haben, zeigen sich bei Elisabeth immer wieder Symptome der Erschöpfung, Müdigkeit, Kopfschmerzen und Angespanntheit.

Den ersten Nachmittag verbringt das Elternpaar damit, sich mit der malerisch schönen Allgäuer Alpenlandschaft und der weitläufigen WellFarm vertraut zu machen, während die Kinder bereits neue Freunde gewonnen haben, mit denen sie auf der Wiese toben. An ihrem ersten Abend findet sich die Familie zum gemeinsamen Abendessen zusammen, bei dem sich auch ein Hüttenwirt mit an den Tisch setzt und Anekdoten und Geschichten vom Leben auf der Alm erzählt.

Die Familie wird durch das Krähen vom Hahn geweckt. Der erste richtige Tag auf der WellFarm beginnt um 08.00 Uhr in der Früh mit einem ausgewogenen Frühstück: Frische Eier und Milch, selbstgebackenes Brot, hausgemachte Marmelade, geräucherter Schinken und feine Käsesorten aus eigener Herstellung kommen hier auf den Tisch.

Nach dem Frühstück trennen sich die Wege der Familie: Die Kinder nehmen an der Erlebniswanderung „Auf den Spuren unseres Tommys" teil, bei der es darum geht, durch kleine Spiele und das Meistern von Herausforderungen den Hofhasen Tommy zu finden. Sie lernen dabei, welche Beeren und Kräuter mit Appetit und ohne Vorbehalte gegessen werden können, welches die Lieblingsspeisen der Hoftiere sind und lernen nebenbei die Vielfalt der Tier- und Pflanzenwelt im Allgäu kennen.

Elisabeth und Martin Richter schwitzen derweil im Saunagarten der WellFarm. Sie beginnen dabei mit dem Klassiker, der finnischen Sauna. Die rund 90 Grad heiße Sauna ist ideal, um den Körper langsam auf Betriebstemperatur zu bringen. Ihr Besuch hat dabei vielerlei positive Wirkungen, wie auf das Immunsystem oder die Muskulatur. Zehn bis fünfzehn Minuten, so haben sich die beiden von der SPA Managerin erklären lassen, solle ein Saunagang andauern, immer in Abwechslung mit einer Abkühlphase an der frischen Luft.

Nach der finnischen Sauna entscheiden sich die beiden für einen Gang ins Heubad. Wie der Name schon preisgibt, wird hier im feucht-warmen Heu gebadet. Dabei wird der Heusack mit getrockneten Blüten, Samen und Blättern ins warme Badewasser eingetaucht. Durch die Kombination aus Wärme und Wasser werden ätherische Öle aus den Heublumen gelöst. Wie auch die finnische Sauna, regt das Heubad den Stoffwechsel an, darüber hinaus zeigt es eine besonders erfrischende und erholsame Wirkung bei körperlicher und seelischer Erschöpfung und lindert nebenbei auch muskuläre Beschwerden.

Nach dem Heubad folgt der Besuch des Salzstollens. Dies ist ein mit Salzsteinen ausgekleideter Raum bei einer Temperatur von 23 Grad Celsius und sehr hoher Luftfeuchtigkeit. Nach und nach steigt weißer Nebel empor und beruhigt die Sinne des Ehepaares. Martin und Elisabeth profitieren von dem Gang in die Salzgrotte besonders dadurch, dass die Atemwege befreit werden. Spürbar wird so das Wohlbefinden gesteigert.

Abends findet sich die Familie mit ihren Kindern am prasselnden Lagerfeuer wieder zusammen. Das Stockbrotbacken versetzt dabei nicht nur die Kinder in Abenteuerlust. Auch die Eltern genießen das Abschalten vom Alltag in München, fern von vibrierenden Smartphones und aufblinkenden Emails. Gemeinsam stellt die Familie Brot aus feinem Hefeteig her, garniert es mit aromatischen Kräutern aus dem hofeigenen Kräutergarten und verfeinert das Brot mit etwas Honig und Marmelade. Schließlich holt Martin Richter noch seine Gitarre hervor und lässt den Abend unter klarem Sternenhimmel mit Oasis' „Wonderwall" abklingen.

Tag drei auf der WellFarm bricht an: Im Vergleich zum gestrigen Tag haben Elisabeth und Martin heute ganz eigene Pläne. Während erstere sich vor allem im Kneippbecken probieren möchte, plant Martin den Tag mit einer Traktorfahrt vor allem für die Kinder zu einem unvergesslichen Erlebnis zu machen. 35 Euro beträgt die Leihgebühr pro Stunde. Einzige Voraussetzung: ein PKW-Führerschein. Als erstes gilt es eine der vielen Landmaschinen zu wählen. Auf Wunsch seiner Kinder entscheidet sich Martin für das größte zur Verfügung stehende Fahrzeug der Marke John Deere. Er erklärt ihnen, dass dieser im Alltag für vielerlei Arbeiten eingesetzt wird, wie zum Beispiel Säh- und Düngearbeiten. Heute sind die Fahrzeuge schon wahre Technikwunder und gleichen in ihrer Ausstattung mit Joystick schon fast einem Flugzeug-Cockpit. Zu Martins Beruhigung reicht es jedoch aus, nur das Gaspedal und das Lenkrad zu bedienen. Nach einer kurzen Einweisung geht es dann auch schon rauf aufs Feld, auf welchem er ganz unvoreingenommen ein paar Runden drehen und die strahlenden Augen seiner Kinder genießen kann.

Derweil wendet sich Elisabeth Kneipps wohl berühmtester Wasseranwendung zu: Dem Wassertreten. Inmitten des Saunagartens befindet sich das kühle Wasserbecken. Das Einzige, was Elisabeth tun muss, ist, wie im Storchengang auf der Stelle zu treten. So simpel das Wassertreten auch erscheinen mag, es zeigt eine Vielzahl positiver Effekte. Es fördert die Durchblutung, kräftigt die Venen und hilft sogar gegen Krampfadern.

Nach ihrer Wellness-Einheit findet sich Elisabeth wieder mit ihren drei Liebsten zusammen. Nun heißt es Wasserball spielen und entspannen im Pool der Wellnessanlage.

Der vierte Tag auf der WellFarm beginnt sportlich: Rund 15 Besucher der WellFarm haben sich in der Früh zum gemeinsamen Yoga zusammengefunden. Darunter auch Elisabeth und Martin. Ihre Kinder träumen derweil noch im Heubett. Die Übungseinheit stärkt die Koordinationsfähigkeit, die Flexibilität, die Kraft und Ausdauer und bringt im Übrigen auch den Stoffwechsel in Schwung.

Nach einem vollwertigen Frühstück macht sich die Familie auf zu einer Wanderung durch die sanften Hügel der Allgäuer Täler. Die Natur und das Wetter zeigen sich von ihrer besten Seite, sodass sich sogar in den Bächen der Voralpenlandschaft ausgetobt werden kann. Entsprechend müde kehrt die Familie nach über vier Stunden in der Natur wieder in der WellFarm zurück. Hier warten vor allem wohlverdiente Massagen auf Elisabeth und Martin. Während sich ersterer für eine Rückenmassage entscheidet, genießt Elisabeth eine Hot-Stone-Massage, welche Muskelverspannungen löst und die Blutzirkulation anregt.

Besonders wichtig ist es für die Richters, dass das Wellnessprogramm nicht nur für die fünf Tage anhält, sondern dass sie auch langfristig von ihrem Aufenthalt profitieren. Sie möchte Wellness-Anwendungen nicht nur lose praktizieren, sondern auch verstehen, wofür die Anwendungen gut sind. So vereinbaren die Eltern ein Abschlussgespräch mit der SPA-Managerin Lena. Sie erklärt ihnen, dass viele der Elemente, die die WellFarm umfasst, auch ganz einfach in München umgesetzt werden können: Sei es das Praktizieren von Yoga auf der Matte im Wohnzimmer oder das Kneipptreten im Gartenteich des Hauses. Auch ein Kochbuch mit leckeren, gesunden Rezepten gibt es zum Abschied, womit eine Reise zu Ende geht, die der Familie noch lange in Erinnerung bleiben wird.

5.2.2 Extremszenario I

Nachdem das Trendszenario dargestellt wurde, widmet sich das folgende Kapitel dem ersten Extremszenario. Dieses trägt den Namen „Health as Religion" und verbindet die Trends **Timeless Society**, **Health Fanaticism** und **Protest against Progress**.

Gesellschaft

Die Verbindung zwischen den Trends „Timeless Society", „Health Fanaticism" und „Protest against Progress" führt dazu, dass der Wunsch nach einem langsameren, bewussteren und gesünderen Leben immer mehr wächst. Die Menschen sehnen sich nach Ruhe, Ursprünglichkeit und der Nähe zur Natur. Das Leben auf dem Land wird immer attraktiver und die Gesellschaft ist bereit auf die Vorzüge der Stadt, wie die Möglichkeit des ständigen Konsums, die hohe Mobilität und die unendlichen Unterhaltungsmöglichkeiten, zu verzichten.

Die voranschreitende Digitalisierung wird kritisch und ablehnend betrachtet und die Menschen sehen Digital Devices als Gefahr für den inneren Frieden und für die Gesundheit. Social-Media-Kanäle gibt es so gut wie gar nicht mehr, sie sind eher verpönt. Wer noch einen besitzt, hat sich nicht intensiv genug mit sich selbst und seiner Gesundheit auseinandergesetzt. Denn jeder weiß, dass das ständige Vergleichen und der ständige Konsum von Social-Media krank macht und die Psyche belastet. Durch die sozialen Medien erlebten die Menschen eine Art Entfremdung. Der Trend „Protest against Progress" bedeutet, dass die Menschen eine intensive Forschung in Richtung Automatisierung, Roboter und Drohnen ablehnen, aber trotzdem noch das Internet nutzen, allerdings nur wenn es wirklich notwendig und sinnvoll ist.

Die Gesundheit ist das wichtigste und kostbarste Gut und die Menschen versuchen ihr Leben durch eine natürliche und bewusste Lebensweise zu verlängern und zu optimieren. Hiermit wird der Trend „Health Fanaticism" integriert. Dabei spielt eine digitale Unterstützung, wie beispielsweise mit Fitness Trackern, keinesfalls eine Rolle, da digitale Produkte größtenteils abgelehnt werden. Elektrische Geräte sind den Menschen allgemein nicht so wichtig und sie versuchen so gut es geht, ohne diese zu leben.

Damit einher geht die Sehnsucht nach dem Wissen über die eigene Identität, die eigenen Werte und Persönlichkeit. Man weiß, was einem gut tut und versucht sich so gut wie möglich danach zu richten. Trotz der intensiven Auseinandersetzung mit sich selbst, steht das Wir-Gefühl im Vordergrund. Man möchte in Gemeinschaft zusammenleben und der persönliche Kontakt zu anderen ist essenziell für ein glückliches und erfülltes Leben.

Um all das zu vereinen, ziehen immer mehr Leute in sogenannte WellVillages. Gemeinschaften, die gleichgesinnte Menschen zusammenbringen und ihre Lebensqualität durch eine einfache, natürliche, bewusste, selbstständige und nachhaltige Lebensweise steigern wollen. Die persönliche Entwicklung wird mit Hilfe von Spiritualität, viel Bewegung, Kreativität und anderen gesundheitsfördernden Maßnahmen extrem positiv beeinflusst.

Innerhalb der Gemeinschaft spielen Geld und Zeit eine untergeordnete Rolle. Nehmen und Geben ist Teil der Gesellschaft. Geld, was außerhalb der WellVillages durch den Verkauf selbst angefertigter Produkte, wie zum Beispiel Holzmöbel, natürlicher Kosmetikprodukte oder Lebensmittel eingenommen wird, wird mit der Gemeinschaft geteilt und es werden Dinge angeschafft, die allen zugutekommen. Jeder muss seinen Beitrag zur Gemeinschaft leisten, aber das passiert ohne Probleme, da jeder gewillt ist, Gutes zu tun und Positives beizutragen. Aufgaben in der Gemeinschaft sind zum Beispiel das Bewirtschaften der Felder, die Pflege der Obst- und Gemüsebeete, das Anfertigen von Möbeln, Kleidung und Kunstwaren, die Durchführung verschiedener Seminare und Kurse zum Thema Ernährung, Spiritualität oder Kreativität oder die Produktion von Nahrung. Bezogen auf die Zeit, erledigt jeder seine Aufgaben dann, wenn er es möchte. Da alle erfüllenden und lebenserhaltenden Aufgaben nachgehen, schieben die Menschen ihre "Arbeit" nicht auf und verrichten sie gerne. Hier kommt der Trend „Timeless Society" ins Spiel, der nicht zu wortwörtlich gesehen werden darf. Die Zeit existiert und zu bestimmten Zeiten richtet man sich auch danach. Man richtet sich zum Beispiel danach, wenn man sich außerhalb der WellVillages bewegt oder bestimmte Treffen innerhalb der Dörfer vereinbart. Im alltäglichen Leben allerdings, kommt man gut ohne das ständige Tragen einer Uhr am Handgelenk aus. Zeit und Geld werden eher als Stressfaktor und damit als ungesunde Komponenten des Lebens angesehen.

Die Gesundheit wird als eine Art Religion gesehen. Die Menschen zelebrieren ihr gesundheitsbewusstes Leben und treffen sich jeden Morgen zu einer Gesundheitszeremonie. Jeder kann freiwillig daran teilnehmen und gemeinschaftlich den Tag begrüßen. Meditation, Singen und Entspannungsübungen gehören zur Prozedur, die an dem zentralen Versammlungsort, auf einer von Natur umgebenen Lichtung, stattfindet. Ein sogenannter Gesundheitsguru leitet die Zeremonie. Er wird von der WellVillage Gemeinschaft gewählt und kann als „Dorfältester" gesehen werden, da er ein fundiertes und tiefgreifendes Wissen über alle Themen der Gesundheit besitzt.

Veganismus ist Teil der Lebensphilosophie der WellVillages. Die Menschen leben in Einklang mit der Natur und sehen Tiere als Teil der Gemeinschaft, nicht als Nutzobjekte. Obst, Gemüse und Getreide werden im Dorf selbst angebaut und gemeinschaftlich geteilt. Es wird viel Wert auf ursprüngliche und reine Lebensmittel gelegt, die zu einem gesunden Körper beitragen. Kleidung wird aus natürlichen Stoffen angefertigt, ohne Verwendung von Chemikalien. Kann ein WellVillage nicht selbst Kleidung anfertigen, tauscht man andere Güter mit einem anderen WellVillage oder man kauft welche mit dem gemeinschaftlichen Geld. Ist etwas kaputt, wird versucht, es wieder zu reparieren, zu nähen oder zu stopfen. Die „Health as Religion" - Gesellschaft ist das Gegenteil einer Wegwerfgesellschaft. Gereinigt und gesäubert wird ebenfalls ausschließlich mit natürlichen Mitteln wie Zitronensaft und Soda. Die Müllproduktion wird so gering wie möglich gehalten. Es wird viel recycelt, kompostiert und wiederverwertet.

Persona

Jette (29) und Moritz (34) leben zusammen in Hamburg und wohnen in dem schönen Stadtteil Rotherbaum nahe der Außenalster. Sie verdienen gutes Geld und es fehlt ihnen finanziell gesehen an nichts. Jette arbeitet in einer angesehenen Werbeagentur und hat sich dort eine sehr gute Position als Junior-Web-Designerin erkämpft. Moritz arbeitet bei einem großen Verlag, bei dem er ebenfalls sehr gutes Geld verdient und bei dem er Abteilungsleiter der Rubrik „Nachhaltiges Leben" ist. Beide haben sich schon seit zwei Jahren gemeinsam dem Veganismus angeschlossen. Vorrangig aus gesundheitlichen Gründen. Sie haben sich intensiv mit dem Thema auseinandergesetzt und sind zu dem Schluss gekommen, dass tierische Produkte schlecht für ihren Körper sind. Beide sind sportlich aktiv und legen viel Wert auf ihre Gesundheit. Jette liebt ihre tägliche Yogastunde und Moritz hält sich durch Fußball fit.

Jette kommt ursprünglich aus einem kleinen Dorf in der Nähe von Hannover und ist nach ihrem Studium in Medien- und Kommunikationswissenschaften in Bremen nach Hamburg gezogen, um dort Karriere zu machen. Zu Hause wurde ihr immer das Prinzip der Nachhaltigkeit vermittelt und sie ist ein sparsamer und bewusst lebender Mensch. Ihr Elternhaus ist harmonisch und sie wurde liebevoll und selbstbestimmt großgezogen. Mit ihren zwei Geschwistern pflegt sie eine positive und herzliche Beziehung, die ihr viel bedeutet. Während ihres Praktikums in Hamburg lernte sie dann Moritz kennen.

Er kommt ursprünglich aus Hamburg und ist seit seinem 12. Lebensjahr ein Scheidungskind. Anfänglich hatte er damit Probleme und er hatte eine rebellische Jugend, doch nach einer gewissen Zeit verstand er, dass eine Trennung für alle Beteiligten der bessere Weg ist. Moritz kommt seitdem sehr gut allein zurecht und hat immer gelernt auf eigenen Beinen zu stehen. Genau das bewundert und liebt Jette an Moritz. In der Beziehung zu Jette hat er eine ersehnte Konstante in seinem Leben gefunden. Sie tut ihm gut und vermittelt ihm ein Gefühl von Zu Hause und Geborgenheit.

Bei einem gemeinsamen Urlaub in Spanien haben die beiden einen Hund von der Straße geholt, der heute ihr treuer Begleiter ist. Rudi begleitet einen von beiden immer zur Arbeit und mit ihm sind sie oft in der Natur im Umland von Hamburg unterwegs. Trotz ihres scheinbar erfüllten Lebens, fehlt ihnen etwas. Die Sehnsucht nach Ruhe, Natur und Ursprünglichkeit wird, in der immer schneller und lauter werdenden Großstadt, immer stärker und beide wissen, hier werden sie auf Dauer nicht glücklich. Jette hat seit einiger Zeit mit Migräne und Unwohlsein zu kämpfen und ist immer unzufriedener mit dem ständigen Sitzen und auf den Bildschirm starren, bedingt durch ihren Job. Moritz, der jeden Morgen und Abend eine längere Zeit in der U-Bahn verbringt und die vielen energielosen Gesichter sieht, ist sich sicher, so möchte er den Rest seines Lebens nicht verbringen. Aus diesem Grund beschließen beide, einen „Schnupperurlaub" in einem nicht weit von Hamburg entfernten WellVillage zu machen, da sie schon länger darüber nachdenken, an einen ruhigeren Ort zu ziehen, der ihrem Leben mehr Erfüllung und Sinnhaftigkeit gibt. Einige ihrer Bekannten und Freunde sind diesen Schritt bereits gegangen und berichten von einer durchweg positiven Lebensveränderung.

Produktinnovation: WellVillages worldwide

In den sogenannten WellVillages leben die Menschen in Gemeinschaft zusammen und sehen ihre Gesundheit als höchstes Gut. Entschleunigung und ein erfülltes, glückliches Leben stehen hier im Fokus und ziehen immer mehr Menschen an. Jedes WellVillage hat ein sogenanntes „Center of well-being" in dem die Menschen die pure Entspannung erleben, sich kreativ ausleben und Körper und Seele etwas Gutes tun können. Hier stehen den Bewohnern des WellVillages Yogakurse, Ernährungsseminare, Stressmanagementschulungen, Fitness- und Kreativkurse zur freien Verfügung. Es wird ebenfalls viel Wert auf Spiritualität gelegt. Dazu werden Kurse, Seminare und Zeremonien angeboten, die die Gesundheit zelebrieren und als höchstes Gut feiern. Hier sollen auch Menschen überzeugt werden, die ihre Gesundheit nicht ernst genug nehmen und die „auf dem falschen Weg" sind.

WellVillages gibt es auf der ganzen Welt. Immer mehr Menschen finden sich zusammen und gründen neue Gemeinschaften. Um einen Austausch zwischen den Dörfern zu fördern, existiert das Netzwerk „WellVillage worldwide" mit dem Slogan: „connecting likeminded people".

Abbildung 54: Wellnesstourismus WellVillage worldwide Logo
Quelle: Eigene Darstellung

Menschen mit der gleichen Gesinnung, die sich der „Religion" Gesundheit angeschlossen haben, sollen sich verbunden fühlen und die Möglichkeit haben, sich mit anderen WellVillages auszutauschen. Der Austausch findet allerdings nicht online, sondern face-to-face statt. Jedes WellVillage ist individuell und beheimatet Menschen mit unterschiedlichen Expertisen, Fertigkeiten und mit unterschiedlichem Wissen. Das heißt, jedes WellVillage hat unterschiedliche Schwerpunkte. Davon können andere Dörfer profitieren. Auf der WellVillage worldwide Website kann man sich die Profile anderer Dörfer anschauen und dann entscheiden, wohin man „reisen" möchte. Durch das sogenannte „Well-Swapping" tauscht man für einen individuellen Zeitraum den Wohnort mit einem Menschen aus dem gewünschten Dorf. Auf der Plattform gibt man das gewünschte WellVillage, seinen Wunschzeitraum und Bilder von seiner eigenen Umgebung an, und sendet dann eine Anfrage an das präferierte WellVillage. Die Anfrage wird außerdem auf der eigenen WellVillage Website veröffentlicht, sodass Bewohner anderer Dörfer eine Anfrage an einen selbst senden können.

Stehen der Zielort sowie der Zeitraum fest, können sich die Menschen ein individuelles, ganzheitliches Wellnessprogramm zusammenstellen, bestehend aus Entspannung, Ernährung, physischer Fitness, Gesundheitszeremonien und Kreativkursen. Dabei spielt die Wissensvermittlung bezogen auf die Gesundheit eine große Rolle. Da jedes Dorf unterschiedliche Schwerpunkte hat, können die Menschen von einem Well-Swapping in allen Bereichen ihres Lebens profitieren.

Für Menschen, die außerhalb der WellVillages leben, ist es möglich für eine bestimmte Zeit in einem der Dörfer Urlaub zu machen und diese besondere Lebensform kennenzulernen. Dafür müssen sie allerdings Geld bezahlen und wohnen dann im „WellVisitor-District". Diese Zeit im WellVillage nutzen die Bewohner der Dörfer, um Außenstehende von der Idee, die Gesundheit als ihre Religion anzunehmen, sich der Gemeinschaft anzuschließen und ein gesünderes, erfüllteres Leben zu leben, zu überzeugen. Das globale Ziel der WellVillages ist, so viele Leute wie möglich von ihrer Lebensweise und Religion zu überzeugen und damit die Gesellschaftsstruktur zum Positiven zu verändern.

Reiseverlauf

Jette und Moritz haben einen zweiwöchigen Aufenthalt im WellVillage Lütjensee gebucht. Sie sind sehr gespannt, was sie dort erwarten wird und erhoffen sich eine zukunftsweisende Erfahrung vor Ort. Auf der Plattform WellVillages worldwide haben sie sich das WellVillage in der Nähe von Hamburg rausgesucht. Entscheidend war für sie, dass sie nicht so weit fahren müssen, dass sie nicht fliegen müssen und dass ihnen das Wellness, Sport- und Kreativprogramm vor Ort zusagt.

Auf der WellVillage worldwide Website sind alle WellVillages aufgeführt und diese stellen sich detailliert vor. Da die beiden noch keine Bewohner einer solchen Gemeinschaft sind, kommt ein Well-Swapping nicht in Frage und sie müssen für ihren Aufenthalt bezahlen. Die zwei Woche im WellVillage Lütjensee kosten die beiden jeweils 1.000€. Im Preis sind Unterkunft, Verpflegung und Kursprogramm inkludiert.

Auf der Website haben sich die beiden im Vorhinein ein Urlaubsprogramm zusammengestellt. Man kann zwischen diversen Entspannungs-, Ernährungs-, Kreativ, Handwerks- und Sportkursen wählen und sich seine Urlaubstage so gestalten, wie man möchte. Dabei spielt die Wissensvermittlung bezogen auf die Gesundheit eine große Rolle. Jedes Dorf hat dabei unterschiedliche Schwerpunkte, wodurch die Menschen von einem Urlaub vor Ort oder auch von einem Well-Swapping profitieren.

Da Jette seit einiger Zeit mit Kopfschmerzen zu kämpfen hat, stellt sie sich ein intensives Entspannungsprogramm zusammen, unter anderem bestehend aus verschiedenen Massagen, täglich zwei Mal Yogastunden und einem Happiness-Seminar. Moritz möchte sich kreativ austoben und bucht sich ein mehrtägiges Schreinerseminar, in dem er lernen möchte, wie er selbst einen Tisch bauen kann, ein Gemüsebeet-Seminar sowie mehrere Saunagänge.

Der Tag ist gekommen und die beiden starten voller Vorfreude mit einem Shared Transport von Hamburg aus Richtung WellVillage Lütjensee. Mit ihnen fahren noch zwei weitere Personen, die dort ihren Urlaub verbringen möchten. Der Transport wird vom VillageVan (einem Elektrobus) organisiert. Dieser sammelt alle an einem zentralen Ort in Hamburg ein. Auf der Fahrt erzählt ihnen

Benny, der Busfahrer, dass die Urlauber Glück haben, dass sie noch einen Platz haben, da das WellVillage Lütjensee in letzter Zeit so gut wie immer ausgebucht und sehr gefragt ist. Generell berichtet er, ist der Ansturm auf die WellVillages seit einem Jahr enorm und immer mehr Menschen entscheiden sich dazu, ganz dorthin zu ziehen.

Die Gruppe fährt vorbei an gemütlichen Bauernhöfen, strahlend blühenden Blumenwiesen und saftgrünen Wäldern. Jette und Moritz merken, wie sie entspannter werden und sich immer mehr entfernen von dem hektischen Stadtleben. Nachdem sie eine lange Allee entlanggefahren sind, gesäumt von sonnengelben Rapsfeldern, fahren sie auf ein großes Schild zu, mit der Aufschrift „WellVillage Lütjensee – Glücklich leben". Auf dem zentralen Platz des Dorfes angekommen, werden sie von der Gästebeauftragten Mathilda begrüßt und sie bekommen alle bunte Blumengirlanden um den Hals gehängt.

„Willkommen bei uns ihr Lieben" begrüßt sie Mathilda, „ich hoffe ihr hattet eine angenehme Fahrt und Benny war euch ein guter Fahrer." Mathilda bringt Jette und Moritz in ihre Unterkunft, um die anderen beiden kümmert sich jemand anderes. Jeder der ins WellVillage kommt, hat seinen eigenen Betreuer, um einen persönlichen und intensiven Austausch zu garantieren.

Die Wohnung von Jette und Moritz befindet sich im „Guest-District" nahe des „Center of Well-Being" und besitzt einen kleinen gemütlichen Garten, eine helle Küche und ist mit freundlichen Naturmaterialien ausgestattet. Mathilda erklärt den beiden, dass sie es sich jetzt erstmal gemütlich machen und in Ruhe angekommen können. Am Abend findet das gemeinsame Abendessen statt, bei dem kommen kann, wer möchte. Da es der erste Abend für Moritz und Jette im WellVillage Lütjensee ist, empfiehlt sie den beiden zu kommen. Die beiden stimmen erfreut zu.

Abbildung 55: Wellnesstourismus Häuser im WellVillage
Quelle: GEN Deutschland e.V, (2019)

Am Abend werden die beiden dann von der fröhlichen und herzlichen Gemeinschaft begrüßt und sie treffen auf andere Urlauber des WellVillage. Es ist ein gemeinschaftliches und angenehmes Miteinander und die Leute genießen das Zusammensein. Es gibt frisches Gemüse, leckere Saucen und Säfte auf den Tischen und jeder der teilnehmenden Anwohner trägt etwas zum Abendbrot bei. Wer mal einen schlechten Tag hat, was äußerst selten vorkommt, bleibt zu Hause und wird keinesfalls gezwungen an irgendwelchen Zusammentreffen teilzunehmen. Alles passiert auf freiwilliger Basis.

Norbert, der „Dorfälteste" und von der Gemeinschaft ernannte Gesundheitsguru, eröffnet das Abendessen und begrüßt die Neuankömmlinge herzlich mit einem lauten „Lets's be healthy, let's be happy!". Norbert hat ein tiefgreifendes und allumfassendes Wissen über Körper, Geist und Seele und ist der Experte auf dem Gebiet der ganzheitlichen Gesundheit. Seit seiner Jugend beschäftigt er sich intensiv mit sich selbst, seiner Ernährung sowie Yoga und Meditation und hat zum Thema Gesundheit so gut wie auf jede Frage eine Antwort. Nach diesem langen und wunderschönen ersten Tag gehen Jette und Moritz gegen elf Uhr zufrieden ins Bett.

Am Morgen nehmen die beiden das erste Mal an der täglichen Gesundheitszeremonie teil. Jeden Morgen um 08.00 Uhr begrüßt das Dorf unter der Leitung von Norbert den Morgen mit einer kleinen Meditation und startet so entspannt und glücklich in den Tag. Danach gehen die Menschen ihren Tätigkeiten nach. Diese umfassen ein breites Spektrum, wie zum Beispiel, die Betreuung der WellVillage Gäste, das Bewirtschaften von Feldern, das Anfertigen von Möbeln, das Reparieren von kaputten Maschinen oder Kleidungsstücken, die Produktion von Nahrungsmitteln, wie Brot oder Marmelade, die Durchführung von Kreativkursen, zum Beispiel zur Landschaftsmalerei, die Zubereitung von Mahlzeiten für die Gemeinschaft oder auch die Instandhaltung der Gebäude im Dorf.

Die beiden Urlauber haben sich ein individuelles Wellnessprogramm zusammengestellt, was in einem WellVillages nicht nur Entspannungsangebote bedeutet, sondern einen ganzheitlichen Ansatz verfolgt, inklusive Aktivitäten für Geist und Seele, Kreativangebote und Seminare für eine sinnvolle Wissensvermittlung bezogen auf ein gesünderes und bewussteres Leben.

Während Jette sich bereit macht für ihren ersten Vinyasa-Yoga Kurs, freut sich Moritz auf seinen DIY – Heimwerkerkurs, bei dem er heute lernt, wie man sich einen Tisch selbst baut. Am Mittag kommen die beiden aufgeregt wieder zusammen und kochen sich in ihrer gemütlichen Unterkunft ein würziges Kürbiscurry. Die Zutaten wurden ihnen, inklusive des Rezeptes dazu, von dem internen Food-Delivery-Service „WellFood" gebracht. Moritz erzählt stolz, dass er gemeinsam mit einem anderen WellVillage Urlauber angefangen hat, einen massiven Holztisch zu entwerfen und dafür heute schon mal die Materialien ausgesucht hat. Er freut sich riesig darauf, etwas Eigenes zu kreieren und motiviert Jette dazu, auch in diese Richtung aktiv zu werden. Jette sitzt nach ihrem Yoga-Vormittag super entspannt am Küchentisch, und hört ihrem Freund erfüllt und begeistert von seinen Erzählungen zu. Sie erzählt, wie toll die heutige Yogaerfahrung war und dass diese sie in ihrem Wunsch, auch Yoga-Lehrerin zu werden, bestärkt hat. Das WellVillage Lütjensee bietet dafür die besten Voraussetzungen. Am Nachmittag hat Moritz einen Besuch im Saunagarten mit Badeteich gebucht und er widmet sich der Entspannung von Körper und Seele. Vor den Saunagängen wird ihm ein Saunaexperte eine professionelle Einführung in die Prozedur geben und den Saunierenden während des Nachmittags zur Seite stehen. Jette hat am Nachmittag einen Gärtner-Kurs gebucht, in dem sie heute lernen wird, wie man ein Kartoffelbeet anlegt, was man dabei beachten sollte und wie man erntet.

In den nächsten zwei Wochen gestalten sich die Zwei ihren Urlaub genauso, wie sie es möchten. Es gibt keinen Zeitdruck, wenn man mal keine Lust auf einen gebuchten Kurs hat oder sich nicht danach fühlt, ist das in Ordnung, und man gestaltet die Zeit nach seinen Wünschen. Diese Situation trat innerhalb der zwei Wochen allerdings bei keinem von beiden ein, da sie jeden Tag ein inspirierendes und erfüllendes Programm gebucht hatten. Am Ende des Aufenthaltes hatte Moritz seinen eigenen Küchentisch inklusive 4 Stühlen entworfen und gebaut, mehrere Kochkurse besucht, ein neues sportliches Hobby namens Thai Chi sowie seine Liebe zur Imkerei für sich entdeckt. Jette hat nach mehreren Gärtner-Kursen Lust auf einen eigenen Garten und möchte zukünftig ihr eigenes Gemüse und Obst wachsen sehen. Dazu hat sie sich intensiv mit der Haltung von Ziegen und Schafen beschäftigt, die sie ins Herz geschlossen hat. Die Liebe zu Tieren kann sie im WellVillage ausleben, da Mensch und Tier hier in Einklang leben. In Zukunft möchte sie gerne ihre Leidenschaft zum Yoga intensivieren und plant ihre Yogaausbildung im WellVillage zu machen. Der inspirierende buddhistische Yogalehrer Buhatsu hat es ihr angetan und sie überzeugt, dass es das Richtige für sie wäre.

Fazit dieser zwei Wochen: Jette und Moritz haben beschlossen, im nächsten Jahr in das WellVillage Lütjensee umzuziehen. Für sie steht fest: Das Leben im WellVillage ist das einzig richtige. Die vielen großartigen Erlebnisse und die intensiven Kurse und Zeremonien haben sie überzeugt. Sie möchten ihre Gesundheit zukünftig als ihre Religion annehmen und danach leben. Die anfängliche Idee ist nun ihr zukünftiger Lebensweg und Traum geworden und sie planen die finanziellen Mittel aufzubringen, um sich ein Leben im WellVillage, einem erfüllteren, einfacheren und gesünderen Leben in Gemeinschaft, zu ermöglichen.

5.2.3 Extremszenario II

Das zweite Extremszenario beinhaltet die Trendausprägungen **Fast-Moving-Life, Health-Resignation** and **Aprés moi le Dèluge**. Wie die Gesellschaft und eine mögliche Wellnessreise in diesem Zukunftsszenario aussehen, soll in dem folgenden Unterkapitel erläutert werden.

Gesellschaft

Eine zukünftige Gesellschaft, in der die oben genannten Projektionen kombiniert werden, ist durch schnelllebige, nicht gesundheitsbewusste und auf sich selbst fokussierte Lebensstile charakterisiert. Dabei beinhaltet die Selbstfokussierung nur die Konzentration auf eigene Erfolge, nicht aber auf die eigene ganzheitliche Gesundheit.

Eine Leistungsbereitschaft und -fähigkeit ist der höchste Wert dieser zukünftigen Gesellschaft. Nur wer viel arbeitet und einen Beruf mit erstrebenswertem Einkommen ausübt, wird anerkannt. Dabei haben sich im Laufe der Jahre die wissenschaftlichen und wirtschaftlichen Berufe durchgesetzt. Körperliche Arbeit wird durch die geringen Einkommensmöglichkeiten, nicht geschätzt. Von zentraler Bedeutung ist es, geistig leistungsfähig zu erscheinen, um die Karriereleiter in seinem Beruf erklimmen zu können. Um zumindest einen fitten und arbeitsbereiten Eindruck zu erwecken, geben die Menschen in dieser Gesellschaft viel Geld aus. Hierbei kommt es am meisten auf den äußerlichen Eindruck an und nur untergeordnet auf die tatsächliche Leistungsfähigkeit.

Die Gesellschaft im Allgemeinen sieht sich einem großen Zeitdruck ausgesetzt, wodurch zeiteinsparende Maßnahmen mit bequemen Beschaffungswegen kombiniert werden. Ein mindestens 9-stündiger Arbeitstag und stressige, von Stau geprägte Feierabende, belasten die Menschen. In dieser auf Schnelligkeit ausgerichteten Gesellschaft, werden "Fast Products" zu den Hauptkonsumgütern. Dies bedeutet, dass Menschen nicht nur ihre Lebensmittel, sondern auch weitere Produkte, wie Kleidung oder Möbel, zu jeder Zeit erhalten und konsumieren möchten. Daraus ergibt sich, dass sich diese Produkte nicht nur schnell einkaufen lassen, sondern zusätzlich in immer kürzer werdenden Abständen ausgetauscht werden. Umweltfreundliche und gesundheitlich unbedenkliche Produkte haben hierbei keine Bedeutung, da diese sich in der Regel weniger schnell beschaffen und konsumieren lassen.

Damit geht einher, dass auf Natürlichkeit und Nachhaltigkeit keine Rücksicht mehr genommen wird. Der eigene Lebensstil sieht es somit nicht vor, mögliche Konsequenzen für den eigenen Körper, aber auch für die Umwelt, mit einzubeziehen. Die einzigen Kriterien für die Wahl einzelner Konsumgüter sind Schnelligkeit, Bequemlichkeit und Integration in den Alltagsablauf. Daher werden mögliche Folgen einer Kauf- und Konsumentscheidung von den Menschen in dieser Gesellschaft ignoriert.

Die Gesundheit spielt in der Gesellschaft ebenso keine Rolle mehr. Durch einen Überfluss an teilweise widersprüchlichen medizinischen Informationen, sind die Menschen dazu übergegangen, nicht mehr bewusst ihren gesundheitlichen Bedürfnissen nachzugehen. Anstatt durch regelmäßige Untersuchungen beim Arzt eine einwandfreie Gesundheit zu gewährleisten, wird sich kaum noch dem eigenen körperlichen und seelischen Wohlbefinden gewidmet. Die selbstinitiierten Maßnahmen, wie das Konsumieren von Superfood-Smoothies, müssen dem schnellen Lebensstil angepasst sein und fördern lediglich eine oberflächliche Gesundheit. Demzufolge werden auch diese Konsumgüter industriell hergestellt und lassen sich schnell zwischendurch konsumieren. Besonders längere Auszeiten für die Regeneration von einem stressigen Alltag sind in dieser Gesellschaft nicht als erstrebenswert angesehen. Um die Leistungsfähigkeit jedoch aufrechtzuerhalten und somit in der Gesellschaft angesehen zu werden, sind chemisch hergestellte Medikamente beliebt geworden. Die darin enthaltenen Zusatzstoffe sollen die Gehirnleistung, aber auch das Aussehen verbessern. Die Optimierungs-Pillen werden individuell auf die Bedürfnisse abgestimmt, von intelligenten Maschinen produziert und ohne nähere Informationen von den Menschen in der Gesellschaft konsumiert. Neben den Pillen freuen sich auch Optimierungssubstanzen in flüssiger Form großer Beliebtheit, welche den Kunden in Einweg-ToGo-Plastikbechern in kioskähnlichen Analyse-Zentren gereicht werden. Dort lässt sich der aktuelle Körperzustand und das Aussehen in Sekundenschnelle ermitteln, woraus sich die Zusammensetzung der Drinks bestimmen lässt. Demnach soll ein optimaler Körper, so sieht es das heutige Schönheitsideal der Gesellschaft vor, nicht nur fit und leistungsbereit sein, sondern auch danach aussehen.

Die bereits genannten Charakteristika dieser Gesellschaft haben auch Auswirkungen auf die Wahl des Lebensraumes. Immer mehr Menschen entscheiden sich für ein Leben in der Stadt und gegen ein Leben in ländlichen Regionen. Dies gewährleistet eine höhere Flexibilität und die Möglichkeit alle Güter des alltäglichen Lebens ohne großen Aufwand zu erhalten. Ebenso sind die meisten Jobs, welche heutzutage überwiegend akademische Berufe sind, in den Städten angesiedelt. Dort wird sich vorwiegend mit dem eigenen Auto oder Taxis fortbewegt, wodurch sich der CO_2-Ausstoß in den vergangenen zehn Jahren verzwölffacht hat.

Generell sind die Menschen an eine nahezu ununterbrochene Versorgung mit allen denkbaren Produkten gewohnt. Dies führt dazu, dass auch natürliche Güter, wie Obst und Gemüse, heutzutage industriell hergestellt werden. Der Saisonalität dieser Produkte wird somit entgegengewirkt. Zusätzlich sind diese industriell hergestellten Produkte kostengünstiger und zu jeder Zeit zu erhalten.

Ein wichtiger Aspekt in dieser Gesellschaft stellt das immer stärker ausgebaute Internet dar. Dies wird nun weniger zur Informationsbeschaffung genutzt. Vielmehr bietet es unzählige und schnelle Möglichkeiten für die Beschaffung jeglicher Konsumgüter. Hierbei wird besonders auf die Schnelligkeit ebendieser geachtet. Lieferzeiten sind nahezu nicht mehr existent. Eine Lieferung innerhalb weniger Stunden gehört bereits zum Standard eines jeden Onlineversands. Lebensmittel werden besonders häufig bestellt, da die Menschen in der Gesellschaft keine Zeit zum Einkaufen, geschweige denn zum Kochen haben. Die Lieferzeit bei diesen Konsumgütern liegt heutzutage bei maximal zehn Minuten, sodass sich dies perfekt in den schnelllebigen Alltag integrieren lässt.

Persona

Tanja Hoffmann ist 51 Jahre alt. Sie lebt in einem mittelgroßen und modernen Zweizimmer-Apartment in Berlin-Steglitz.

Aufgewachsen ist Tanja zusammen mit einem jüngeren Bruder bei ihrer alleinerziehenden Mutter in einem Vorort von Hamburg. Ihre Eltern haben sich getrennt als Tanja ungefähr zehn Jahre alt war. Nach dieser Trennung hat Tanja bereits früh angefangen für ihren kleinen Bruder Jonas zu sorgen. Aus diesem Grund ist sie bereits früh selbstständig geworden. Im Alter von 18 Jahren ist Tanja für ihr Studium nach Berlin gezogen. Seitdem bewohnt sie ihre eigene Wohnung, wobei sie bereits drei Mal in unterschiedliche Stadtteile der Metropole umgezogen ist.

Derzeit wohnt Tanja Hoffmann in dem noblen Berliner Stadtteil Steglitz. Die moderne 40m² Wohnung ist clean und funktional eingerichtet. Durch eine Vielzahl an technischen Gadgets bietet das Apartment, neben einem intelligenten Kühlschrank, diversen Hausrobotern und einem intelligenten Lichtsystem, auch einen Smart-Mirror, welcher den aktuellen körperlichen und geistigen Zustand von Tanja Hoffmann analysieren kann.

Ihre Wohnung bewohnt Tanja derzeit allein. Durch ihren beruflichen Alltag bleibt keine Zeit für Mann und Familie. Generell ist ihr Lebensstil durch Stress und berufliche Verpflichtungen geprägt, sodass auch für Unternehmungen mit Freunden und Auszeiten keine Zeit bleibt. Durch ihre Fokussierung auf die schnelle Karriere ist Tanja Hoffmann bereits seit ihrem Masterstudium in International Finance und Control bei der Bank-Kette Fast Cash angestellt. Das Studium hat sie im Alter von 25 Jahren abgeschlossen. Nachdem sie 15 Jahre als Angestellte in Bereich Großkundenbetreuung tätig war, ist sie mit 41 Jahren zur Vorstandsvorsitzenden der renommierten Bank-Kette gewählt wurden. Diese Position hat zur Folge, dass Tanja Hoffmann fast 12 Stunden am Tag arbeitet und dadurch wenig Zeit für andere Tätigkeiten hat. So kommt sie abends selten vor 20 Uhr nach Hause und verlässt bereits um kurz nach 6 Uhr morgens ihre Wohnung. Dies bewirkt, dass sie keine Zeit zum Kochen und Einkaufen hat, sodass sie fast ausschließlich auf Lieferdienste und Fast Products zurückgreift. Ihre ganze Wohnung ist intelligent vernetzt. Zahlreiche Alltagsgüter werden so automatisch bestellt und an ihre Wohnung geliefert.

Urlaub verbringt Tanja Hoffmann keinen. Die wenigen Tage im Jahr, an welchen sie von der Firma bezahlten Urlaub erhält, verbringt sie im Arbeitszimmer ihrer Wohnung. Dort erledigt sie trotz Urlaub noch einige Firmen-Aufgaben, die sie während der Arbeitstage nicht erledigen konnte. Zur Entspannung in ihrem Urlaub schläft sie gerne zwei Stunden länger morgens. Ansonsten stehen keine Entspannungselemente für sie an.

Produktinnovation: WellVan - Wellness my Way

Um den Bedürfnissen der heutigen Gesellschaft, auch in Bezug auf Wellness, zu entsprechen, hat sich die Firma WellVan gegründet.

Abbildung 56: Wellnesstourismus WellVan Logo
Quelle: eigene Darstellung

Das zum jetzigen Zeitpunkt in über 500 Städten weltweit vertretene Unternehmen hat sich auf Wellnessanwendungen für unterwegs spezialisiert. Hierbei wird Wellness mit Mobilität verbunden, in Wellness-Vans werden zahlreiche Anwendungen zum Beispiel auf dem Weg zur Arbeit angeboten. Als Wellness werden heutzutage alle Anwendungen bezeichnet, welche äußerliche Schönheit und oberflächliche Gesundheit bewirken sollen. Die geistige Gesundheit spielt dabei keine Rolle, sondern lediglich die vermeintliche Leistungsfähigkeit der Menschen. Diese Definition von Wellness und der Umstand, dass Menschen sich nicht mehr wirklich für die Gesundheit interessieren, ist die Basis des WellVan-Konzeptes. Die Grundlage des Unternehmens bildet eine künstliche Intelligenz, welche in den zu den WellVans gehörenden WellVan-Mirrors integriert ist. Diese werden bei dem Kunden zu Hause aufgehängt, scannen den menschlichen Körper ab und sammeln somit Informationen für eine umfangreiche Analyse. Es wird analysiert, wie produktiv und präsentabel der Mensch erscheint und welche Wellnessanwendungen dementsprechend gebucht werden müssen. Dabei wird dies automatisch mit dem Terminkalender des Kunden abgeglichen, um auf zum Beispiel Geschäfts-Events und andere Termine einzugehen.

Nach dem Check bestätigt der Konsument lediglich per Stimme, ob er mit dem Gesamtpreis der Wellnessanwendungen und der Bestellung des WellVans einverstanden ist. Im Anschluss wird automatisch ein WellVan zur Wohnung des Kunden geschickt. In maximal 10 Minuten kann der Kunde einsteigen. Auf der Fahrt werden, je nach zuvor ermitteltem Bedarf, notwendige Maßnahmen ergriffen, um den Kunden schön und leistungsfähig erscheinen zu lassen. Hierbei sind keine Menschen für die Anwendungen zuständig, sondern Maschinen übernehmen jegliche Aufgaben. So sind belebende Gesichtsmasken, Make-Up, straffende Gesichtsinjektionen, Haarentfernung, Ganzkörperbräunung und Haarstyling möglich. Zudem werden dem Kunden verschiedene Pillen individuell zusammengestellt, welche die Gesundheit optimieren sollen. Eine der häufigsten verwendeten Pillen sind Schlafoptimierer, die für einen kurzen, aber optimalen Schlaf in der Nacht sorgen.

Für eine Fahrt in dem WellVan zahlt der Kunde zwischen 50 und 120 Euro, je nach Fahrtziel und benötigten Anwendungen. Zahlreiche Kunden nutzen diese Art der Wellness bereits täglich, da die Gesellschaft die Leistungsfähigkeit als höchsten Wert ansieht. Dementsprechend möchten Kunden diesem Ideal nachkommen und lassen sich permanent durch die individuell abgestimmten Anwendungen optimieren.

In den Städten ist der WellVan auf speziellen WellVan-Straßen unterwegs. Diese wurden ausschließlich für den mobilen Wellness-Kleinbus erbaut und ermöglichen somit einen kurzen Fahrtweg. Bei dem Bau dieser Eilstrecken wurde sich lediglich an den Bedürfnissen der Kunden orientiert, sodass Grünflächen zum Wohle der Menschen weichen mussten. Dies war notwendig, da bereits unzählige andere Verkehrsrouten in den Städten gebaut wurden. Das Konzept des WellVans sieht vor, jeden Kunden in maximal 30 Minuten zu seinem gewünschten Ziel zu fahren und dabei den menschlichen Körper leistungsfähig und schön erscheinen zu lassen.

Reiseverlauf

Tanja Hoffmann ist in ihrem Beruf einem permanenten Druck ausgesetzt. Obwohl sie bereits auf eine beachtliche Karriere zurückblicken kann, sieht sie sich selbst noch nicht am Ende der Karriereleiter. Um dieses Ziel zu erreichen, arbeitet sie sehr häufig 11 oder mehr Stunden am Tag. Zusätzlich wird in ihrer Firma erwartet, dass sie stets ausgeruht und leistungsfähig aussieht. Aus diesem Grund fährt sie fast täglich mit dem WellVan zur Arbeit. So auch heute.

Nachdem sie letzte Nacht erst um 1 Uhr ins Bett gehen konnte, klingelt Tanjas Wecker um sechs Uhr morgens. Bereits eine Stunde später möchte sie im Büro sein, um sich auf das wichtige Meeting am Vormittag vorzubereiten. Nach dem Aufstehen stellt sie sich direkt vor den WellVan-Mirror, um ihren aktuellen Zustand analysieren zu lassen. Die freundliche Stimme des integrierten Computers weist sie an: „Hallo Tanja, bitte stelle dich frontal hin, damit ich mit dem Scannen beginnen kann." Tanja korrigiert ihre Position. Die integrierten Kameras beginnen damit, sich von unten nach oben zu bewegen. Nach ungefähr 20 Sekunden ertönt ein leises Piepen und die Stimme gibt bekannt: „Deine empfohlene Wellnessbehandlung besteht heute ausfolgenden Anwendungen". Eine Liste mit ungefähr zwanzig verschiedenen Anwendungen erscheint in der Mitte des Spiegels, darunter einige unterschiedliche Pillen. Tanja interessiert sich wenig für das ihr angezeigte Ergebnis und antwortet in einem verschlafenen Ton: „Weiter bitte". „Möchtest du den WellVan für insgesamt 80,49€ buchen?" Ohne zu zögern, erwidert Tanja: „Ja, bitte sofort". „Gerne. Der WellVan wird in 5 Minuten da sein und dich zu der Firmenzentrale von Fast Cash bringen" bestätigt die Stimme der künstlichen Intelligenz.

Parallel erscheinen auf dem Spiegel bereits drei unterschiedliche Outfit-Ideen. „Ich habe gesehen, dass du heute ein wichtiges Meeting hast. Folgende passende Outfits habe ich für dich zusammengestellt. Welches soll ich für dich raussuchen, Tanja?" sagt die KI. Tanja klickt auf den ersten Vorschlag: ein schlichtes schwarzes Kleid, einen hellrosa Blazer und schwarze Pumps. Sofort beginnt es in ihrem Kleiderschrank, welcher sich direkt im Nebenzimmer befindet, zu rumoren.

„Der WellVan wird in einer Minute da sein" berichtet die Stimme. Langsam begibt sich Tanja zu dem Fahrstuhl, welcher sich auf der entgegengesetzten Seite des Flurs befindet. Nur in ihrem Nachthemd gekleidet steigt Tanja ein und sofort beginnt sich der Fahrstuhl in Bewegung zu setzen. Unten angekommen sieht Tanja den WellVan, welcher direkt an der Haustür zum Stehen kommt. Die Tür des mittelgroßen, grauen Vans öffnet sich gerade als Tanja direkt vor dem WellVan ankommt.

Tanja steigt in den geräumigen Kleinbus und nimmt in einem breiten Sitz mit einer bequemen Kopflehne platz. Ihre zuvor ausgesuchte Kleidung hängt, zusammen mit ihrer Handtasche, bereits an einem Haken auf der rechten Seite des Vans. Sofort nach dem Einsteigen schließt sich die Tür automatisch hinter ihr. Auf einem Bildschirm vor ihr erscheint eine weitere künstliche Intelligenz, diesmal in Form eines Mannes. Der ihr zugewandte Mann begrüßt Tanja: „Willkommen in Ihrem persönlichen WellVan, wir haben bereits alles für Sie vorbereitet. Lehnen Sie sich zurück. Die voraussichtliche Ankunftszeit beträgt 6:45 Uhr."

Nachdem die Stimme verklingt, kommt ein Roboter in menschlicher Größe und mit menschlichem Aussehen auf Tanja zu. Sie erkennt den Mann aus dem zuvor abgespielten Video in dem Roboter wieder. Die Arme des Mannes öffnen eine Klappe, welche sich links neben Tanjas Sitz befindet. Es kommt ein Tablett zum Vorschein, auf welchem ein Glas Wasser und ein kleines Schälchen mit zahlreichen Tabletten stehen. Der Roboter nimmt das Tablett hinaus und hält es Tanja hin. In einer geübten Bewegung nimmt Tanja die zahlreichen Pillen ein und stellt anschließend alles zurück. Der Roboter verstaut das Tablett wieder in der Klappe und die Stimme des Mannes erklingt erneut: „Wir beginnen nun mit den Anwendungen. Bitte lehnen Sie sich zurück und schließen Sie die Augen."

Dies tut Tanja und sofort beginnt der Roboter mit einer feinen Nadel zielgerichtet ein Serum unter ihre Gesichtshaut zu spritzen. Augenblicklich merkt Tanja, wie sich ihr Gesicht festigt und sich ihre Augenlider durch die Spannung anheben. Fast ohne Unterbrechung beginnt der Roboter Tanja nun eine kühle Tuchmaske auf das Gesicht aufzulegen. Während diese Kühle sofort die leichten Schmerzen der Einstiche abklingen lässt, merkt Tanja wie sich die Fußlehnen ihres Sitzes anheben. Als ihre Beine sich waagerecht zum Boden befinden, hüllen sich zwei Metallröhren um ihre Beine. Tanja merkt, wie eine scharfe Klinge mit sanftem Druck über zunächst das linke und anschließend das rechte Bein gleitet. Nach gerade einmal zwei Minuten ist der Vorgang beendet und durch mehrere kleinen Düsen in den Metallröhren wird eine pflegende Lotion auf Tanjas Beine gesprüht. Eine angenehme Kühle und ein pflegender Film aus ätherischen Ölen beruhigt die Haut sofort. Die Metallröhren öffnen sich wieder. Die männliche Stimme fragt: „Tanja, sollen diese Fußlehnen diese Position beibehalten oder möchtest du, dass wir diese wieder nach unten fahren?" „Bitte beibehalten, es ist so bequem" antwortet Tanja.

Der Roboter beginnt erneut sich in Bewegung zu setzen, was Tanja jedoch nur unterbewusst wahrnimmt. Sie hat immer noch ihre Augen geschlossen und durch das leichte Schaukeln des WellVans muss sie sich richtig anstrengen, nicht tief und fest einzuschlafen. Sie spürt, wie der Roboter seine Arme ausstreckt und ihr sanft die Tuchmaske vom Gesicht nimmt. Nach ein paar Sekunden, in denen die auf dem Gesicht verblieben Feuchtigkeit in die Gesichtshaut einzieht, ertönt erneut die Stimme: „Die restliche Fahrzeit beträgt noch 15 Minuten." Tanja nimmt aus dem Augenwinkel wahr, wie die Arme des Roboters nun eine Schublade an der rechten Seite ihres Sitzes öffnet. Zum Vorschein kommt eine riesige Auswahl an Schminkutensilien: Foundation, Puder, Kajal, Lidschatten, Rouge, Mascara und vieles mehr. Mit schnellen Bewegungen greift sich der Roboter zunächst einen Primer und trägt diesen auf Tanjas Gesicht auf. Es folgt eine auf ihren Hautton perfekt abgestimmte Foundation und ein mattierendes Puder. Anschließend werden ihre Augen mit einem dunklen Kajal, einer leichten Schicht Mascara und einem nude-farbenen Lidschatten perfekt in Szene gesetzt. Den Abschluss bildet ein leicht rosafarbener wasserfester Lippenstift, welcher exakt den Farbton des zuvor zu Hause ausgewählten Blasers besitzt. Mit einem angenehm duftenden Setting-Spray fixiert der Roboter das fertige Make-up.

Während der Roboter in schnellen Bewegungen alle Schminkutensilien wieder an den vorgesehenen Platz verbannt, beobachtet Tanja aus dem Fenster wie der WellVan an einer langen Schlange Autos vorbeifährt. „Ein Glück habe ich heute nicht das eigene Auto genommen", denkt Tanja, während sie den Wahnsinn auf den Straßen neben sich beobachtet. Sie entdeckt, dass sie sich nur noch ungefähr zehn Querstraßen von der Hauptzentrale ihrer Bank entfernt befinden. Circa fünf Minuten wird der Weg nun noch dauern. Mit einem Blick auf ihr Smartphone, welches sie aus ihrer Handtasche zieht, stellt Tanja fest, dass sie sehr gut in der Zeit liegen. Es ist exakt 6:39 Uhr.

Über Tanjas Kopf beginnt sich etwas zu bewegen. Ein schwarzer Zylinder aus Plastik löst sich von der Decke und bewegt sich langsam nach unten. Die Stimme erklärt: „Bevor wir gleich fertig sind, möchten wir uns nun deinen Haaren widmen. Hierfür nutzen wir unseren HairStyletoGo. Bitte setze dich senkrecht hin". Tanja richtet sich auf und wartet geduldig, bis ihr Kopf fast komplett in dem schwarzen Zylinder verschwunden ist. Ein leises Summen zeigt an, dass sich mehrere kleine Greifarme in dem Zylinder an Tanjas Haaren zu schaffen machen. Sie merkt, wie ihre Haare zunächst angefeuchtet werden. Mit sanften Bewegungen massieren zwei der Arme einen wohlriechenden Schaumfestiger in Tanjas Haare ein. Im Anschluss vernimmt sie ein leichtes Ziehen und Zerren an ihren Haaren. Mit einem Lockenstab verpasst der HairStyletoGo ihr zunächst leichte Wellen und bürstet diese anschließen leicht aus, um ein besonders weiches Ergebnis zu erzielen. Nach circa drei Minuten erhebt sich der schwarze Zylinder wieder und fährt zurück in Richtung Decke. Tanja spürt wie ihre Haare nun deutlich an Volumen gewonnen haben.

„Als nächstes ist es nun an der Zeit dich anzukleiden. Stehe hierfür bitte auf und begebe dich in unsere Kabine gegenüber von dir. Stelle dich dort auf die rote Markierung am Boden und breite deine beiden Arme aus" verkündet die Stimme nun. Tanja folgt dieser Anweisung und stellt sich in die kleine, aber dennoch komfortable Kabine. In dem mit Tageslicht durchfluteten Raum steht ihr ein großer Spiegel gegenüber. Tanja stellt sich gerade auf die Markierung und streckt die Arme aus. Mit einem leisen Surren werden ihre Klamotten von dem Roboter in die Kabine gehängt. Vier weitere Roboterarme, welche sich rechts und links an den Wänden der Kabine befinden, ziehen Tanja zunächst ihr Nachthemd aus und kleiden sie anschließend in ihr Business-Outfit. Einer der Arme richtet noch schnell erneut Tanjas Haare ein wenig, während sie sich zufrieden im Spiegel anschaut. Nun fühlt sie sich bereit für den bevorstehenden Tag.

Tanja merkt, wie der WellVan zum Stehen kommt. „Wir sind nun angekommen", verkündet die Stimme. Mit langsamen Schritten begibt sich Tanja aus der Umkleidekabine. Der Roboter steht bereits neben der geöffneten WellVan Tür. In seiner linken Hand hält er Tanjas Handtasche in der Hand, welche er ihr nun entgegenstreckt. Tanja hängt sich diese über ihre Schulter, während der Roboter ihr seine rechte Hand entgegenstreckt. In dieser befindet sich ein Becher aus Plastik mit einer grünen Flüssigkeit drin. „Hier noch dein Powerdrink", sagt die Stimme. Tanja weiß nicht, was sich in dem Getränk befindet. Der Drink, den sie schön öfters im WellVan erhalten hat, gibt ihr jedoch Energie für den bevorstehenden Arbeitstag, welcher nun beginnt.

5.3 Literaturverzeichnis Wellnesstourismus

Bieger, T. (2010): Tourismuslehre- Ein Grundriss. 3. Auflage, Berlin, Hamburg & Stuttgart: Haupt UTB Verlag.

Deutscher Wellness Verband (2018): Fünf Wellness-und Spa-Trends für 2018. Online unter: https://www.wellnessverband.de/download/pressemeldungen/wellness_spa_trends_2018.pdf?m=1519837963 [abgerufen am 17.06.2019].

Gausemeier, J. & Plass, C. (2014): Zukunftsorientierte Unternehmensgestaltung: Strategien, Geschäftsprozesse und IT-Systeme für die Produktion von morgen. 2, Auflage, München: Carls Hanser Verlag.

Global Wellness Institute (2013): The Global Wellness Tourism Economy 2013. Online unter: https://www.globalwellnesssummit.com/images/stories/pdf/wellness_tourism_economy_exec_sum_final_10022013.pdf. [abgerufen am 03.08.2019].

Global Spa Summit (2010): Spas and the Global Wellness Market: Synergies and Opportunities May 2010. Online unter: https://www.sri.com/sites/default/files/publications/gss_sri_spasandwellnessreport_rev_82010.pdf. [abgerufen am 03.08.2019].

Horx, M. (2004): Die Macht der Megatrends. Vortrag, o.O.

Schäffer, D. et al (2016): Healthy literacy in Deutschland. Online unter: https://aok-bv.de/imperia/md/aokbv/presse/pressemitteilungen/archiv/2016/08_pk_buchauszugweb.pdf [abgerufen am: 09.08.2019]

Zukunftsinstitut GmbH (Hrsg.) (2015): Arbeiten mit Megatrends. O.O, o.V.

Bildquellen

GEN Deutschland e.V. (2019) Homepage. Online unter: https://www.gen-deutschland.de [abgerufen am 09.07.2019]

6. Szenarien für Nachhaltigen Tourismus (2019)

Autor*innen: Eva Groher, Tristan Mittelhaus und Julia Rosdorff

Abstrakt

Nachhaltiger Tourismus ist seit den 90er Jahren fest verankert in der Branche und umfasst alle Tourismusformen. Er hat zum Ziel, sowohl die Reisenden als auch die Einwohner zufrieden zu stellen und fördert den Schutz und den Erhalt einer Destination. Unter Berücksichtigung der vier Nachhaltigkeitsdimensionen ist dies ein fortwährender Prozess.

In diesem Forschungsprojekt zeigt ein Flow Chart, dass es durch die ganzheitliche Betrachtung des Nachhaltigen Tourismus viele verschiedene Einflussfaktoren gibt, wie beispielsweise die „Zero–Waste–Bewegung", die „Wir-Kultur" und die „Nachhaltigkeitsgesellschaft", welche sich zudem im späteren Verlauf innerhalb der Relevanzanalyse hervorheben. Unter Einbeziehung der Ergebnisse aus der Einflussmatrix wurde die „Nachhaltigkeitsgesellschaft" als eindeutiger Schlüsselfaktor identifiziert. Zudem wurden die Trends „Achtsamkeit" und „Sharing Economy" als Schlüsselfaktoren bestimmt.

Nach einer detaillierten Ausarbeitung der Projektionen konnten durch die Projektionsbündelung die folgenden Szenarien entstehen. Das Trendszenario besteht aus *die zaghaften Kompensierer*, *Slow Society* und *Teilen, um zu haben*. Die Basis für das Extrem I bilden die Projektionen *Weltretter*, *Mindful Caring* und die *teilenden Besitzlosen*. Das Extrem II ist im Besonderen durch *Nach mir der Weltuntergang*, *Die desinteressierten Rastlosen* und *Dagobert Duck* geprägt. Auch in dieser Arbeit werden im Kapitel Szenario-Transfer zunächst die zukünftige Gesellschaft und ein Charakter beschrieben, darauffolgend ein neues Produkt und eine Reise.

Marktabgrenzung

Der Markt, für den in diesem Kontext eine Trendforschung durchgeführt wird, ist der des Nachhaltigen Tourismus. Der Begriff wird seit mehr als 30 Jahren verwendet und ist, unter anderem durch die UN-Konferenz, die 1992 in Rio de Janeiro stattfand, seit den 1990er Jahren ein zentraler Bestandteil des Tourismus (vgl. Deutscher Tourismusverband 2017, S. 5).

Mit nachhaltigem Tourismus ist gemeint, dass im Zuge des Reisens und des Aufenthalts an einem Ort sowohl Touristen als auch die lokale Bevölkerung zufriedengestellt wird. Die Zukunft der Destination soll langfristig erhalten und geschützt werden. Dazu gehört der nachhaltige Umgang mit Ressourcen, sei es sozialer, ökologischer oder ökonomischer Art. Die Artenvielfalt und das kulturelle Erbe sind Beispiele dafür (vgl. ebd.).

Nachhaltiger Tourismus umfasst alle Formen des Tourismus, versucht alle Stakeholder, vor allem die der Destination, einzubeziehen und ist mehr ein Prozess als ein Zustand. Es sind ständige Anpassungen und Optimierungen nötig, um zeitgemäß nachhaltigen Tourismus gewährleisten zu können. Dafür ist ein stetiger Abgleich der aktuellen Situation mit entsprechenden Zielvorgaben durchzuführen. Sowohl die Qualität touristischer Leistungen als auch die Zufriedenheit der Gäste sind wichtig, um eine Destination langfristig zu erhalten (vgl. ebd.).

Nachhaltiger Tourismus benötigt eine ganzheitliche Betrachtung und vereint dafür die soziale, die ökologische und die ökonomische Dimension. Die Basis für diese drei Ansätze ist die institutionelle Nachhaltigkeit bzw. die Management-Dimension, welche die Verwaltungsgrundlagen und die Vernetzung der Stakeholder schaffen soll, um die anderen Dimensionen und die dafür nötigen Maßnahmen gewährleisten zu können (vgl. ebd.).

Die Management-Dimension legt demnach den Schwerpunkt auf die nachhaltige Gestaltung des Angebots einer Destination (vgl. Deutscher Tourismusverband 2017, S. 20), während die ökonomische Dimension die Planung und Umsetzung von Maßnahmen zur langfristigen Sicherung der Wirtschaftlichkeit zur Aufgabe hat (vgl. Deutscher Tourismusverband 2017, S. 30). Die Ökologie-Dimension beinhaltet den Schutz und den Erhalt der Biodiversität, der Landschaft und der natürlichen Ressourcen (vgl. Deutscher Tourismusverband 2017, S. 42). Die vierte Dimension ist die des Sozialen, welche sich auf den Erhalt des kulturellen Erbes und die Stärkung der regionalen Identität fokussiert. Dadurch soll unter anderem ein Abwandern der lokalen Bevölkerung auf Grund des Tourismus vermieden werden (vgl. Deutscher Tourismusverband 2017, S. 66).

Für diese Forschung wurde der Markt des nachhaltigen Tourismus ausgewählt, welcher durch die eigene Anforderung, ganzheitlich betrachtet zu werden, global (räumlich), ganzjährig (zeitlich) und mit einem Schwerpunkt auf sozialer und ökologischer Nachhaltigkeit (sachlich) Verwendung findet.

6.1 Phasen des Szenario Managements

In den folgenden Unterkapiteln werden die relevantesten Schritte des Szenario-Managements für das soeben beschriebene Marktsegment des Nachhaltigen Tourismus zusammengefasst.

Szenario Vorbereitung

Die folgende Abbildung 57 zeigt das Flow-Chart für den nachhaltigen Tourismus. Die Ausrichtung der jeweiligen Pfeilspitze verdeutlicht, welcher Trend einen Einfluss auf einen anderen Trend ausübt. Eine Wechselwirkung zwischen zwei Trends wird mittels eines Pfeils mit zwei Spitzen dargestellt.

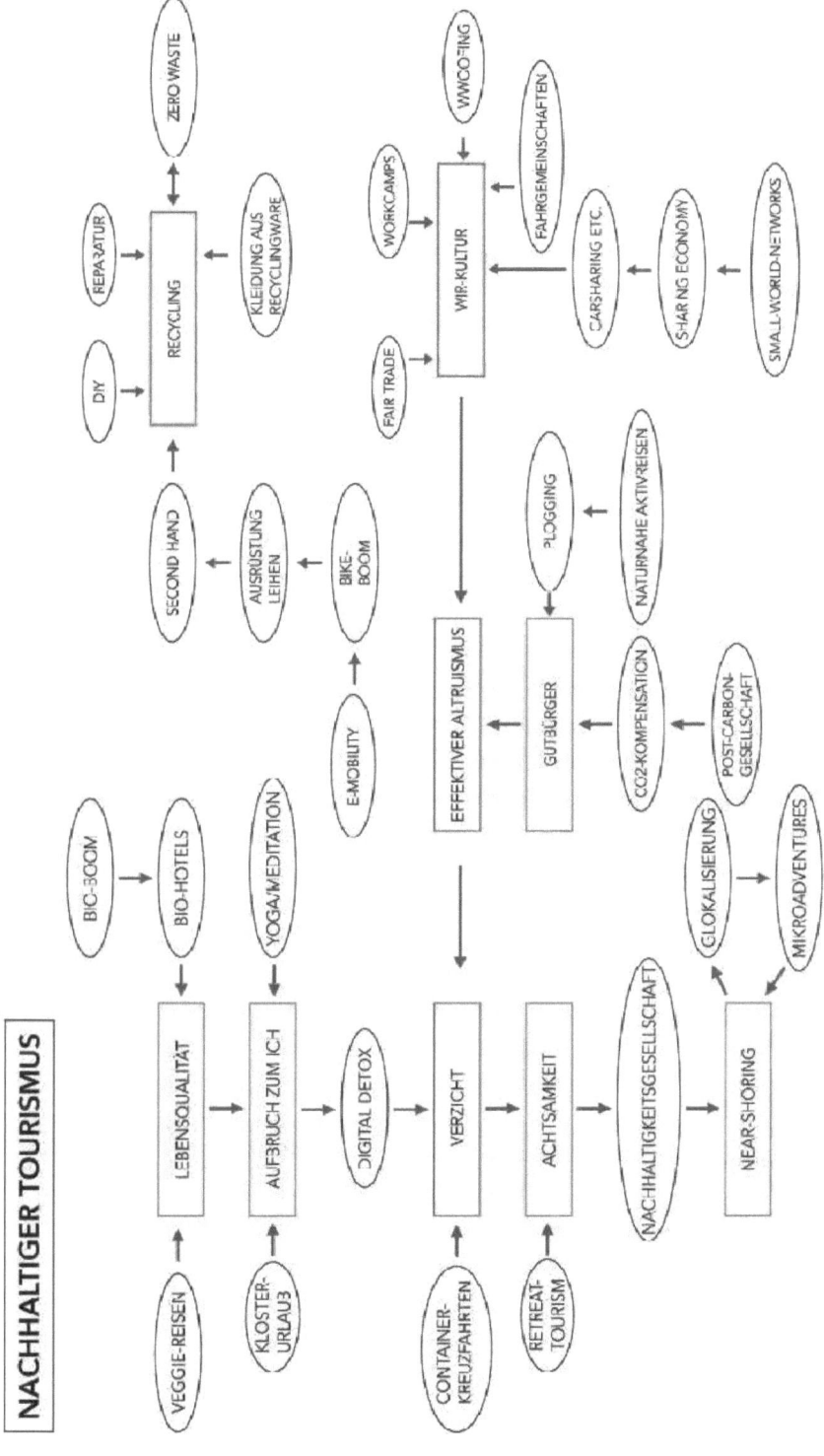

Abbildung 57: Nachhaltiger Tourismus Flow Chart
Quelle: Eigene Darstellung

Trendentwicklungen, die mit einem eckigen Rahmen versehen sind, werden von einer Mehrzahl anderer Trends beeinflusst. Insbesondere die rot hinterlegten Trends weisen eine große Abhängigkeit gegenüber anderen Trendentwicklungen auf. Diese Trends verfügen über eine besondere Bedeutung für die Entwicklung des nachhaltigen Tourismus.

Das Flow-Chart veranschaulicht, dass die Wir-Kultur und das Recycling durch jeweils fünf Verknüpfungen am häufigsten unter dem Einfluss anderer Trends stehen. Das Gemeinschaftsgefühl der Wir-Kultur wird durch die Trends des Fair-Trades, der Workcamps, des Wwoofings, der Fahrgemeinschaften und des Carsharings gestärkt. Die Trendentwicklung des Recyclings wird durch ein erhöhtes Interesse an DIYs, Reparaturen, Second Hand Käufen und Kleidung als Recycling-Waren gefördert. Außerdem besteht eine doppelseitige Beeinflussung mit der Zero-Waste-Bewegung. Des Weiteren besteht bei den Trends Lebensqualität, Aufbruch zum Ich, Verzicht, Achtsamkeit, Near-Shoring und Gutbürger eine große Abhängigkeit von anderen Trends. Somit haben sie ebenfalls einen großen Einfluss auf die Entwicklung des nachhaltigen Tourismus und sollten in der folgenden Trendanalyse Beachtung finden.

6.1.1 Szenariofeld-Analyse

Aus der Relevanzmatrix in Abbildung 58 wird deutlich, dass sich die gesellschaftlichen Trends „Wir-Kultur", „Nachhaltigkeitsgesellschaft" und „Zero Waste" bzgl. ihrer Relevanz für das Segment des nachhaltigen Tourismus von den anderen Trends abheben. Insbesondere fällt der Trend der Nachhaltigkeitsgesellschaft auf, der in jedem Trendvergleich relevanter eingestuft wird. Diese Analyse erlaubt einen ersten Überblick, welche Trends für die weitere Untersuchung wichtig sein können und welche für das Segment des nachhaltigen Tourismus weniger Bedeutung haben.

Relevanzmatrix: "Sind der Trend in der Zeile relevanter für den Markt als der Trend in der Spalte?" 0 = nein 1 = ja	Glokalisierung	Fair Trade	Lebensqualität	Small-World-Networks	Wir-Kultur	Sharing Economy	Achtsamkeit	Nachhaltigkeitsgesellschaft	Post-Carbon-Gesellschaft	Bio-Boom	Gutbürger	Zero Waste	Bike-Boom	E-Mobility	Relevanzsumme
Glokalisierung		1	0	1	0	0	0	0	1	1	1	0	1	1	7
Fair Trade	0		0	1	0	0	0	0	1	0	1	0	0	1	4
Lebensqualität	1	1		1	0	1	0	0	1	1	1	0	1	1	9
Small-World-Networks	0	0	0		0	0	0	0	0	0	0	0	0	1	1
Wir-Kultur	1	1	1	1		1	0	1	1	1	1	0	1	1	11
Sharing Economy	1	1	0	1	0		0	0	1	1	1	0	1	1	8
Achtsamkeit	1	1	1	1	0	1		0	1	1	1	0	0	1	9
Nachhaltigkeitsgesellschaft	1	1	1	1	1	1	1		1	1	1	1	1	1	13
Post-Carbon-Gesellschaft	0	0	0	1	0	0	0	0		0	0	0	0	1	2
Bio-Boom	0	1	0	1	0	0	0	0	1		1	0	1	1	6
Gutbürger	0	0	0	1	0	0	0	0	1	0		0	0	1	3
Zero Waste	1	1	1	1	1	1	1	0	1	1	1		1	1	12
Bike-Boom	0	1	0	1	0	0	1	0	1	0	1	0		1	6
E-Mobility	0	0	0	0	0	0	0	0	0	0	0	0	0		0

Abbildung 58: Nachhaltiger Tourismus Relevanzmatrix
Quelle: Eigene Darstellung

Die vorgestellte Relevanzanalyse liefert Aussagen über die Wichtigkeit der Trends für den Untersuchungsgegenstand. Darüber hinaus lassen sich einzelne Trends untereinander vergleichen. Ob und wie stark sich diese Trends jedoch gegenseitig beeinflussen wird nicht angezeigt. Dieser Schritt erfolgt in der Einflussanalyse.

Aus der Einflussmatrix in Abbildung 59 lassen sich drei gesellschaftliche Trends mit besonders hohen Aktivsummen erkennen: „Achtsamkeit", „Nachhaltigkeitsgesellschaft" und „Gutbürger". Die gleichen Trends erzielen auch auf Seiten der Passivsummen hohe Werte. Allerdings erreichen die Trends „Lebensqualität", Small-World-Networks", „Wir-Kultur" und „Sharing-Economy" ähnlich hohe Kennwerte. Im Bereich der Index erzielen dieselben drei gesellschaftlichen Trends mit hoher Aktiv- und Passivsumme hohe Werte. Auch die Trends „Sharing-Economy", „Post-Carbon-Gesellschaft" und „Zero Waste" sind jeweils in einem der beiden Indexe auffällig hoch.

Einflussmatrix: "Wie stark beeinflusst der Trend in der Spalte den Trend in der Zeile?" 0 = keine Beeinflussung 1 = schwache Beeinflussung 2 = mittelstarke Beeinflussung 3 = starke Beeinflussung	Glokalisierung	Fair Trade	Lebensqualität	Small-World-Networks	Wir-Kultur	Sharing Economy	Achtsamkeit	Nachhaltigkeitsgesellschaft	Post-Carbon-Gesellschaft	Bio-Boom	Gutbürger	Zero Waste	Bike-Boom	E-Mobility	Aktivsumme	Rang nach Aktivsumme
Glokalisierung		2	1	3	3	2	1	1	1	1	1	1	2	1	20	9
Fair Trade	1		2	2	2	1	2	3	0	1	2	1	0	0	17	10
Lebensqualität	1	2		1	2	1	2	2	1	2	2	1	2	1	20	9
Small-World-Networks	3	1	1		3	3	1	2	2	2	1	1	1	1	22	7
Wir-Kultur	2	2	3	3		3	1	2	1	1	2	1	1	1	23	6
Sharing Economy	2	2	1	3	3		2	2	3	0	3	2	2	1	26	4
Achtsamkeit	1	3	2	2	3	2		3	2	3	3	2	1	2	29	3
Nachhaltigkeitsgesellschaft	2	3	2	2	2	3	2		2	3	2	2	3	2	30	2
Post-Carbon-Gesellschaft	2	1	2	1	1	2	2	3		1	2	2	3	3	25	5
Bio-Boom	1	1	3	2	1	0	3	2	1		3	2	0	1	20	9
Gutbürger	1	3	2	2	2	3	3	3	2	3		3	2	2	31	1
Zero Waste	1	1	2	2	1	2	2	2	2	2	2		1	1	21	8
Bike-Boom	2	1	2	1	1	2	3	2	2	0	2	0		2	20	9
E-Mobility	1	0	2	1	1	1	2	2	2	0	2	0	2		16	10
Passivsumme	20	22	25	25	25	25	26	29	21	19	27	18	20	18		
Rang nach Passivsumme	7	5	4	4	4	4	3	1	6	8	2	9	7	9		
Dynamik-Index	400	374	500	550	575	650	754	870	525	380	837	378	400	288		
Impuls-Index	1,00	0,77	0,80	0,88	0,92	1,04	1,12	1,03	1,19	1,05	1,15	1,17	1,00	0,89		

Abbildung 59: Nachhaltiger Tourismus Einflussmatrix

Quelle: Eigene Darstellung

Aus dem System Grid in Abbildung 60 ist zu erkennen, welche Trends den nachhaltigen Tourismus am stärksten prägen. Die Nachhaltigkeitsgesellschaft kann als eindeutiger Schlüsselfaktor identifiziert werden. Dieser Trend hat sowohl starken Einfluss als auch starke Relevanz bezüglich des Untersuchungsgegenstands. Dagegen können einige Trends nur einer der beiden Faktoren aufweisen. Die Gutbürger haben eine hohe Aktiv- und Passivsumme, sind jedoch wenig relevant hinsichtlich des nachhaltigen Tourismus. Gegensätzlich verhält es sich bei dem Trend „Zero Waste", der zwar eine sehr hohe Relevanz, jedoch niedrige Aktiv- und Passivsummen aufweist. Beide Trends stellen somit keine Schlüsselfaktoren dar. Die Trends „Achtsamkeit" und „Sharing Economy" nehmen zwar keinen derart großen Einfluss auf den Untersuchungsgegenstand wie die Gutbürger und haben keine derart große Relevanz wie Zero Waste, weisen dennoch verhältnismäßig hohe Werte in beiden Bereichen auf.

Auf Grundlage der Szenariofeld-Analyse können daher folgende drei Trends als Schlüsselfaktoren für nachhaltigen Tourismus identifiziert werden:

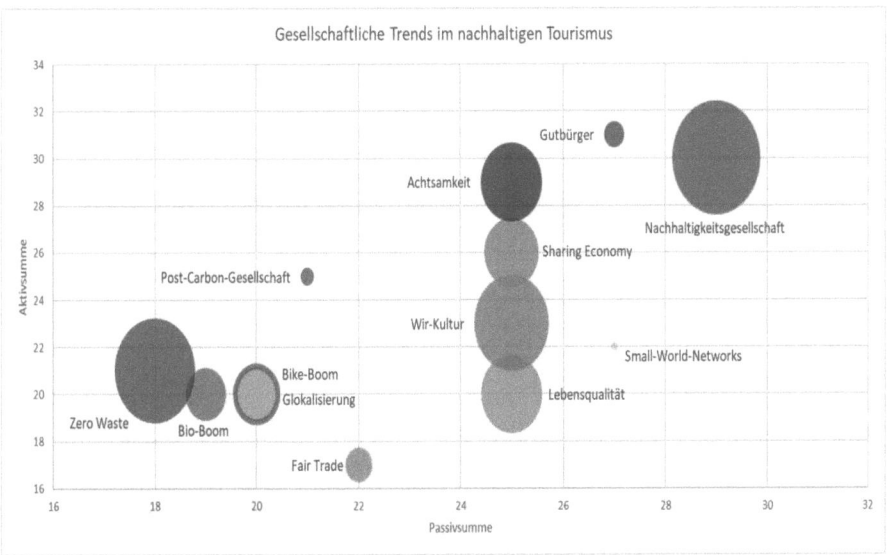

Abbildung 60: Nachhaltiger Tourismus System Grid
Quelle: Eigene Darstellung

Nachhaltigkeitsgesellschaft
Achtsamkeit
Sharing Economy

Auch die Indexe bestätigen, dass diese Trends den nachhaltigen Tourismus stark prägen. Der DI fällt jeweils überdurchschnittlich hoch aus, was auf eine starke Eingebundenheit der Trends in das Gesamtsystem hinweist. Auch der IPI, der sich jeweils über 1,00 befindet, zeigt, dass die Trends eher Einflüsse ausüben, als von anderen beeinflusst zu werden.

6.1.2 Projektionsentwicklung

Um diese Phase erfolgreich durchführen zu können, sind drei Aspekte zu beachten: Für eine Ermittlung möglichst kreativer, neuartiger und abwechslungsreicher Zukunftsprojektionen sollen, neben der Technik des Fortschreibens oder Simulierens, die Entwicklungen auch überzeichnet oder bewusst beschleunigt werden. Bei der Auswahl von den drei Projektionen je Schlüsselfaktor sind jene geeignet, die besonders charakteristische Entwicklungsmöglichkeiten beschreiben und sich von anderen Projektionen durch eine ausgeprägte Trennschärfe abheben. Die Formulierung und Begründung der Zukunftsprojektionen soll in Form von prägnanten Kurzbezeichnungen auch für Unbeteiligte leicht und schnell zu verstehen sein (vgl. Kapitel 1.2.5). Nachfolgend sind die ausgewählten Projektionen, passend zu den Schlüsselfaktoren, aufgelistet, die anschließend näher beschrieben werden.

Nachhaltigkeitsgesellschaft:	Die zaghaften Kompensierer
	Weltretter
	Nach mir der Weltuntergang
Achtsamkeit:	Slow Society
	Mindful Caring
	Die desinteressierten Rastlosen
Sharing Economy:	Teilen, um zu haben
	Die teilenden Besitzlosen
	Dagobert Duck

Nachhaltigkeitsgesellschaft

Das Konzept der Nachhaltigkeit beruht auf einem System der limitierten Nutzung von Gütern und Rohstoffen, um die wesentlichen Systemeigenschaften für nachfolgende Generationen und die natürliche Regenerationsfähigkeit zu bewahren. Auch wenn der Nachhaltigkeitsgedanke schon seit Jahrzehnten vorhanden ist, findet ein Wandel hin zur Nachhaltigkeitsgesellschaft, in der Nachhaltigkeit pragmatisch und ganzheitlich gedacht wird, erst seit kurzem statt. Im Zuge des stärkeren Bewusstseins für Nachhaltigkeit entwickeln sich neue Ansätze für den schonenden Umgang mit Ressourcen oder ökologisch und sozial verträglichen Konsum. Allerdings wird es für Verbraucher auf Grund von Greenwashing und grünen Fake-Produkten zunehmend schwierig den ethisch korrekten Mehrwert von Gütern zu erkennen. Dem Wunsch nach Transparenz kann dabei durch Umweltplaketten oder Öko-Label nachgegangen werden.

Mit Blick auf die Zukunftsprojektionen bilden **Die zaghaften Kompensierer** die Trendentwicklung der Nachhaltigkeitsgesellschaft. Sie zeichnen sich durch ein stark ausgeprägtes Bewusstsein für Nachhaltigkeit, für die Wertigkeit der Natur und Fairness gegenüber anderen Menschen und Kulturen aus. Der Konsum von regional und fair hergestellten Gütern steigt an. Andererseits wird insbesondere in Bezug auf Tourismus auch die Befriedigung der individuellen Bedürfnisse und die erlebnisorientierte Vereinnahmung der Welt angestrebt. Die Gesellschaft verreist gerne und viel, versucht dies jedoch für Umwelt und Mitmenschen verträglich zu gestalten und zumindest Kompensation, der durch ihre Reisen verursachten Schäden, zu betreiben.

Eine boomende Entwicklung der Nachhaltigkeitsgesellschaft wird durch die **Weltretter** beschrieben. Diese Gesellschaftsform nimmt die Verantwortung für das Wohlgeschehen der Erde ernst und orientiert alle Entscheidungen kompromisslos an dieser Verantwortung. Der Schutz des Planeten ist daher immer Bestandteil von Entscheidungsfindungen. Der Erhalt von Natur, Menschen und Tieren hat höchste Priorität. Wenn ein möglicher Konsum von Gütern nicht verträglich mit dem Nachhaltigkeitsgedanken ist, wird auf diesen Konsum verzichtet. Reisen findet weiterhin statt, jedoch mit abnehmender Intensität und Regelmäßigkeit und stattdessen mit Fokus auf umwelt- oder sozialverträgliche Projekte. An- und Abreise erfolgen daher ausschließlich über klimaneutrale Fortbewegungsmittel.

Im Gegensatz zur Entwicklung der Weltretter steht das Extrem II unter dem Motto **Nach mir der Weltuntergang**. Für diese Gesellschaft haben die individuellen Bedürfnisse und die erlebnisorientierte Vereinnahmung der Welt oberste Priorität. Der Schutz der Umwelt oder gerechtes Verhalten gegenüber Mitmenschen hat keine hohe Relevanz. Der verschwundene Nachhaltigkeitsgedanke führt zu einer Verschwendung von Ressourcen und Ausnutzung von Mensch, Tier und ganzen Kulturen.

Achtsamkeit

Achtsamkeit beschreibt einen Trend gegensätzlich zu der heutzutage permanenten Reizüberflutung, medial gemachten Aufregung und Egozentrik. Stattdessen hinterfragen die Menschen öfter die Art, wie sie mit sich und der Welt umgehen. Achtsamkeit lässt sich in zwei Formen unterteilen: Auf der einen Seite beinhaltet der Begriff eine Form der Aufmerksamkeit bezogen auf andere Menschen, bzw. für deren Bedürfnisse und Belange. Auf der anderen Seite bezieht sich Achtsamkeit auf die Aufmerksamkeit für die eigene Person und das Gelangen zu einem besonderen Wahrnehmungs- und Bewusstseinszustand.

Die Trendentwicklung für die Achtsamkeit wird durch die **Slow Society** beschrieben. Diese zeichnet sich durch steigende Ansprüche an ein soziales Miteinander, sowie den eigenen Körper, Geist und die eigenen Empfindungen aus. Dabei besitzt der Bezug auf die eigene Person im Vergleich zur Aufmerksamkeit gegenüber anderen eine höhere Priorität. Die Gesellschaft legt vermehrt Wert auf das Motto „Weniger ist mehr", zieht sich häufig aus dem Arbeitsleben zurück, um zu entschleunigen oder zu regenerieren und legt vermehrt Sabbaticals ein, u.a. um sich in der freien Zeit „der Suche nach sich selbst" zu widmen.

Eine boomende Zukunftsprojektion kann durch die Gesellschaftsform des **Mindful Carings** beschrieben werden. Bei dieser Entwicklung sind sowohl Mindfulness (für sich selbst) als auch Caring (für andere) von hoher Bedeutung. Wie bei der Slow Society wird vermehrt auf die Aufmerksamkeit in Bezug auf sich selbst, das Hören auf die innere Stimme und das Wahrnehmen der eigenen Bedürfnisse geachtet. Darüber hinaus steigt die Aufmerksamkeit gegenüber anderen in Form eines starken Gemeinschaftsgedankens. Meditation, Entspannungsübungen und längere Ruhephasen verhelfen die Achtsamkeit gegenüber dem eigenen Körper und Geist zu stärken. Intensive und einfühlsame Gespräche bilden das Pendant bzgl. der Achtsamkeit gegenüber seinen Mitmenschen.

Die desinteressierten Rastlosen bilden die abnehmende Entwicklung in Bezug auf den Schlüsselfaktor der Achtsamkeit. Diese Gesellschaft hat Schwierigkeiten die eigenen Gefühle zu zeigen und zu reflektieren. Sie verlangt nach ständigen Reizen, braucht Abenteuer, Erlebnisse und Extreme, da ansonsten eine unerträgliche Langeweile auftritt. Dabei stumpft sie ab, kann kleine Glücksmomente im Leben nicht mehr wahrnehmen und ist zunehmend schwierig zufrieden zu stellen. In Bezug auf ihre Mitmenschen führt die fehlende Achtsamkeit zu einer Entfremdung, sowohl mit anderen Kulturen als auch mit Mitmenschen aus dem eigenen unmittelbaren Umkreis.

Sharing Economy

Während für frühere Generationen der Besitz von Gütern eine hohe Priorität besaß, legt die heutige neue Generation von Konsumenten eher Wert auf das Tauschen und Teilen statt auf das Haben. Das Leitmotiv der Sharing Economy, welches im Internet aufgewachsen ist, hat sich mittlerweile auch auf soziale Online-Netzwerke übertragen. Es entstehen in vielen Bereichen der Geschäftswelt neue Wertschöpfungsmodelle, insbesondere dort, wo Ressourcen begrenzt sind. Dabei besteht der Sharing-Gedanke nicht nur aus einem ökonomischen Nutzen. Teilen ist zu einem neuen sozialen Mantra geworden, bei der Teilhabe und Nutzung wichtiger sind, als Abgrenzung und Besitz.

Die Trendentwicklung für die Sharing Economy zeichnet sich in einer Gesellschaftsform mit dem Motto **Teilen, um zu haben** ab. In dieser Gesellschaft dient das Sharing eher dem individuellen als dem allgemeinen Nutzen. Die Gesellschaft konsumiert weiterhin in großem Maße, was zu großen individuellen Besitztümern führt. Nichtsdestotrotz ist eine steigende Bereitschaft zum Teilen seines Eigentums zu erkennen. Dieser Gedanke zieht sich durch viele Bereiche des alltäglichen Lebens (z.B. Lebensmittel, Kleidung, Sportgeräte, technische Geräte, Wissen usw.).

Die teilenden Besitzlosen bilden dagegen eine boomende Entwicklung der Sharing Economy. Für diese Gesellschaft ist das Teilen nicht nur eine Möglichkeit der Selbstbereicherung, sondern soziale Identifikation. Das Prinzip des Teilens ersetzt dabei den Großteil des persönlichen Besitzes. Die Motivation dahinter ist eine Kombination aus Kosten- und Ressourceneinsparung, Umweltschutz sowie Gemeinschaftsdenken. Nur noch das Nötigste wird für sich selbst konsumiert. Den Markt beherrschen Plattformen, die das Teilen in sämtlichen Bereichen ermöglichen.

Eine gegensätzliche Entwicklung zu den teilenden Besitzlosen ist bei der Gesellschaftsform **Dagobert Duck** zu erkennen. Geteilt wird in dieser Gesellschaft nur das Nötigste, dagegen stellt ein möglichst intensiver Konsum für viele eine Art Lebensziel dar. Das Glück der Menschen besteht darin, Besitztümer anzuhäufen und zu horten. Sie haben weder Interesse noch Verständnis für das Prinzip des Teilens. Ein Teilen würde bei Ihnen nur den Drang zum Konsumieren des geteilten Gutes darstellen.

6.1.3 Szenariobildung

Das Vergleichen der Zukunftsprojektionen zeigt, dass viele verschiedene Möglichkeiten von der gegenseitigen Unterstützung bis zur Inkonsistenz bestehen. Auch die Extreme treten vereinzelt auf: So ist bspw. keine Gesellschaft vorstellbar, die auf der einen Seite starken Wert auf ein harmonisches und verständnisvolles Miteinander legt, auf der anderen Seite jedoch die eigenen Konsumgüter hortet, sich nicht für die Belange ihrer Mitmenschen interessiert und unter keinen Umständen etwas mit Fremden teilen würde. Jene Entwicklung hin zu dem Verlangen nach einem harmonischen und verständnisvollen Miteinander würde dagegen eine Entwicklung hin zu einer Gesellschaft, die darüber hinaus nahezu alles teilt und keinen eigenen Besitz mehr aufweist, stark unterstützen. Einen besseren Überblick über die möglichen Kombinationen zwischen den Zukunftsprojektionen bietet die folgende Konsistenzanalyse in Tabelle 7.

Tabelle 7: Nachhaltiger Tourismus Konsistenzanalyse

Nachhaltigkeitsgesellschaft	Achtsamkeit	Sharing Economy	Wert 1	Wert 2	Wert 3	Summe	Konsistenzwert
Weltretter	Mindful Caring	Die teilenden Besitzlosen	5	5	5	15	15
Die zaghaften Kompensierer	Mindful Caring	Die teilenden Besitzlosen	4	5	4	13	13
Weltretter	Mindful Caring	Teilen um zu haben	5	4	4	13	13
Nach mir der Weltuntergang	Die desinteressierten Rastlosen	Dagobert Duck	4	4	5	13	13
Der zaghafte Kompensierer	Slow Society	Teilen um zu haben	4	4	4	12	12
Die zaghaften Kompensierer	Mindful Caring	Teilen um zu haben	4	4	4	12	12
Die zaghaften Kompensierer	Slow Society	Die teilenden Besitzlosen	4	4	4	12	12
Weltretter	Slow Society	Die teilenden Besitzlosen	3	4	5	12	12
Weltretter	Slow Society	Teilen um zu haben	3	4	4	11	11
Die zaghaften Kompensierer	Die desinteressierten Rastlosen	Teilen um zu haben	3	3	4	10	10
Die zaghaften Kompensierer	Die desinteressierten Rastlosen	Dagobert Duck	4	4	2	10	10
Die zaghaften Kompensierer	Die desinteressierten Rastlosen	Die teilenden Besitzlosen	3	2	4	9	9
Weltretter	Die desinteressierten Rastlosen	Teilen um zu haben	2	3	4	9	9
Weltretter	Die desinteressierten Rastlosen	Die teilenden Besitzlosen	2	2	5	9	9
Nach mir der Weltuntergang	Die desinteressierten Rastlosen	Teilen um zu haben	4	3	2	9	9
Nach mir der Weltuntergang	Slow Society	Dagobert Duck	2	2	5	9	9
Die zaghaften Kompensierer	Slow Society	Dagobert Duck	4	2	2	8	8
Nach mir der Weltuntergang	Slow Society	Teilen um zu haben	2	4	2	8	8
Die zaghaften Kompensierer	Mindful Caring	Dagobert Duck	4	1	2	7	/
Weltretter	Mindful Caring	Dagobert Duck	5	1	1	7	/
Weltretter	Die desinteressierten Rastlosen	Dagobert Duck	2	4	1	7	/
Nach mir der Weltuntergang	Mindful Caring	Teilen um zu haben	1	4	2	7	/
Nach mir der Weltuntergang	Slow Society	Die teilenden Besitzlosen	2	4	1	7	/
Nach mir der Weltuntergang	Mindful Caring	Die teilenden Besitzlosen	1	5	1	7	/
Nach mir der Weltuntergang	Die desinteressierten Rastlosen	Die teilenden Besitzlosen	4	2	1	7	/
Nach mir der Weltuntergang	Mindful Caring	Dagobert Duck	1	1	5	7	/
Weltretter	Slow Society	Dagobert Duck	3	2	1	6	/

Quelle: Eigene Darstellung

In dieser Konsistenzanalyse werden alle Projektionsbündel, bestehend aus jeweils einer Zukunftsprojektion der Nachhaltigkeitsgesellschaft, Achtsamkeit und Sharing Economy in einer Tabellenform dargestellt. Sie dient der Entscheidungsfindung hinsichtlich der drei auszuwählenden Zukunftsszenarien für die weitere Bearbeitung.

Das Projektionsbündel mit dem höchsten Konsistenzwert (15), bestehend aus „Weltretter", „Mindful Caring", und „Die teilenden Besitzlosen", wird automatisch als Zukunftsszenario ausgewählt. Die beiden folgenden Projektionsbündel werden dagegen nicht ausgewählt, da sich die Teilprojektionen gegenüber dem ersten Bündel zu stark ähneln. Die folgenden Bündel, bestehend aus „Nach mir der Weltuntergang", „Die desinteressierten Rastlosen" und „Dagobert Duck" sowie „Die zaghaften Kompensierer", „Slow Society" und „Teilen um zu haben", unterscheiden sich von dem ersten Bündel jeweils stark und eignen sich daher als weitere Zukunftsszenarien.

Die drei Zukunftsszenarien für die weitere Bearbeitung werden hier im Szenario Trichter abgebildet:

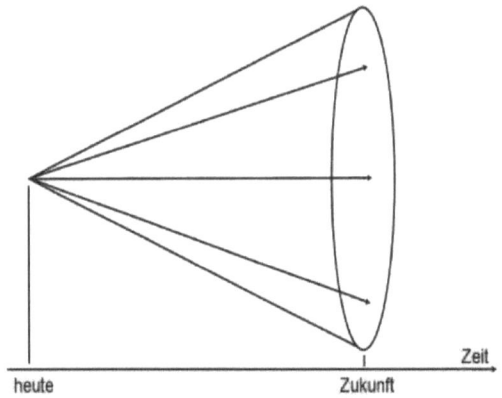

Abbildung 61: Nachhaltiger Tourismus Szenario Trichter
Quelle: Eigene Darstellung

In dieser Konsistenzanalyse werden alle Projektionsbündel, bestehend aus jeweils einer Zukunftsprojektion der Nachhaltigkeitsgesellschaft, Achtsamkeit und Sharing Economy in einer Tabellenform dargestellt. Sie dient der Entscheidungsfindung hinsichtlich der drei auszuwählenden Zukunftsszenarien für die weitere Bearbeitung.

6.2 Szenario-Transfer

Nachdem in den vorherigen Kapiteln die Ermittlung der Schlüsselfaktoren, die Entwicklung der Projektionen und deren Bündelung erläutert wurde, werden in diesem Kapitel drei mögliche Zukunftsszenarien anhand der Projektionsbündel vorgestellt. Unter den Bezeichnungen *Trend*, *Extrem I* und *Extrem II* wird jeweils die zukünftige Gesellschaft, ein beispielhafter Charakter, sowie ein passendes Produkt und eine typische Reiseform erläutert.

6.2.1 Trendszenario

Gesellschaft

Ein Zukunftsszenario, bestehend aus „Die zaghaften Kompensierer", „Slow Society" und „Teilen, um zu haben", zeichnet sich durch umweltbewusste, soziale und achtsame Einstellungen auf der einen sowie einer beständigen Egozentrik auf der anderen Seite aus. Einerseits ist diese Gesellschaft geprägt von Trends wie der „Wir-Kultur", die zu einem erstarkten Gemeinschaftsgefühl mit der näheren Umgebung, den Mitmenschen und der Umwelt führt. Andererseits wird sich durch Trends wie „Aufbruch zum Ich" auf die individuellen Interessen fokussiert.

Die Wertigkeit der Natur und Fairness gegenüber anderen Menschen und Kulturen werden erkannt und erhalten höhere Priorität. Die Gesellschaft versucht ihr Verhalten anzupassen, um die Umwelt nicht zu stark zu beanspruchen und ihren Mitmenschen ein besseres Leben zu ermöglichen. CO_2-Emissionen werden reduziert, sowohl im Bereich des Verkehrs als auch im Bereich des Heizens und der Energiegewinnung, Waldbestände werden auf der ganzen Welt geschützt, ebenso gefährdete Tierarten. Anstelle regelmäßiger Einkaufe in Discount-Läden werden regional und fair bezahlte Produkte konsumiert, z.B. auf Wochenmärkten.

Darüber hinaus werden vermehrt steigende Ansprüche an das Wohlergehen des eigenen Körpers, des Geistes und der eigenen Empfindungen gestellt, vereinzelt auch an ein soziales Miteinander. Getreu dem Motto „Weniger ist mehr" werden öfter Auszeiten genommen, um zu regenerieren, zu sich selbst zu finden und Zeit für das soziale Umfeld zu haben; alles mit dem Ziel, die Lebensqualität zu erhöhen. Auch längere Auszeiten aus dem Job, z.B. in Form von Sabbaticals, stehen Arbeitnehmern flächendeckend in allen Wirtschaftsbereichen zur Verfügung. Diese Auszeiten können zum Beispiel für Reisen in fremde Länder genutzt werden, oft verknüpft mit der Sinnsuche in anderen Kulturkreisen, aber auch mit der Pflege Angehöriger. Generell hat in dieser Gesellschaft die Entschleunigung an Bedeutung gewonnen, was sich auf alle Bereiche des Lebens überträgt.

Ein weiteres Merkmal dieses Szenarios ist die erkennbare Bereitschaft sein Eigentum zu teilen. Dabei wird sich nicht nur auf Wohnungen und Autos beschränkt. Auch Lebensmittel, Kleidung, Sportgeräte, technische Geräte und Wissen werden in großem Umfang anderen zur Verfügung gestellt, allerdings häufig mit dem Hintergrund des eigenen Nutzens in Form von Gegenleistungen oder den Möglichkeiten selbst überall auf der Welt Services oder Gegenstände anderer beanspruchen zu können.

Die Bedeutung von Reisen ist in dieser Gesellschaftsform stark ausgeprägt, sei es, um sein verbessertes Verhalten belohnen zu wollen, Körper und Geist zu stärken oder die endlosen Möglichkeiten durch die Sharing Economy zu nutzen. Dabei ist Nachhaltiger Tourismus in der breiten Masse angekommen. Reisen innerhalb von 2.000 km im Umkreis des eigenen Wohnhortes gewinnen weiter an Beliebtheit und können problemlos mit selbstfahrenden E-Autos oder der 100% ökologisch-betriebenen Bahn zurückgelegt werden. Durch das verstärkte Bewusstsein für die Natur und Umwelt wollen die Menschen diese intensiv erleben, z.B. in Form von naturnahen Aktivreisen oder auch Slow-Tourism. Dabei wird gerne auf Sharing-Möglichkeiten wie Mitfahrgelegenheiten oder das Ausleihen von nötiger Outdoor-Ausrüstung zurückgegriffen. Das bewusste Genießen der Natur, die die Sinne intensiver anspricht als heimische Städte, führt zu einer Erfrischung des Geistes und lässt die Reisenden eine höhere Lebensqualität empfinden.

Jedoch trifft diese Reiseform nicht auf alle Teile der Gesellschaft zu. Für viele stellt die Erkundung von fremden Kulturen immer noch ein bedeutendes Statussymbol dar. Bei den zumeist mit einem Langstreckenflug einhergehenden Fernreisen wird eher kompensiert statt verzichtet. Alternative (und damit deutlich zeitaufwendigere) Verkehrsmittel stellen für viele dagegen keine Option dar. Auch Hochseekreuzfahrten werden konstant nachgefragt, wenngleich verbesserte Technik den Schadstoffausstoß vermindert. Das Teilen von Unterkünften, Fahrzeugen, Ausrüstung etc. bietet zwar für die Konsumenten viele günstige Reisemöglichkeiten, für viele touristische Produzenten wie Hotels, Verkehrsunternehmen oder den Einzelhandel bedeuten sie jedoch starke Konkurrenz und können zum Konkurs führen. Aspekte der soziokulturellen Nachhaltigkeit werden bei vielen Reisen nur teilweise berücksichtigt.

Persona

Jessy (42) und Felix (43) Immerglück sind ein Ehepaar aus Münster. Jessy, aufgewachsen als Einzelkind und mit getrennten Eltern, hat in ihrer Kindheit nie die Zuwendung und Aufmerksamkeit erhalten, die sie sich wünschte. Ihr Traum von einer kleinen Schwester, um die sie sich so gerne gekümmert hätte, wurde ihr nicht erfüllt und sie hatte niemanden, mit dem sie ihre unerschöpfliche Kreativität teilen konnte. Daher begann sie früh ihre sozialen Bedürfnisse in der Nachbarschaft durch soziales Engagement und ausgeprägte Hilfsbereitschaft auszuleben. Nach der Schule konnte sie ihre kreative Ader erst im Designstudium und später als ausgebildete Designerin entfalten. Dabei kamen ihr jedoch soziale Aspekte zu kurz, weshalb sie sich zu einem Zweitstudium in Psychologie entschloss. Mittlerweile ist auch dieses Studium gemeistert und Jessy praktiziert als selbstständige Psychologin.

Ihren Mann Felix lernte sie bereits in der Oberstufe kennen. Sie war seit ihrer ersten Begegnung fasziniert von seiner Art. Felix ist mit fünf Geschwistern in einer Großfamilie auf einem Bio-Bauernhof nahe Münster aufgewachsen, dort wurde schon seit Kindestagen das Prinzip der Nachhaltigkeit vorgelebt. Seine Vision: Nachhaltigkeit vom Land auf die Stadt übertragen. Seinen entsprechenden Berufswunsch des Stadtplaners konnte er sich durch eine Ausbildung in Münster erfüllen. Heute bekleidet er eine wichtige Position in seiner Heimatstadt.

Nach Jessys Studium in Berlin und ihrer Rückkehr nach Münster wurde zwischen den beiden aus Freundschaft Liebe. Nach ihrer Hochzeit vor 18 Jahren haben sie mit ihrer Tochter Mia (17) und den Zwillingen Rob und John (15) eine eigene Familie gegründet. Seit der Fertigstellung ihres Eigenheims vor fünf Jahren wohnen sie in zentraler Lage in Münster. Das Haus bietet beiden, neben dem Wohnraum, auch Arbeitsmöglichkeiten: Für Jessy ist ihre Praxis integriert, Felix kann durch ein großes Arbeitszimmer mehrfach wöchentlich von zu Hause arbeiten. Nach Felix' Wünschen ist das Haus auf dem neusten Stand bzgl. Nachhaltigkeitsmöglichkeiten, ausgestattet mit der modernsten Wärmedämmung, Photovoltaik-Anlagen auf dem Dach und der passenden Bepflanzung unter diesen, sowie großzügigen Garten- und Grünanlagen. Letztere ermöglichen Jessy eine optimal entspannende Umgebung für ihre morgendlichen Rituale in Form von Yoga und Meditationsübungen. Auch den Kindern bietet die naturfreundliche Nichtbebauung eines Teiles des Grundstücks neue Möglichkeiten. Durch entsprechende Anlagen können sie endlich knapp ein Dutzend Hühner vom Hof ihrer Großeltern übernehmen und pflegen; ein Traum geht in Erfüllung. Durch die Vielzahl an nachhaltigen Ansätzen konnte der Bau einer Plattform durch Crowdfunding finanziert werden, die umwelt- und sozialverträgliche Projekte unterstützt.

Für beide stehen momentan große berufliche Veränderungen an: Jessy wird gemeinsam mit Schulfreundin Leonie (Ayurveda-Meisterin) ihre Praxis so umwandeln, dass psychologische Sitzungen und Ayurveda-Anwendungen vereint werden können. Felix trägt in einem bedeutenden Projekt die Verantwortung zur Umwandlung der Innenstadt in eine autofreie Zone. Abgesehen von einigen Straßen für elektrische Busse und Fahrräder werden große Teile der alten Hauptverkehrswege zu grünen Park- und Freizeitanlagen sowie neuen Wohngebieten für die stark wachsende Stadt umgebaut. Trotz der zeitintensiven beruflichen Aufgaben legen die beiden viel Wert auf ein ausgiebiges Familienleben. Neben den Momenten im Alltag verreisen sie regelmäßig als Familie. Mindestens an einem Wochenende pro Monat darf sich ein Familienmitglied ein Ziel in der Umgebung für ein Mikro Adventure aussuchen. In der Zwischenzeit wird das eigene Haus an Touristen von außerhalb vermietet. Doch auch längere Reisen stärken den Zusammenhalt in der Familie. Für diesen Sommer ist eine besondere Reise geplant.

Produktinnovation: EFAFE

Nach all den Anstrengungen der letzten Jahre haben sich Jessy und Felix dazu entschieden, sobald ihre Kinder ihre schulische Ausbildung beendet haben, ein Sabbatical einzulegen. Auf einer sechswöchigen Rundreise wollen sie sich inspirieren lassen, wie sie ihr Jahr Auszeit verbringen wollen. Die Reise wird über die Internetplattform EFAFE organisiert.

EFAFE (Einer für alle, alle für einen) ist ein System mit der Intention, das Teilen sowie soziale oder Gemeinwohl-dienliche Aktionen zu fördern und zu belohnen. Das Prinzip hinter dem System ist simpel: Wer als Einzelner der Gemeinschaft eine Leistung bietet, kann im Gegenzug auch Leistungen von anderen aus der Gemeinschaft nutzen. EFAFE stellt dabei die Plattform zur Vermittlung der Leistungen dar. Leistungen, die mit anderen aus der Gemeinschaft geteilt werden, sind in folgender Abbildung aufgelistet.

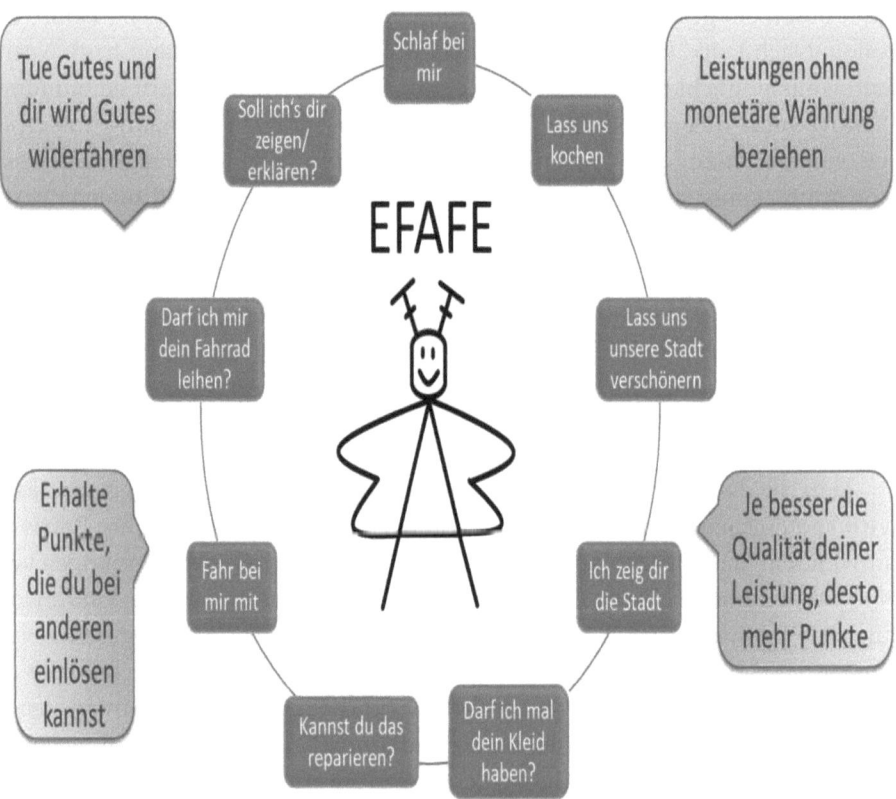

Abbildung 62: Nachhaltiger Tourismus EFAFE Logo
Quelle: Eigene Darstellung

Das Besondere an EFAFE ist die Vereinigung von allen Leistungen, Gegenständen und Aktionen, die mit anderen geteilt werden können, auf einer Plattform. Dies ist nur einer der zahlreichen Gegensätze zu anderen Sharing-Plattformen wie AirBnB oder Uber. EFAFE ist eine Non-Profit-Organisation und finanziert sich durch Spenden und Stiftungen. Innerhalb der Plattform existiert eine eigene Währung in Form von Punkten. Für Leistungen erhält man Punkte, die wiederum zur Nutzung anderer Leistungen verwendet werden können. Damit ist das Vermitteln der Leistungen unabhängig von monetären Währungen. Dies führt dazu, dass Einzelne keinen Preis für ihre Leistung bestimmen, sondern ein Algorithmus anhand einer Vielzahl Parametern den Wert der Leistungen in Punkten berechnet.

EFAFE kann in vielen Bereichen des Lebens verwendet werden. Einen besonders großen Einfluss übt die Plattform auf die Art zu Reisen aus. Reisen kann durch die Nutzung von EFAFE sehr günstig und teils vollständig über die Plattform organisiert werden. Wer in dem Zeitraum der Reise seine ungenutzten Gegenstände zu Hause teilt, kann ggf. ohne weitere Kosten andernorts seinen Urlaub verbringen. Es kann aber auch durch die Bereitstellung von Leistungen in unterschiedlichen Bereichen des Lebens eine große Menge an Punkten angesammelt werden, die dann in eine Reise umgewandelt werden kann. Wie eine Reise mit EFAFE aussehen kann, wird am Beispiel der Familie Immerglück verdeutlicht.

Reiseverlauf

Wie bereits beschrieben, plant Familie Immerglück eine sechswöchige Rundreise. Um einen ersten Reiseablauf zu erstellen, setzen sich Jessy und Felix an den Computer und starten EFAFE.

Felix: „So, dann lass uns mal starten. Du hast dir auch schon im Kopf zurechtgelegt, was du auf der Reise unbedingt sehen möchtest, oder?"

Jessy: „Ja, es wird aber schwierig alles in sechs Wochen unterzubringen. Vor allem werde ich dich wohl nicht dazu bekommen, zu all den spirituellen Orten zu reisen, die ich so gerne sehen würde."

F: „Wenn sie mit nachhaltigen Stadtkonzepten aufwarten können, wäre ich sofort dabei!"

J: „Leider nein, ich muss wohl Kompromisse eingehen. Aber wir wollen uns ja beide inspirieren lassen, also kann ich verstehen, dass wir uns auch ein paar nachhaltige Konzepte anschauen."

F: „Danke! Lass uns doch erstmal schauen, wie viele Punkte wir über die letzte Zeit zusammengetragen haben."

Felix öffnet EFAFE. Eine Stimme ertönt: „Hallo Familie Immerglück. EFAFE heißt euch herzlich willkommen! Euer aktueller Punktestand beträgt 2.865. Ihr habt so viel Gutes getan und anderen eine Freude bereitet, nutzt eure Punkte und tut auch mal euch selbst etwas Gutes! Wie wäre es mit einer unserer zahlreichen Reiseangebote. Gebt uns einfach ein paar Hinweise, was ihr gerne unternehmen wollt und wir erstellen euch die perfekte Reise. Oder plant in unserem Individualbereich euren Urlaub selbst. Klickt dazu auf das rosa Koffersymbol."

F: „Wow, 2.865 Punkte. Da waren wir wirklich fleißig in letzter Zeit!"

J: „Ich habe schon mit so einer Punktzahl gerechnet, überleg doch mal: wie oft wir alleine schon unser Haus vermieten, wenn wir übers Wochenende wegfahren; und die zahlreichen sozialen Projekte, die wir unterstützen. Du nimmst doch dauernd Mitfahrer mit, wenn du ins Ruhrgebiet musst und du darfst die Punkte von den Kindern nicht vergessen. Mia gibt drei Mal wöchentlich Nachhilfe- oder Gitarrenunterricht und Rob und John verkaufen samstags immer die Bio-Eier der Hühner. Und wie oft du für Touristen Vorträge zu unserer Stadt hältst oder Führungen gibst."

F: „Stimmt! Schön, dass wir es uns jetzt auch mal richtig gut gehen lassen können. Dann fange ich doch mal an: Wie wäre es, wenn wir unsere Reise in Rotterdam starten? Die haben spannende Schutzmaßnahmen vor Überflutungen, da würde ich mich gerne mal informieren. Gleiches gilt für Antwerpen. Ich dachte mir, dass man die beiden Ziele mit einer schönen Fahrradtour verbinden könnte."

J: „Oh ja. Am besten mit E-Bikes. Das kann ich mir sehr gut vorstellen, durch die Niederlande und Flandern."

F: „Super! Dann schaue ich mal was in den Städten für Übernachtungsmöglichkeiten angeboten werden. Da sollte ich fündig werden. Für ein paar Vorträge muss ich wahrscheinlich eine Anfrage stellen, aber da sollte sich bestimmt ein Experte finden lassen. Ah, schau mal. Stadtführungen werden einige angeboten, sogar auf Deutsch. Zwei Punkte pro Person klingt nach einem fairen Preis."

J: „Und wie sieht es mit den E-Bikes aus?"

F: „Da werde ich auch eine Anfrage verfassen, ob wir uns Fahrräder in Rotterdam ausleihen können und damit nach Antwerpen fahren können. Das wird bestimmt möglich sein."

J: „Sehr gut! Ich hatte mich gefragt, ob wir nicht einige Tage entlang des Jakobswegs pilgern können. Pilgern könnte ich mir auch für das Sabbatical vorstellen, einfach nur laufen und die Gedanken schweifen lassen, so kann ich meinem Geist freien Lauf lassen. Kommt man von Antwerpen zu einem Teil des Jakobswegs?"

F: „Das passt gut, ich würde nämlich noch gerne nach Bilbao, die Stadt hat sich von einem großen Industriestandort zu einer Kunst- und Kulturstadt entwickelt. Über das Konzept dahinter würde ich sehr gerne mehr erfahren. Und Bilbao ist sehr nah am Jakobsweg gelegen. Wunderbar, jemand bietet an, bis zu fünf Personen auf seiner Yacht entlang der Atlantikküste mitzunehmen, für 87 Punkte. Er kann uns sicher in Bilbao absetzen."

In den nächsten Stunden werden weitere Teile der Reise geplant. Nach weiteren Stopps und einer Containerkreuzfahrt durch den Suezkanal und das Rote Meer, soll die Reise mit einem Aufenthalt auf den Malediven abschließen, wo sich Felix ein Konzept zur Müllreduzierung erklären lassen möchte sowie mit einem Aufenthalt in Goa, wo Jessy ein traditionelles Fest miterleben möchte. Die Rückreise soll aus zeitlichen Gründen mit dem Flugzeug stattfinden. Aufgrund der negativen Auswirkungen für die Umwelt wird der Flug jedoch über EFAFE kompensiert.

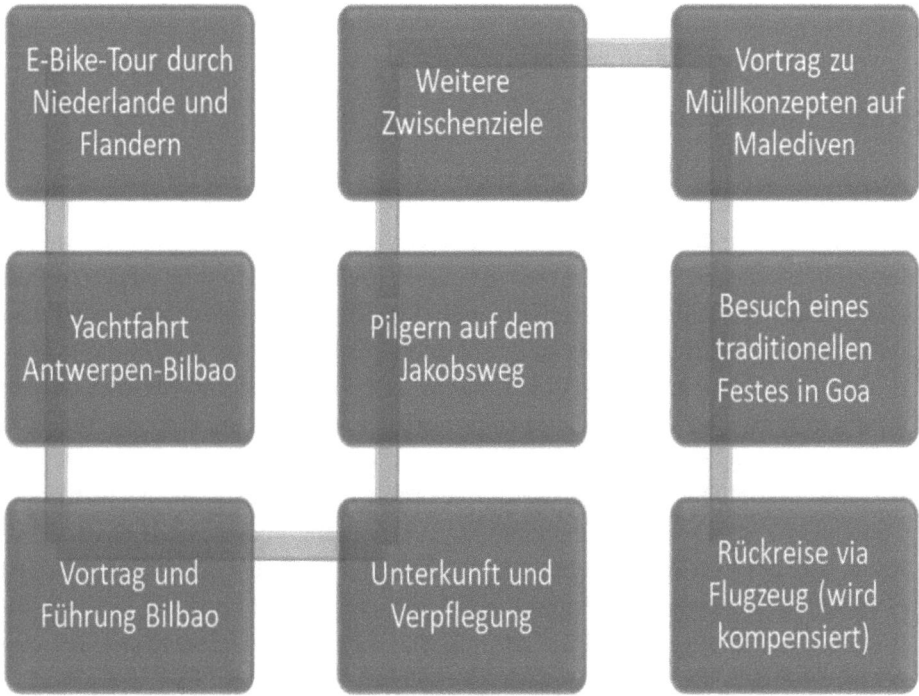

Abbildung 63: Nachhaltiger Tourismus Trend Reiseverlauf
Quelle; Eigene Darstellung

Es ist Ende Sommer, Familie Immerglück ist zurück von ihrer Inspirationsreise. Sechs teils entspannte, teils intensive Wochen liegen hinter ihnen. Die Organisation der Reise über EFAFE hat sehr gut funktioniert. Der Transport erfolgte zumeist pünktlich und ohne Schwierigkeiten. Von den zahlreichen Transportmitteln war für die Kinder die Yachtfahrt ein Highlight, auch wegen des freundlichen Kapitäns Francois. Die Fahrt auf dem Containerschiff war für Jessy wegen der zwangsläufigen Beschäftigungslosigkeit eine ideale Möglichkeit in sich zu kehren und neue Kraft zu entwickeln. Auch die verbundenen Fahrten durch den Suezkanal und das Rote Meer waren für alle ein spannendes Erlebnis. Die Unterkünfte waren durchgehend mehr als zufriedenstellend, mit manchen Gastgebern pflegt die Familie auch Wochen nach der Reise noch Kontakt. Auch der Kern der Reise, die Inspirationsziele, haben ihren Zweck erfüllt. Obwohl alle Ziele den ein oder anderen Zuspruch fanden, sticht ein Reiseziel heraus, Bilbao und das Baskenland. Felix ist fasziniert von dem Stadtkonzept und hat mit Esteban, dem von EFAFE vermittelten Stadtexperten, einen neuen Freund gewonnen. Das Pilgern im Baskenland hat Jessy am besten von allen spirituellen Inspirationen gefallen. Für die beiden steht bereits jetzt fest, dass sie ihr Sabbatical in der nördlichen Region Spaniens verbringen wollen. Und auch den Kindern gefällt die Region, weshalb Mia in der Zeit einen Auslandsaufenthalt zum Verbessern ihrer Spanischkenntnisse plant und John und Rob auf einer Bio-Farm in der Nähe von Bilbao arbeiten wollen.

6.2.2 Extremszenario I

Gesellschaft

Die Verbindung der Projektionen „Weltretter", „Mindful Caring" und „Die teilenden Besitzlosen" führt zu einem gesellschaftlichen Bewusstsein dafür, wie es sich in Gemeinschaft und Frieden nachhaltig leben lässt, ohne sich selbst und die eigenen Bedürfnisse dabei zu kurz kommen zu lassen. Entscheidungen werden reflektiert und je nach Grad des Nutzens für sich selbst und für die Gemeinschaft, unter Berücksichtigung von Ressourcenverbrauch und dem Ausstoß von Emissionen sowie mit Hilfe des Teilens umgesetzt.

Bisher übliche, steife Strukturen werden aufgelöst. Besitz ist nicht eine Frage des Geldes, sondern eine Frage der Vernetzung in der Gesellschaft, da alles für alle zur Verfügung steht und geteilt wird. Durch das gemeinsame Gut ist es möglich, auf viel mehr Dinge Zugriff zu haben. So können die eigenen Bedürfnisse befriedigt werden. Gleichzeitig ist ein Zusammenleben in der Gemeinschaft essentiell, um den Austausch zu gewährleisten.

Achtsamkeit und die Sharing Economy arbeiten demnach Hand in Hand. Durch das Teilen werden stetig Ressourcen eingespart, was den „Weltrettern" entgegenkommt. Zudem werden – für die, die noch auf Strom angewiesen sind – neue alternative, unerschöpfliche Energiequellen entwickelt. Elektrische Geräte sind den Menschen nicht so wichtig wie die Gemeinschaft. Kommunikation findet wieder primär im direkten Gespräch, nicht über digitale Medien statt. Der aktuelle Standort und die Menschen, die einen in diesem Moment umgeben, zählen zu hundert Prozent. Zunächst schien es wie Verzicht, aber es zeigte sich schnell, dass es ein Zugewinn ist.

Die Berufswahl fällt den Individuen wieder leichter, denn hierbei ist lediglich die Freude an der Tätigkeit relevant. Güter sind schließlich bereits Eigentum der Gemeinschaft und müssen nicht mehr teuer angeschafft werden. Arbeit für Spaß, statt Arbeit für Geld ist hier das Motto.

Persona

Flora Wirich ist 29 Jahre alt. Sie lebt in der Kommune Sonnenhof, mitten in Schleswig-Holstein.

Floras Kindheit und Jugend waren einerseits mit viel Freude und Sorglosigkeit gefüllt, andererseits hatte sie damals immer irgendwie das Gefühl, dass ihr etwas fehlt. Sie wuchs als Einzelkind in Hamburg auf. Als Tochter eines Großunternehmers und einer Designerin besuchte sie eine Eliteschule und schloss diese erfolgreich ab, fühlte sich aber während und nach der Schulzeit immer von dem Erfolgsdruck eingeschränkt. In Floras Umfeld galten nur Geld und Besitz als wertvoll, während sie selbst mehr Wert auf Beziehungen und eine gute, in Gemeinschaft verbrachte Zeit legte. Während ihre Freundinnen auf dem Neuen Wall einkaufen gingen, kaufte sie in Second-Hand-Shops ein und verschenkte ihre Sachen regelmäßig an Obdachlose.

Keine der erfolgversprechenden Laufbahnen, die ihre Eltern für sie vorgesehen hatten und die ihr durch die Schulzeit offenstanden, sprachen sie an. Es gab so viele Möglichkeiten und sie wollte lieber viele Dinge gleichzeitig machen, anstatt eine Sache zu verfolgen und all ihre anderen Interessen und Fähigkeiten zu vernachlässigen.

Die Entscheidung für ihr weiteres Leben fiel ihr weitaus leichter , als sie über einen Freund von der Kommune Sonnenhof hörte. Ursprünglich wollte sie dort nur für ein bis zwei Wochen leben, Eindrücke sammeln und dann wieder gehen, jedoch wurden daraus Monate und Jahre, sodass sie nun bereits seit 5 Jahren dort lebt.

Auf die Frage nach Floras beruflicher Tätigkeit antwortet sie gerne: „Das, was mich und möglichst viele andere glücklich macht." Das bedeutet, dass sie meistens auf dem Feld der Kommune arbeitet, ökologischen Anbau von Obst, Gemüse, Kräutern und Blumen betreibt und dabei freiwillige Helfende über Wwoofing und share2care anleitet. Nebenbei arbeitet sie für ein paar Stunden als Lehrerin an einer Waldorfschule, hier und da als Meditations- und Yogalehrerin und gelegentlich näht sie Klamotten, am liebsten aus alten Stoffresten.

In der Kommune werden Waren prioritär selbst hergestellt, dennoch benötigte Dinge werden nach Absprache gemeinschaftlich von dem erwirtschafteten Geld gekauft, in einem größeren Rahmen geteilt oder getauscht.

Flora ist Veganerin, achtet als Zero-Waste-Verfechterin auf ein plastikfreies Leben und braucht, um glücklich zu sein, kaum Materielles. Der Kontakt zu anderen Menschen und zur Natur sind ihr weitaus wichtiger.

Inzwischen hat Flora damit ihre Berufung gefunden, die sie glücklich macht und das ursprüngliche Gefühl, etwas würde fehlen, ist schon lange verflogen. Sie ist glücklich mit dem, was sie tut, mit den Menschen, die um sie herum sind, und mit dem, was sie im Kleinen für die Umwelt tun kann. Sie hat das Gefühl, dass sie mit ihren Tätigkeiten den Grundstein dafür legen kann, dass die nächsten Generationen in Frieden und Gemeinschaft miteinander leben kann und vom blinden Konsum zum achtsamen Miteinander finden.

Produktinnovation: share2care

Um auf die Bedürfnisse der zuvor dargestellten Gesellschaft, bestehend aus die Weltretter, den teilenden Besitzlosen und Mindful Caring, zu reagieren, wird ein Produkt namens *share2care* im nachhaltigen Tourismus etabliert. In einem Fernsehspot wird es wie folgt beworben:

> „Immer wieder hören wir: Es kommt nicht darauf an,
> woher du kommst, sondern wohin du gehst.
> Wir sagen: Es kommt noch nicht einmal darauf an, wohin du gehst.
> Was zählt ist, wie du diesen Weg gestaltest.
> share2care. *Füreinander unterwegs."*

Abbildung 64: Nachhaltiger Tourismus Share2Care Banner
Quelle: Eigene Darstellung

Personen, die *share2care* nutzen wollen, registrieren sich auf share2care.com und erhalten einen persönlichen Zugangscode auf ihr Smartphone oder eine Chipkarte sowie eine PIN. Mit diesen Daten können Nutzende sich weltweit an zentralen *share2care*-Stationen anmelden und verfügbare Fahrzeuge ausleihen. Ob Fahrrad, Mofa, Auto oder Minivan – die Flotte von *share2care* erfüllt alle Wünsche, und das vollkommen ohne CO_2-Emissionen oder Nutzung anderer umweltschädlicher Stoffe.

Ist das Fahrzeug ausgewählt, kann es auf die Reise gehen! Ob ein Wochenendtrip in der Umgebung oder eine Weltreise - share2care bringt Menschen von A wie Australien nach B wie Burkina Faso mit Fahrzeugen von A wie Auto bis Z wie Zweirad.

Auf der Fahrt wird auf dem integrierten Bildschirm eine Karte der Umgebung angezeigt, auf der Punkte markiert sind, die wiederum Projekte anzeigen, die eine helfende Hand benötigen und die mit den im Nutzungsprofil angegebenen Interessen und Fähigkeiten übereinstimmen. Die Projekte reichen von einfacher Hilfe im Haushalt bis zum Umbau von Gebäuden. Von sozial bis zu ökologisch sind die Projekte sowohl vielfältig als auch nachhaltig. Haben die Reisenden Interesse an dem Projekt, bestätigen sie durch ein Tippen auf das angezeigte Projekt, dass sie teilnehmen.

Nachdem das Projekt erfolgreich vor Ort durchgeführt wurde und es von dem Anbieter bestätigt wurde, werden Punkte, sogenannte *carency*, auf das Nutzungskonto übertragen. Die Punkte können gegen die Fahrtkosten angerechnet oder an weltweite Hilfsorganisationen gespendet werden. Ein Projekt kann unterschiedliche Ausmaße annehmen. Blumen gießen oder ein Haus bauen sind schließlich sehr unterschiedlich intensive Projekte. Genauso variiert die Punktevergabe nach Fahrzeugart. Ein Beispiel: Ein Tag Feldarbeit kann 100 Kilometer Fahrstrecke mit einem PKW ausgleichen oder das Mittagessen für eine ganze Schule in Ghana finanzieren.

Dadurch reisen Menschen wieder bewusster und können täglich von dem positiven Gefühl zehren, das Füreinander da sein mit sich bringt.

Seit der ersten Entwicklung von *share2care* sind einige Funktionen hinzugekommen. Die Projekte werden ergänzt durch Übernachtungsangebote, bei denen Menschen ihre freien Schlafflächen zur Verfügung stellen können, Essensangebote, die von Verteilungen von in Supermärkten geretteten Lebensmitteln bis hin zu Einladungen zum Essen reichen können, oder Tauschbörsen, bei denen Kleidung oder andere Gegenstände getauscht werden. Zudem gibt es Treffen, die mit *share2care*-Nutzenden weltweit stattfinden und die ebenfalls rechtzeitig auf der Karte angezeigt werden.

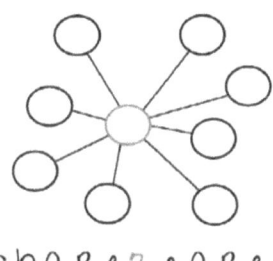

Abbildung 65: Nachhaltiger Tourismus share2care Logo
Quelle: Eigene Darstellung

Abbildung 66: Nachhaltiger Tourismus carency Logo
Quelle: Eigene Darstellung

Das Logo von *share2care* steht für das Teilen, die unendlichen Möglichkeiten, die es gibt, von einem Ort aus zu verreisen und dafür, dass zwischen allen Menschen eine Verbindung besteht, die wahrgenommen werden sollte, um füreinander da zu sein und sich gegenseitig als gleichwertige Menschen zu betrachten. Wenn ein Mensch ein Projekt plant und ein zweiter Mensch beschließt zu helfen, kann aus einer kleinen Idee etwas Großes werden. Das ist die Grundidee von *share2care* und somit der Grund, warum zwischen *share* und care eine 2 steht.

Das Logo von *carency*, der internen Währung, um Fahrtkosten zu bezahlen oder Hilfsorganisationen zu unterstützen, verflechtet die zwei Striche in Dollarzeichen-Manie mit dem C. Diese betont die Verbundenheit miteinander, die schon im Logo von *share2care* als zentrale Bedeutung herausgestellt wurde. Die Striche lassen einerseits das Zeichen als Währung erkennbar machen, andererseits symbolisiert es wieder die Zahl Zwei in *share2care*, da die Welt ein besserer Ort ist, wo sich zwei oder mehr Leute zusammenschließen und gemeinsam etwas Gutes tun. Das *care* im Namen der Währung impliziert, dass damit Gutes getan werden kann.

Das Produkt *share2care* passt zu Extrem I, da es die drei Boom-Projektionen Weltretter, Die teilenden Besitzlosen und Mindful Caring vereint. Personen sind mit dem veränderten Carsharing-Angebot unterwegs, um anderen Menschen zu helfen und im Kleinen die Welt zu retten. Die Projekte sind sozusagen Missionen, um die Welt zu einem besseren Ort zu machen. Da die Fahrzeuge zudem komplett emissionsfrei unterwegs sind, wird eine Beschleunigung des Klimawandels vermieden. Die teilenden Besitzlosen sind eingebracht, da die ganze Reise durch Teilen funktioniert. Von dem Carsharing-Prinzip, über Übernachtungen, Essen und Kleidung bis hin zum Urlaub, der damit verbracht wird, seine Zeit und Aufmerksamkeit mit anderen zu teilen, unterstützt *share2care* die Lebensweise, durch Teilen keinen Bedarf an eigenem Besitz mehr zu haben. Die Punkte der *carency* können zudem wiederum geteilt werden, womit andere Projekte und Organisationen unterstützt werden. Durch die Projekte sind Menschen in einem fast maximalen Ausmaß füreinander da und sorgen sich um das gegenseitige Wohl. Doch auch das eigene Wohlbefinden wird einbezogen, da die Projekte auf die eigenen Fähigkeiten und Interessen abgestimmt sind und nach Wunsch die Zeit bleibt, um sich auf sich selbst zu konzentrieren, ohne Projekten gegenüber verpflichtet zu sein.

Die Einzelbestandteile des Carsharings, der Übernachtungsplattformen, der Tauschmöglichkeiten und auch des Foodsharings oder Einladens zum Abendessen bei Einheimischen gibt es bereits. Ebenso existieren schon Projektreisen und Nachbarschaftshilfe. Die Kombination aller genannten Aspekte im Rahmen des Reisens ist bisher noch nicht vorhanden.

Share2care grenzt sich von dem Trend-Produkt EFAFE insofern ab, als dass der Schwerpunkt auf den Projekten liegt und das Teilen eine Ergänzung auf Grund des bestehenden Bedarfs ist. Den Nutzenden von *share2care* liegt es an dem Gemeinschaftlichen, dem Füreinander und nicht an dem eigenen Nutzen, den sie aus den Projekten oder dem Teilen ziehen können. Außerdem ist *share2care* nicht primär eine Internetplattform, sondern ein Carsharing-Angebot mit vielen Zusatzfunktionen.

Reisebeschreibung

Flora hat von Menschen, die auf der Durchreise beim Sonnenhof vorbeigekommen sind, schon viel von einer neuen Art zu reisen gehört und will diese nun endlich selbst ausprobieren.

Das Unternehmen *share2care* spricht sie vom Namen bis zur Angebotsbreite an und soll nun für den nächsten Monat oder sogar darüber hinaus ihre Reisegrundlage bieten.

Sie träumt schon lange davon, auf der Durchreise an verschiedenen Orten auf der Welt an Projekten mitarbeiten zu können und dort zu helfen, wo ihre Fähigkeiten benötigt werden. Ihre Auffassung, dass jeder Mensch Fähigkeiten besitzt, die irgendwo gebraucht werden, wird mit diesem Prinzip realisiert.

Flora hat sich zu Beginn der Reise keine Strecke zurechtgelegt. Sie wird dorthin reisen, wohin es sie spontan führt und ist sich sicher, dass sie dadurch viele überraschende Orte, Menschen und Projekte finden wird.

Mit *share2care* reist sie mit Fahrzeugen, die emissionsfrei und klimaneutral sind. Diese Fahrzeuge sind in vielen größeren Städten weltweit verfügbar. Flora hat sich eine Woche vor der Reise an dem einzigen Computer der Kommune ein Kundenkonto angelegt und eine Chipkarte zugeschickt bekommen. Zu ihrer großen Zufriedenheit besteht die Karte aus recycelten Materialien. Anscheinend gibt es auch eine Variante, in der die Daten auf dem Smartphone gespeichert sind, aber Flora besitzt keins.

Im Sonnenhof sind seit einigen Monaten immer wieder *share2care*-Reisende aufgetaucht, da die Kommune dort als Projekt registriert ist. Die Menschen haben bei verschiedenen Reparaturen im Hof oder bei der Feldarbeit mitgeholfen. Flora wird nun am ersten Tag ihrer Reise mit einem Paar aus München nach Hamburg fahren und von dort aus ein eigenes Auto nutzen.

Floras Gepäck auf dieser Reise besteht aus ein paar selbstgenähten Klamotten, die sie auf der Reise gerne tauschen würde, einer Holzzahnbürste, ein paar wenigen selbstgemachten Hygieneartikeln, ihrem Ausweis, der *share2care*-Karte und selbstgebackenem Brot sowie Obst und Gemüse vom Hof. Geld wird sie nicht brauchen und einen Schlüssel für ihr Zuhause gibt es nicht.

In Hamburg angekommen, wählt sie einen Minibus aus, in den bereits eine Matratze eingebaut ist. So spart sie sich Übernachtungskosten und wenn sie doch bei neu kennengelernten Leuten unterwegs schlafen möchte, kann sie es trotzdem spontan tun, ohne auf eine vorherige Reservierung eines Hotels angewiesen zu sein.

Mit ihrer Karte geht sie zur Fahrertür des Autos und hält die Karte vor den Türöffner, was einen kurzen Piepton erzeugt. Anschießend muss sie an einem kleinen Nummernfeld ihre PIN eingeben und die Tür öffnet sich. Es kann losgehen.

Flora bindet ihre Dreads zu einem großen Dutt zusammen und atmet tief durch. Es kann wirklich endlich losgehen!

Sie dreht das Radio laut und singt lauthals mit, während sie den Rückwärtsgang einlegt und ausparkt.

So ein Auto lässt sich doch viel einfacher fahren als ein Traktor, denkt sie und muss lächeln. Sie wird den Sonnenhof vermissen, aber es tut ihr jetzt schon gut, mal rauszukommen und andere Menschen zu treffen.

Sobald sie endlich durch den Hamburger Stadtverkehr und auf die Autobahn gefahren ist, schaltet sie das Navigationssystem ein, das in der Mittelkonsole des Autos eingebaut ist. Sofort erscheint die Landkarte mit einem kleinen Pfeil auf der Straße, wo sie gerade entlangfährt. Überall um sie herum tauchen Pins auf, kleine Zeichen, die ihr verraten, dass sie dort übernachten, essen, tauschen, teilen und sich mit anderen Menschen treffen kann. Doch das Beste sind die kleinen Herzsymbole, die die Projekte anzeigen.

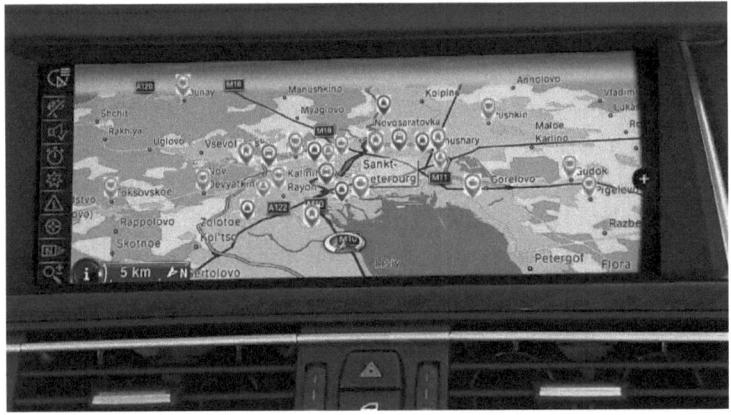

Abbildung 67: Nachhaltiger Tourismus Navi von share2care
Quelle: Eigene Darstellung

Flora ist sehr gespannt, welche Projekte sie auf der Reise erwarten und will am liebsten sofort mit dem ersten Beginnen. Sie drückt auf ein Herzsymbol an der Seite des Bildschirms und kann so eine Liste mit Projekten in ihrer Umgebung einsehen, die nach ihren Fähigkeiten und Interessen gefiltert sind. Da sie sich auf das Autofahren konzentrieren muss, lässt sie sich die Projekte vom Navigationssystem vorlesen.

„Babysitten, Bäume pflanzen, Müll aufsammeln, Einkaufen gehen, Blumen gießen, bei einer Demonstration mitmachen, Tiere füttern, ..." - die Liste geht weiter und weiter.

Flora seufzt laut. Gerne würde sie alles machen, aber das ist wohl nicht möglich. Diese Reise soll sie überraschen. Sie weiß nicht, wohin sie reisen wird und wie lange sie unterwegs sein wird, also soll es mit den Projekten genauso intuitiv sein.

„Bäume pflanzen!", verkündet das Navigationssystem, nachdem Flora den Zufallsmodus eingeschaltet hat. Sofort zeigt ihr der Bildschirm die Route an. Flora fährt von der Autobahn ab und parkt kurz darauf vor einem Waldstück neben zwei anderen share2care-Fahrzeugen.

„Moin, Flora!", begrüßt sie ein Mann mittleren Alters, der auf das Auto zugelaufen kommt und sie mit einem breiten Lächeln und einem kräftigen Händedruck empfängt, sobald Flora ausgestiegen ist. „Ich bin Frank. Danke, dass du uns hilfst!" „Danke an euch! Ich bin so gespannt! Das ist mein erstes Projekt mit share2care."

„Na dann, willkommen in der share2care-Familie!", sagt Frank.

Flora lacht und gemeinsam gehen sie zu drei anderen Menschen, die vor einem LKW stehen und miteinander reden.

„Leute, das ist Flora", beginnt Frank und stellt ihr dann die drei anderen Mitstreiter vor. „Das ist mein Sohn Jakob und das hier sind Lukas und Fabio, die auch über share2care hierher gefunden haben." Flora schüttelt den anderen die Hand und dann legen sie gemeinsam los.

Sie nehmen die Bäume vom LKW und pflanzen sie der Reihe nach auf einem großen Feld an. Flora versteht sich mit allen sehr gut. Nach einer Weile machen sie eine Pause und Flora verteilt die selbstgebackenen Kekse, die sie mitgebracht hat. Als es so spät geworden ist, dass es zu dunkel ist um weiterzumachen, ruft Frank alle zusammen und bedankt sich ausschweifend bei allen.

„Es ist schade, dass meine eigentlichen Helfer heute krankheitsbedingt ausgefallen sind, aber sonst hätte ich euch nicht kennengelernt! Ihr seid so großartig! Ich weiß nicht, was ich ohne euch gemacht hätte!"

„Kein Problem! Immer wieder gerne!", kommt es von der Gruppe zurück.

Von dem Smartphone aus bestätigt Frank die Teilnahme von Flora und den anderen am Projekt und ihnen werden die Punkte sofort gutgeschrieben.

Lukas und Fabio haben sich über den Tag hinweg über die weitere Reise unterhalten und wollen beide in Richtung Berlin weiter, weil dort in drei Tagen ein Festival stattfindet. Sie laden Flora ein, mitzukommen. Flora sagt gerne zu.

Sie fahren mit ihren jeweiligen Autos zur nächsten share2care-Station an einer Raststätte, geben die Autos der beiden Jungs zurück und fahren gemeinsam mit dem Minibus von Flora in Richtung Berlin, mit dem Vorsatz, auf dem Weg bei weiteren Projekten Halt zu machen.

Sie übernachten im Bus und nehmen morgens das Angebot einer großen Familie über das share2care-Navi an, bei ihnen zu Frühstücken und anschließend auf die sechs Kinder aufzupassen, die zwischen 4 Monate und 9 Jahre alt sind.

Anschließend geht es wieder weiter ins Ungewisse, aber mit neuen Freunden, vielen tollen Erlebnissen und ganz viel Vorfreude!

In den nächsten zwei Monaten geht es für Flora dorthin, wo sie spontan Lust hat, hinzufahren. Am Ende, zurück im Sonnenhof, hat sie die Ostsee umrundet und ihre Route sieht wie folgt aus:

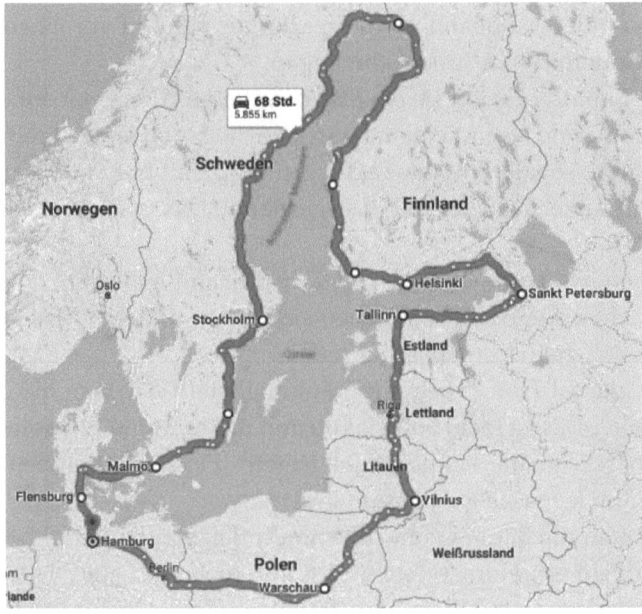

Abbildung 68: Nachhaltiger Tourismus Extrem I Reiseroute
Quelle: Google Maps (2018)

Nach dem Festival in Berlin fährt sie weiter nach Warschau. Auf dem Weg hilft sie in einem Second-Hand-Shop aus und unterstützt an einer anderen Stelle eine ältere Dame bei der Gartenarbeit, mäht den Rasen und gießt die Pflanzen. Zwischen Warschau und Vilnius kauft Flora für eine andere alte Dame Lebensmittel ein und hilft einer jungen Familie beim Umzug.

Auf der Strecke von Vilnius nach Riga entdeckt Flora unerwarteterweise ein Projekt, das sie so sehr begeistert, dass sie dort zwei Wochen lang bleibt. Es geht um die Renovierung eines alten Bauernhofs, der zu einer Kommune werden soll. Sie hilft primär bei der Bewirtschaftung der Felder, baut aber auch am Haus mit.

Zwischen Riga und Tallinn begleitet sie dann eine Seniorengruppe bei einem Ausflug und auf dem Weg nach St. Petersburg bringt sie Obst und Gemüse von einem Bauernhof zum Marktstand, weil das Auto des Bauern kaputt gegangen ist. Ein Mann, der auch mit *share2care* unterwegs ist, repariert derweil das Auto. Von St. Petersburg aus geht es nach Helsinki. Auf dem Weg dorthin hilft Flora dabei, auf einem Bauernhof die Tiere zu füttern und Essen für eine ganze Grundschule zu kochen. In Helsinki näht Flora einem kleinen Mädchen ein Prinzessinnenkleid.

Die Strecke von Helsinki bis Stockholm verbringt Flora weitgehend ohne Projekte. Sie braucht wieder ein bisschen Ruhe, genießt die Natur und meditiert viel. Nebenbei nimmt sie dennoch öfter mal an Müllsammelaktionen an der Küste teil. Kurz vor Stockholm findet sie ein Projekt, das sie besonders begeistert: Sie macht einer Frau Dreads.

In Stockholm selbst kocht sie in einer Suppenküche und verteilt die Mahlzeiten an Obdachlose. Dann geht es weiter nach Malmö und Kopenhagen, wo sie wichtige Unterlagen eines Unternehmens über die Öresundbrücke bringt. In Dänemark gibt sie dann noch mehrere Yoga- und Meditationskurse und kommt schließlich wieder in Deutschland an.

In Flensburg gibt sie ihr Auto ab und wird von einer Frau im Auto mitgenommen, die ebenfalls mit *share2care* unterwegs ist und die Lust darauf hat, zusammen mit Flora zum Sonnenhof zu fahren.

Die großen Städte hat Flora zum Aufladen oder Austauschen der Autos genutzt und um dort mehr Menschen zu treffen und mehr Tauschmöglichkeiten zu haben. Die Strecken dazwischen und die Projekte haben ihr jedoch weitaus besser gefallen als die Hektik der großen Städte. Trotzdem hatten die Städte den Vorteil, dass Flora dort Übernachtungsangebote, Einladungen zum Essen und Gelegenheiten zum Tauschen wahrnehmen und sich mit anderen *share2care*-Nutzenden treffen konnte, um sich über die Erfahrungen auszutauschen.

Auf der Reise unterhielt sich Flora größtenteils auf Deutsch und Englisch mit anderen Menschen und wenn das mal nicht funktionierte, übersetzte jemand für sie oder sie kommunizierte mit Händen und Füßen.

Überall wo sie war, konnte sie problemlos Dinge tauschen und teilen, übernachtete viel öfter als geplant bei anderen Menschen, aß oft mit Einheimischen zusammen und lernte so die Kulturen des nord-östlichen Europas sehr intensiv kennen.

Sie hat während der Reise und besonders mit Hilfe von *share2care* sehr viele interessante Menschen kennengelernt, sehr viele Fähigkeiten erlernt und ihre eigenen Fähigkeiten sinnvoll genutzt. Da Flora bei so vielen Projekten geholfen hat, könnte sie ihren vollen Fahrpreis damit abbezahlen. In Absprache mit ihrer Kommune war es ihr jedoch möglich, drei Viertel ihrer Fahrtkosten aus der gemeinsamen Kommunenkasse zu bezahlen und die restlichen, gesammelten *carency*-Punkte an eine Hilfsorganisation zu spenden, die sich für einen gleichmäßigen Zugang zu Bildung und Lebensmitteln in der Welt einsetzt.

Flora kann sich sehr gut vorstellen, wieder mit *share2care* zu verreisen. Sie lässt aber zunächst ihren Kommunen-Mitbewohnenden den Vortritt zu verreisen, da sich schließlich alle gemeinsam das Geld der Kommune und die Arbeit auf dem Hof teilen.

Ihre Erkenntnis der Reise: Alleine unterwegs sein und für andere da sein schließt sich keineswegs aus.

6.2.3 Extremszenario II

Gesellschaft

Die zukünftige Gesellschaft im Extrem II wird intensiv durch das Projektionsbündel aus „Nach mir der Weltuntergang", „Die desinteressierten Rastlosen" und „Dagobert Duck" geprägt.

Die Projektion „Nach mir der Weltuntergang" beschreibt, dass die Gesellschaft weder Interesse noch Verständnis für sowohl ökologisch als auch sozial nachhaltiges Handeln aufweist. Die komplette Gleichgültigkeit gegenüber der Umwelt zeigt sich in Form eines erhöhten Ressourcenverbrauchs, zunehmender Verschmutzung von Luft und Wasser und steigenden CO_2-Emissionen. Der Schutz von Grünflächen und der Artenvielfalt findet in der Gesellschaft ebenfalls nur noch wenig Unterstützung, ausgenommen von außergewöhnlichen Attraktionen wie Nationalparks, da diese für die Gesellschaft einen großen Erlebnisfaktor darstellen. Ebenfalls wird der Artenschutz nur noch eingeschränkt ausgeübt, weil ausschließlich außergewöhnliche Tierarten einen gesellschaftlichen Mehrwert darstellen. In Bezug auf die soziale Nachhaltigkeit besteht in der Gesellschaft keine Motivation, Fairness durchzusetzen.

Ein weiteres Merkmal der Gesellschaft bildet die Zukunftsprojektion der „desinteressierten Rastlosen". Die Individuen handeln sich selbst und anderen Menschen gegenüber unachtsam. Sie möchten sich nicht mehr als Mitglied einer Gesellschaft ansehen, viel mehr verstehen sie sich als Einzelgänger. Das Bedürfnis enge Beziehungen mit Mitmenschen einzugehen, entwickelt sich zurück und die Fähigkeit empathisch zu kommunizieren geht verloren. Deshalb werden die Bedürfnisse anderer Menschen nicht mehr wahrgenommen und es wird kaum Rücksicht auf das Umfeld genommen. Zwischenmenschliche Beziehungen sind folglich nur noch oberflächlich vorhanden und Gespräche beschränken sich auf Smalltalk. In Bezug auf ihre Umwelt schaffen die Individuen es nicht, sich auf andere Kulturen einzulassen. Des Weiteren können Personen ihre eigenen Erfahrungen und Erlebnisse nicht mehr richtig verarbeiten. Sie reflektieren ihre Empfindungen ausschließlich oberflächlich und orientieren sich bei wichtigen Entscheidungen stark an Werbebotschaften. Die Gesellschaft strebt aufgrund ihrer verlorenen Kompetenz der Besinnlichkeit ständig nach neuen Eindrücken, da sonst Langeweile empfunden wird.

Die Projektion "Dagobert Duck" beschreibt den Trend, dass in der Gesellschaft Konsum und Eigentum als Priorität angesehen werden. Das Bedürfnis neue Dinge anzuschaffen, kann nicht gestillt werden. Erfolg wird in der Gesellschaft anhand des persönlichen Besitzes gemessen. Das Teilen von Gütern ist gesellschaftlich verpönt und wird als Zeichen der Armut gesehen. Inzwischen sind entsprechende Sharing-Plattformen aufgrund fehlender Nachfrage aufgelöst worden.

Eine Kombination der drei beschriebenen Projektionen bildet eine Gesellschaft, die den Konsum und Besitz von Gütern als wichtigstes Lebensziel ansieht. In dieser Gesellschaft nehmen die Individuen weder Rücksicht auf die Umwelt, noch auf das Wohlergehen ihrer Mitmenschen. Vielmehr agieren sie als Einzelgänger mit der Zielsetzung des persönlichen Profits. Das permanente Streben nach neuen Eindrücken führt zu einem schnellen Wandel der bestehenden Gesellschaftsstrukturen: Aktivitäten, Produkte und Beziehungen werden schnell als eintönig empfunden und deshalb regelmäßig von den Individuen ausgewechselt.

Persona

Eine Persona für dieses Szenario ist Matthias Schmitt. Er ist 52 Jahre alt und arbeitet als Investor im Baugewerbe. In den vergangenen Jahren hat er viele Projekte im Raum Frankfurt mit großem wirtschaftlichen Erfolg abgeschlossen. Die Projekte haben reichlich Zeit eingenommen, weshalb er inzwischen geschieden ist und allein in einem großen Haus in Frankfurt lebt.

Seine Zeit verbringt Matthias hauptsächlich auf der Arbeit. Er spielt jedoch auch regelmäßig Golf, um auf dem Platz profitable Geschäftskontakte knüpfen zu können. Darüber hinaus konsumiert Matthias gerne. Sein Besitz wird ihm schnell zu langweilig, so dass er ihn regelmäßig erneuert. Er interessiert sich besonders für die Anschaffung der neuesten Technik und besitzt zurzeit drei Autos. Enge Beziehungen geht Matthias keine ein, ausschließlich geschäftliche Beziehungen pflegt er sorgsam. Freundschaften sind für ihn nicht wichtig, da er seinen Erfolg an seinem Einkommen und Eigentum misst. Wirtschaftlichkeit versteht Matthias als seine höchste Priorität, ökologische und soziale Nachhaltigkeit hingegen sind ihm egal. Seinen Lebensstil hat Matthias noch nie hinterfragt, sein Eigentum bestätigt schließlich die richtige Wahl seines Lebenswegs.

Er hat bemerkt, dass er gerne mehr Reisen würde, um interessanter zu wirken und besseren Small-Talk halten zu können. Außerdem könnte er auf Reisen neue Ideen für Investitionsprojekte sammeln. In Hotels übernachtet Matthias jedoch nicht gerne. Er stellt die Sauberkeit der Zimmer in Frage und hat kein Vertrauen in das Hotelpersonal. Er findet es umständlich, sich immer mit den Gegebenheiten des Reiselandes auseinandersetzen zu müssen. Andere Steckdosen als zu Hause, lautstarke Klimaanlagen und Familien mit tobenden Kindern möchte er im Urlaub nicht erleben.

Produktinnovation: ConTra

Um die zukünftigen Reisebedürfnisse befriedigen zu können, entsteht eine neue Form des Ferienhauses. Unter der Bezeichnung *ConTra* (Container Travels) wird der bestehende Trend, Wohnhäuser aus Containern zu bauen, auf den Tourismus übertragen.

Abbildung 69: Nachhaltiger Tourismus Contra Logo
Quelle: Eigene Darstellung

Es entstehen mobile Container-Ferienhäuser, die das Bedürfnis nach einem mobilen Eigenheim erfüllen. Sie sind so konstruiert, dass sie innerhalb eines Tages auf- oder abgebaut und problemlos an jede Destination auf der Welt gebracht werden können. Die *ConTra*-Ferienhäuser bestehen aus einem oder mehreren Containern und verfügen über klappbare Elemente, so dass sie für den Transport die Form eines genormten Fracht-Containers annehmen. Das gewährleistet, dass sie ohne Schäden per Lastkraftwagen oder Frachtschiff transportiert werden können. Außerdem verfügen die *ConTra* über genormte Wasser und Stromanschlüsse.

Die *ConTra*-Ferienhäuser bieten Urlaubern eine Vielzahl von Vorteilen. Eigentümern des Ferienhauses wird in jeder Destination der Welt ein geborgenes Gefühl geboten, des Weiteren können große Mengen an Gütern transportiert werden, ohne das Gepäcklimit von Fluglinien einhalten zu müssen. Darüber hinaus kann der *ConTra*-Container sowohl für kürzere Urlaubsreisen als auch für längere Aufenthalte in fremden Destinationen eingesetzt werden.

Ein Containerhaus weist Konstanten zu bereits bestehenden mobilen Ferienhäusern wie Reisemobilen oder Wohnwagen auf. Im Gegensatz zu den genannten Unterkünften, bietet ein *ConTra*-Ferienhaus jedoch deutlich mehr Luxus, da dieses nicht selber von dem Besitzer transportiert werden muss und darüber hinaus weitaus mehr Platz zur Verfügung stellt. Im Vergleich zu *Tiny Houses* ist das *ConTra*-Ferienhaus darauf ausgelegt, regelmäßig transportiert zu werden und kann durch seine Maße deutlich einfacher und somit auch flexibler bewegt werden.

Um eine solche Reise logistisch bewältigen zu können, ist die Unterstützung eines Reiseveranstalters notwendig. Dazu gehört die Existenz eines Buchungsportals, das geeignete Grundstücke vermietet. Grundstücke, die für diese Reiseform geeignet sind, müssen über Fundamente verfügen, um ein sicheres

Abstellen der *ConTra*-Häuser zu gewährleisten. Die Plattformen sind großzügig bemessen, da sie auf diverse Grundrisse von *ConTra*-Ferienhäusern ausgelegt sind. Des Weiteren würden Grünflächen durch das Befahren von Lastkraftwagen und Kränen nicht bestehen können. Jedes Grundstück verfügt über die notwendigen Strom- und Wasseranschlüsse und eine breite Auffahrt, damit das Auf- und Abladen auf den Lastkraftwagen mittels eines Krans möglich ist.

Das Produkt entspricht den gesellschaftlichen Bedürfnissen. Die Projektion „Dagobert Duck" ist eingebettet, denn Käufer des *ConTra*-Ferienhauses können ihr Bedürfnis nach Konsum und Eigentum befriedigen. Außerdem müssen sie beim Verreisen nicht in einer Unterkunft übernachten, die sie mit anderen Menschen zeitversetzt teilen, sondern können ihre Unterkunft für sich alleine beanspruchen. Ebenfalls werden die Bedürfnisse der "Desinteressierten Rastlosen" erfüllt. Die Mobilität des Ferienhauses führt dazu, dass in jedem Urlaub neue Eindrücke gesammelt werden können, da keine Bindung an eine Destination gegeben ist. Darüber hinaus führt das Mitführen des eigenen Ferienhauses dazu, dass kein Kontakt zu Einheimischen oder anderen Touristen notwendig ist. Die dritte Projektion, „Nach mir der Weltuntergang", wird in dem Produkt dadurch bestätigt, dass der Transport des Containers äußerst umweltschädlich ist. Der Transport der *ConTra* verbraucht durch die Nutzung von einem oder mehreren Lastkraftwagen, die Fahrt mit einem Frachtschiff und die Nutzung eines Krans, eine große Menge an fossilen Brennstoffen. Des Weiteren wird sehr viel CO_2 verbraucht. Dazu kommt die Flächenversiegelung der Grundstücke durch den Bedarf an sehr großen Fundamenten. Das Fehlen sozialer Nachhaltigkeit entsteht durch den Einsatz von Niedriglohnarbeitern, die für den Transport der ConTra eingesetzt werden. Die soziale Nachhaltigkeit wird ebenso nicht erfüllt, da die Einheimischen von den Einnahmen des Tourismus in ihrer Heimat nicht profitieren.

Reisebeschreibung

Matthias möchte eine Woche seines Sommerurlaubs mit seinem *ConTra*-Ferienhaus am Gardasee verbringen. Er lässt seine Reise von dem Reisebüro *Future Travelling Inc.* organisieren.

Abbildung 70: Nachhaltiger Tourismus Future Travelling Logo
Quelle: Eigene Darstellung

Das Reisebüro Future Travelling vermittelt ihm ein passendes Grundstück am Rande des Ortes Moniga del Garda, von dem aus er einen ausgezeichneten Seeblick hat. Darüber hinaus organisiert das Reisebüro den Transport seines *ConTra*-Ferienhauses. Das Ferienhaus wird zwei Tage vor Matthias Reisebeginn von einer großen Lagerfläche abgeholt. Per Lastkraftwagen wird Matthias *ConTra*-Ferienhaus zu seinem angemieteten Grundstück gebracht und dort aufgebaut. Fachpersonal ist anschließend dafür zuständig, den Container in einen bezugsfähigen Zustand zu bringen. Hierfür werden die bestehenden Transportsicherungen gelöst und das Haus wird an bestehende Strom- und Wasserleitungen angeschlossen.

Matthias selbst reist mit seinem Porsche an. Er freut sich darauf mit seinem Porsche die *Gardesana Occidentale* und die *Riviera dei Limoni* abzufahren. Während seines Aufenthaltes geht Matthias Golf spielen, um neue Geschäftskontakte knüpfen zu können, fährt Motorboot und macht einen Hubschrauberrundflug. Des Weiteren geht er viel international shoppen. Im Stadtkern von Moniga del Garda gibt es viele internationale Restaurants, die er gerne besucht. Von der italienischen Küche hält er nämlich nicht viel. Er klappert auch viele Attraktionen ab, jedoch setzt er sich mit den Hintergrundinformationen zu den Schauplätzen nicht auseinander.

Auch die Interaktion mit Einheimischen meidet er weitestgehend. Er versucht auf Deutsch zu kommunizieren und meidet kleine lokale Einkaufsläden und Restaurants. Museen, die sich mit der Geschichte der Region auseinandersetzen findet er ebenfalls uninteressant.

Nachdem Matthias von seiner Reise zurückgekehrt ist, stehen viele Geschäftstermine an. Er stellt fest, dass seine Erlebnisse am Gardasee seine Geschäftspartner beeindrucken. Insbesondere sein *ConTra*-Ferienhaus hat einen bleibenden Eindruck bei seinen Kollegen hinterlassen. Er selbst hat das Ferienhaus als etwas klein empfunden. Deshalb überlegt er vor seiner nächsten Reise ein neues und größeres *ConTra*-Haus zu erwerben. Er ist sich noch nicht sicher, ob das Haus aus zwei oder drei Containern bestehen soll. Zukünftig hätte er gerne eine Garage für seinen Porsche und ein Ankleidezimmer. Seine nächste Reise soll nach Miami gehen, dort benötigt er diese Erweiterungen, um einen bleibenden Eindruck bei den Einheimischen und seinen Geschäftspartnern zu hinterlassen.

6.3 Literaturverzeichnis Nachhaltiger Tourismus

Deutscher Tourismusverband (2017): Nachhaltigkeit im Deutschlandtourismus. Anforderungen. Empfehlungen. Umsetzungshilfen. 2. Auflage. Berlin, 2017

Deutscher Tourismus Verband (2017): Nachhaltiger Tourismus. Online unter: https://www.deutschertourismusverband.de/themen/nachhaltiger-tourismus.html [abgerufen am 23.07.2018]

Gausemeier, Jürgen. et al. (2009): Zukunftsorientierte Unternehmensgestaltung. Strategien, Geschäftsprozesse und IT-Systeme für die Produktion von morgen. 1. Auflage., München 2009

Gausemeier, Jürgen; Plass, Christoph (2014): Zukunftsorientierte Unternehmensgestaltung. Strategien, Geschäftsprozesse und IT-Systeme für die Produktion von morgen. 2. Auflage. Carl Hanser Verlag, München 2014

Bildquellen

Google Maps (2018): Route von Hamburg über Warschau, Vilnius, Tallinn, St. Petersburg, Helsinki, Stockholm, Malmö und Flensburg nach Hamburg. Online unter: https://bit.ly/2KR60aH (gekürzter Link) [abgerufen am 16.07.2018].

7. Szenarien für Hochseekreuzfahrten (2018)

Autorinnen: Elena Eckert, Jana Marie Schulz und Nora Striggow

Abstrakt

Die folgende Trendforschung beschäftigt sich mit dem Marktsegment der Hochseekreuzfahrten. Diese mehrtägigen Schiffsreisen erfreuen sich bei Privatreisenden großer Beliebtheit und es gibt mittlerweile ein großes internationales Angebot in den Bereichen Luxus-, Club- und Sportkreuzfahrten.

Zu Beginn des Szenario Managements entschied sich dieses Team für die Arbeit mit den beim Scanning herausgearbeiteten Gesellschaftstrends. Davon ausgehend wurden verschiedene Trendhierarchien erstellt, die zur Reduzierung der Komplexität beitrugen. In der anschließenden Einfluss- und Relevanzanalyse wurden neben der Aktiv- und der Passivsummen auch die Indices zu Rate gezogen, um die Schlüsselfaktoren „Digitale Vernetzung", „Erlebniswelten" und „Sportivity" zu selektieren.

Schlussendlich resultierten aus der Szenario-Feldanalyse die folgenden Projektionsbündel: Das erste Extremszenario befasst sich mit einer Abnahme der Entwicklung der Schlüsselfaktoren und somit mit den Projektionen *Offline-Obsession*, *Anti-Activeness* und *Input-Isolation*. Für das Extremszenario II stehen die Projektionen *Dataismus*, *Fit-Fanatismus* und *Sensory Overload* für eine boomende Entwicklung der Einflussfaktoren. Für das Trendszenario wurden die Projektionen *Connected World*, *Fit-Fanatismus* und *Erlebnis-Enthusiasmus* herausgearbeitet. Das Kapitel Szenario-Transfer widmet sich systematisch den narrativ gestalteten Ausarbeitungen durch eine detaillierte Szenario- und Gesellschaftsbeschreibung, die Vorstellung von Persona, passender Kreuzfahrten sowie Produkten.

Marktabgrenzung

Bei einer Kreuzfahrt handelt es sich um eine: *„durch Schifffahrtsunternehmen zur See oder auf Flüssen erbrachte, mehrtägige Schiffsreise für Privatreisende im Schiffsgelegenheitsverkehr, bei der mehrere Häfen (als Zugangspunkte zu touristischen Zielen) angelaufen werden"* (Sterzenbach o.J.).

Diese Arbeit konzentriert sich auf das Segment der Hochseekreuzfahrt, daher entfällt der Aspekt der Flusskreuzfahrt bei dieser Definition.

Bei einer Kreuzfahrt steht nicht immer ausschließlich der Aspekt der Beförderung im Vordergrund. Der Aufenthalt an Bord ist bei der Produktwahl entscheidend, ebenso wie das jeweilige Schiff und die angesteuerten Destinationen. Zusätzlich sind Schiffsreisen durch verschiedenste Zusatzleistungen wie An- und Abreise, Verpflegung, geführte Landausflüge und Unterhaltungsprogramme gekennzeichnet.

Kreuzfahrten lassen sich bezüglich ihrer Routen, Größe und des Angebots unterscheiden. Die drei größten Unterscheidungen sollen an dieser Stelle kurz aufgegriffen werden. Bei der klassischen Luxuskreuzfahrt liegt der Fokus auf der Seereise selbst. Den Gästen wird allumfassender Komfort, exklusiver Service und ein hoher Qualitätsstandard geboten. Dabei ist zu beachten, dass Luxuskreuzfahrten heute vermehrt nicht mehr nur von der sozialen Oberschicht gebucht werden. Es ist vielmehr das Luxusgut der „kleinen Leute" geworden. Eine weitere Klassifizierung stellen Clubkreuzfahrten dar. Die Hauptmerkmale dieser Kreuzfahrten sind ein kommerzielles Unterhaltungsprogramm (Shows, Kabaretts, Musicals etc.) und die umfangreichen Sportmöglichkeiten (Freeclimbing, Schlittschuhlaufen, Golfsimulatoren etc.). Es handelt sich dabei also klassisch um Cluburlaube, die auf ein Schiff übertragen werden. In Deutschland setzen besonders die AIDA-Schiffe auf dieses Clubkonzept. Auf der anderen Seite finden sich Nischen Kreuzfahrten, die ihre Route auf kulturelle Besonderheiten auslegen. Expeditionskreuzfahrten fallen beispielsweise in diese Rubrik. Dabei wird auf Routen gefahren, die abseits der sonst üblichen Fahrgebiete liegen. Diese Gebiete sind häufig schwer zugänglich oder landschaftlich extrem, wie z. B. Routen durch die Antarktis (vgl. Schulz o.J.).

Die vorangegangene Definition von Hochseekreuzfahrten bildet die sachliche Marktabgrenzung. Räumlich und zeitlich wird der Markt nicht eingegrenzt, da dieser zwar einen relativ großen Anteil des touristischen Marktes ausmacht, an sich allerdings ein recht überschaubarer und klar abgegrenzter Bereich ist. Es würde diese Arbeit daher in ihren Möglichkeiten einschränken, würde man den Markt räumlich oder zeitlich eingrenzen. Es wird sich dementsprechend auf den globalen und ganzjährigen Kreuzfahrtmarkt bezogen.

7.1 Phasen des Szenario Managements

Zur Erstellung der Trendhierarchien wurde die Puzzle-Methode mit den hier genannten Trends genutzt. Hierfür wurde jeder verfügbare Trend auf eine Karte geschrieben, die dann beliebig in Kombination mit anderen Trends hierarchisch angeordnet werden konnte. Auf diese Weise ergab sich eine Aufteilung nach Megatrend, Gesellschaftstrend, Konsumtrend, Branchentrend und Produkttrend. Die Abbildung 71 zeigt diesen Arbeitsschritt.

Abbildung 71: Hochseekreuzfahrten Puzzlemethode
Quelle: Eigenes Foto

Im Anschluss wurde entschieden, mit den Gesellschaftstrends weiterzuarbeiten. Von den 19 ausgewählten Gesellschaftstrends der sieben Trendhierarchien wurden mithilfe einer Bewertungsskala von 1-3 Punkten elf Gesellschaftstrends für wichtig befunden. Diese elf Gesellschaftstrends sind: Sportivity, Konsumgesellschaft, Slow Culture, digitale Vernetzung, Erlebniswelten, Wissenskultur, Clean Eating, Creativiteens, Wir-Kultur, Downaging, Forever Youngsters.

Beispielhaft werden im Folgenden zwei der sieben Trendhierarchien vorgestellt.

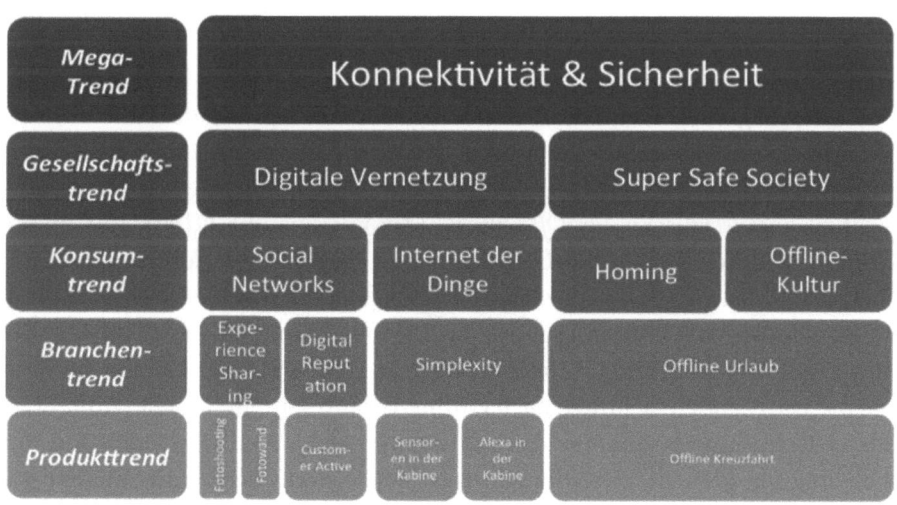

Abbildung 72: Hochseekreuzfahrten Trendhierarchie 1
Quelle: Eigene Darstellung

Der erste in einer Trendhierarchie (Abbildung 72) dargestellte Megatrend setzt sich aus den großen Themenclustern Konnektivität und Sicherheit zusammen. Als *„Konnektivität bezeichnet [man die] neue Organisation der Menschheit in Netzwerken. Über das ‚Internet der Dinge' kommunizieren nicht mehr nur Menschen, sondern auch Maschinen miteinander"* (Zukunftsinstitut 2018c). Diese digitale Vernetzung ist deutlich in der Gesellschaft zu spüren und beeinflusst somit die Konsumenten in ihrem Verhalten und ihren Entscheidungen. Soziale Netzwerke, in denen sich Menschen verbinden und Erfahrungen austauschen sind auch für die Reisebranche von großer Bedeutung. Neben Erfahrungsberichten und Kommentaren, muss heute auch damit gerechnet werden, dass jede Customer Experience „geshared" wird und dementsprechend auch optische Ansprüche in einem größeren Ausmaß erfüllen muss. *„Die Frage, welchen Ruf und welches Ansehen Menschen genießen, wird immer stärker durch ihre Reputation in sozialen Netzwerken und die Informationen, die im Internet über sie zu finden sind, bestimmt"* (ebd.). Jeder User bewertet und wird bewertet, weshalb die Digitalreputation immer mehr zum Motiv für bestimmte Handlungen wird. Aus diesem Grund sind Produkte wie Selfiewände, besondere Fotospots, ansprechend dekoriertes Essen oder Meinungs-Terminals, an denen Kunden abstimmen oder aktiv teilhaben können, immer wichtiger.

Nicht nur Personen, sondern auch Dinge sind über das Internet miteinander vernetzt. Das sogenannte „Internet der Dinge" beschreibt eine gänzlich neue Form des Konsums, indem man versucht, Geräte des täglichen Bedarfs, Transportmittel, das Eigenheim oder Maschinen miteinander zu vernetzen. Die einfache und intuitive Bedienbarkeit spielt hier eine übergeordnete Rolle. Diesen Komfort erwartet der Gast auch in seinem Urlaub. Sensoren in Hotelzimmern oder Schiffskabinen sollen Licht und Wasser steuern, der Kanal am Fernseher wird über Sprachsteuerung geändert und in der Touristeninformation oder an der Rezeption erwartet man Tipps, Reiserouten oder Fahrpläne per Sprachsteuerung.

Diesem großen Trend der Vernetzung steht das wachsende Bedürfnis nach Sicherheit und Datenschutz entgegen. *„Privacy befindet sich im Wandel und ist künftig keine Grundvoraussetzung mehr, sondern muss aktiv erzeugt werden und wird somit zu einer technischen On-Off-Option"* (Zukunftsinstitut 2018d). Aus diesem Grund entwickelt sich in der Gesellschaft ein Gegentrend, der Sicherheit und Datenschutz wichtiger als die ständige Erreichbarkeit erachtet. Der Konsum in dieser Gesellschaft zentriert sich um das Eigenheim und eine gewisse Abschottung gegenüber der digital vernetzten Welt. Eine weitere Folge kann in der Branche die wachsende Nachfrage nach Offline-Urlaub sein. In diesem wird entweder aktiv für eine bestimmte Zeit auf die vernetzte Welt verzichtet und Entschleunigung gesucht, oder die generelle Suche nach mehr Authentizität und persönlichem Kontakt in den Vordergrund gestellt.

Abbildung 73: Hochseekreuzfahrten Trendhierarchie 2
Quelle: Eigene Darstellung

In Abbildung 73 ist die Trendhierarchie mit dem Titel „Neugier und Wissen" zu sehen. *„Im Umbruch von der Industrie- zur Wissensgesellschaft wird Bildung zu einer Kulturfrage, die die ganze Gesellschaft betrifft"* (Zukunftsinstitut 2018a). Einher mit dem neuen Wissenshunger geht auch das Konzept der Neugier, welches insbesondere in Verbindung mit dem Ausbau künstlicher Intelligenzen und dem Thema Wissenserwerb thematisiert wird. *„Nur Kontroverses, Ungewisses, Neuartiges oder Komplexes weckt unsere Neugier"* (Jung, Niemeyer 2018). Diese Beobachtung lässt sich auch in der Gesellschaft wiederfinden. Der Mensch strebt danach etwas zu erleben, Neues zu entdecken und einmalige Erfahrungen zu sammeln. Diesen Wunsch erfüllen zahlreiche künstliche Erlebniswelten, in denen der Besucher fernab vom Alltag eine inszenierte Traumwelt erleben kann. Egal ob Themen-, Wasser-, Freizeit- oder Safaripark, ob Konzert, Festival oder Musical oder einfach nur einem Street Food Festival – jeglicher Bereich wird inszeniert und eventisiert (vgl. Stiftung für Zukunftsfragen 2018). Auch in der Reisebranche und im Kreuzfahrtbereich ist ein drastischer Anstieg von inszenierten Großevents, wie beispielsweise einer Helene Fischer Kreuzfahrt, einer Electronic Dancemusic Cruise oder einer Heavy Metal Cruise bemerkbar (vgl. Hamburger Abendblatt, 2018). Neben dem Faktor Entertainment wird in diesem Zusammenhang auch häufig versucht, zusätzlich zum Erlebnis den Faktor Lernen einzubauen. Bildung wird zunehmend ent-institutionalisiert und findet über neue Kanäle statt (vgl. Zukunftsinstitut 2018e). Aufgrund des rasanten Anstiegs an Informationen hat man nie ausgelernt, sondern befindet sich in einem Prozess des lebenslangen Lernens. Die Verschmelzung von Entertainment und Education, das sogenannte Edutainment spielt deshalb auch in Freizeit und Tourismus eine große Rolle. Der Urlauber hat den Anspruch auch auf Reisen dazuzulernen und sein Wissen zu erweitern. Produkte wie VR- oder AR-Brillen können dabei helfen, indem die Realität verändert oder angereichert wird und so Einblicke in neue Welten geben können. Auch Kulturreisen oder Expeditionskreuzfahren liegen im Trend, da sich die Gäste aufgrund von neuen Technologien als Forscher fühlen können und so selbst im Urlaub neues Wissen generieren. Bei diesem Wissen geht es nicht zwingend um das klassische Buchwissen, sondern kann sich auch um neuartige Ideen oder Beobachtungen handeln. In diesem Spannungsfeld von Kreativität und Wissen bewegen sich die sogenannten „Creativiteens". Es handelt sich dabei um junge Menschen, die sich mit besonderen Talenten und digitalen Medien die Welt erschließen und selbst mitgestalten. *„Realität und Virtualität [sind] für die Creativiteens keine getrennten Welten, sondern eine Wirklichkeit mit verschiedenen Facetten"* (Zukunftsinstitut 2018b). Sie sind online unterwegs und produzieren eigenen Content, den sie mit ihren Followern teilen. Auch in der Reisebranche und auf dem Kreuzfahrtschiff ist dieser Trend sichtbar. Unternehmen gehen vermehrt Kooperationen mit Bloggern ein, um Content über ihre Produkte über die bloggenden Personen an potenzielle Kunden zu transportieren. Maßnahmen wie „follow-me-arounds" oder Kanalübernahmen auf Instagram sind inzwischen beliebte Kommunikationswege, um Produkte zu einem relativ geringen Preis einem relativ großen und interessierten Publikum zu zeigen. Auch Kooperationen mit Bloggern, denen verschiedene Leistungen gesponsert werden, sind sehr beliebt, um Rezensionen und Publicity zu erhalten.

7.1.1 Szenariofeld-Analyse

Ist der Einflussfaktor der Zeile oder der Spalte relevanter für den Untersuchungsgegenstand? 0 = Spalte ist relevanter 1 = Zeile ist relevanter	Sportivity	Konsum-Gesellschaft	Slow Culture	Digitale Vernetzung	Erlebniswelten	Wissenskultur	Clean Eating	Creativiteens	Wir-Kultur	Downaging	Forever Youngsters	Relevanzsumme
Sportivity		1	0	0	0	1	1	1	1	1	1	7
Konsum-Gesellschaft	0		1	0	0	1	1	1	0	1	1	6
Slow Culture	1	0		0	0	1	1	1	0	1	0	5
Digitale Vernetzung	1	1	1		0	1	1	1	1	1	1	9
Erlebniswelten	1	1	1	1		1	1	1	1	1	1	10
Wissenskultur	0	0	0	0	0		1	1	0	0	0	2
Clean Eating	0	0	0	0	0	0		1	0	0	0	1
Creativiteens	0	0	0	0	0	0	0		1	0	0	1
Wir-Kultur	0	1	1	0	0	1	1	0		0	0	4
Downaging	0	0	0	0	0	1	1	1	1		0	4
Forever Youngsters	0	0	1	0	0	1	1	1	1	1		6

Abbildung 74: Hochseekreuzfahrten Relevanzmatrix

Quelle: Eigene Darstellung

In dieser Matrix (Abbildung 74) soll untersucht werden, welche dieser Trends die relevantesten sind, indem sich die Frage gestellt wir: *„Ist der Einflussfaktor der Zeile oder der Spalte relevanter für den Untersuchungsgegenstand?"* (vgl. Gausemeier 2009, S.69). Es wird eine binäre Bewertung in Anspruch genommen, bei welcher 0 dafür steht, dass die Spalte relevanter als die Zeile ist und 1, dass die Zeile relevanter als die Spalte ist. Bewertet wird hier nur in eine Richtung, da sich die zweite Richtung in logischer Konsequenz daraus ergibt. Wenn z.B. in der Zeile von „Sportivity" zur Spalte „Konsumgesellschaft" eine 1 steht, muss demzufolge in der Zeile „Konsumgesellschaft" zu „Sportivity" eine 0 stehen, da „Sportivity" relevanter für die Hochseekreuzfahrt ist (vgl. Gausemeier 2009, S.69f.).

Wie an der Relevanzsumme zu erkennen ist, sind die für den Untersuchungsgegenstand relevantesten Trends „Erlebniswelten", „Digitale Vernetzung", „Sportivity", „Konsum-Gesellschaft" und „Forever Youngsters", da diese die höchsten Summen aufweisen.

In der folgenden Matrix (Abbildung 75) sind in den Zeilen und Spalten jeweils die Gesellschaftstrends dargestellt. Die Fragestellung hier lautet: *„Wie stark beeinflusst der Einflussfaktor in der Zeile den Einflussfaktor in der Spalte?"*. Der vierstufige Bewertungsmaßstab hier variiert von „0" (keinen Einfluss) bis zu „3" (starker Einfluss), wie auch in der folgenden Matrix links oben angegeben. Im Gegensatz zu der vorher beschriebenen Relevanzmatrix, wird in der Einflussmatrix in zwei Richtungen bewertet.

Wie stark beeinflusst der Einflussfaktor in der Zeile den Einflussfaktor in der Spalte? 0 = keine Beeinflussung 1 = wenig Beeinflussung 2 = mittlere Beeinflussung 3 = starke Beeinflussung	Sportivity	Konsum-Gesellschaft	Slow Culture	Digitale Vernetzung	Erlebniswelten	Wissenskultur	Clean Eating	Creativiteens	Wir-Kultur	Downaging	Forever Youngsters	Aktivsumme
Sportivity		3	1	1	2	1	3	1	2	3	2	19
Konsum-Gesellschaft	1		2	2	3	0	1	2	2	0	1	14
Slow Culture	2	2		3	3	1	3	0	3	2	1	20
Digitale Vernetzung	2	3	2		3	3	3	3	3	1	2	25
Erlebniswelten	2	2	1	2		3	1	1	3	1	2	18
Wissenskultur	2	1	1	2	3		2	2	1	1	3	18
Clean Eating	3	2	1	3	1	1		1	1	2	1	16
Creativiteens	1	3	1	3	2	2	2		2	1	2	19
Wir-Kultur	2	2	1	2	2	1	2	1		1	1	15
Downaging	3	1	1	1	2	1	0	1	2		3	15
Forever Youngsters	1	2	0	1	2	1	1	1	3	1		13
Passivsumme	19	21	11	20	23	14	18	13	22	13	18	

Abbildung 75: Hochseekreuzfahrten Einflussmatrix

Quelle: Eigene Darstellung

Die Aktivsumme auf der rechten Seite der Matrix gibt an, wie sehr ein Trend die anderen Trends beeinflusst (vgl. Gausemeier 2009, S.67). Diese hat die höchsten Werte bei dem Trend „Digitale Vernetzung", darauf folgen „Slow Culture", „Sportivity" und „Creativiteens". Am unteren Teil der Matrix ist die Passivsumme zu erkennen, welche ausdrückt, inwiefern ein Trend von anderen Trends beeinflusst wird (vgl. ebd.). Der Trend „Erlebniswelten" erreicht hier die höchste Summe, danach folgen „Wir-Kultur", „Konsumgesellschaft" und „Digitale Vernetzung".

Tabelle 8: Hochseekreuzfahrten Wertetabelle Schlüsselfaktoren

Trend	Aktivsumme	Passivsumme	Dynamik-Index	Impuls-Index
Sportivity	19	19	361	1,0
Konsum-Gesellschaft	14	21	294	0,7
Slow Culture	20	11	220	1,8
Digitale Vernetzung	25	20	500	1,3
Erlebniswelten	18	23	414	0,8
Wissenskultur	18	14	252	1,3
Clean Eating	16	18	288	0,9
Creativiteens	19	13	247	1,5
Wir-Kultur	15	22	330	0,7
Downaging	15	13	195	1,2
Forever Youngsters	13	18	234	0,7

Quelle: Eigene Darstellung

Der Dynamik-Index in Tabelle 8 berechnet sich durch die Multiplikation der Aktiv- und der Passivsumme eines Einflussfaktors. Dieser drückt aus, inwieweit ein Einflussfaktor im Gesamtsystem eingebunden ist. Der höchste Index in diesem System ist der des Gesellschaftstrends „Digitale Vernetzung", das heißt, dieser ist im Gesamtsystem sehr stark vernetzt. Gemeinsam mit „Erlebniswelten" und „Sportivity" bildet dieser die dynamischen Größen, somit diese mit den höchsten Dynamik-Indices. Als puffernde Größen bezeichnet man in diesem System „Downaging", „Slow Culture" sowie „Forever Youngsters", da diese die kleinsten Indices aufweisen (vgl. Gausemeier 2009, S.68).

Ebenso in Tabelle 8 zu sehen ist der Impuls-Index, welcher sich durch die Division der Aktiv- mit der Passivsumme berechnet. Der Impuls-Index gibt an, inwieweit ein Einflussfaktor andere Einflussfaktoren direkt beeinflusst, ohne sich selbst zu verändern oder verändert zu werden. Die höchsten Werte weisen hier „Slow Culture", „Creativiteens" und „Digitale Vernetzung" auf, diese werden deshalb auch als impulsive Größen bezeichnet. „Forever Youngsters", „Wir-Kultur" und „Konsum-Gesellschaft" haben die niedrigsten Quotienten und werden deshalb auch reaktive Größen genannt (vgl. ebd.).

Anschließend wird in dem System Grid in Abbildung 76, welches auf den vorangegangenen Analysen beruht, deutlich, dass die Trends „Erlebniswelten", „Digitale Vernetzung" und „Sportivity" die höchsten Aktiv- und Passivsummen aufweisen. Wie bereits erwähnt, sind diese drei Einflussfaktoren auch die dynamischen Größen. Da sie nach diesen Berechnungen das Untersuchungsfeld Hochseekreuzfahrten am meisten prägen, werden sie als Schlüsselfaktoren ausgewählt.

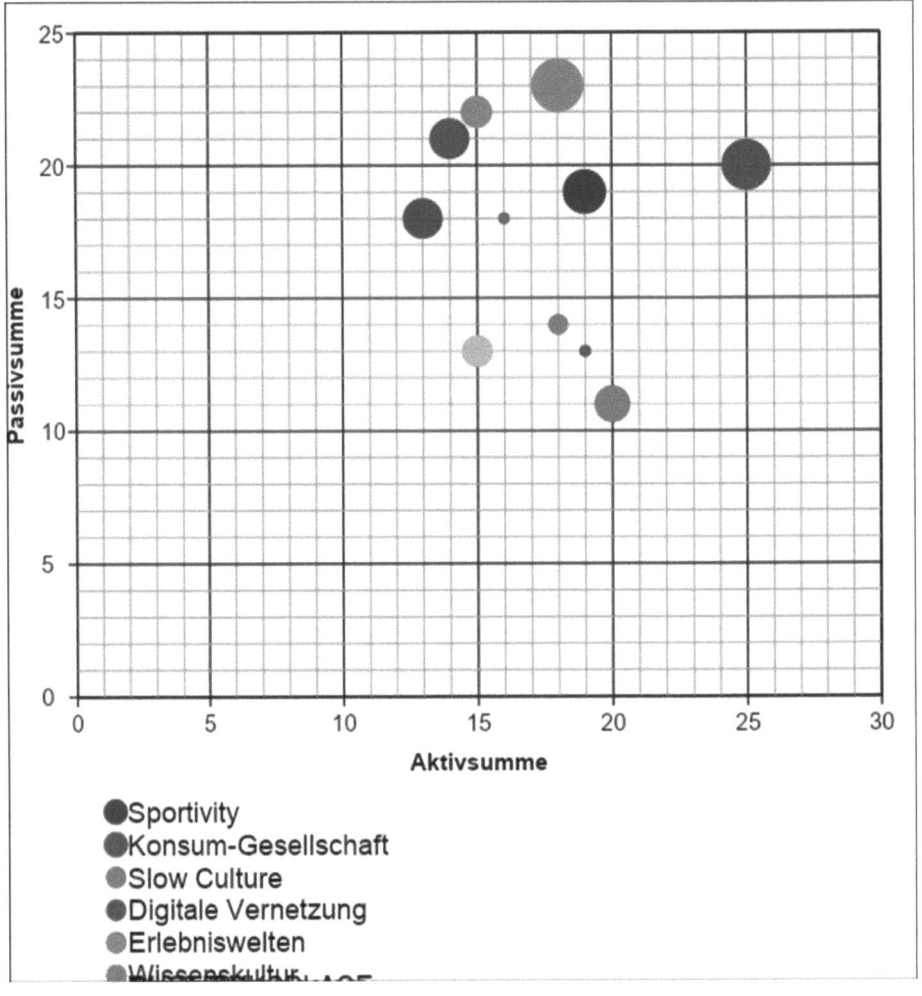

Abbildung 76: Hochseekreuzfahrten System Grid
Quelle: Eigene Darstellung

7.1.2 Projektionsentwicklung

In dem folgenden Unterkapitel werden die Projektionsentwicklungen für die ausgewählten Schlüsselfaktoren kurz erläutert.

Digitale Vernetzung

Konsistenz: Connected World
In der Connected World wird sich durch verschiedenste Social-Media-Kanäle miteinander verbunden und mit Zustimmung werden Informationen untereinander ausgetauscht. Es ist in dieser Welt notwendig, dass jeder Mensch online erreichbar ist.

Boom: Dataismus

Durch die stetig steigende Vernetzung, den technologischen Fortschritt und den immer transparenter werdenden Umgang mit Informationen, hat sich die Gesellschaft zum Dataismus hin entwickelt. In diesem ist das Sharing von persönlichen Daten und die Konnektivität der Dinge ein wichtiger Bestandteil des Lebens. Alle Menschen teilen ihre Emotionen, Aktivitäten und ihren Standort zu jeder Zeit. Es wird sich größtenteils online verabredet und virtuell getroffen.

Abnahme: Offline-Obsession
Die Angst vor Datenmissbrauch und negative Erfahrungen mit Cyberkriminalität haben eine Ablehnung gegenüber Konnektivität ausgelöst, wodurch die Gesellschaft nun stark durch eine Offline-Obsession geprägt ist. Niemand möchte zu viel von sich preisgeben und jeder bleibt anonym. Der technologische Fortschritt ist in dieser Gesellschaft durchaus vertreten, lediglich Aktivitäten, die das Internet fordern, werden vermieden.

Erlebniswelten

Konsistenz: Erlebnis-Enthusiasmus
Die Flucht aus dem Alltag in Form von inszenierten Erlebniswelten wird immer populärer und wird regelmäßig in Anspruch genommen. Dabei werden Erlebnisse vor allem auf die Freizeit beschränkt und stellen einen Ausgleich zum Arbeitsalltag dar.

Boom: Sensory Overload
Neue technologische Möglichkeiten und die Angst vor Langeweile sorgen für einen stark ausgeprägten Wunsch nach Erlebniswelten. In jedem Aspekt des Lebens steht das Erlebnis im Vordergrund und der Mensch ist ständig neuen Reizen ausgesetzt.

Abnahme: Input-Isolation
Durch den Wunsch nach Authentizität und der Flucht aus den künstlich geschaffenen Erlebniswelten ist die Input-Isolation entstanden, in der sich die Gesellschaft aktiv von Erlebniswelten entfernt und nach Echtheit in Natur und Freizeit strebt. Es gilt sich wieder mehr auf sich selbst zu besinnen und keine unnatürlichen Reize zu erleben.

Sportivity

Konsistenz: Active Society
In der Active Society sind die meisten Menschen sportlich aktiv und bewegen sich regelmäßig. Der Sport spielt eine wichtige Rolle im Leben und es wird zu denjenigen aufgesehen, die mehrmals die Woche Sport treiben.

<u>Boom: Fit-Fanatismus</u>
Das zunehme Bewusstsein für die Gesundheit des eigenen Körpers sorgt für eine starke Bereitschaft zu gesunder Ernährung und der Ausübung von Sport. Die tägliche körperliche Betätigung ist Normalität, ebenso wie das Ausüben von Extremsportarten. In jedem Bereich des Lebens steht der Sport an erster Stelle, ungesunde Ernährung ist verpönt.

<u>Abnahme: Anti-Activeness</u>
Die Notwendigkeit von körperlicher Fitness ist stark gesunken, es gibt kaum noch Lebensbereiche, in denen es nötig ist, sich zu bewegen. Die Menschen sehen Sport als Zeitverschwendung an und wer sich freiwillig körperlich betätigt, erntet Spott. Die Treppenhäuser in Hochhäusern mussten weiteren Fahrstühlen weichen, da die Treppen nicht mehr genutzt wurden.

7.1.3 Szenariobildung

Die nachfolgende Tabelle 9 veranschaulicht das Ergebnis der paarweisen Konsistenzbewertung: die Projektionsbündel. Das Bündel mit dem höchsten Konsistenzwert von 13 bestand aus „Offline-Obsession", „Anti-Activeness" und „Input-Isolation", dieses wurde als Extrem I übernommen. Den nächsthöchsten Konsistenzwert von 12 wies das Bündel „Dataismus", „Fit-Fanatismus" und „Sensory Overload" auf, welches als Extrem II betitelt wurde. Anzumerken ist, dass Extrem I aus der Abnahme der drei Schlüsselfaktoren besteht und Extrem II aus dem Boom. Auch das Trend-Szenario weist einen Konsistenzwert von 12 auf, welches aus den Projektionen „Connected World", „Fit-Fanatismus" und „Erlebnis-Enthusiasmus" besteht. Dieses Projektionsbündel weist zwei Konsistenzen der Trends „Digitale Vernetzung" und „Erlebniswelten" auf und nur eine Boom-Entwicklung des Trends „Sportivity".

Es wurde sich für diese drei Projektionsbündel entschieden, da sie sich fast vollständig voneinander unterscheiden und so die multiple Zukunft am besten ausdrücken.

Tabelle 9: Hochseekreuzfahrten Projektionsbündel

Digitale Vernetzung	Sportivity	Erlebnis-Welten	Wert 1 (D-S)	Wert 2 (D-E)	Wert 3 (S-E)	Konsistenz-wert	
Offline-Obsession	Anti-Activeness	Input-Isolation	4	5	4	13	Extrem 1
Dataismus	Fit-Fanatismus	Sensory Overload	4	4	4	12	Extrem 2
Dataismus	Fit-Fanatismus	Erlebnis-Enthusiasmus	4	4	4	12	
Connected World	Fit-Fanatismus	Sensory Overload	4	4	4	12	
Connected World	Fit-Fanatismus	Erlebnis-Enthusiasmus	4	4	4	12	Trend
Connected World	Sporty Society	Erlebnis-Enthusiasmus	4	4	4	12	
Dataismus	Sporty Society	Erlebnis-Enthusiasmus	3	4	4	11	
Connected World	Sporty Society	Sensory Overload	4	4	3	11	
Dataismus	Sporty Society	Sensory Overload	3	4	3	10	
Offline-Obsession	Fit-Fanatismus	Input-Isolation	2	5	3	10	
Offline-Obsession	Sporty Society	Input-Isolation	2	5	3	10	
Dataismus	Anti-Activeness	Sensory Overload	3	4	2	9	
Dataismus	Anti-Activeness	Erlebnis-Enthusiasmus	3	4	2	9	
Connected World	Anti-Activeness	Sensory Overload	3	4	2	9	
Connected World	Anti-Activeness	Erlebnis-Enthusiasmus	3	4	2	9	
Offline-Obsession	Fit-Fanatismus	Erlebnis-Enthusiasmus	2	2	4	8	
Offline-Obsession	Sporty Society	Erlebnis-Enthusiasmus	2	2	4	8	
Offline-Obsession	Anti-Activeness	Erlebnis-Enthusiasmus	4	2	2	8	
Dataismus	Fit-Fanatismus	Input-Isolation	4	1	3	/	
Dataismus	Sporty Society	Input-Isolation	3	1	3	/	
Dataismus	Anti-Activeness	Input-Isolation	3	1	4	/	
Connected World	Fit-Fanatismus	Input-Isolation	4	1	3	/	
Connected World	Sporty Society	Input-Isolation	4	1	3	/	
Connected World	Anti-Activeness	Input-Isolation	3	1	4	/	
Offline-Obsession	Fit-Fanatismus	Sensory Overload	2	1	4	/	
Offline-Obsession	Sporty Society	Sensory Overload	2	1	3	/	
Offline-Obsession	Anti-Activeness	Sensory Overload	4	1	2	/	

Quelle: Eigene Darstellung

7.2 Szenario-Transfer

Im folgenden Kapitel werden zwei Extremszenarien sowie ein Trendszenario genauer beschrieben und narrativ erlebbar gemacht. Bei den Extremszenarien wird von extremen Entwicklungen der Trends ausgegangen, also von den Booms oder Abnahmen. Beim Trendszenario entwickeln sich die Trends, oder die Mehrzahl von ihnen, weiterhin auf einem steten Level. Zunächst wird sich auf die Lebensweise und Charakteristiken der fiktiven Gesellschaften und den zugehörigen Personen konzentriert. Außerdem wird beschrieben, wie eine Kreuzfahrt dieser Personen aussehen kann. Im Anschluss wird eine Produktinnovation vorgestellt, die aufgrund der jeweiligen gesellschaftlichen Umstände passen würde.

7.2.1 Extremszenario I

Im Vorfeld wurden die Entwicklung und die Projektionen der Schlüsselfaktoren beschrieben. Nun wird anhand dieser Entwicklungstendenzen ein Szenario erstellt und der dazu entwickelte Charakter und das innovative Produkt vorgestellt. Das Extremszenario I besteht aus dem Projektionsbündel: **Offline-Obses-**

sion, **Anti-Activeness** und **Input-Isolation**, es wird demnach von extremen Abnahmen in den Trends der Digitalen Vernetzung, Sportivity und Erlebniswelten geprägt.

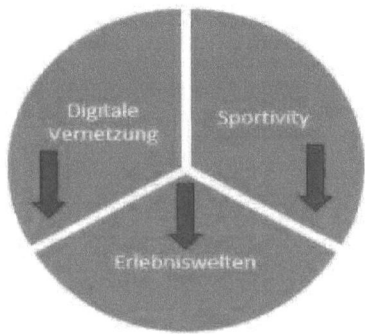

Abbildung 77: Hochseekreuzfahrten Extrem I
Quelle: Eigene Darstellung

Szenariobeschreibung

In diesem Extremszenario haben die Angst vor Datenmissbrauch und negative Erfahrungen mit Cyberkriminalität eine Ablehnung gegenüber Konnektivität ausgelöst, wodurch die Gesellschaft nun stark durch eine Offline-Obsession geprägt ist. Die Gesellschaft vertraut dem Internet nicht mehr und findet Sicherheit und Ruhe außerhalb der Online-Welt. Ebenso sorgt die zunehmende technologische Entwicklung für eine neue Definition von Komfort. Versorgung ist ohne körperliche Anstrengung möglich und die Notwendigkeit für körperliche Fitness ist stark gesunken. Ebenso werden auf Grund des Offline-Seins sportliche Aktivitäten nicht länger mit der Umwelt geteilt und der Wunsch nach Bestätigung und Selbstdarstellung entfällt. Zudem entsteht aus dem Wunsch nach Authentizität ein allgemeines Bedürfnis nach Input-Isolation, in der sich die Gesellschaft aktiv von künstlichen Erlebniswelten entfernt und nach Echtheit in Natur und Freizeit strebt.

In der Konsistenzmatrix erreichte dieses Szenario einen Wert von 13, was dem höchstmöglichen Wert 15 von allen Szenarien am nächsten kommt. Die Trendentwicklungen begünstigen sich somit gegenseitig und erstellen ein in sich geschlossenes, homogenes System.

Gesellschaft

An dieser Stelle wird die Gesellschaft, die in diesem Extremszenario unter den Einflüssen von Offline-Obsession, Anti-Activeness und Input Isolation leben würde, genauer betrachtet. Hierbei sind die Bereiche Mobilität, Freizeit, häusliche Lebensumstände und Technik besonders bedeutsam.

Ein Blick auf die Mobilität in dieser Gesellschaft zeigt den Einfluss der Projektionen sehr deutlich. Die deutliche Ausbildung der Megatrends Mobilität und Urbanisierung stehen hier im Vordergrund. In diesem Zukunftsszenario haben sich die Fahrzeuge ebenso wie die Art der Konnektivität weiterentwickelt. Der Verkehr findet hauptsächlich mit autonom fahrenden Autos statt. Hier findet sich vordergründig die Anti-Activeness wieder, wobei sich auch die Offline-Obsession hier gut einordnen lässt. Die Menschen lehnen körperliche Fitness, also alternative Fortbewegungsmethoden, ab und bevorzugen Komfort in Verbindung mit geringem Selbstaufwand. Daher hat sich die Infrastruktur und das Straßennetz enorm weiterentwickelt und Verbindungen bestehen von Tür zu Tür. Die Fahrzeuge sind untereinander vernetzt, um ein sicheres Verkehrsnetz zu gewährleisten, wovon der Mitfahrende selbst allerdings nichts bemerkt. Er befindet sich in seiner Offline-Welt und ist weiterhin nicht vernetzt, lediglich die Straßen und Fahrzeuge um ihn herum. Das gesamte Mobilitätssystem ist auf Komfort und Sicherheit ausgelegt. Fahrräder gelten nunmehr als Sportgerät und nicht als Fortbewegungsmittel. Treppen gibt es nicht mehr, sie wurden durch Fahrstühle und Rolltreppen ersetzt. Kürzere Strecken werden nicht gelaufen, sondern mit Hoverskates zurückgelegt. Diese stellen ein grundlegendes Besitztum dar und sind so stark verbreitet wie das Smartphone in der heutigen Welt.

Die Gesellschaftstrends „Sportivity" und „Selftracking" haben sich hier in die entgegengesetzte Richtung entwickelt. Sport stellt keinen Bestandteil des Lebens mehr dar, wodurch die Trends „Connected World" und das Online Sharing, sowie der Wunsch nach Selftracking in dieser Gesellschaft entfallen.

In der Freizeit finden sich die Abnahme der Trends Konnektivität und Social Networks wieder. Um Menschen zu treffen, hält man sich viel an gesellschaftlich wichtigen Orten wie Cafés, Marktplätzen, Pubs und Restaurants auf.

Der zwischenmenschliche Kontakt beschränkt sich auf persönliche Begegnungen. Das Smartphone ist ein Gegenstand, der der Vergangenheit angehört. Aktivitäten wie Brettspiele oder Buchclubtreffen sind sehr beliebt.

Es wird viel Zeit und Mühe in die häusliche Einrichtung gesteckt, da sich dort Freunde und Familie zusammenfinden, um gemeinsam Zeit miteinander zu verbringen. Dabei ist die praktische und komfortable Einrichtung sehr wichtig. Der Gesellschaftstrend „Simplexity", also die Anwenderfreundlichkeit, ist hier stark ausgeprägt. In dieser nicht vernetzten Welt werden Konsumenten zu Produzenten. Sogenannte „DIY" („Do It Yourself") Projekte sind sehr beliebt. Die Globalisierung zieht sich mehr und mehr zurück, nationale Grenzen haben wieder eine hohe Bedeutung. Der Megatrend „Sicherheit" und der Gesellschaftstrend „Super-Safe-Society" machen sich bemerkbar, da ein Rückzug aus der Risikogesellschaft allgegenwärtig ist. Die Menschen dieser Gesellschaft leben regional und so kaufen sie auch ein. Bei der Ernährung greifen die Haushalte auf 3D-Essensdrucker zurück.

Durch die vorherrschenden Trends „Sicherheit", „Privacy" und „Anti-Internet der Dinge" hat sich die Offline-Obsession gebildet. Der Gesellschaft ist

Datenschutz enorm wichtig, die Menschen geben ungern Daten von sich preis. Das Internet ist für den Privatgebrauch nicht mehr vorgesehen, da überdies viele sensible Daten aufgenommen und verbreitet werden und die Angst vor Cyberkriminalität zu hoch ist.

Die Offline-Obsession geht Hand in Hand mit der Input Isolation. Die Menschen distanzieren sich von der Online-Welt ebenso wie von künstlichen Erlebniswelten, da diese in direkter Relation zur Online-Affinität, Virtual Reality, Real Digital und Konnektivität stehen. Sie entziehen sich aktiv übermäßiger Reize, da sie diese als aufreibend und störend empfinden.

Dadurch bildet sich außerdem eine Ablehnung bezüglich offensiver Werbung und Marketing. Die Umwelt soll authentisch und echt sein, um sich auf das Wesentliche besinnen zu können und die Ablenkung durch künstliche, unnatürliche Einflüsse zu eliminieren.

Persona

Die fiktive Person, die in dieser Gesellschaft lebt, wird nun anhand eines Tagebucheintrags anschaulich beschrieben. Es handelt sich hierbei um die 38-jährige Barbara.

Reiseverlauf

Da Barbara eine Offline-Affinität prägt, bucht sie ihre Kreuzfahrt in ihrem lokalen Reisebüro. Sie liebt den Komfort und entscheidet sich daher für eine All-Inclusive Kreuzfahrt, bei der es ausreichend Verpflegung gibt und der Fokus fernab von Bewegung liegt. Daher bewegt man sich an Bord des Schiffes ausschließlich mit Hoverskates, nicht zu Fuß. Barbara nimmt an Bord an verschiedensten Workshops wie Gardening, Meditation und Töpfern teil, da sie es liebt, kreativ zu sein und authentische Dinge zu erschaffen. Sie ist außerdem sehr an Angeboten wie der Klangschalentherapie in der Zen Area und dem Garten mit Wasserläufen und Hängematten an Deck des Schiffes interessiert, um zur Ruhe zu kommen und die Außenwelt abzuschirmen. An Bord gibt es keinen Marketplace, da dieser Konsum und Erlebnishunger anregen würde. Die Kabinen sind minimalistisch ausgestattet und es gibt selbstverständlich keinen Internetzugang an Bord.

Produktinnovation: Shore Sherlock

Da die Gäste einer Kreuzfahrt sehr kontaktfreudig sind, Authentizität suchen und gerne offline Gesellschaftsspiele spielen, wurde ein Produkt entwickelt, das alle diese Bedürfnisse vereint. Es handelt sich hierbei um eine besondere Schnitzeljagd während eines Landausflugs, bei dem verschiedene Stationen im Ort angefahren werden müssen, um ans Ziel zu gelangen. An den verschiedenen Stationen müssen Rätsel gelöst und Aufgaben erledigt werden. Diese Detektiv-Schnitzeljagd an Land nennt sich „Shore Sherlock".

Zunächst können die Gäste im Voraus ihr Thema buchen, zum Beispiel einen Kunstraub. Morgens treffen sich die Gäste dann mit ihren Hoverskates an Deck, wo sie von einem Guide begrüßt und eingewiesen werden. Die Gäste bewegen sich mithilfe ihrer Hoverskates durch die Destination, da die Gesellschaft durch Anti-Activeness geprägt ist und demnach nicht zu Fuß gehen möchte. Hierbei ist zu beachten, dass diese Skates keinen Zusatznutzen bezüglich Entertainment oder Sport haben, sie dienen lediglich zur Fortbewegung und eignen sich nicht für Tricks.

Die Gäste werden mit einer Karte ausgestattet, natürlich nicht online oder mit GPS. Ziel der Schnitzeljagd ist es, mit seiner Gruppe gemeinsam mit den meisten und am besten gelösten Aufgaben den Zielort zu erreichen.

Während der Tour werden verschiedene Stationen im Ort angefahren, bei denen die Teilnehmer eine Aufgabe erwartet. Diese Aufgaben sind gänzlich darauf ausgelegt, den Teilnehmern die hiesige Kultur näher zu bringen und ohne jegliche Arten von künstlichen Inszenierungen die Destination authentisch zu erleben. Dies geschieht durch verschiedenste Spiele, kreatives Gestalten, Befragen von Einheimischen, usw. An einer Station muss beispielsweise ein Wort auf der Landessprache herausgefunden werden, es muss etwas gepuzzelt oder gezeichnet werden oder Vogelstimmen erkannt werden, die dort heimisch sind.

Dem Gesellschaftstrend Anti-Erlebniswelten wird hier entsprochen, da die Gäste Detektiv spielen und ihren Wissenshunger auf traditionelle Art stillen können, ohne inszenierten oder künstlichen Erlebnissen ausgesetzt zu werden. Der Fokus liegt auf Echtheit, Authentizität, Wissen und Neugier ohne Erlebnishunger, in Verbindung mit allgegenwärtigem Komfort. Die Gäste sind vor Ort, sie erleben die Destination nicht etwa online, digital oder virtuell. Das kulturelle Erlebnis wird hervorgehoben und nicht künstlich verstärkt und dadurch verfälscht. Der Kernnutzen des Produktes ist somit Echtheit und Kultur offline zu erleben und sich komfortabel durch die Stadt zu bewegen. Dies entspricht dem Projektionsbündel mit Offline-Obsession, Anti-Activeness und Input Isolation sehr genau.

7.2.2 Extremszenario II

Im folgenden Kapitel wird das Extremszenario II näher beschreiben und der jeweilige Charakter und das Produkt werden vorgestellt. Dieses Szenario besteht aus dem Projektionsbündel: Dataismus, Fit-Fanatismus und Sensory Overload. In diesem Fall handelt es sich um boomende Entwicklung der Einflussfaktoren Digitale Vernetzung, Sportivity und Erlebniswelten. Es kommt in allen Fällen zu einem überproportionalen Anstieg.

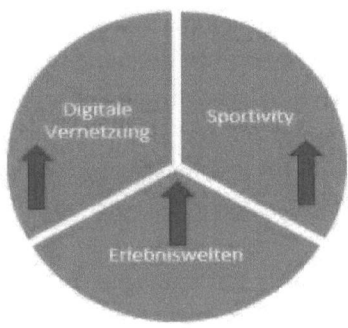

Abbildung 78: Hochseekreuzfahrten Extrem II
Quelle: Eigene Darstellung

Szenariobeschreibung

Alle drei Projektionen begünstigen sich gegenseitig und weisen gemeinsam einen Konsistenzwert von 13 auf. Es ist deshalb wahrscheinlich, dass sie gemeinsam auftreten werden.

Die Projektion Dataismus beschreibt die Zunahme des Gesellschaftstrends „Digitale Vernetzung". Diese begünstigt unter anderem die Zunahme des Trends „Erlebniswelten", welcher durch die Projektion „Sensory Overload" ausgedrückt wird. Durch mehr Möglichkeiten in der Vernetzung wird es vereinfacht, Erlebniswelten zu schaffen. Ebenso beeinflusst Sensory Overload aber auch den Dataismus, denn durch den Drang nach Erlebnissen steigen die Ansprüche an die Digitale Vernetzung

Durch die Zunahme der Digitalen Vernetzung wird auch die Zunahme des Sportivity-Trends angeregt. Die entsprechende Projektion hierzu wird „Fit-Fanatismus" benannt. Dadurch, dass die Vernetzung auf digitaler Ebene steigt, werden der Drang nach Vernetzung beim Sport und der dadurch entstehende Wettbewerbsgedanke zunehmen. Die gegenseitige Begünstigung drückt sich auch dadurch aus, dass der Fit-Fanatismus eine gewisse digitale Vernetzung erfordert, indem man sich mit anderen vergleichen will oder auch Körperwerte misst.

Sensory Overload begünstigt den Fit-Fanatismus, indem der Drang nach Erlebnissen auch eine gewisse Sportlichkeit erfordert. Der Fit-Fanatismus wirkt positiv auf den Sensory Overload, da durch Bewegung Erlebniswelten noch realistischer dargestellt und erlebbar gemacht werden können.

Gesellschaft

Durch die stetig steigende Vernetzung, den technologischen Fortschritt und den immer transparenter werdenden Umgang mit Informationen, hat sich die Gesellschaft zum Dataismus hin entwickelt. Alle Geräte werden miteinander vernetzt. Die Heizung und das Licht in jedem Haus wissen, wann der Bewohner nach Hause kommt, da sie mit dem Auto verbunden sind und sich so kurz vorher einschalten können. Die Vorhänge werden automatisch nach dem Wecker Klingeln geöffnet. Jeder Tisch ist eine smarte Oberfläche, so kann jeder Mensch seine persönlichen Social-Media-Kanäle und Dokumente aus der Me-Cloud auf diese projizieren und an jedem Ort arbeiten oder sich mit seinen Freunden vernetzen.

Alle Menschen haben einen persönlichen Duplex, welcher Termine für sie organisiert und Angebote verschiedenster Art vorschlägt. Dieser kennt die Vorlieben und Charaktereigenschaften seines Menschen.

In dieser Gesellschaft sind das Sharing von persönlichen Daten und die Konnektivität der Dinge ein wichtiger Bestandteil des Lebens, Datenschutz wird dabei nicht mehr großgeschrieben. Durch das Sharing auf Social Media wird der Trend „Sportivity" immer wichtiger, da die Menschen über soziale Medien Bestätigung suchen und sich selbst positiv darstellen wollen. Niemand macht mehr allein Sport. Es wird sich dauerhaft virtuell vernetzt und so zum Sport machen verabredet. Außerdem gibt es virtuelle Personal Trainer, die dem Sporttreibenden je nach der jeweiligen Tagesform einen neuen Trainings- und Ernährungsplan erstellen und den Menschen jederzeit Tipps geben.

Zudem sorgen neue technologische Möglichkeiten und die Angst vor Langeweile für einen stark ausgeprägten Wunsch nach Erlebniswelten. In jedem Aspekt des Lebens steht das Erlebnis im Vordergrund und der Mensch ist ständig auf der Suche nach neuen Reizen.

Persona

Trixie ist 28 Jahre alt und lebt in Berlin. Sie ist Single und ihr sind Aussehen und ihre Gesundheit besonders wichtig. Sie teilt ihr gesamtes Leben für ihre Freunde und ihre Familie online. Trixie genießt das Ansehen, welches sie auf ihren Social Media Kanälen erntet und ist immer auf der Suche nach dem nächsten „Like".

7.50 Uhr Trixies Wecker zerstäubt den Duft einer Blumenwiese.

7.55 Uhr Der Wecker erhellt langsam das Zimmer mit dem Licht einer aufgehenden Sonne.

8.00 Uhr Langsam ertönt der Ton von zwitschernden Vögeln, der Trixie aufwachen lässt. Sie schluckt als erstes eine Booster Tablette um wach zu werden und ihre Umgebung optimal wahrnehmen zu können.

8.15 Uhr Sie ist nun mit ihrer Cyber-Sportgruppe zum Laufen verabredet, setzt ihre VR-Brille und das Headset auf und steigt aufs Laufband. Heute hat sie sich ausgesucht durch die Wüste Nevadas zu laufen. Ihre Freunde warten bereits und gemeinsam laufen sie los. Sie können sich unterhalten und sich gegenseitig in der Geschwindigkeit messen.

9.15 Uhr Trixie steigt unter die Dusche und stellt sich anschließend vor ihren Spiegel. Dieser hat heute schon das Wetter analysiert und ihr dementsprechend drei verschiedene Sommeroutfits vorgeschlagen. Sie probiert diese virtuell an und entscheidet sich für ein rotes Kleid, welches sie dann anzieht.

9.23 Uhr Zum Frühstück gibt es heute einen Smoothie.

9.35 Uhr Trixie ist auf dem Weg zur Arbeit mit der Bahn. Die fünf Minuten für die 23 km verbringt sie damit, ihren Social-Media-Kanal zu checken. Ihr Kleiderschrank und ihr Laufband haben automatisch schon ihre Daten gepostet und sie hat schon 367 Likes für ihr heutiges Outfit bekommen.

9.40 Uhr Angekommen bei „FriendMatch24" begibt sich Trixie direkt an ihren Schreibtisch. Hier arbeitet sie als „Friend Matcherin" und schlägt Leuten aufgrund ihrer Charaktereigenschaften, Vorlieben und ihrem Beziehungsstatus neue Freunde, Trainigspartner oder auch Date-Partner vor.

13.00 Uhr In der Mittagspause geht Trixie mit zwei Kollegen in ein glutenfreies Restaurant.

17.30 Uhr Nach dem Feierabend geht Trixie mit ihren Freunden in eine Live-Computerspiel-Halle. Hier gibt es viele virtuelle Spiele zur Auswahl und man kann zum Beispiel mit seinem Team gegen Monster kämpfen. Man muss sich dafür viel bewegen und durch die Welt springen, klettern und laufen.

19.30 Uhr Als Trixie wieder zu Hause ist, trinkt sie ihren Abend-Smoothie und schaut noch einmal auf ihre Benachrichtigungen des heutigen Tages. Ihr Duplex hat ihr eine passende Reise nach Japan vorgeschlagen, Trixie ist begeistert und gibt ihrem Duplex die Anweisung, die Reise direkt zu buchen.

Reiseverlauf

Produktinnovation: C-Bracelet

Ihre Vorfreude stieg schon seit Wochen ins unermessliche, doch jetzt ist es endlich soweit und Trixie besteigt das Kreuzfahrtschiff in Osaka. Beim Einchecken bekommt sie das „C-Bracelet" ausgehändigt. Dieses ist schon im Voraus mit allen persönlichen Daten bespielt worden. Einige werden ihr direkt bei der Übergabe angezeigt:

- Name: Trixie
- Alter: 28
- Beziehungsstatus: Single
- Lieblingssportart: Joggen
- Beruf: Online-Friendmatcherin
- Stimmung im Moment: 98/100
- Durchschnittliche Stimmung der letzten 24 Stunden: 87/100

Sie erfährt, dass die Welle im Logo vom C-Bracelet ebenso ein „C" für Connectivity als auch eine Welle als Zeichen für „Sea", also das Meer, darstellt.

Dieses kann sie auch als Wearable beim Sport benutzen und es werden alle relevanten Daten gemessen. Durch ein schwungvolles Armdrehen aktiviert sie den kleinen Beamer, welcher Bilder auf ihren Arm projizieren kann. So kann sie auch die Speisepläne der Restaurants sowie das Showprogramm einsehen. Außerdem erfährt sie darüber, wer ihre Zimmernachbarn sind und sie kann sich mit anderen Leuten verbinden und noch mehr Informationen austauschen.

Außerdem kann sie mit jeder Person auf dem Schiff Nachrichten schreiben, was die Kommunikation auf so einem großen Schiff mit fast 2700 Passagieren erleichtern soll.

Nachdem sie sich ein wenig ausprobiert hat, geht Trixie auf ihr Zimmer. Dieses ist in ihrer Lieblingsfarbe Türkis eingerichtet worden und an den Wänden sieht man auf Bildschirmen bereits die Bilder ihrer Freunde und ihrer Familie. Außerdem riecht das Zimmer nach einer Blumenwiese, so wie sie es gerne mag. Die Fenster zeigen den Hafen von Osaka, doch eigentlich möchte Trixie lieber eine Insellandschaft in der Karibik sehen. Nach zwei Klicks auf ihrem C-Bracelet ist dieser kleine Makel auch schon behoben.

Als Trixie alle ihre Sachen ausgepackt hat, macht sie sich auf, um das Schiff zu erkunden. Sie ruft den Schiffsplan auf ihrem C-Bracelet auf und sieht, dass sich das Schwimmbad auf Deck 12 befindet und macht sich auf den Weg. Ihr C-Bracelet zeigt ihr den optimalen Weg dorthin, natürlich direkt auf sie zugeschnitten. Sie kommt als erstes beim Marketplace vorbei, wo ihr die neuesten Kosmetikprodukte sowie ein vergünstigter Preis für einen Friseurbesuch angeboten werden. Sie bucht direkt einen Termin beim Friseur für morgen 11 Uhr und zahlt mit ihrem C-Bracelet.

Anschließend kommt sie an einem exklusiven japanischen Restaurant vorbei, in dem sie sofort einen Tisch für heute Abend um 19 Uhr reserviert. Ein Grund weshalb sie Japan liebt, ist ihr Lieblingsessen: Sushi. Und das Restaurant sah wirklich sehr gemütlich aus.

Auf dem Weg zum Schwimmbad wird sie auch an einem Fitnessraum entlanggeführt, wo sie durch ihr C-Bracelet eine kurze Einführung in die Funktionen bekommt. Sie kann hier an virtuellen Kursen teilnehmen, aber ebenso auf den interaktiven Laufbändern mit ihren Freunden in der ganzen Welt zusammenlaufen. Es gibt eine große Leinwand mit den Bestwerten der Reisenden, Trixies Ziel ist es hier im Laufe der Woche auch mit ihrem Namen zu erscheinen.

Außerdem bekommt sie in der Lobby noch einen kleinen Vorgeschmack auf einen virtuellen Landausflug nach Barcelona, indem sie mit einer Virtual Reality Brille und auf einem Laufband die Stadt entdecken kann. Da sie in Barcelona aber schon einmal war, entscheidet sich Trixie für einen virtuellen Ausflug nach Rom für übermorgen.

Nach dieser kleinen Schiffsführung kommt Trixie nun auf dem Pool-Deck an und begibt sich direkt an die Bar, wo sie einen Smoothie bestellt. Der Barkeeper scheint laut ihrem C-Bracelet in keiner guten Stimmung zu sein, diese liegt nur bei 36 von 100 Punkten. Sie beobachtet die Leute und findet über ihr C-

Bracelet heraus, wer mit wem unterwegs ist und in welchem Verhältnis sie zueinander stehen.

Weiter hinten auf einer Liege sitzt ein gutaussehender Mann, Trixie findet über ihr C-Bracelet heraus, dass er Max heißt, 33 Jahre alt ist, alleinreisend und Single. Sie würde ihn so gerne ansprechen, doch traut sich nicht auf direktem Wege, also winkt sie ihm virtuell über ihr C-Bracelet zu und wartet auf seine Reaktion. Er lächelt und winkt virtuell zurück, nachdem er sich umgeschaut und sie entdeckt hat. Trixie stöbert weiter in seinem Profil und findet heraus, dass er auch sehr gerne Sport treibt und in Leipzig wohnt. Anscheinend teilen sie beide eine Leidenschaft für Sushi, deshalb lädt sie ihn direkt ein, heute Abend gemeinsam in dem japanischen Restaurant zu essen. Er bestätigt und Trixie ändert über ihr C-Bracelet direkt die Reservierung für heute Abend auf zwei Personen.

Nun möchte sie aber noch weiter das Schiff erkunden und sich in Ruhe für ihr Date frisch machen. Sie winkt ihm noch einmal zu und schreibt eine Nachricht: „Wir sehen uns heute Abend, ich freue mich!" Trixie ist heilfroh, dass es die heutige Technik gibt, denn niemals hätte sie ihn einfach so ansprechen können, wie ihre Eltern es damals getan haben mussten. Da vibriert ihr C-Bracelet und sie hat eine Antwort von Max erhalten: „Ich freue mich auch sehr, bis später!".

Sie lässt sich noch ein wenig durch ihr C-Bracelet durch das Schiff führen, bucht noch einen Landausflug nach Tokio, schaut sich das Kino und die Lasertag-Arena an und kehrt anschließend in ihre Kabine zurück. Direkt nebenan wohnt eine Frau Mitte 30, die ebenso allein reist und auf der anderen Seite ein älteres Pärchen. Trixie winkt allen Nachbarn einmal zu und schlägt der allein reisenden Frau vor, man könnte sich ja für morgen Abend auf einen Drink an der Poolbar verabreden.

Trixie macht sich in Ruhe fertig und schaut sich voller Vorfreude auf dem C-Bracelet noch einmal Max' Profil an, damit sie auch gut auf das Date heute Abend vorbereitet ist.

7.2.3 Trendszenario

Dieses Szenario besteht aus dem Projektionsbündel Connected World, Fit-Fanatismus und Erlebnis-Enthusiasmus. Anders als in den vorangegangenen Kapiteln ist die Ausprägung in diesem Fall der Trend beim Thema Digitale Vernetzung, der Boom beim Thema Sportivity und der Trend beim Thema Erlebniswelten. Es wird demnach davon ausgegangen, dass sich die Entwicklung der Trends weiterhin so gestaltet wie sie gegenwärtig zu beobachten ist - nur im Bereich Sportivity kommt es zu einem überproportionalen Anstieg.

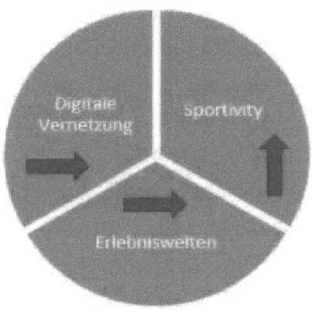

Abbildung 79: Hochseekreuzfahrten Trend
Quelle: Eigene Darstellung

Szenariobeschreibung

Alle drei Projektionen begünstigen sich gegenseitig und weisen gemeinsam einen Konsistenzwert von 12 auf. Die Wahrscheinlichkeit, dass sie gemeinsam auftreten werden, ist dementsprechend hoch.

Die Projektion „Connected World" beschreibt den Anstieg der Vernetzung von Menschen und Maschinen. Der „Fit-Fanatismus" drückt ein neues und gesteigertes Bewusstsein für den eigenen Körper aus, welches sich überproportional stark entwickelt hat. Der „Erlebnis-Enthusiasmus" kennzeichnet sich durch eine erhöhte Bereitschaft der Bevölkerung in künstliche Erlebniswelten einzutauchen und Abstand vom Alltag zu gewinnen.

Das zunehmende Bewusstsein für die Gesundheit des eigenen Körpers sorgt für eine starke Bereitschaft zu gesunder Ernährung und der Ausübung von Sport. Die körperliche Fitness stellt eine zentrale Lebensaufgabe dar, der in allen Altersschichten mit größter Sorgfalt begegnet wird.

Die zunehmende Besiedlungsdichte in den Städten sorgt für die Nachfrage nach neuen Mobilitätskonzepten. Das Fahrrad bietet die optimale Lösung zur individuellen Befriedigung dieses Bedürfnisses und dem ständigen Wunsch nach Bewegung. Die Vernetzung von Personen im virtuellen Raum nimmt stetig zu und sorgt für neue Formen der sozialen Interaktion und der Selbstdarstellung. Auch die Vernetzung von Mensch und Maschine schreitet stetig voran und ermöglicht in der Arbeitswelt und im Alltag neue Formen des Selbstmanagements. Der Mensch strebt nach immer neuen Erlebnissen und Herausforderungen, die er mit seinen Followern teilen kann. Die Freizeit ist geprägt von innovativen Konzepten, und die Flucht aus dem Alltag in Form von inszenierten Erlebniswelten wird immer populärer.

Gesellschaft

Wie zuvor beschrieben, hat sich die Gesellschaft verändert und neue Werte und Normen festgelegt. Im folgenden Kapitel soll nun noch einmal genauer auf verschiedene Lebensbereiche eingegangen werden, um zu verdeutlichen, in welcher Welt sich das Trendszenario abspielt.

Das Stadtbild verändert sich durch die zunehmende Urbanisierung stetig. Die steigende Zahl von Einwohnern sorgt für die Notwendigkeit, neue innovative Konzepte zu entwickeln. Die zunehmende Sportivity der Bevölkerung fördert deshalb den Ausbau von Fahrradhighways. Es gibt in den Städten kaum noch Straßen, die von Autos befahren werden, sondern überwiegend mehrspurige, ausgebaute Radwege.

Generell ist es in der Gesellschaft normal geworden, sich mit seinem eigenen Rennrad oder joggend von A nach B zu bewegen. Autofahren für Kurzstrecken ist verpönt, wenn man auch zum Rad greifen kann.

Die zunehmende Konnektivität führt dazu, dass sich Personen fast ausschließlich über Messenger per Sprachsteuerung verabreden. Eine beliebte Aktivität ist das gemeinsame Sporttreiben. Um sich währenddessen mit anderen Personen zu unterhalten oder Musik zu hören, verwendet man keine Kopfhörer mehr, sondern spezielle Geräte, die um den Kopf gelegt werden und die Schallwellen der Musik direkt über den Knochen an das Innenohr weiterleiten. Auf diese Weise wird man nicht von der Umwelt isoliert und kann weiterhin andere Geräusche hören. In einer Welt des schnellen Verkehrs bringt diese Erfindung mehr Sicherheit im Straßenverkehr und schränkt die Kommunikation nicht ein.

Die Sportaffinität der Gesellschaft zeigt sich nicht nur in diesem Aspekt, sondern auch beim Thema Konsum. Jeder Bürger trägt Wearables, um seine Aktivitäten zu tracken und auf Social Media teilen zu können. Bei der Auswahl der Kleidung wird Wert auf Funktionalität und eine sportliche, schicke Ausrichtung gelegt. Active Wear ist zur normalen Freizeitkleidung geworden. Am Wochenende dominieren sportliche Freizeitbeschäftigungen das Programm. Der Besuch von Sportmessen, Festivals oder sportlichen Events wie Marathons oder verschiedenen Wettkämpfen, ist sehr beliebt.

Neben Sport spielt die Ernährung eine große Rolle. Der Stellenwert, den der Konsum von ausgewogener und gesunder Kost hat, steigt stetig. Phänomene wie Fast-Food Restaurants oder Imbiss-Buden mit frittierten Gerichten sind gänzlich ausgestorben. Raw-Food Restaurants und Salad Bars prägen das Stadtbild. Grüne Smoothies, Säfte, Salate, Wraps und Gerichte mit Vollkornalternativen sind im Alltag sehr beliebt.

Neben Neuerungen in Mobilität, Technologie, Freizeit und Ernährung erlebt die Gesellschaft auch im Arbeitsumfeld Veränderungen. Gearbeitet wird so oft es geht an der frischen Luft oder von zuhause aus, um Mitarbeitern mehr Flexibilität zu ermöglichen. Büros haben keine Schreibtische mehr, sondern Stehpulte und Laufbänder, um Mitarbeiter fit zu halten und Bewegungspausen zu ermöglichen. Wer doch sitzen muss, kann sich statt auf einem Bürostuhl auf einem Gymnastikball niederlassen. In der Kantine werden den Mitarbeitern kostenlos gesunde und vollwertige Gerichte und Snacks angeboten. Betriebliche Leistungen für die Gesundheit der Mitarbeiter sind Voraussetzung und werden regelmäßig überprüft.

Reiseverlauf

Hendrick zeichnet sich durch seine Online-Affinität aus. Dementsprechend bucht er auch seine Kreuzfahrt online. Als Zielregion wählt er das Mittelmeer aus. Die Reise soll vier Tage dauern, da er während des Semesters nicht so viel Zeit entbehren kann. Hendrick ist es wichtig, seine Sportlichkeit auch im Urlaub ausleben zu können und seinen gesunden Lebensstil beizubehalten. Die Salad Bar an Bord soll besonders gut sein und verspricht viele proteinhaltige Lebensmittel. Darüber hinaus will er an einigen Sportkursen und Kochseminaren teilnehmen, um neue Übungen und Gerichte kennenzulernen. Er nimmt sich vor, in den Markenstores im Marketplace neue Turnschuhe zu kaufen. Da Hendricks Freunde leider keine Zeit haben mitzufahren, ist er umso erpichter darauf, seine Reise in allen Social-Media-Kanälen zu teilen. Er wählt bewusst ein Schiff mit schickem Design und vielen Aktivitäten, die an Deck vor einem schönen Panorama durchgeführt werden können. Auch die Wahl der Destination Mittelmeer trifft er bewusst, da sich bei Sonnenschein und in den mediterranen Städten einfach bessere Fotos schießen lassen. Flächendeckendes WLAN auf dem Schiff setzt er voraus.

Produktinnovation: Drei - Disziplinen Dampfer

Da man auch im Urlaub aktiv sein will, erfreuen sich Kreuzfahrten mit sportlicher Betätigung großer Beliebtheit. In Anlehnung an einen Triathlon wurde deshalb eine Kreuzfahrt entwickelt, die ebenfalls drei verschiedenen Disziplinen umfasst. Dieses Produkt trägt den Namen: Drei Disziplinen Dampfer.

Die Sportbegeisterung in der Bevölkerung wird in den Urlaub mit einbezogen, indem die Kreuzfahrt sich in erster Linie um die Themen Sport und Ernährung dreht. Bei einem Wettkampf, der aus drei Disziplinen besteht, findet jeden Tag ein Wettkampf unter den Gästen statt. Das garantiert eine gleichmäßige Verteilung der Sportler auf die Anlagen. Am Ende eines jeden Tages gibt es einen Tagessieger und am Ende der Kreuzfahrt einen Gesamtsieger. Anmelden kann man sich für die Kreuzfahrt entweder als Teilnehmer oder als Zuschauer. So können auch Personen, die der sportlichen Herausforderung nicht gewachsen sind, das Event miterleben.

Neben dem Wettkampf, der den Kern der Kreuzfahrt bildet, werden noch weitere Zusatzangebote für die Gäste angeboten. An Bord befinden sich mehrere eigens engagierte Spitzensportler. Diese bieten Trainingseinheiten und Workshops für die Gäste an. Auch die Gastronomie ist auf sportliche Ernährung ausgerichtet und bietet in den verschiedenen Restaurantsauf verschiedene Sportler-Zielgruppen abgestimmte Gerichte an. Der Aufbau des Schiffs spiegelt ebenfalls diesen Kernnutzen wider. Der Fitnessbereich ist größer als auf herkömmlichen Kreuzfahrtschiffen, es gibt mehrere Pools mit langen Schwimmbahnen, verschiedene Gyms, Dojos, Zen-Area, Cyber-Trainings-Räume und Leihräder für die Landausflüge.

Da sich die Ansprüche der Gesellschaft geändert haben und beispielsweise Fahrradfahren keine Sportart mehr ist, sondern eine Form der Fortbewegung, wurden die Disziplinen des Wettkampes angepasst. Die erste Disziplin bleibt weiterhin, wie bei der klassischen Variante, das Schwimmen. In diesem Fall schwimmen die Sportler jedoch um das vor Anker liegende Kreuzfahrtschiff herum und nicht wie herkömmlich vom Ufer aus eine abgesteckte Strecke durchs Meer. In dieser ersten Disziplin müssen die Teilnehmer zweimal um das ankernde Schiff schwimmen. Mit der durchschnittlichen Länge von ca. 300m und der Breite von ca. 40m ergibt sich so ein durchschnittlicher Umfang von 680m. Die Strecke beläuft sich demnach auf ca. 1,5 Kilometer, da man nicht direkt an der Bordwand entlang schwimmt. Diese Entfernung entspricht der olympischen Distanz (vgl. Runners World 2018). Um trotz Strömung und Wellengang auf dem offenen Meer für ein ausreichendes Maß an Sicherheit zu sorgen, werden die Schwimmer von mehreren Rettungsbooten rund um das Schiff herum begleitet.

Die zweite Disziplin auf dem Kreuzfahrtschiff ist das Klettern. An der Außenseite des Schiffes ist eine Boulderwand angebracht. Die Sportler werden durch Gurte von oben gesichert und müssen dann aus dem Wasser die Außenwand emporsteigen, um die letzte Etappe zu erreichen.

An der Reling angekommen, erwartet die Sportler die letzte Etappe: Der Hindernislauf. Ein Parcours mit verschiedenen Stationen muss durch Geschicklichkeit, Sportlichkeit und Ausdauer überwunden werden, um ins Ziel laufen zu können. Diese Disziplin vereint Sportlichkeit, aber auch den Trend Gamification in sich, da spielerisch neue Hindernisse „freigeschaltet" werden müssen und der Sportler verschiedenen Etappen überwinden muss.

Das Schiff bietet dem Social-Media-affinen Urlauber selbstverständlich auch die Möglichkeit, jegliche Aktivität zu teilen. Das Schiff ist ansprechend designed und bietet verschiedene Selfie-Spots, Photo-Booths, Sonnenuntergangs-Yoga und eine große Plattform für Fotos am oberen Deck. Die hohe „Instagrammability" des Schiffes ist ein entscheidender Faktor für die Buchungsentscheidung der Reisenden. Eine Studie aus dem Jahre 2017 hat gezeigt, dass 40,1% der Millenials eine Destination basierend auf ihrer Instagrammability buchen. Ein professioneller Fotograf begleitet die Reisenden und stellt alle geschossenen Bilder am Ende der Reise kostenlos zur Verfügung. Somit haben Reisende die Möglichkeit, qualitativ hochwertigen Content der Reise einfach zu teilen und dementsprechend die Reise kostenlos für den Promoter zu vermarkten. So steigt nicht nur die Digitalreputation der Gäste, sondern auch die der Reederei.

Alle drei Komponenten des Projektionsbündels werden in diesem Produkt aufgenommen und spiegeln sich bei der Definition des Kernnutzens wider. Der Trend der Connected World wird insofern eingebracht, als dass jegliche Aktivität auf dem Schiff via Social-Media geteilt werden kann und das Schiff dazu einlädt, sich selbst zu präsentieren und seine getrackten Fortschritte zu veröffentlichen. Der Fit-Fanatismus spiegelt sich wider, da die wichtigsten Komponenten im Leben – Ernährung und Sport – in den Urlaub eingebunden werden. Neue Sportarten sorgen für Herausforderungen abseits der klassischen Disziplinen, da das Radfahren beispielsweise nicht mehr als Sportart, sondern als ein Bewegungsmittel angesehen wird. Auch Erlebnisenthusiasten kommen bei der Kreuzfahrt auf ihre Kosten, da das Schiff der Dreh- und Angelpunkt des Wettbewerbs ist und auch aktiv in diesen eingebunden wird. Es stellt nicht nur das Zentrum der Aktivität, sondern auch das Sportgerät selbst dar. Die Workshops an Bord mit Profisportlern sorgen für ein unvergessliches Erlebnis, da Gäste ihre Idole treffen können und positive emotionale Erinnerungen an die Reise haben werden. Generell sorgt der Einbezug von beliebten Freizeitaktivitäten in den Urlaub in Kombination mit der Gestaltung des Schiffes für eine perfekte inszenierte Auszeit vom Alltag.

7.3 Literaturverzeichnis Hochseekreuzfahrten

Gausemeier, J.; Plass, C.; Wenzelmann, C. (2009): Zukunftsorientierte Unternehmensgestaltung – Strategien, Geschäftsprozesse und IT-Systeme für die Produktion von morgen, Carl Hanser Verlag München.

Hamburger Abendblatt (2018): Full Metal Cruise: Die Kutten gehen von Bord. Online unter: https://www.abendblatt.de/hamburg/article214000657/Fuenf-Jahre-Wacken-auf-dem-Wasser.html [abgerufen am 17.07.2018].

Jung, J. und Niemeyer, S. (2018): Neugier schlägt Roboter? | Julia Jung & Stefan Niemeyer, Neusta E-tourism GmbH, ITB Berlin. Online unter: https://www.youtube.com/watch-?v=l22SVA45ZVA [abgerufen am 17.07.2018].

Schulz, A. (o.J.): Hochseekreuzfahrten. Online unter: http://www.tourismus-schulz.de/-verkehr-und-tourismus/schiffsverkehr/hochseekreuzfahrten/36-hochseekreuzfahrten [abgerufen am 02.08.2018].

Sterzenbach, T. (o.J.): Kreuzfahrt – Ausführliche Definition. In: Gabler Wirtschaftslexikon, Online unter: https://wirtschaftslexikon.gabler.de/definition/kreuzfahrt-38571 [abgerufen am 02.08.2018]

Stiftung für Zukunftsfragen (2018): Zwischen Spaß, Eventisierung und Edutainment. Online unter: https://www.stiftungfuerzukunftsfragen.de/de/forschung/forschungsthemen/-die-zukunft-der-erlebniswelten/ [abgerufen am 17.07.2018].

Zukunftsinstitut (2018a): Bildung im Zeitalter der Wissensexplosion. Online unter: https://www.zukunftsinstitut.de/artikel/bildung-im-zeitalter-der-wissensexplosion [abgerufen am 17.07.2018].

Zukunftsinstitut (2018b): Creativiteens: Mit digitaler Kraft voraus. Online unter: https://www.zukunftsinstitut.de/artikel/lebensstile/creativiteens-mit-digitaler-kraft-voraus/ [abgerufen am 17.07.2018].

Zukunftsinstitut (2018c): Megatrends Übersicht. Online unter: https://www.zukunfts-institut.de/dossier/megatrends/ [abgerufen am 17.07.2018].

Zukunftsinstitut (2018d): Sicherheit Glossar. Online unter: https://www.zukunfts-institut.de/artikel/mtglossar/sicherheit-glossar/ [abgerufen am 17.07.2018].

Zukunftsinstitut (2018e): Wissenskultur Glossar, Online unter: https://www.zukunfts-institut.de/artikel/mtglossar/wissenskultur-glossar/ [abgerufen am 17.07.2018].

8. Szenarien für den Städtetourismus (2016)

*Autor*innen: Felicitas Clemens, Laura Frenker–Hackfort, Christian Hausy,*
Johanna Kilian und Sarah Weigel

Abstrakt

Die Bedeutung von Städten als Raum für Freizeit und Tourismus hat in den letzten Jahrzehnten stark zugenommen. Städte bieten mit Einkaufsmöglichkeiten, kulturellen Angeboten und Sehenswürdigkeiten ein vielfältiges und attraktives Angebot für Touristen. Seit den 1970er Jahren sind Städtereisen bzw. Städtetourismus auch Gegenstand der Tourismusforschung.

In der vorliegenden Arbeit identifizieren die Studierenden zunächst Megatrends mit großem Einfluss auf den Städtetourismus. Die Trends *Gesundheit, Mobilität und Individualisierung* werden als besonders relevante Einflussfaktoren angesehen. Am Beispiel einer Analyse des Megatrends *Individualisierung* werden die Wirkungszusammenhänge zwischen den Megatrends und den darunterliegenden Trendebenen veranschaulicht.

Mithilfe der Szenariofeld-Analyse werden die Schlüsselfaktoren *Selbstverwirklichung, Pro-Aging und Lifestyle of Health* identifiziert. Ergebnis der Projektionsentwicklung sind drei Zukunftsszenarien. Das Trendszenario besteht aus dem Projektionsbündel *Life Model Diversification, Active-Aging und Caring-Society*. Die beiden Extremszenarien aus den Projektionsbündeln a) *Egomania-Society, Silver Resignation und Whateverism* und b) *Egomania-Society, Exit-Aging und Healthology and Sustainology*. Im Kapitel Szenario-Transfer werden zunächst die gesellschaftlichen Rahmenbedingungen für die jeweiligen Szenarien und der Alltag der Personas narrativ beschrieben, bevor adäquate Produktinnovationen vorgestellt werden.

Marktabgrenzung

Nach Schubert et al. (2016) ist eine Stadt „ein geschlossenes Siedlungsgebiet mit hoher Bebauungsdichte und Bevölkerungszahl, einer entwickelten Sozialstruktur und Arbeitsteilung, dass aufgrund seiner wirtschaftlichen, politischen und kulturellen (auch religiösen) Bedeutung eine gewisse Orientierungsfunktion für das Umland einnimmt".

Die Anfänge der Städtereisen reichen bis in die Antike zurück. Schon damals reisten die Griechen und Römer aus den unterschiedlichsten Motiven in Städte (vgl. Uni Linz 2006). Erst in den 1970er Jahren wurde dem Begriff Städtereisen bzw. Städtetourismus in der Tourismusforschung mehr Beachtung geschenkt und die Stadt wurde erstmals als Raum für Tourismus und Freizeit betrachtet (vgl. Anton & Quack 2005, S. 9). Daraufhin entstanden unterschiedliche Definitionsansätze. Dennoch existiert bis heute keine weltweit einheitliche und allgemeingültige Definition für den Begriff Städtereise bzw. Städtetourismus. Städtetourismus versteht sich als ein Sammelbegriff, der unterschiedliche Tourismusarten, Tourismusformen und Motive zusammenfasst. Dies erschwert eine weltweit allgemeingültige Definition (vgl. Neuenfeldt & Rose 1997).

Zum einen ist zwischen Tages- und Übernachtungstourismus zu differenzieren und zum anderen nach Motivgruppen zu unterscheiden. Beim Tagestourismus ist zwischen einem „Tagesausflug" und einer „Tagesgeschäftsreise" zu unterscheiden. Ein „Tagesausflug" meint das Verlassen des eigenen Wohnumfeldes, mit dem jedoch keine Übernachtung verbunden ist. Wird das Verlassen des Wohnumfeldes jedoch zur Routinetätigkeit (Fahrt zur und von Arbeit/Schule oder ähnlichem) oder findet es aus Einkaufsgründen (Lebensmittel) statt, zählt dies nicht mehr als „Tagesausflug" bzw. zum Tagestourismus. Als eine „Tagesgeschäftsreise" wird das Verlassen des ständigen Arbeitsplatzes zur Wahrnehmung geschäftlicher Aufgaben außerhalb der Gemeindegrenze bezeichnet – ausgeschlossen sind hier jedoch Fahrten, die mit einem ständigen oder wechselnden Arbeitsplatz verbunden sind (Montage) oder Fahrten, die innerhalb der Arbeitsplatzgemeinde (Dienstgänge) stattfinden (vgl. Congress- und Tourismus-Zentrale Nürnberg 2014). Unter Übernachtungstourismus hingegen sind alle Übernachtungsreisen zu verstehen, die unabhängig vom Anlass sind (Urlaubs-/Geschäftsreise, Kur etc.) (vgl. ebd.).

Städtereisende können in Privat- und Geschäftsreisende unterteilt werden. Privatreisende sind jene, die aus freizeitlichen oder gesundheitlichen Gründen in Städte reisen. Dahingegen sind Geschäftsreisende, Personen, die aus beruflichen oder monetären Gründen reisen. An dieser Stelle ist jedoch erkennbar, dass es einen Überschneidungsbereich gibt und die unterschiedlichen Motive nicht klar voneinander getrennt werden können. So verfügt ein Geschäftsreisender während seines Aufenthalts auch über freie Zeit und kann ebenso freizeitlichen Aktivitäten nachgehen (z.B. Stadtrundgang). Eine Differenzierung bleibt aber dennoch sinnvoll, da die unterschiedlichen Motivgruppen tendenziell andere Wirtschaftszweige innerhalb des Städtetourismus ansprechen (vgl. Neuenfeldt & Rose 1997).

Nach Altherr et al. (2003, S. 46) gilt Städtetourismus als „jede Form des Aufenthalts von Fremden in einer Stadt, die entweder das Gesamterlebnis Stadt oder ein geschäftliches Ereignis zum hauptsächlichen Ziel hat, ob mit oder ohne Übernachtung". Altherr hat sich mit ihrem Definitionsansatz nicht zu allgemein gehalten und greift alle oben erwähnten Aspekte auf. Zum einen geht sie auf unterschiedliche Motivgründe ein und zum anderen integriert sie den Übernachtungs- und Tagestourismus. Die Definition ergibt Sinn und findet daher für den weiteren Verlauf der Arbeit Anwendung. Aufgrund des vorgegebenen Rahmens der vorliegenden Arbeit wurde dennoch eine Einschränkung auf touristische Aufenthalte vorgenommen, bei denen das Hauptreisemotiv keinen geschäftlichen Ursprung hat, um ausschließlich geschäftsreisespezifische Aspekte (z.B. MICE-Tourismus) auszuklammern (vgl. Figueroa 2015).

8.1 Phasen des Szenario Managements

8.1.1 Szenariofeld-Analyse

Zur Vorbereitung auf die weiteren Schritte der Szenario-Technik nach Gausemeier und Plass (2014), wurden zunächst relevante Megatrends für das Marktsegment des Städtetourismus selektiert. Das Verfahren zur Selektion beruhte auf einer subjektiven Gruppenevaluation, welche sich wiederum auf einer Recherche ergründete. Mittels Brainstorming wurde gemeinsam in der Gruppe die Relevanz des jeweiligen Megatrends für den Städtetourismus festgelegt. Kollektiv wurde dabei evaluiert, welche Auswirkungen der Megatrend für den Städtetourismus hat. Tabelle 10 zeigt die für den weiteren Verlauf der Arbeit relevanten Megatrends und deren Ausprägungen für den Städtetourismus, die unter einem Trendmuster zusammengefasst worden sind bzw. behandelt werden.

Die Megatrends **Globalisierung** und **Mobilität** wurden dabei unter einem Trendmuster zusammengefasst. Der Megatrend **Female Shift** findet keine direkte Verwendung mehr für den weiteren Verlauf der Ausarbeitung, da er, im Gegensatz zu den anderen Megatrends, nicht so viele prägnante Auswirkungen auf den Städtetourismus hat und viele zentrale Aspekte des Megatrends innerhalb des Megatrends **Individualisierung** bereits aufgegriffen werden. **Female Shift** äußert sich innerhalb des Städtetourismus u. a. als eine individuelle Form des Reisens einer Frau. Diese individualisierte Form des Reisens wird jedoch schon durch den Megatrend **Individualisierung** aufgegriffen. Ein weiterer Aspekt bezogen auf den Städtetourismus ist die Entstehung neuer Gruppenkonstellationen (wie beispielsweise Mutter-Kind Reisen), was jedoch auch unter dem Megatrend **Individualisierung** behandelt wird. Zudem wird der generelle Wunsch nach Selbstverwirklichung durch den Megatrend **Individualisierung** aufgegriffen (vgl. Geson 2014, S. 4). Eine weitere Analyse des Megatrends **Female Shift** ist daher nicht mehr notwendig. Auch der Megatrend **New Work** ist innerhalb des Megatrends **Individualisierung** wiederzufinden. Aspekte für den Städtetourismus, die aus dem Megatrend hervorgehen, sind u. a. der Wunsch nach einem Ausgleich zwischen Berufs- und Privatleben (Work-Life Balance) sowie gesundheitliche Belange (vgl. ebd.). Hier ist jedoch anzumerken, dass der Megatrend **Gesundheit** die genannten Punkte gezielter aufgreift und somit eine weitere Analyse des Megatrends **New Work** nicht erforderlich ist.

Tabelle 10: Ausprägungen der Megatrends im Städtetourismus

Megatrend	Trendmuster im Städtetourismus
Individualisierung	Die Stadt als Raum zur individuellen Entfaltung
Globalisierung und Mobilität	Die Stadt als kultureller Schmelztiegel
Konnektivität	Die Stadt als Digital, Mobile & Virtual City
Gesundheit	Die Stadt als Regenerations- und Präventionsraum
Silberne Revolution	Die Stadt als Silver City
Bildung	Die Stadt als Bildungsraum
Neo-Ökologie	Nachhaltige Stadt und Nachhaltigkeitsbewusstsein

Quelle: Eigene Darstellung

Es wurde im Folgenden mit den selektierten, relevanten Megatrends Individualisierung, Neo-Ökologie, Bildung, Globalisierung und Mobilität, Konnektivität, Gesundheit und die Silberne Revolution weitergearbeitet. Dazu wurden Branchentrends im Städtetourismus, die durch die jeweilgen Megatrends verursacht wurden, aufgelistet. Für jeden Branchentrend wurde in einer Tabelle zusätzlich der Zusammenhang zum übergeordneten Megatrend noch einmal verdeutlicht. Folglich wurde für jeden Megatrend eine Trendhierarchie erstellt. An dieser Stelle wird nur die Trendhierarchie der Individualisierung zur Verdeutlichung des evidenzbasierten Arbeitsprozesses dargestellt.

Die Stadt als Raum zur individuellen Gestaltung

Der Megatrend **Individualisierung** beeinflusst die Menschen alltäglich. Es ist heutzutage fast unmöglich diesen Megatrend zu umgehen. Die Zeitschriften und Zeitungen schreiben über neue individuelle Kleidungsstile und Wohneinrichtungen. Im Internet präsentieren sich die Menschen mit ihrem persönlichen Profil im Social Media Netzwerk und achten dabei auf eine möglichst persönliche Gestaltung ihrer Seite. Es ist immer wichtiger sich voneinander zu unterscheiden und an sich selbst zu arbeiten. Achtsamkeit mit dem eigenen Körper und dessen Optimierung, eigene Wünsche und Vorstellungen, sowie immer diversere Karrierewege gewinnen zunehmend an Wichtigkeit im Leben. Der Fokus liegt auf den eigenen Wertvorstellungen statt auf den traditionellen Werten der Gesellschaft.

Im Städtetourismus haben die Auswirkungen und Veränderungen der Individualisierung eine hohe Relevanz. Die Reisenden kommen überall, aber besonders in den Städten, mit neuen individuellen Kleidungsstilen und Wohnideen in Kontakt. Der Wunsch nach Individualität ist in den Städten noch weitaus ausgeprägter als auf dem Land, denn durch die höhere Einwohnerzahl muss man mehr Anstrengung aufbringen, um einen einzigartigen individuellen Lebensstil zu entwickeln. Dies drückt sich auch darin aus, dass Reisende die unterschiedlichsten Übernachtungsmöglichkeiten, Städtetouren und Reiseführer entdecken. Im Städtetourismus ist für den Urlauber, durch die Vielzahl an Möglichkeiten und die räumliche Nähe der Segmente der touristischen Wertschöpfungskette, eine stark persönlich zugeschnittene Reise derzeit einfach planbar. Den Ideen zur Reisegestaltung sind somit fast keine Grenzen gesetzt.

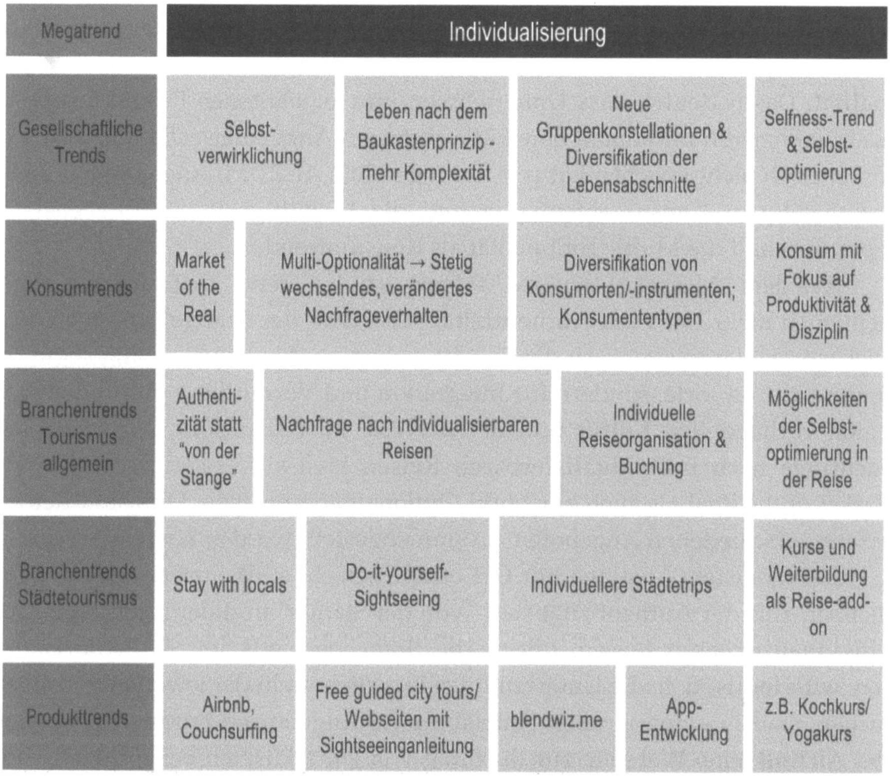

Megatrend	Individualisierung				
Gesellschaftliche Trends	Selbstverwirklichung	Leben nach dem Baukastenprinzip - mehr Komplexität	Neue Gruppenkonstellationen & Diversifikation der Lebensabschnitte		Selfness-Trend & Selbstoptimierung
Konsumtrends	Market of the Real	Multi-Optionalität → Stetig wechselndes, verändertes Nachfrageverhalten	Diversifikation von Konsumorten/-instrumenten; Konsumententypen		Konsum mit Fokus auf Produktivität & Disziplin
Branchentrends Tourismus allgemein	Authentizität statt "von der Stange"	Nachfrage nach individualisierbaren Reisen	Individuelle Reiseorganisation & Buchung		Möglichkeiten der Selbstoptimierung in der Reise
Branchentrends Städtetourismus	Stay with locals	Do-it-yourself-Sightseeing	Individuellere Städtetrips		Kurse und Weiterbildung als Reise-add-on
Produkttrends	Airbnb, Couchsurfing	Free guided city tours/ Webseiten mit Sightseeinganleitung	blendwiz.me	App-Entwicklung	z.B. Kochkurs/ Yogakurs

Abbildung 80: Städtetourismus Trendhierarchie Individualisierung
Quelle: Eigene Darstellung

Dem Megatrend **Individualisierung** lassen sich vier für das Thema relevante gesellschaftliche Trends zuordnen (vgl. Abbildung 80). Diese sind Selbstverwirklichung, Leben nach dem Baukastenprinzip, neue Gruppenkonstellationen und Diversifikation der Lebensabschnitte sowie der Selfness-Trend und die Selbstoptimierung.

Selbstverwirklichung ist ein wichtiges menschliches Bedürfnis. Es handelt sich dabei um den Drang des Menschen, sein Wesen zu entfalten und umzusetzen, was er als inneren Auftrag (intrinsische Motivation) für sein Leben erachtet (vgl. Arvay & Düringer 2013, S. 46). Selbstverwirklichung als elementarer Teil der Individualisierung motiviert und treibt die Menschen an, das eigene

„Selbst" zu entdecken, zu erforschen und auszuleben. Daraus entwickelt sich der Konsumtrend **Market of the real**. Der Begriff meint, dass die Echtheit an sich zum Konsummotiv wird. Dabei wird die Echtheit zunehmend zum Qualitätssiegel (vgl. Horx & Huber 2011). „Alte" Marken dienen im schnelllebigen Zeitalter des 21. Jahrhunderts der Orientierung. Daraus entstehen z. B. Retrowellen und Märkte mit Augenmerk auf Authentizität als Bestandteil der Konsumkultur.

Ein weiterer Konsumtrend, der aus der Selbstverwirklichung und dem Leben nach dem Baukastenprinzip entstanden ist, ist die durch das stetig wechselnde, veränderte Nachfrageverhalten der Menschen entstandene **Multi-Optionalität**. Das bedeutet, dass Unternehmen ihre angebotenen Produkte stärker ausdifferenzieren und damit eine Fülle an neuen Angeboten schaffen, die es so vorher noch nicht gegeben hat (vgl. Essinger 2001, S. 21 f.). Angepasst an neue vielschichtigere Konsumententypen und die Vielfältigkeit ihrer Lebenskonzepte, entstand die Multi-Optionalität als Konsumtrend.

Aus dem „Market of the Real" folgert sich der Trend, im Tourismus allgemein auch mehr Wert auf **Authentizität statt „von der Stange"** zu legen. Beispielsweise interessieren sich die Touristen weniger für künstlich angelegte Ferienresorts und -orte, sondern für Integration und Vermittlung der in der Zielregion vorhandenen Kultur und deren Werte im Urlaubsort. Der Trend der **Nachfrage nach individualisierbaren Reisen** lässt sich zudem sowohl zum Market of the Real als auch zur Multi-Optionalität zuordnen. Dies sind Reisen, die aus verschiedenen Angeboten zusammengestellt werden können. So sind z. B. Hotel, Transfer, Ausflüge vor Ort oder Rück- bzw. Weiterreise individuell buchbar. Aus der Authentizität statt „von der Stange" und der Nachfrage nach individualisierbaren Reisen, folgen die Branchentrends im Städtetourismus: **Stay with locals**, d. h. die Unterkunft bei Privatleuten in der jeweiligen Stadt zu buchen, statt in einem großen Hotelkomplex. Zugehörige Produkttrends sind hier **AirBnB**, eine Webseite zur Buchung von Unterkünften bei einheimischen Gastgebern, oder **Couchsurfing**, die kostenfreie Übernachtung bei einem Einwohner der Stadt, und teils auch gemeinsame Ausflüge und das Besuchen von Events mit dem Gastgeber.

Der Branchentrend im Städtetourismus **Do-it-yourself-Sightseeing** meint, dass Besichtigungstouren der Sehenswürdigkeiten in der Stadt selbst gestaltet werden, anstatt einer geplanten vorgefertigten Route oder Führung zu folgen. Daraus abgeleitete Produkttrends sind **Free guided city tours**, bei denen Einheimische den Touristen eine persönliche, kostenlose Führung durch die Stadt geben oder **Webseiten mit Sightseeinganleitung** wie FREETOUR.com, auf denen man sich eine auf die persönlichen Wünsche zugeschnittene Besichtigungstour aussuchen kann.

Der Stichpunkt **individuelle Städtetrips** umfasst, dass alle Komponenten im Städtetourismus, wie Unterkunft, Besichtigungen oder Aktivitäten auf die persönlichen Bedürfnisse des Reisenden hin ausgesucht und gebucht werden können. Ein Produkttrend hierfür ist beispielsweise die Webseite **blendwiz.me**, auf der man eine besondere Stadtführung durch einen Einheimischen buchen kann. Diese Führungen sind sehr speziell auf die Unterschiedlichsten Interessen der Reisenden zugeschnitten (vgl. blendwiz.me 2015). Es gibt z.B. Straßenkunst-, Skateboard- oder vegane Restaurant Touren. Ein weiterer Produkttrend ist die **App-Entwicklung** im Städtetourismus, z. B. die App MetroMaps, welche bis zu 100 verschiedene U-Bahn Pläne enthält und somit beim individuellen Entdecken einer neuen Stadt sehr nützlich sein kann (vgl. CDA Verlags- und Handelsges.m.b.H 2016).

Der gesellschaftliche Trend **Leben nach dem Baukastenprinzip** bedeutet, dass es dem Menschen in der heutigen Zeit möglich ist, sein Berufs- und Privatleben, wie bei einem Baukasten, aus verschiedenen Teilen zusammenzusetzen. Im persönlichen Lebensbereich durch verschiedenste Familienmodelle und gemeinschaftliche Lebensformen oder die Möglichkeit den Wohnort mehrfach zu wechseln, und im Berufsleben beispielsweise durch häufige berufliche Veränderungen. Dies führt, zusammen mit der Selbstverwirklichung, zum Konsumtrend der Multi-Optionalität und der damit verbundenen Pluralisierung von Lebensstilen.

Der Trend der **neuen Gruppenkonstellationen und der Diversifikation der Lebensabschnitte** bedeutet, dass sich durch die neue Gliederung der Lebensabschnitte wie Zusatzausbildung oder Sabbatical, statt wie zuvor im Standard-Erwerbsleben Ausbildung, Erwerbsleben und Ruhestand, -weitaus mehr unterschiedliche Lebensphasen entwickeln. Dadurch wecken diese unterschiedlichen Phasen neue Bedürfnisse (vgl. Unternehmerverband Landkreis Miesbach e.V. 2014). Auch Gruppenstrukturen haben sich durch die Individualisierung verändert. Es gibt neue Familienmodelle, wie Patchworkfamilien oder alleinerziehende Väter/Mütter und neue Bezeichnungen wie Tiger Woman, oder Super Daddys. Tiger Woman sind berufstätige, unabhängige, selbstständige und vielreisende Powerfrauen. Super Daddys sind Väter, welche die gesamte Erziehung der Kinder übernehmen, also mit der Partnerin auf Dauer die Rolle tauschen (vgl. Yahoo! EMEA Limited 2014) und neue, sehr spezielle Interessengruppen, wie z. B. eine Gruppe Menschen mit Interesse an der Förderung von Bio-Produkten in einer bestimmten Region oder eine Gruppe, die sich für ein ganz bestimmtes Computerspiel begeistert, wie z.B. World of Warcraft (vgl. Blizzard Entertainment, INC. 2016).

Aus dem gesellschaftlichen Trend der neuen Gruppenkonstellationen und der Diversifikation der Lebensabschnitte lässt, sich der Konsumtrend der Diversifikation von **Konsumorten, -instrumenten und Konsumententypen ableiten.** Angepasst an die veränderten Lebensweisen der Gesellschaft entstand eine feine differenzierte Auswahl dieser Konsumbereiche, z.B. die Konsumentengruppe der Frutarier in einer bestimmten Stadt.

Aus diesem Konsumtrend entstand im Tourismus der Branchentrend der **individuellen Reiseorganisation und Buchung**. Die Touristen möchten über den von ihnen bevorzugten Buchungsweg eine Reise zusammenstellen. Dies kann beispielsweise die eigene Zusammenstellung und Buchung der Reise über Online-Portale, sowie eine individuelle Beratung im Reisebüro oder auch Kombinationen aus verschiedenen Buchungs- und Organisationsmöglichkeiten sein. Daraus, sowie aus der Nachfrage nach individualisierbaren Reisen, folgt im Städtetourismus der Trend der individuelleren Städtetrips.

Ein weiterer relevanter gesellschaftlicher Trend des Megatrends Individualisierung ist der **Selfness-Trend und die Selbstoptimierung**. Unter dem Selfness-Trend ist der Wunsch nach dauerhafter Lebensqualität auf einem hohen Niveau durch eine Art „Selbstveränderungskultur" zu verstehen (vgl. Stroß 2009, S. 15 f.). Dabei sind die wichtigsten Bereiche die Fähigkeit einer gesunden Lebensweise, die Vereinbarkeit von Familie und Beruf in Kombination mit einem guten emotionalen Umgang in der Partnerschaft, die Fähigkeit selbst zu "reifen", d. h. sich lebenslang weiterzuentwickeln und das persönliche Krisenmanagement. Der Trend der Selbstoptimierung erfordert ein stetiges Arbeiten am eigenen Körper und Charakter (vgl. WeltN24 GmbH 2016). Die Menschen in der heutigen Gesellschaft beschäftigen sich zunehmend mit den Themen Erfolg, Schönheit und Glück, beispielsweise mithilfe von Ratgebern und Anleitungen. Das ständige Arbeiten an den eigenen Schwachstellen und die damit verbundene Verbesserung des eigenen Lebens ist dadurch selbstverständlich geworden.

Aus diesem gesellschaftlichen Trend leitet sich der Trend **Konsum mit Fokus auf Produktivität und Disziplin** ab. Das heißt, es werden nur Produkte konsumiert, welche die eigene Produktivität steigern oder die Kontrolle, der eigens festgelegten zu erreichenden Ziele fördern. Daraus folgt als Branchentrend im Tourismus **die Möglichkeit der Selbstoptimierung in der Reise**. Das bedeutet, während einer Urlaubsreise durch Fortbildungen oder eigens geplante Aufgaben an persönlichen Schwächen weiterarbeiten zu können. So wird beispielsweise eine Klettertour gebucht, um die Höhenangst zu überwinden.

Im Bereich des Städtetourismus bedeutet es, dass **Kurse und Weiterbildungsmöglichkeiten als Reise-add-ons** fungieren. Dies können beispielsweise Fitness-, Sprach-, Koch-, Handarbeits-, oder Zeitmanagement-Kurse sein. Als Beispiel zweier Produkttrends im Städtetourismus wurden somit **Koch- oder Yogakurse** gewählt. Abgeleitet durch den Selfness- und Selbstoptimierungs-Trend sind besonders diese beiden Kurstypen relevant und in den Städten in großer Zahl vertreten. Städtereisende haben hierdurch nicht mehr allein die Sehenswürdigkeiten im Fokus, sondern auch die Möglichkeiten der Weiterbildung sowie der Weiterentwicklung.

8.1.2 Projektionsentwicklung

Insgesamt nahm die Arbeitsgruppe, nach den ausführlich ausgearbeiteten Trendhierarchien, 29 Trends mit in die Relevanz- und Einfluss Bewertung auf.

Daraus resultierte das folgende System Grid in Abbildung 81, welches die Schlüsselfaktoren herausstellt.

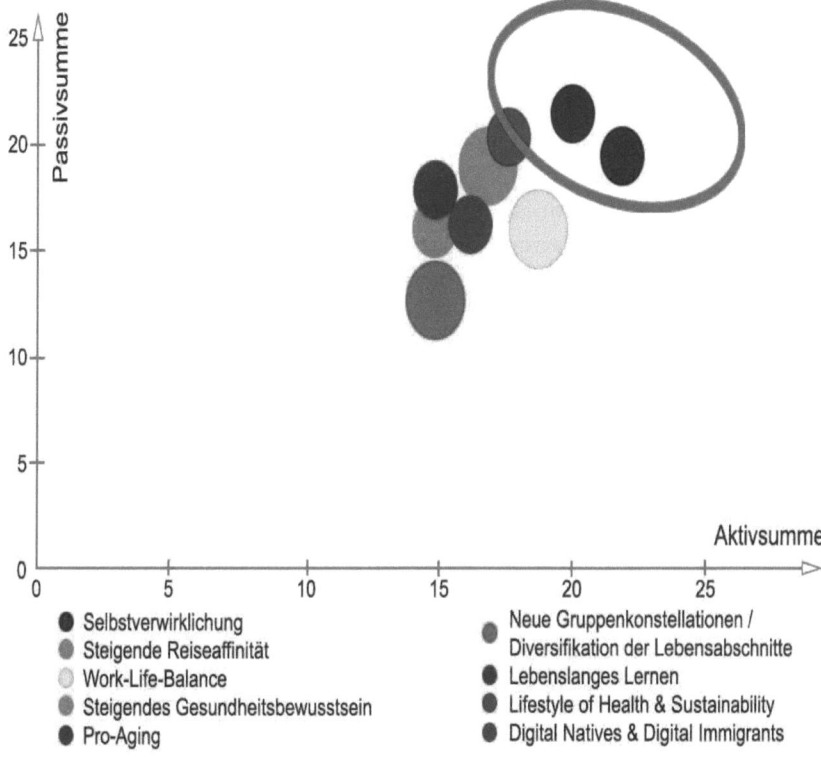

Abbildung 81: Städtetourismus System Grid
Quelle: Eigene Darstellung

Die drei eingekreisten gesellschaftlichen Trends wurden als Schlüsselfaktoren für die Szenario-Bildung festgelegt. Diese sind Selbstverwirklichung, Pro-Aging und Lifestyle of Health and Sustainability. Drei mögliche Entwicklungsrichtungen werden im Folgenden beschrieben.

Die Trendausprägung hinsichtlich des ersten Schlüsselfaktors, Selbstverwirklichung, ist die **Life-Model-Diversification.** Gemeint ist damit eine Pluralisierung der Lebensmodelle durch die Steigerung der individuellen Freiheiten und Möglichkeiten der Selbstbestimmung. Eine zunehmende Entwicklung in Bezug auf die Selbstverwirklichung würde im Extrem I zu einer **Egomania-Society** führen. Diese Gesellschaft zeichnet sich durch eine Überforderung durch die Vielzahl von Optionen und Bedürfnissen aus, die letztendlich in einer extremen Selbstbezogenheit und Selbstdarstellung des Individuums mündet. Eine abnehmende Entwicklung des Schlüsselfaktors Selbstverwirklichung würde zu einer **Re-Ideologisation** führen - die Flucht zu traditionellen Werten und zur freiwilligen Selbstaufgabe.

Der zweite Schlüsselfaktor, Pro-Aging, zieht die folgende stetige Entwicklung - also den Trend - nach sich, der mit dem Begriff **Active-Aging** Ausdruck findet. Diese Entwicklung zeigt, dass die Lebensstile zunehmend altersunabhängig werden. Eine extreme Zunahme des Schlüsselfaktors Pro-Aging würde zum **Exit-Aging** führen. Es beschreibt eine alterslose Gesellschaft, in der das Alter keine Relevanz mehr besitzt. Eine rückgängige Entwicklung des Pro-Agings würde im anderen Extrem eine **Silver Resignation** nach sich ziehen, also eine Gesellschaft, in der das Alter eine hohe Relevanz besitzt und Alternde, von der Gesellschaft exkludiert, zunehmend verwahrlosen.

Der dritte Schlüsselfaktor ist der Lifestyle of Health and Sustainability. Im Trendszenario würde eine **Caring Society** entstehen, in der die Werte Nachhaltigkeit und Gesundheitsorientierung weiterhin starke Ausprägungen finden und zu einem Engagement für sich, für andere und für die Natur führen würden. Eine steigende Entwicklung in Richtung der LOHAS würde eine Lifestyle-Radikalisierung bedeuten, in der die o.g. Themen in den Fokus des Lebensinhaltes rücken, und diesen sogar bestimmen würden. Die **Healthology and Sustainology** würde zur Ersatzreligion. Ein Rückgang des Schlüsselfaktors würde im Extremfall zu einer Ausprägung führen, die sich durch **Whateverism** kennzeichnet. Hier kommt es zur kompletten Aufgabe der zuvor beschriebenen Werte und somit zur Missachtung sämtlicher Nachhaltigkeits- und Gesundheitsaspekte.

Wie verträgt sich Zukunftsprojektion i (Zeile) mit Zukunftsprojektion j (Spalte)? 1 = totale Inkonsistenz 2 = partielle Inkonsistenz 3 = neutral oder voneinander unabhängig 4 = gegenseitiges Begünstigen 5 = starke gegenseitige Unterstützung		Egomania-Society	Life Model Diversification	Re-Ideologisation	Exit-Aging	Active-Aging	Silver Resignation	Healthology and Sustainology	Caring Society	Whateverism
Schlüsselfaktoren	Projektionen									
Selbstverwirklichung	Egomania-Society									
	Life Model Diversification									
	Re-Ideologisation									
Pro-Aging	Exit-Aging	4	4	1						
	Active-Aging	4	5	2						
	Silver Resignation	4	2	5						
Lifestyle of Health and Sustainability	Healthtology and Sustainology	4	1	4	4	4	1			
	Caring Society	1	5	4	5	5	2			
	Whateverism	5	3	3	1	2	5			

Abbildung 82: Städtetourismus Konsistenzmatrix
Quelle: Eigene Darstellung

Mit Hilfe der Konsistenzmatrix wird die Verträglichkeit der Zukunftsprojektionen untereinander bewertet. Dies erfolgte zunächst in Einzelbewertungen, wobei die Bewertung subjektiv erfolgt und hauptsächlich die direkten Beziehungen zueinander Betrachtung fanden. Im Rahmen dieser Arbeit wurde, für einen stärkeren Einbezug der komplexen Vernetzungen der Projektionen, in einem zweiten Schritt gemeinsam in der Gruppe über die vorige Bewertung diskutiert und anschließend synchronisiert. Vorgegangen wurde bei beiden Schritten nach der Fragestellung: Wie verträgt sich Zukunftsprojektion i (Zeile) mit Zukunftsprojektion j (Spalte)? Die Bewertung erfolgte anhand einer fünfstufigen Skala. So bekam die Kombination aus Exit-Aging und Egomania-Society vier Punkte (vgl. Abb. 101), was eine gegenseitige Begünstigung zum Ergebnis hat.

Das Projektionsbündel stellt die Kombination der Schlüsselfaktoren mit den Projektionen dar. Insgesamt ergaben sich durch das Kombinationsverfahren somit 27 Projektionsbündel. Aufgrund der zuvor selektierten drei Schlüsselfaktoren aus den ebenfalls reduzierten Gesellschaftstrends war eine Scenario-Software (vgl. Kapitel 2.3.1.4) zur Reduktion der oftmals vielzähligen Projektionsbündel nicht vonnöten. Die Bewertungen, der aus der im vorherigen Schritt erstellten Konsistenzmatrix wurden summiert und ergaben den jeweiligen Konsistenzwert. Je höher der Konsistenzwert desto glaubhafter ist das Szenario. Dabei gibt es eine Höchstzahl von 15 Punkten. Die untenstehende Abbildung 83 zeigt das Projektionsbündel und die sich ergebenden Konsistenzwerte mit absteigender Punktezahl.

Projektionsbündel							
Selbstverwirklichung	Pro-Aging	Lifestyle of Health and Sustainability	Wert 1	Wert 2	Wert 3	Summe	Konsistenzwert
Life Model Diversification	**Active-Aging**	**Caring Society**	5	5	5	15	15
Egomania-Society	Silver Resignation	Whateverism	4	5	5	14	14
Life Model Diversification	Exit-Aging	**Caring Society**	4	5	5	14	14
Re-Ideologisation	Silver Resignation	Whateverism	5	3	5	13	13
Egomania-Society	Exit-Aging	Healthtology and Sustainology	4	4	4	12	12
Egomania-Society	**Active-Aging**	Healthtology and Sustainology	4	4	4	12	12
Egomania-Society	**Active-Aging**	Whateverism	4	5	2	11	11
Re-Ideologisation	**Active-Aging**	**Caring Society**	2	4	5	11	11
Re-Ideologisation	Silver Resignation	**Caring Society**	5	4	2	11	11
Life Model Diversification	**Active-Aging**	Whateverism	5	3	2	10	10
Life Model Diversification	Silver Resignation	Whateverism	2	3	5	10	10
Re-Ideologisation	**Active-Aging**	Healthtology and Sustainology	2	4	4	10	10
Life Model Diversification	Silver Resignation	**Caring Society**	2	5	2	9	9
Re-Ideologisation	**Active-Aging**	Whateverism	2	3	2	7	7
Egomania-Society	Exit-Aging	**Caring Society**	4	1	5	10	/
Egomania-Society	Exit-Aging	Whateverism	4	5	1	10	/
Egomania-Society	**Active-Aging**	**Caring Society**	4	1	5	10	/
Egomania-Society	Silver Resignation	Healthtology and Sustainology	4	4	1	9	/
Egomania-Society	Silver Resignation	**Caring Society**	4	1	2	7	/
Life Model Diversification	Exit-Aging	Healthtology and Sustainology	4	1	4	9	/
Life Model Diversification	Exit-Aging	Whateverism	4	3	1	8	/
Life Model Diversification	**Active-Aging**	Healthtology and Sustainology	5	1	4	10	/
Life Model Diversification	Silver Resignation	Healthtology and Sustainology	2	1	1	4	/
Re-Ideologisation	Exit-Aging	Healthtology and Sustainology	1	4	4	9	/
Re-Ideologisation	Exit-Aging	**Caring Society**	1	4	5	10	/
Re-Ideologisation	Exit-Aging	Whateverism	1	3	1	5	/
Re-Ideologisation	Silver Resignation	Healthtology and Sustainology	5	4	1	10	/

Abbildung 83: Städtetourismus Projektionsbündel

Quelle: Eigene Darstellung

Aus den 27 entstandenen Projektionsbündeln wurden zunächst solche aussortiert, die einen Konsistenzwert von 1 beinhalten (vgl. Markierungen in Abb. 102), denn eine totale Inkonsistenz zweier Projektionen kann zu keinem zukunftsweisenden Szenario führen. Im Anschluss wurden die Bündel mit den höchsten Konsistenzwerten betrachtet, um ein Trendszenario und zwei Extremszenarien für den Städtetourismus zu bilden.

8.1.3 Szenariobildung

Bei der Szenariobildung geht es um die Kombination von den Zukunftsprojektionen, welche in sich konsistent sind. Bei der Betrachtung der Projektionsbündel lässt sich feststellen, dass das Projektionsbündel Life Model Diversification/Active-Aging/Caring-Society mit 15 Punkten die höchste Punktzahl erreicht hat. Es setzt sich aus den Trendentwicklungen der Schlüsselfaktoren zusammen und stellt daher das Trendszenario dar. Die Tatsache, dass alle drei

Trends zum Trendszenario führen, belegt noch einmal die richtige Auswahl der Trends und deren Bewertung im Rahmen der Konsistenzmatrix. Das erste Extremszenario ergibt sich aus dem zweiten Projektionsbündel Egomania-Society/Silver Resignation/Whateverism, welches einen Konsistenzwert von 14 erreicht. Es zeichnet sich durch die Schlüsselfaktoren aus, die jeweils eine Abnahme der Trends ins Extrem I beschreiben. Das zweite Extremszenario ist das mit 12 Punkten bewertete Projektionsbündel aus Egomania-Society/Exit-Aging/Healthology and Sustainology, da das dritte Projektionsbündel der Rangfolge dem Trendszenario zu ähnlich ist und das vierte zu ähnlich dem Extremszenario I. Diese Auswahl wurde dahingehend getroffen, dass im Hinblick auf folgende Szenariobeschreibungen und -geschichten klare Unterschiede herausgestellt werden können.

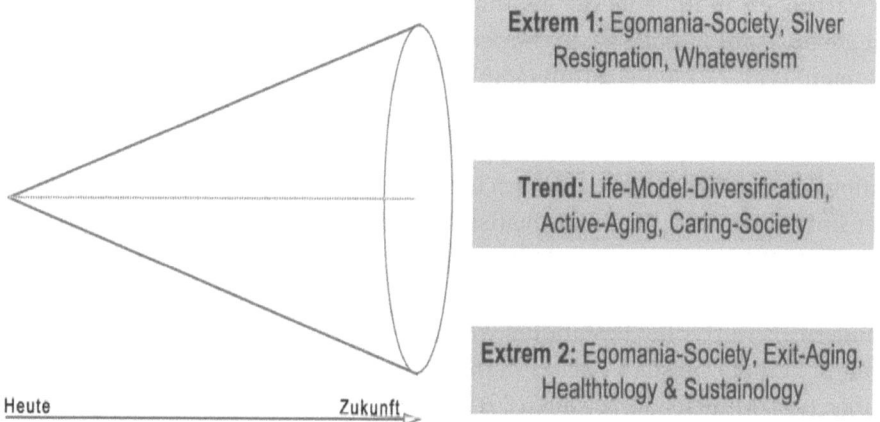

Abbildung 84: Städtetourismus Szenario-Trichter
Quelle: Eigene Darstellung

Die obenstehende Abbildung 84 zeigt die Selektion der Szenarien für den Städtetourismus anhand eines Szenario-Trichters. Er zeigt den Blick von heute zum Zukunftshorizont trichterförmig, da „basierend auf dem Grundprinzip der multiplen Zukunft in der Regel mehrere Entwicklungsmöglichkeiten je Einflussfaktor ins Kalkül gezogen werden" (Gausemeier & Plass 2014, S. 46). Das Trendszenario befindet sich auf der horizontalen Linie des Trichters, da es eine weitergehende, stabile Entwicklung in die Zukunft beschreibt. Die Extremszenarien befinden sich jeweils am oberen oder am unteren Rand des Szenario-Trichters, da sie sich durch eine zu- oder abnehmende Entwicklung der Schlüsselfaktoren auszeichnen.

8.2 Szenario-Transfer

Im Folgenden werden die gesellschaftlichen Veränderungen, und dann spezifischer, die Auswirkungen auf den Städtetourismus aufgrund des Trendszenarios und der beiden Extremszenarien, dargestellt.

8.2.1 Trendszenario

Wie würde also eine Gesellschaft aussehen, die sich im Trendszenario befindet?

Aufgrund der **Live Model Diversification,** gepaart mit **Active-Aging** und einer **Caring-Society,** lassen sich Familie und Beruf immer besser vereinen. Arbeitszeitverkürzung und New Work lassen mehr Spielraum zur individuellen Bedürfnisbefriedigung. So können z.B. beide Elternteile Elternzeit nehmen und altersunabhängige, individuelle Lebensstile gelebt werden. Gleichzeitig nehmen Erwartungen an Rollenbilder ab und Väter können so beispielsweise die Priorität genauso auf Familie legen (Super Daddys) wie Frauen auf den Beruf (Tiger Woman) (vgl. Zukunftsinstitut GmbH 2016o).

Da die Lebensstile zunehmend altersunabhängig werden, gibt es hier zunehmende Variationen und Vermischungen. Gemeinschaften bilden sich generationsübergreifend. Dies zeigt sich in Form von Mehrgenerationenhäusern und der Entstehung von Nachbarschaftshilfen und Quartiershäusern. Es gibt mehr gesellschaftlichen Zusammenhalt und Engagement für sich, für andere und für die Natur. Alternde Menschen werden nicht aus der Gesellschaft exkludiert, sondern als wertvoller Bestandteil wahrgenommen und geben ihre Erfahrungen weiter. „Empty Nester" - also Eltern, deren Kinder bereits das Haus verlassen haben (vgl. Muntschick & Rauch 2015, S. 39) - reisen und arbeiten auch über den Renteneintritt hinaus, suchen neue Projekte und Lebensinhalte.

Bezogen auf den Städtetourismus führt die Life Model Diversification, die aus dem zunehmenden Wunsch nach Selbstverwirklichung heraus entsteht, zu einer Nachfrage nach individualisierbaren, vielfältigen, multi-optionalen Reisen, die zusammen mit dem Trend des Active-Agings von den verschiedensten Altersgruppen und Gruppenkonstellationen nachgefragt werden. Der Opa verreist mit dem Enkel, um ihm seine liebsten Plätze zu zeigen. Tochter und Mutter unternehmen zusammen einen Städtetrip während des Auslandsaufenthaltes. Insbesondere der technische Fortschritt durch die zunehmende Digitalisierung und der ausgebauten Barrierefreiheit verleiht den Städten eine neue Integrationskompetenz.

Reisen werden zunehmend nach dem do-it-yourself-Prinzip organisiert. Das Internet spielt eine zentrale Rolle bei der Informationsgewinnung und Reiseplanung. Produkte und Apps, wie die free guided city tours oder Webseiten mit Sightseeing-Anleitung, werden in Anspruch genommen. Angebote im Städtetourismus werden so konzipiert, dass sie von allen genutzt werden können, unabhängig vom Alter oder möglichen körperlichen und geistigen Beeinträchtigungen. Alternative, barrierefreie und nachhaltige Fortbewegungsmöglichkeiten und Unterkünfte in der Stadt gehören genauso zu diesem Trendszenario, wie individualisierte und offene touristische Angebote, die mehr als bislang von den Bewohnern der Stadt mitentwickelt und angeboten werden.

Die Stadt wird jeden Tag neu definiert und gelebt. Besonders diese Einstellung als inklusive, innovative und soziale Stadt reizt, sodass Tourismus in der Stadt weiter an Bedeutung gewinnt, das Stadtbild zunehmend prägt und im Einklang mit Natur und Stadtgemeinde funktioniert. Soziale Innovationen und diversifizierte Lebensstile führen zu mehr nutzbarer und selbstbestimmter freier Zeit zur Erfüllung individueller Wünsche und Sehnsüchte, sodass Besuche bei Bekannten und kurze Städtetrips miteinander verknüpft werden. Das Aufsuchen von Wahlgemeinschaften (z. B. den LOHAS, stay with locals) und beständiger Freundschaften gewinnt an Bedeutung, da sich durch die zunehmende Individualisierung immer mehr Menschen aus traditionellen Gemeinschaften lösen.

Städtereisen werden auch im Zuge der Arbeit genutzt, indem während des Aufenthaltes in einer Stadt nach urbanen Erlebnismöglichkeiten (wie die Nutzung urbaner Sportinfrastruktur, z.B. Stadtklettern) oder nach anderen gesundheits- oder nachhaltigkeitsbezogenen Angeboten, die dem eigenen Lifestyle entsprechen, gesucht wird (z.B. AirBnB-Aufenthalte außerhalb des Stadtzentrums zum Entschleunigen). Vorstellbar ist hier auch die Wahl von Öko-zertifizierten, innovativen und ästhetisch ansprechenden Hotels mit Wellnessbereich. Die Life Model Diversification, verbunden mit einer Caring-Society, schafft außerdem Möglichkeiten zur individuellen Zeit- und Lebensplanung. Arbeiten und Engagement während des Reisens gewinnen zunehmend an Bedeutung (z.B. WWF-Promo-Reisen).

Persona

Über Sabine

Sabine Meier ist 40 Jahre alt und hat ihr Leben lang in Großstädten gelebt. Zuletzt zog sie vor sieben Jahren für einen neuen Job in einem Verlagshaus zurück von München nach Berlin, wo sie als leitende Redakteurin tätig war. Berlin steht für sie im Zeichen von Abenteuer, kultureller Vielfalt und Kreativität. Das Leben in der Stadt empfand sie immer als Bereicherung. Denn neben der 36 Stunden-Stelle im Büro hatte sie genug Zeit für sich, für ihre Freunde und um in ihrem Viertel gelegentlich an sozialen Projekten mitzuwirken. Dabei war es ihr auch stets ein Anliegen, im Einklang mit der Natur zu leben und nachhaltig zu konsumieren. Für Sabine stand dies nie im Widerspruch zum Leben in der Stadt.

Urban Gardening auf dem alten Luftschutzbunker, Tauschen, Reparieren und Selbermachen statt neu kaufen oder Yoga im Park bedeuten für sie Entschleunigung, Gemeinschaft und Achtsamkeit in einer sich ständig verändernden Umgebung. Dank der flexiblen Arbeitszeiten konnte sie in dieser Zeit ihren eigenen Interessen nachgehen und sich persönlich weiterentwickeln. Sie nahm sich jedes Jahr eine zweimonatige Auszeit, um zu reisen, wobei sie stets Projekte der Naturschutzorganisation WWF besuchte, für die sie im Anschluss auf verschiedenen Kommunikationswegen wirbt und Spenden sammelt.

Auch, wenn Sabine sich zeitlebens nicht viel um ihr biologisches Alter geschert hat, da sie sich immer jung, gesund und aktiv gefühlt hat, wuchs mit den Jahren der Wunsch nach einer eigenen kleinen Familie. Auch ohne Mann an ihrer Seite entschied sie sich schlussendlich ein Kind zu bekommen und alleine groß zu ziehen. Die selbstbewusste Frau ließ sich mit der Samenspende eines guten Freundes befruchten. Nach der Geburt ihrer Tochter Anni merkte Sabine schnell, dass sich das Leben in der Stadt als Single-Frau leichter bewerkstelligen lässt als mit einem Kind.

Der Gedanke daran, aufs Land zu ziehen ist in ihr schon über Jahre hinweg herangereift. Doch ein Leben in der Natur und abseits der Metropole Berlin machte nun erst wirklich Sinn. Schon während des Mutterschutzes macht sie sich Gedanken und tauscht sich mit anderen Stadt-Aussiedlern aus. Sie begeistert sich für die Idee ihre Vorlieben für Urban Gardening und Yoga noch besser auf dem Land ausleben zu können und fängt an ihren Ausstieg über ihr neues Leben zu dokumentieren. In einem eigenen Blog widmet sie sich den Unterschieden vom Stadt- zum Landleben und den Herausforderungen vom Alltag als alleinerziehende Mutter. Dafür erhält sie schnell viel Zuspruch.

Heute hat Sabine ihren Traum vom Leben auf dem Land zur Realität gemacht. Sie wohnt auf einem alten Bauernhof in Michendorf, einem ländlich-gelegenen, idyllischen zehntausend Seelen Ort, rund 50 km außerhalb von Berlin. Anni ist bereits drei Jahre alt. Ihren Alltag meistern die zwei nun viel entspannter. Auch dank der tatkräftigen Unterstützung von ihrer Freundin und Mitbewohnerin Gabriele. Die 67-jährige Rentnerin kommt gebürtig aus dem Dorf und begeisterte sich für das generationsübergreifende Wohnprojekt auf dem Bauernhof. Sie unterstützt Sabine besonders durch die Kinderbetreuung und die gemeinsame Bewirtschaftung und Renovierung des Hofs.

Dass Sabine für diese Veränderung ihren Job im Berliner Verlagshaus an den Nagel hängen musste, bereut sie nicht. Durch ihre selbstständige Tätigkeit kann sie Familie und Beruf besser vereinen und dies bereitet ihr sehr viel Freude. Auch wenn es immer viel zu tun gibt, besonders weil kein Tag dem anderen gleicht und sie die Arbeit erfüllt, empfindet sie einen Zugewinn von Lebensqualität. Zudem findet sie Zeit sich für den Naturschutz einzusetzen und konnte sich schnell in ihrem neuen Wohnort integrieren. Sie hat sogar den Verein „Milchendorf hilft" gegründet, in dem sich immer mehr Menschen engagieren und sich im Zeichen der Nachbarschaftshilfe gegenseitig unterstützen.

Neben ihrem Erfolg als selbstständige Beraterin zu den Themen Achtsamkeit, Selbstfindung, sowie gesundem und nachhaltigem Konsum, gibt sie mittlerweile generationsübergreifenden Yoga-Unterricht. Auch ihr ehemaliger Verlag hat schon großes Interesse an einem Ratgeber von Sabine bekundet. Für Sabine ein weiteres Indiz, dass sie mit dem Schritt aufs Land zu ziehen alles richtig gemacht hat. Schließlich kann sie so ihre Erfahrungen weitergeben, noch mehr Menschen mit ihren Themen erreichen und hoffentlich damit inspirieren, Mut zu haben und den eigenen Weg zu suchen und zu gehen.

Reiseverlauf

Franzi, Sabines Freundin aus Studientagen, ist vor drei Jahren nach Stockholm gezogen. Sabine hatte schon lange vor sie dort zu besuchen, doch mit ihrer jungen Tochter Anni und den vielen Aufgaben auf dem Bauernhof schafft sie es in diesem Sommer zum ersten Mal. Den Zeitpunkt ihrer Reise hat sie nicht beliebig gewählt. Sie möchte die Zeit in Schweden so traditionell und authentisch wie nur eben möglich erleben. Wann wäre eine bessere Gelegenheit dazu als zum Mittsommer-Fest?! Besonders für ihre junge Tochter wird dieses Familienfest die erste große Reise. Von Berlin aus geht es für die beiden mit dem Flugzeug direkt nach Stockholm. Sabine weiß, dass dies alles andere als klimafreundlich ist, dennoch nimmt sie die Flugreise in Kauf um entspannt in den gemeinsamen Kurzurlaub starten zu können. Für das gute Gewissen kompensiert sie die Flüge bei Atmosfair.

Franzi und ihre schwedischen Freunde feiern das Mittsommer-Fest auf einer kleinen Insel bei Stockholm, welche schnell und einfach mit dem Boot zu erreichen ist. Da Sabine gerne unabhängig wohnen möchte, entscheidet sie sich dazu nicht im Hotel zu übernachten, sondern so individuell und naturnah wie eben möglich. Für sie ist **Gardenbnb** die beste Option. Hier kann sie mitten in der Stadt wohnen, Stockholm erkunden und gleichzeitig im Grünen sein. Sie hat sich ein kleines, rotes und mobiles Holzhaus gemietet, das eine Art Luxus-Stadtcamping auf öffentlichen Grünanlagen und in schwedischen Gärten ermöglicht. Den Standort kann sie sich vorab online aussuchen. Sie wählt die perfekte Lage auf der Parkinsel Djurgården, von der sie mit Anni bequem mit der - mit Ökostrom - betriebenen Fähre zum Mittsommer-Fest überfahren kann.

Produktinnovation: Gardenbnb

Abbildung 85: Städtetourismus Gardenbnb Logo
Quelle: Eigene Darstellung

Gardenbnb ist ein Start-up, gegründet von drei Bremer Studierenden. Um sich eine Europareise in den Semesterferien zu finanzieren, vermieteten sie in den Frühlings- und Herbstmonaten verschiedene Kleingärten in direkter Lage zum Werdersee. Das Konzept war einfach. Dadurch, dass die Parzellen von den Besitzern in den Sommermonaten bewohnt werden, sind sie bereits mit allen nötigen Utensilien ausgestattet und verfügen über Strom- und Wasseranschlüsse. Im Gegenzug dazu, dass die Gründerinnen und Gründer die Gärten pflegen und die 50% der jährlichen Pacht übernehmen, durften sie diese an Touristen vermieten.

Das Konzept erhielt schnell viel Zuspruch und sorgte dafür, dass bald die Nachfrage das Angebot überstieg. Für die Jungunternehmer ein voller Erfolg. Noch während des Studiums wurde die Online-Plattform weiter ausgebaut. Neben Kleingärten können Nutzer nun auch mobile Wohneinheiten sowie Camping-Equipment mieten. Wohnen im Grünen und das mitten in der Stadt – eine Idee, die sich durchsetzt.

Mittlerweile ist die Plattform schon europaweit ausgebaut und bietet Urlaubern ein Stadterlebnis der ganz besonderen Art. Das Gardenbnb baut auf den Trend des AirBnB, das Online-Portal, über welches hauptsächlich Wohnungen und Zimmer von der lokalen Bevölkerung vermietet wurden. Das neue Konzept profitiert von den Städtetourismus-Trends nach besonders naturnahen und dennoch erlebnisorientierten Reisen, die möglichst nachhaltig und authentisch sind.

Dabei spricht das Angebot nicht nur junge Kunden an. Von jungen Reisegruppen, Mixed-Generations bis hin zu den Best-Agern sind so beinahe alle Gruppenkonstellationen vertreten. Schließlich trifft hier die Landsehnsucht auf die Vielfalt des Stadtlebens – eine unschlagbare Kombination.

8.2.2 Extremszenario I

Gesellschaftliche Veränderungen, die aufgrund des ersten Extremszenarios (**Egomania-Society / Silver Resignation / Whateverism**) entstehen, sind eine

Überforderung durch Komplexität und Vielzahl von Optionen, die zu extremer Selbstbezogenheit führt. Der Sustainability und Health Lifestyle hat zu einer Übersättigung und folglich zu einer Abwehrhaltung sowie der kompletten Aufgabe des Lifestyles geführt. Die Gesellschaft ist nunmehr den Jungen und Schnellen vorbehalten - Alte werden ausgeschlossen. Es gibt keine Möglichkeiten mehr zur Teilhabe und keinerlei Integrationsversuche in Kultur-, Nachbarschafts-, und Wohnprojekte. Ältere resignieren vor der Schnelllebigkeit, fühlen sich ausgegrenzt und nutzlos und verwahrlosen. Sie sind oftmals gezwungen aus dem Stadtzentrum heraus oder aufs Land zu ziehen, da sie in der Stadt keinen Zweck mehr erfüllen und auch keine Möglichkeiten haben, sich barrierefrei fortzubewegen. Der fehlende Zusammenhalt in der Gesellschaft macht jeden zu einem Einzelkämpfer und Ältere und Schwächere, die nicht mithalten können, werden gnadenlos ausgesiebt. Die „Whatever-Einstellung", gekoppelt mit der Egomania-Society, ist bei Alt und Jung zu finden und macht die Stadt laut, komplex und schnelllebig.

Für den Städtetourismus bedeuten diese Entwicklungen sehr individualisierte Angebote, die vor allem auf junge Leute ausgerichtet sind. Angeboten werden Single-Erlebnisreisen statt Gruppenreisen. Zur Vereinfachung und aufgrund der Vielzahl von Reiseoptionen, werden fertige Pakete über online Reiseveranstalter gebucht, statt sich Zeit für die individuelle Planung von alternativen Reiseangeboten zu nehmen. Aufgrund der Globalisierung, gepaart mit nationalen und internationalen Migrationsbewegungen sowie der Egomania-Society, wird die Lokalkultur immer weiter verdrängt, weil sie ohne Beachtung des Nachhaltigkeitsgedankens nicht gefördert wird. Die Lokalkultur bzw. der Kontakt zu Einheimischen wird als nicht mehr bereichernd empfunden, daher sind Angebote wie AirBnB nicht interessant, weil sie zu viel persönliches Engagement und Eigeninitiative bedeuten.

Für das Erlebnis in der Stadt stehen modernste Transportmittel und andere technische Spielereien zur Verfügung. Die gemachten Erlebnisse werden in der Gesellschaft der Einzelkämpfer, die von Selbstbezogenheit und Selbstdarstellung geprägt ist, sofort in den sozialen Medien geteilt, um sich in der schnelllebigen Welt behaupten zu können. Tourismus ist Statussymbol geworden. Wer sich keine Städtereisen leisten kann oder diese altersbedingt nicht durchführen kann, wird ausgegrenzt.

Durch die gestiegene Mobilität sind dem Tourismus keine Grenzen mehr gesetzt. Die Whateverism-Gesellschaft legt keinen Wert auf Gesundheits- und Nachhaltigkeitsaspekte mehr und reist daher zu jeder Möglichkeit, auch über das Wochenende, in weiter entfernte Städtedestinationen. Besonders beliebt sind asiatische, komplexe, schnelllebige und progressive Städte, die stark boomen und in denen Entwicklung und Fortschritt um jeden Preis passieren, also mitunter auf Kosten von Klima und Natur. Dort lautet die Devise: höher, schneller, weiter, größer. Auch die USA wird als Land mit unbegrenzter Freiheit ohne Grenzen begriffen und gehyped. Europäische Städte verändern sich zunehmend in die eben genannten Richtungen. Gesundheitsaspekte geraten in den Hintergrund. Gute Luft, intakte Natur oder Entschleunigung sind keine Entscheidungsfaktoren in Bezug auf die Städtedestination mehr. Reiseangebote haben einen straffen Zeitplan und tragen zu einem erhöhten Stresslevel bei. Städtetourismus findet hauptsächlich im Stadtzentrum statt und verkommt zum reinen Sightseeing. Was zählt: in möglichst kurzer Zeit viel sehen, erleben und dokumentieren können.

Persona

Über Yve-Sophie

Yve-Sophie ist 22 Jahre alt und studiert BWL an der Universität in Hamburg. Sie ist zielstrebig und will es zu etwas bringen im Leben. Als Einzelkind von zwei sehr erfolgreichen Eltern, die beide Managementpositionen in DAX-Unternehmen innehaben, hat sie früh gelernt, dass gemeinsame Zeit rar ist; Geld aber kein Problem. Sie lebt allein in einer 40qm Loft-Wohnung in der Hamburger HafenCity. Die Lage lässt sie sich einiges kosten, vor allem, weil sie von den angesagtesten Locations Hamburgs umgeben ist. Yve-Sophie liebt den Luxus und präsentiert sich und ihren Lifestyle in den sozialen Medien und in ihrem Blog für Interior Design, Fashion und ihre Reisen.

Ihr Lebensmotto ist „make the most of now!", Spaß steht für sie an erster Stelle. Sie liebt wilde Partys, exzessives Shopping und außergewöhnliche Reisen. Eines hat sie immer dabei, ihren Selfie-Stick. Schließlich will sie all ihren Followern und Blogger-Freundinnen zeigen, wo sie sich gerade befindet. Da sie neben dem Studium nicht arbeiten muss, hat sie viele Freiräume, in denen sie ihren Interessen nachkommen kann. Besonders gerne nutzt sie ihre freie Zeit, um auf Reisen zu gehen. Davon zeugt auch ihr Reisepass, der kaum noch Platz für neue Stempel lässt. Vor allem der asiatische Raum begeistert sie. Hier findet sie die Inspiration für neue Blogbeiträge und extravagante Outfits, mit denen sie zurück in Deutschland wieder für Aufsehen sorgen kann.

Für Yve-Sophie ist jeder seines eigenen Glückes Schmied. Soziale Ungleichheiten nimmt sie gar nicht richtig war. Auch lokale und globale Herausforderungen oder Krisen interessieren sie nicht wirklich, solange sie nicht selbst davon betroffen ist. Schließlich ist sie mit Nachrichten über Terroranschläge und Naturkatastrophen groß geworden. Auch wenn sich die Folgen des Klimawandels immer häufiger und extremer zeigen, macht sie sich darüber keine Gedanken und schränkt ihren Lebensstil nicht ein. Als trendbewusste junge Frau lebt sie lieber im „Hier und Jetzt" und macht sich wenig Gedanken um die Zukunft und um andere.

Reiseverlauf

Yve-Sophie war schon in vielen Mega-Metropolen unterwegs, das nächste Ziel auf ihrer Liste ist Tokio. Sie hat gehört, dass die Stadt unglaublich bunt, schnell und laut ist – also ganz nach ihrem Geschmack. Sie verspricht sich ein unvergessliches Abenteuer der Reise. Am liebsten reist sie allein, dann kann sie spontan entscheiden, worauf sie Lust hat und muss sich nicht abstimmen und anpassen. Den Flug und die Unterkunft in einem Designhotel bucht sie ganz individuell online. Was ihr Freizeitprogramm angeht hat sie auch schon bestimmte Vorstellungen: Der **Glexplorer 3000** wird in den sozialen Medien gerade gefeiert als *die* Städtereise-Sensation. Das muss Yve-Sophie unbedingt ausprobieren.

Produktinnovation: Glexplorer 3000

Abbildung 86: Städtetourismus Glexplorer 3000 Logo
Quelle: Eigene Darstellung

Der Glexplorer 3000 steht für „Glamour Exploring" und verkörpert *den* Städtereisetrend der neuesten Generation. Das Städteerlebnis-Kitt ermöglicht ein individuelles Freizeitprogramm, das speziell auf den Kunden zugeschnitten ist. Dabei wird vor allem durch die Vereinigung der neusten Technologien ein intelligentes und vernetztes Luxusentdeckerpaket geschnürt.

Der Glexplorer 3000 umfasst ein Quad, welches durch sein modernes Design und seine Funktionalität besticht. Der Hochleistungsmotor verleiht ihm nicht nur besonders rasante Beschleunigungen, sondern erregt auch mit seinem Sound Aufsehen. Der Bordcomputer verfügt über eine permanente Internetanbindung und bietet eine Vielzahl weiterer Features. Im Paket enthalten ist außerdem eine Drohne, welche mit dem Bordcomputer verbunden ist. Sie verfügt über verschiedene Funktionen: Zum einen können sich die Fahrer mit dem Live-Tracking Verfahren auf ihrer Städtetour filmen lassen und ihre Freunde auf den diversen Social-Media-Kanälen mit automatisierten Posts auf dem Laufenden halten. Zum anderen gibt es eine Assistenz-Funktion, mit deren Hilfe z.B. freie Parkplätze erkundet werden können und Luftaufnahmen von der Stadt Einblicke aus einer anderen Perspektive schaffen. Orte, die man aus der Luft erkundet, können somit durch das Navigationssystem im Bordcomputer mit einem Klick angefahren werden.

Der intelligente Bordcomputer verfügt zudem über ein Scanning-System mit dem, auf Basis der persönlichen Internetaktivitäten, z.B. Google-Suchen und Social-Media-Aktionen, ein individuelles Nutzerprofil erstellt wird. Die gesammelten Daten werden dazu genutzt, personalisierte Empfehlungen und Vorschläge zu machen, um einen optimalen und benutzerdefinierten Urlaub zu garantieren. Kein Urlaub mit dem Glexplorer 3000 gleicht dem anderen. Dafür sorgen die regelmäßigen Informationsupdates mit der besten Mischung, welche sowohl auf den Empfehlungen von Touristen als auch auf Tipps der Stadtbewohner beruhen.

Nicht zuletzt machen einzigartige Bonus-Features, wie der Autopilot, welcher eine sichere Fahrt zurück ins Hotel auch nach einer durchzechten Partynacht garantiert, und eine Auswahl an Augmented-Reality-Spielen, den Glexplorer 3000 zu einem unverwechselbaren Städtereise Highlight. In Zusammenarbeit mit der Firma Nintendo ist das Spiel „Mario-Kart-Go" exklusiv für das Cityquad entwickelt worden. Dies ermöglicht den Nutzern, auch zwischen den POIs der Stadt eine abenteuerliche und spielerische Fahrt. Trendforscher sind sich einig, dieses Spiel wird an den Erfolg seines Vorgängers „PokemonGo" anknüpfen können. Glexplore it your way!

8.2.3 Extremszenario II

Das zweite Extremszenario besteht ebenfalls aus einer **Egomania-Society,** jedoch gepaart mit **Exit-Aging** und **Healthology and Sustainology**. Ersteres führt in der Gesellschaft, wie bereits erwähnt, zu einem extremen Selbstverwirklichungs- und Selbstdarstellungsdrang. Die Gesellschaft ist aber in diesem Szenario alterslos, was bedeutet, dass das Alter keinerlei Relevanz mehr besitzt. Ältere fühlen sich auch noch im hohen Alter (65+) jung und sind wichtiger Teil der Gesellschaft. Sie arbeiten auch nach dem Renteneintrittsalter in sinnstiftenden und bedürfnisbefriedigenden Projekten, die jedoch anders als bei der Caring Society nicht mehr auf das Gemeinwohl ausgelegt sind, sondern für den eigenen Nutzen, zur eigenen Gesundheit und Lebenserfüllung. Das Motto lautet: Nachhaltigkeit und Gesundheit der Superlative.

Für den Städtetourismus bedeuten diese Entwicklungen sehr spezifische Reise- und Erlebnismöglichkeiten in der Stadt zur individuellen Bedürfnisbefriedigung, ausgelegt auf die Zielgruppe der Exit-Ager-Egomanen, die an Healthology und Sustainology glauben. Hier treffen sich Erlebnis, Nachhaltigkeit und Gesundheit in Angeboten, die vor allem auf Alleinreisende ausgelegt sind.

Im Städtetourismus zeigt sich dieses Extremszenario in einer inklusiven, städtischen Infrastruktur, mit deren Hilfe sich alle Altersgruppen ungehindert in der Stadt bewegen können. Es gibt alternative, barrierefreie und nachhaltige Fortbewegungsmöglichkeiten und Unterkünfte. Gereist wird aufgrund des Nachhaltigkeits- und Gesundheitsgedankens über einen längeren Zeitraum hinweg oder in näher gelegene Städtedestinationen, die mit nachhaltigen Verkehrsmitteln erreichbar sind und ihr Angebot auf Gesundheit und Nachhaltigkeit ausgelegt haben oder alternative Erlebnisbausteine in diesem Sektor aufweisen. Altersspezifisches Nutzerverhalten ist nicht mehr erkennbar. Das Stadtbild ist geprägt von öffentlichen (Frei-)Räumen mit Sport- und Erlebnismöglichkeiten sowie Bepflanzungen zur Energiegewinnung (vgl. Euronews 2013), Urban Gardening und Urban Farming. Diese sind auch touristische Anziehungspunkte.

Persona

Über Jochen

Jochen ist studierter Mathematiker, der sein ganzes Berufsleben in einem Atomkraftwerk gearbeitet hat. Kurz vor dem Eintritt in den Ruhestand bekommt er die Diagnose Prostatakrebs. Den Grund dafür hat er schnell ausgemacht: Für ihn sind die Belastungen am Arbeitsplatz und die fehlende Gesundheitsvorsorge aufgrund von mangelnder Bewegung und schlechter Ernährung an der Erkrankung schuld. Auch die Ärzte empfehlen ihm einen Lebenswandel. Hatte er sich zuvor nur wenig um seine Gesundheit gekümmert, so krempelt Jochen nun sein Leben um.

Als Jochen merkt, dass sich niemand in dieser schweren Zeit um ihn kümmert, wendet er sich ab von seinen sogenannten Freunden und der Familie. Auch wenn ihm dieser Schritt nicht leichtfällt, will er fortan nur noch an sich denken und all seine Energie in die Genesung stecken. In einer Spezialklinik im Schwarzwald findet er nach langem Leidensweg zurück ins Leben und besiegt den Krebs. Besonders schöpft er Kraft in der Natur. Seine langen Spaziergänge durch den Wald erfüllen ihn und geben ihm Halt.

Heute ist Jochen 79 Jahre alt und kann rückblickend seinem Krebsleiden etwas Gutes abgewinnen. Nicht nur konnte er sich lossagen von falschen Freunden, er hat auch im Umweltschutz eine neue Lebensaufgabe gefunden. Neben dem täglichen Sportprogramm und der gesunden und ökologischen Ernährung, tut er nicht nur sich selbst Gutes, sondern macht sich nun auch stark für die Umwelt.

Er selbst lebt allein in einem autarken Haus am Stadtrand und betreibt Guerillia-Gardening. In heimlichen Nacht- und Nebel-Aktionen bepflanzt er Häuserdächer, befreit den Boden von unnötigen Pflastersteinen und sät im nächsten Schritt Blumen und Gräser für seltene Schmetterlinge und zum Erhalt der Bienenpopulation. Dass er mit seinem Hobby gegen Gesetze verstößt, ist ihm bewusst. Die Konsequenzen für sein Ziel, mehr Platz für die Natur zu schaffen, ist er bereit in Kauf zu nehmen. Jochen liebt es Grenzen neu auszuloten und zu überschreiten. Dies zeigt sich auch anhand seiner körperlichen Aktivitäten, bei denen er sich immer wieder an seine persönliche Belastungsgrenze bringt. Für ihn zählt nämlich nicht das biologische Alter, sondern das körperliche. Es macht ihn stolz, dass er jetzt mit 79 Jahren fitter ist, als noch in seinen zwanziger Jahren.

Reiseverlauf

Der kultur- und sportbegeisterte Rentner ist neben seinem aktiven Alltag gerne und oft auf Reisen. Dabei spielt für ihn der Nachhaltigkeitsaspekt eine übergeordnete Rolle. Er nutzt, wenn er nicht gerade laufend, mit dem Rad, oder mit seinen Inline-Skates unterwegs ist, ausschließlich umweltschonende Verkehrsmittel. Da er nicht gerne unter Menschen ist und seine Freiheiten liebt, übernachtet er am liebsten in der Natur, gelegentlich bucht er aber auch ein Zimmer in einem zertifizierten Bio-Hotel.

Als nächstes hat Jochen einen Städtetrip nach Innsbruck geplant. Die österreichische Stadt in den Bergen ist für ihn schnell und komfortabel mit seiner BahnCard 100 - natürlich mit 100% Ökostrom - erreichbar und vereint alles war er wünscht: eine große Vielfalt an Sportaktivitäten und Kulturangebote. Gleichzeitig ist sie aber fernab vom Trubel der Stadt, umgeben von einer fast intakten Natur.

Die tagelangen Wandertouren, an denen er sich allein von der Natur ernährt und auch klimaneutral in seinem Ein-Personen-Zelt nächtigt, bilden den Kontrast zum rasanten Leben in der Stadt. Eine Städtereise muss für Jochen immer sowohl Stadt- als auch Naturerleben bedeuten, damit er sich wohlfühlen kann. Städte erkundet der Junggebliebene gerne auf eigene Faust. Museumsbesuche sind jedoch immer elementarer Bestandteil. Jochen bildet sich gern weiter und lässt sich von verschieden Künstlern inspirieren. Schließlich soll nicht nur sein Körper, sondern auch sein Geist trainiert werden und lange fit bleiben.

In Innsbruck wird Jochen zum ersten Mal ein Museum ausprobieren, in dem seine Leidenschaft nach Sport und Kunst zu gleichen Teilen angesprochen wird. **Adventure.Art** - allein der Name sorgt bei Jochen für Vorfreude. Ein Freizeitangebot ganz nach seinem Geschmack.

Produktinnovation: Adventure.Art

Abbildung 87: Städtetourismus Adventure.Art Logo
Quelle: Eigene Darstellung

Adventure.Art ist ein gemeinsames Projekt des österreichischen Museumsverbundes und Studierenden der Sporthochschule Köln. Entwickelt für aktive Kunstliebhaber, besticht das Museum nicht allein durch die vierteljährlich wechselnden Ausstellungen namhafter Künstler. Denn die ehemalige Lagerhalle wurde aufwändig umgestaltet und beherbergt nun einen Parcours mit vielseitigen Hindernissen. Das Konzept ist so einfach wie genial. Besucher müssen sich jedes Ausstellungsstück erarbeiten, in dem sie Herausforderungen bewältigen, welche Durchhaltevermögen, Stärke, Ausdauer, Konzentration und Geschicklichkeit erfordern. Je fitter der Gast, umso mehr bekommt er für sein Eintrittsgeld zu sehen.

Es besteht auch die Möglichkeit zusammen mit Personal-Trainern den Parcours für einen persönlichen Fitnesstest zu durchlaufen. Die aufgezeichneten Vitalwerte und Ergebnisse dienen in der Evaluation dazu, ein passgenaues Fitnessangebot zu erstellen, damit beim nächsten Parcours jedes Ausstellungsstück betrachtet werden kann. Adventure.Art - Die perfekte Kombination für Körper und Geist.

8.3 Literaturverzeichnis Städtetourismus

Altherr, J.; Buch, B.; Pinten, A. (2003): Neue Tourismustrends in Deutschland als Potenziale des Städtetourismus. In: Troeger-Weiß, G. (Hrsg.): „Wenn einer eine Reise macht…". Neue Tourismustrends in Deutschland am Beispiel der Fremdenverkehrssegmente. Kletter- und Städtetourismus, Arbeitspapiere zur Regionalentwicklung (3). Karlsruhe: Selbstverlag Lehrstuhl Regionalentwicklung und Raumordnung Technische Universität Kaiserslautern

Anton C.; Quack H. (2005): Städtetourismus Überblick. In: Langrebe. S/Schnell P. (Hrsg.): Städtetourismus: Lehr- und Handbücher zu Tourismus, Verkehr und Freizeit. München: Oldenburg Wissenschaftsverlag GmbH.

Arvay, C. G.; Düringer, R. (2013): Leb wohl, Schlaraffenland: Die Kunst des Weglassens. Wien: Editions A Verlag.

blendwiz.me (2015): Travel like a local. The local way to explore your destination. Online unter: http://blendwiz.me/ [abgerufen am 22.07.2016].

Blizzard Entertainment, INC. (2016): World of Warcraft. Online unter: https://worldofwarcraft.com/de-de/ [Abruf am 22.07.2016].

CDA Verlags- und Handelsges.m.b.H (2016): Die besten Apps für Städtereisen. Online unter http://androidmag.de/top-listen/die-besten-apps-fur-stadtereisen/ [abgerufen am 20.07.2016].

Congress- und Tourismus-Zentrale Nürnberg (Hrsg.) (2014): Wirtschaftsfaktor Tourismus: für die Stadt Nürnberg 2013. Online unter https://www.nuernberg.de/imperia/md/wirtschaft/dokumente/nuernberg_wirtschaftsfaktor_tourismus_2013.pdf [abgerufen am 20.07.2016].

Essinger, Grit (2001): Produkt-und Markenpolitik im dynamischen Umfeld. 1. Auflage, Wiesbaden: Springer Fachmedien.

Figueroa, A. (2015): Travel Definitions: What is MICE? Online unter http://tourism.about.com/od/specialtourism/g/What-Does-The-Term-Mice-Mean-In-The-Context-Of-Travel.htm [abgerufen am 25.07.2016].

Gausemeier, J.; Plass, C. (2014): Zukunftsorientierte Unternehmensgestaltung. Strategien, Geschäftsprozesse und IT-Systeme für die Produktion von morgen. 2. Auflage. München: Carl Hanser Verlag.

Geson, R. (2014): Traveltrends – Wie wir in Zukunft reisen werden. Online unter http://www.smg.bz.it/fileadmin/user_upload/Bilder_und_Dokumente/Service/Zahlen_und_Fakten/Trendforschung/Trendf_Traveltrends.pdf [abgerufen am 15.07.2016].

Horx, M.; Huber, T. (2011): So nutzen sie die 6 wichtigsten Konsumtrends. Online unter: https://www.wirtschaftswissen.de/marketing-vertrieb/werbung/kundenbindung/so-nutzen-sie-die-6-wichtigsten-konsumtrends/ [abgerufen am 05.07.2016].

Muntschick, V.; Rauch, C. (2015): connected Home. Digitale Vernetzung und das Wohnen von morgen. München: SEG Hausgeräte GmbH (Hrsg.).

Neuenfeldt H.; Rose M. (1997): Stadttourismus als Wirtschaftsfaktor in Aachen. Online unter: http://www.michael-waibel.de/kus/euregio/tou-ac1.htm [abgerufen am 20.07.2016].

Schubert, K.; Klein, M. (2016): Stadt. Online unter: http://www.bpb.de/nachschlagen/lexika/politiklexikon/18292/stadt [abgerufen am 20.06.2016]

Stroß, R. (2009): Die Kunst der Selbstveränderung. Kleine Schritte - große Wirkung. 2. Auflage. Vandenhoeck & Ruprecht GmbH & Co. KG (Hrsg.).

Universität Linz (2006): Städtetourismus. Online unter: http://soziologie.soz.uni-linz.ac.at/sozthe/freitour/FreiTour-Wiki/Staedtetourismus.htm [abgerufen am 19.07.2016].

Unternehmerverband Landkreis Miesbach e.V. (2014): Vom Standarderwerbsleben zu Lebensphasen. Online unter: http://www.unternehmerverband-miesbach.de/assets/Newsletter/_resampled/resizedimage600450-Lebensphasen.jpg [abgerufen am 21.07.2016].

WeltN24 GmbH (2016): Die Selbstoptimierung wird zur Religion erhoben. Online unter: http://www.welt.de/gesundheit/psychologie/article13861027/Die-Selbstoptimierung-wird-zur-Religion-erhoben.html [abgerufen am 19.07.2016].

Yahoo! EMEA Limited (2014): Und Welcher Kunden-Typ sind Sie? Online unter: https://de.finance.yahoo.com/fotos/und-welcher-kunden-typ-sind-sie-slideshow/super-daddy-photo-1403523235463.html [abgerufen am 20.07.2016].

Zukunftsinstitut GmbH (2016o): Lebensstile. Online unter: https://www.zukunftsinstitut.de/artikel/lebensstile2014/ [abgerufen am 21.07.2016]

Autor:innenverzeichnis

1. **Einleitung**
   Felix Bernhard Herle,
   Sara Blum und
   Eileen Schwamborn

2. **Wildlife Tourismus**
   Josefine Mairin Dorta Preen,
   René Hauschild und
   Alina Weidenbrück

3. **Naturtourismus**
   Sandra Conrad Juhls,
   Finn Jacob und
   Tessa Heyde

4. **Partytourismus**
   Sara Blum,
   Gesche Penning und
   Anastasia Weise

5. **Wellnesstourismus**
   Elena Ilina,
   Matthea Jensen,
   Sandra Meyer und
   Daniel Scrobek

6. **Nachhaltiger Tourismus**
   Eva Groher,
   Tristan Mittelhaus und
   Julia Rosdorff

7. **Hochseekreuzfahrten**
   Elena Eckert,
   Jana Marie Schulz und
   Nora Striggow

8. **Städtetourismus**
   Felicitas Clemens,
   Laura Frenker-Hackfort,
   Christian Hausy,
   Johanna Kilian und
   Sarah Weigel

***ibidem**.eu*